통신론

滴天髓闡微

적천수천미 上

【통신론】

원전 현토 완역

경도 撰 · 유성의 註 · 임철초 增註 / 김정혜 · 서소옥 · 안명순 譯

滴天髓闡微

적천수천미 上

이담 BOOKS

『적천수천미』는 명리학의 주요 저서 중 하나로 명리학 이론을 학습하는 사람이라면 누구나 한 번쯤은 접하게 되는 명리학 필독서라 할 수 있다. 『자평진전』, 『궁통보감』과 함께 명리학 3대 저서로 꼽히며, 명리학 이론의 상세하고 명쾌한 설명과 실제 사주 사례를 들어 이론을 설명한 점이 높이 평가되고 있는 책이다.

경도(京圖)가 찬술하고 유성의(劉誠意)가 주석한 『적천수(滴天髓)』에 임철초(任鐵樵)가 증주한 것을 영인하여 출간한 책이 『적천수천미(滴天髓闡微)』이다. 원수산(袁樹珊)은 이 책을, 고본 『적천수정문(滴天髓正文)』을 근본으로 삼고 고주(古註)를 조목으로 삼았으며, 고주 외에 다시 신주(新註)를 더하여 중요한 뜻을 분명하게 밝히고 아울러 조목마다 명조를 배열하여 증거를 갖추었는데, 학통은 진소암과 심효첨을 종주로 삼았으며, 문장은 품격이 있고 이론은 반드시 정밀함을 추구하며 말은 대충대충 늘어놓은 것이 없어서, 진실로 명리학서 중에 보기 드문 고본(孤本)이라고 소개하고 있다.

『적천수천미』는 오랜 세월이 지난 지금까지도 훌륭한 명리학

교재로 사용되고 있는데, 이 책이 매우 논리적인 이론 체계를 담고 있으면서도 또 그 이론에 합당한 512명의 명조 분석을 제시하여 이론을 한층 더 이해하기 쉽게 해주고 논리를 확증하고 있는 점이 최고의 명리학습서로 각광받고 있는 이유가 될 것이다.

이렇듯 명리학 학습자나 전문가들에게는 반드시 필독해야 할 서적인 이유로 무엇보다도 원서의 충실한 해독과 이해가 요구되는 바, 원서를 바르게 읽고 그 뜻을 왜곡하지 않도록 도와주는 책이 반드시 필요하다. 이러한 필요성에 역자 3인은 원서에 충실한 번역으로 한 자 한 자 놓치지 않고 원문의 뜻을 올바르게 전달하고자 하였다.

『적천수천미』는 상, 하 두 권으로 나뉘어 각각 「통신론」과 「육친론」으로 편명이 분리되어 있는데, 이번에 출간하는 책은 『적천수천미』의 상권에 해당하는 「통신론」 편이며, 「육친론」도 이어서 출간될 예정이다.

이 책은 불필요한 설명이나 번역자의 자의적인 해석이 일체 없는, 원서 그대로를 꾸밈없이 바르게 전달하려 노력한 것으로, 명리학 초보자에서부터 전문가에 이르기까지 『적천수천미』라는 책을 원서 그대로 만날 수 있는 기회가 될 것이다.

김정혜 · 서소옥 · 안명순 공역

* 명리학의 기초적인 한자는 한글로 옮겨 적지 않았다.
* 원문의 글자대로 직역함을 원칙으로 하였고, 원문에는 없는 글자이지만 번역상 필요한 글자는 괄호로 표시하였다.
* 이 책에 사용한 원서는 다음과 같다.
  『適天髓闡微』, 任鐵樵 增注, 袁樹珊 撰輯, 武陵出版有限公司, 2003.

通神論

袁　序

　　壬申孟冬，句章蘅園主人，偕其哲嗣簠齋，及老友陳君
莘莊，林君茹香，因事來鎮．乃蒙謬採虛聲，引爲知命，
召余讌飲於李氏挹江樓上．一見傾心，知爲豪傑之士．余
贈詩有句云，相逢邂逅渾如舊，閑話陰陽共樂天．簠齋
工詩能文，其酬詩有云，媿我十年初學易，心欣康節樂
追陪．虛懷若谷，令人心折．翌日，孫君偶以精鈔本任鐵
樵先生增註之滴天髓闡微見示．余披閱至再，知其以古
本滴天髓正文爲綱，古註爲目．古註外，復增新註，闡發
要旨．並於逐條，排列命造，以資佐證．學宗陳沈，筆有
鑪錘，理必求精，語無泛設，誠命學中罕見之孤本也．及
觀觀復居士原跋，乃知此書爲海甯陳氏藏本，並謂安得
有心人，壽諸梨棗，以廣流傳．余遂起謂主人曰，嘗聞張
文襄公云，立名不朽，莫如刊布古書．其書終古不廢，則

刻書之人，終古不泯．且刻書者，傳先哲之精蘊，啟後學之顓蒙，亦利濟之先務，積善之雅談，君其留意及之．語未竟．主人躍然曰，此書，論命有道，寫作俱佳，余早有影印出版，公諸同好之心．簠齋又曰，家大人謀印此書，籌之熟矣．陳君林君復謂余曰，吾等力任校讎，乞先生以言弁其首，可乎？余頷之．今歲初夏，簠齋果以是書影印本四卷，郵寄至鎮，並函索序言以踐前約．余廻環盥誦，至卷二第四十五葉，載有鐵樵先生命造，爲癸巳戊午丙午壬辰．始知先生乃乾隆廿八年四月十八日辰時生．觀其敍述本命有曰，上不能繼父志以成名，下不能守田園而務本．始知先生之先德，必爲名宦，先生之家產，必爲中人．又曰，至卯運，壬水絕地，陽刃逢生，變生骨肉，家產蕩然．又曰，先嚴逝後，潛心命學，計爲餬口．始知先生學命之年，已逾三旬矣．又曰，予賦性古拙，無諂態，多傲骨，交游往來，落落寡合．所凜凜者，吾祖若父，忠厚之訓，不敢失墜．吾於是知先生之人格，必爲亮節高風．安貧樂道也．再證以卷三第十二葉某君癸巳命有曰，余造年月日皆同，換一壬辰時，弱殺不能相制，亦有六弟，得力者早亡，其餘皆不肖，以致受累破家．吾於是知先生之友于兄弟，困苦不辭也．再證以卷二第七十四葉某餼生壬子命有云，丁巳運，連遭回祿．查該生之命，五十六歲，始行丁運，適在道光二十七年，歲次丁未．可以知先生壽已七十有五，猶垂簾賣卜，勤勤懇懇，爲人推命也．觀復居士原跋，謂陳君言，任先生，何時人，吾生也晚，不及知，此殆未觀全書而不諳命學之故．至任先生里居，原書未載，不敢臆斷．然觀其書中增註，大都採自命理約言子平眞詮，約言，爲海甯陳相國素菴著，眞詮，爲山陰沈進士孝瞻著，二公皆浙人也．其書世無刊本，間有私家傳鈔，亦必浙人爲多．且陳相國，謝世於康熙五年，沈進士，通籍於乾隆四年．以先生乾隆三十八年誕生計之，其相距，遠亦不過甫逾百年，近僅數十年耳．由是觀之，先生殆亦爲浙乎．約言眞詮學說，余素所服膺，曩著命理探原，採錄不少．然以鐵樵先生之闡微較之，又有泰山培塿之判矣．蓋先生研精覃思，匪伊朝夕，故能綜貫本末，發爲文章．其論五行生尅衰旺顚倒之理，固極玄妙，而尤以旺者宜尅，旺極宜洩，弱者宜生，弱極宜尅二條，最爲精湛．至云人有厚薄，山川不同，命有貴賤，世德懸殊．此又以天命而合地利人事言也．故其爲人論命，嘗曰，某造純粹中和，太平宰相．某造仕路清高，才華卓越．某造經營獲利，勤儉成功．某造背井離鄉，潤身富屋．某造貪婪無厭，性情乖張．某造揮金如土，破家亡身．某造不事生産，必有後災．某造出身貧寒，爲人賢淑．某造青年守節，教子成名．某造愛富嫌貧，背夫棄子．某造若不急流勇退，能無意外風波．某造蒲柳望秋而彫，松柏經霜彌茂，袞褒斧貶．莫不各具苦心，大義微言，要皆有關世道．古之君子，所謂旣沒而言立者，其在斯人乎．讀者若徒以命學觀之，舉一遺二，見寸昧尺，其亦有負蘅園喬梓影印流傳之盛意也已．

民國二十二年歲次癸酉夏五月庚寅朔越二十有一日庚戌鎮江袁樹珊撰

壬申年 10월에 구장 형원주인이 그의 아들 보재 및 노우 (老友)인 진신장 임여향 등과 함께 일 때문에 진(鎭)에 왔다가, 마침내 나에 대한 헛된 명성을 잘못 듣게 되어, 이로 인하여 命을 안다고 여기고 나를 불러 이씨 읍강루에서 연회를 베풀고 술을 마셨다. 한 번 보고 마음이 끌려 호걸 지사임을 알고, 내가 시를 지어 선물하기를, "서로 우연히 만났는데도 완전히 오랜 친구 같으니, 한가로이 음양을 이야기하며 함께 천명(天命)을 즐기네" 하자, 보재도 시문에 능하므로 시를 지어 답하기를, "내가 십 년 전 처음 역(易)을 배울 때처럼 부끄러우니, 기쁜 마음으로 강절 선생을 받들듯이 즐겁게 따르겠습니다" 하여 허심탄회함이 빈 골짜기 같아서 사람으로 하여금 진심으로 감탄하게 하였다.

다음 날 형원주인 손군이 임철초 선생이 증주한 『적천수천미(滴天髓闡微)』 정초본을 가지고 와서 보여주므로, 내가 펼쳐 읽어 보기를 거듭하고 나서, 고본『적천수정문(滴天髓正文)』을 근본으로 삼고 고주(古註)를 조목으로 삼았으며, 고주 외에 다시 신주(新註)를 더하여 중요한 뜻을 분명하게 밝히고 아울러 조목마다 명조를 배열하여 증거를 갖추었는데, 학통은 진소암과 심효첨을 종주로 삼았으며, 문장은 품격이 있고 이론은 반드시 정밀함을 추구하며 말은 대충대충 늘어놓은 것이 없어서, 진실로 명리학서 중에 보기 드문 고본(孤本)임을 알게 되었다.

이어서 관복거사의 원발문을 보고, 마침내 이 책이 해녕 진씨 소장본이며, 아울러 어떻게 하면 뜻이 있는 사람이 이것을 판목에 새겨서 세상에 널리 전해지게 할 수 있을까 하고 말한 것을 알았으므로, 내가 일어나서 형원주인에게 말했다. "장문양공이 '이름을 세워 영원히 전해지게 하는 것은 고서를 간행하여 펴내는 것만 한 것이 없다'고 말한 것을 들은 적이 있는데, 그 책이 영구히 없어지지 않으면 책을 출판한 사람도 영구히 없어지지 않을 것이며, 또 책을 출판하는 것은 선현의 정밀하고 심오한 뜻을 전하여, 후학의 어리석음을 깨우쳐 인도하는 것이므로 또한 세상을 이롭게 구제하는 급선무이며, 선행을 쌓는 바른 말이니, 그대도 틀림없이 마음에 두고 있는 뜻이 이와 같을 것입니다.”

　말이 끝나기도 전에 주인이 기뻐하면서, “이 책은 명(命)을 논하는 데 도가 있으며, 필사하여 제작한 것이 모두 아름다워서 내가 일찍이 영인 출판하여, 이것을 동호인들에게 공개하려는 마음을 가지고 있었습니다” 하니, 보재가 또 “가대인께서 이 책을 인쇄할 것을 생각하여 계획을 충분히 하셨습니다” 라고 하였다. 진군과 임군도 다시 나에게 말하기를, “우리들이 힘을 다하여 책임지고 교정하여 선생께 책머리에 서문을 써줄 것을 청할 것이니, 해주실 수 있겠습니까?” 하여 나도 그것을 승낙했는데, 금년 초여름에 보재가 정말로 이 책의 영인본 네 권을 우편으로 보내서 진(鎭)에 도착했으며, 서문을 써서 전날의 약속을 실천하기를 바란다는 편지도 함께 넣었다.

　나는 두루 돌아보다가 손을 씻고 읽어 보니, 2권 45페이지에 철초 선생의 명조가 실려 있는데, 癸巳·戊午·丙午·壬辰이므로, 비로소 선생이 곧 건륭 38년(1773년) 4월 18일 辰시생임을 알게 되었으며, 그 본명을 서술한 것을 보니 “위로는 父의 뜻을 이어서 이름을 이루지 못하고, 아래로는 전원을 지켜 근본에 힘쓰지 못했다”고 했으므로, 비로소 선생의 부친이 틀림없이 고위 관리였으며, 선생의 가산은 틀림없이 중인 정도가 됨을 알게 되었다.

또 "卯운에 이르러 壬水는 절지이고 양인이 生을 만나니 골육에게 변고가 생기고 가산이 허물어졌다"고 했으며, 또 "선친이 돌아가신 뒤에는 명학에 마음을 기울여 호구지책으로 삼았다"고 했으니 선생이 命을 배운 나이가 이미 삼십이 넘었다는 것도 처음 알았으며, 또 "나는 타고난 성품이 고지식하며 아첨하는 태도가 없고 오만한 의기가 많아서 교유하고 왕래할 때 뜻이 높고 커서 세상과 서로 맞지 않았는데, 몸과 마음을 꿋꿋하고 의젓하게 한 까닭은 내 祖와 父의 충후한 가르침을 감히 실추시킬 수 없었기 때문이다"라고 했으니, 나는 이에 선생의 인격이 틀림없이 맑은 절개와 높은 지조로 가난한 생활 속에서 편안히 도를 즐겼음을 알았다.

다시 3권 12페이지에 모군 癸巳생 명조로 증명하면서 말하기를 "내 사주와 연월일이 모두 같고 壬辰시 하나만 바뀌었는데 약한 殺로는 상대를 제압할 수 없으므로, 나 역시 여섯 아우가 있었으나 능력이 있는 자는 일찍 죽고 그 나머지는 모두 어리석어서 근심거리를 끌어 들여 집안을 망치기에 이르렀다"고 했으니, 나는 이에 선생의 형제에 대한 우애가 돈독하여 곤고함을 사양하지 않았음을 알았다.

다시 2권 74페이지의 모 희생 壬子생 명조로 증명하기를 "丁巳운에 연달아 화재를 만났다"고 했는데, 그 사람의 명을 조사해 보면 56세에 비로소 丁운으로 행하며, 마침 도광 27년 丁未년에 해당하니, 선생의 나이가 이미 75세인데도 오히려 발을 쳐 놓고 점을 팔면서 부지런히 정성스럽게 사람들을 위하여 추명하였음을 알 수 있다.

관복거사의 원발문에서 진군에게 말하기를 "임 선생이 어느 때 사람인지 내가 태어난 것이 늦어서 알지 못한다"고 했는데, 그것은 아마도 책 전체를 보지 않고 명학을 익숙하게 알지 않았기 때문일 것이다.

임 선생의 거처에 이르러서는 원서에 기재되지 않았으니 감히 억측하여 판단할 수 없으나, 그 책 가운데의 증주를 보면 대체로 『명리약언』과 『자평진전』에서 채록했는데, 『명리약언』은 해녕 진상국 소암이 저술하고 『자평진전』은 산음 심진사 효첨이 저술한 것이며, 두 공은 모두 절강 사람들이다. 그 책이 세상에는 간행본이 없고 간혹 사가에 전해지는 초본만 있는데, 역시 반드시 절강 사람이 가장 많으며, 또 진상국은 강희 5년에 세상을 떠나고, 심진사는 건륭 4년에 처음 관리(진사)가 되었으니, 임철초 선생이 건륭 38년에 탄생한 것을 가지고 이것을 계산하면, 그 서로 간의 거리가 멀리는 또한 백년을 넘는 데 불과하고 가까이는 겨우 수십 년일 뿐이므로 이것을 통하여 본다면 선생은 아마도 또한 절강 사람일 것이다.

『명리약언』과 『자평진전』의 학설은 내가 평소에 가슴에 간직하고 있던 바로써, 지난번 『명리탐원』을 저술할 때 채록한 것이 적지 않은데, 그러나 철초 선생의 『적천수천미』를 가지고 그것과 비교하면 또한 태산과 작은 무덤만큼 차이가 있다. 무릇 선생은 정밀하게 연구하고 깊게 생각하여 밤낮을 가리지 않았으므로, 본말을 종합하고 관통하여 문장으로 나타낼 수가 있었으니, 그 오행의 생극·쇠왕·전도의 이치를 논한 것은 진실로 지극히 현묘하며, 왕한 것은 마땅히 극해야 하지만 왕이 지극하면 설해야 하며, 약한 것은 마땅히 생해야 하지만 약이 지극하면 극해야 한다는 두 조항은 가장 정밀하고 뜻이 깊다고 하겠다. "사람에게 후하고 박함이 있는 것은 산천에 따라 같지 않으며, 명에 귀하고 천함이 있는 것은 세덕(世德)에 따라 현격하게 다르다"고 말함에 이르러서는, 이것은 또한 천명(天命)을 지리(地利)와 인사(人事)에 부합시켜서 말한 것이다.

그러므로 사람을 위하여 명을 논함에 있어서 "어떤 명조는 순수하고 중화되었으니 태평한 세상에 재상이 되며, 어떤 명조는 벼슬길이 청고하고 재주가 탁월하며, 어떤 명조는 경영하여 이득을 얻고 근검하여 성공하며, 어떤 명조는 마을을 등지고 고향을 떠나 몸을 윤택하게 하고 집을 부유하게 하며, 어떤 명조는 욕심이 많아 싫증냄이 없고 성정이 비뚤어지며, 어떤 명조는 돈 쓰기를 흙처럼 하여 파가망신하며, 어떤 명조는 생산을 일삼지 않아 반드시 후재(後災)가 있으며, 어떤 명조는 출신이 빈한한데도 사람됨이 현숙하며, 어떤 명조는 젊은 나이에 수절하여 자식을 가르쳐 명성을 이루며, 어떤 명조는 부유함을 좋아하고 가난함을 꺼려서 남편을 배반하고 자식을 버리며, 어떤 명조는 혹 급류에도 용감히 물러서지 않아서 의외의 풍파를 없앨 수 있으며, 어떤 명조는 갯버들은 가을이 되면 시들지만 송백은 서리를 맞아도 더욱 무성하다"고 말하여, 칭찬하기도 하고 깎아내리기도 했는데 각각 빠짐없이 고심하지 않음이 없어서 큰 뜻과 미묘한 말들이 반드시 모두 세상의 도리와 관계됨이 있으니, 옛 군자들의 이른바 죽은 뒤에도 훌륭한 말은 전해진다는 뜻이 아마도 이 사람에게 있을 것이다.

독자들이 만약 이 책을 명학으로만 본다면 하나를 얻고 둘을 빠뜨리며 한 치만 알고 한 자에는 어두울 것이니, 그렇다면 또한 형원 부자가 영인하여 세상에 전한 훌륭한 뜻을 저버림이 있을 뿐이다.

민국 22년 계유년 5월 21(庚戌)일 진강 원수산 찬

命理之學，由來久矣. 古之言命者，簡而賅，故庖犧曰
正命，仲尼曰天命，老聃曰復命. 類皆以得之於天，賦之
於人者，正其性，循其理，以安其命而已. 後世不安於天
理之自然，旁趨曲解，以取悅當世. 蓋騖於理之外，而流
於術，牽引附會，學者遂愈趨而愈岐. 雖然以理定命者，
所謂以簡御繁，固爲順天之正. 而以術合理者，果能以
繁就簡，亦足探命之原，特精斯道者之不數覯耳. 滴天
髓一書，相傳爲京圖撰，劉誠意註. 取通神六親，爲兩大
綱. 自天道至貞元，凡分六十二章，析理竟原，悉臻微
妙. 第其辭旨古奧，學者病之. 余夙好星命之學，暇輒披
覽，亦患小心得，去歲有持示是編者. 讀任鐵樵先生增
註，喜其分篇詮釋，援格擧證. 於天地陰陽之分化，三元
五行之推旋，反覆引申，辭明理達. 使曩所捍格者，罔不

觸類旁通，翕歸於理．其爲作者功臣，而足以津梁後學
信矣．逮觀觀復居士書後，始知書藏海甯陳氏，爲觀復
假於陳，而手錄之者．原刻已燬於火，則斯篇已爲海內
孤本，彌可寶貴．向使陳氏秘藏，不以示人，雖示人而無
若觀復之樂爲手錄者，是書，安得復見於世耶？今旣幸
見之，苟無以善其後，終至若陳氏原本之歸於湮沒，且
繹觀復書後語意，非廣爲流傳，壽諸梨棗．不大負增註
者，啟發古書之精蘊，手錄者嘉惠後學之苦心乎？爰付
影印，公諸同好，署曰闡微，異於衆也．惜觀復居士，不
詳其時代姓氏，僅於文字間，譯其言，而察其行，殆亦古
之安命達理，好術數，而邃於學，所謂隱君子之流亞歟．
方斯人欲橫流之世，使讀者，鑒其盈虛消長之理，示天
心之默運，範世道於隱微，俾頑者儆，靡者奮，豈不足爲
覺世牖民之一助哉？天下事，莫非緣法，茲編，秘藏於
陳氏有年矣．旣得鐵樵之增註，觀復之手錄，復及余爲
之刊行．數子者，生不並代，而志同道合，此中之展轉引
致．雖曰人事，夫豈偶然哉？

中華民國二十二年歲次癸酉五月蘅園主人識

　명리학은 그 유래가 오래되었다. 옛날에 명(命)을 말한 자들은 간단하면서도 널리 갖추어 말했으므로, 포희는 정명(正命)이라 하고, 중니는 천명(天命)이라 하고, 노담은 복명(復命)이라 했으니, 대체로 모두 하늘에서 얻고 사람에게 부여된 것을 가지고 그 본성을 바르게 하고 그 이치를 따라서 그 명(命)을 편안히 여기는 것일 뿐이었는데, 후세에는 천리의 자연을 편안히 여기지 않고 분별없이 두루 따르고 잘못 이해하여 당세를 기쁘게 하는 자세를 취하고 있으니, 그것은 이치의 밖으로 달려 술(術)에서 유랑하며 다른 이론을 억지로 끌어 붙여서 학자들이 마침내 따라갈수록 더욱 갈림길이 되게 하는 것이다.

　그러나 이치로써 명(命)을 정하는 것은 이른바 간략한 것으로 번거로움을 다스리는 것이니, 두루 천리의 정도에 순응하게 되며, 술(術)을 이치에 부합시키는 것은 진실로 번거로운 것을 가지고 간략함에 나갈 수 있으므로 역시 명(命)의 근원을 탐구할 수 있는데, 다만 이 도(道)에 정통한 자를 자주 만나지 못할 뿐이다.

『적천수(滴天髓)』라는 책은 경도(京圖)가 찬술하고 유성의(劉誠意)가 주석한 것이라고 전해지며, 통신(通神)과 육친(六親)을 취하여 두 가지 큰 강령으로 삼고, 천도(天道)로부터 정원(貞元)까지 모두 62장으로 나누어, 이치를 분석하고 근원을 궁구하여 모두 미묘한 경지에 이르렀는데, 다만 문사의 취지가 예스럽고 심오히여 배우는 자들이 그것을 어렵게 여길 뿐이다.

나는 어려서부터 성명의 학술을 좋아하여 틈날 때마다 펼쳐보았으나 또한 마음속에 얻어짐이 적음을 걱정했는데, 지난해에 이 책을 가지고 와서 보여주는 자가 있었으므로 임철초 선생의 증주를 읽고 나서 그 편을 나누어 자세히 해석하고 격을 취하여 증거를 제시한 것을 좋게 생각하였다.

천지음양의 분화(分化)와 삼원오행의 추선(推旋)에 있어서는 반복 인용하여 설명했는데, 말이 분명하고 이치가 갖추어져서 이전에 막혀서 가까이하지 못하던 것들로 하여금 부류에 따라 두루 자세히 하여 이치에 부합되어 귀착하지 않음이 없게 했으니, 그 저작자의 공신이 되어 후학들을 이끌어줄 수 있음이 분명하다.

관복거사의 글을 보게 된 뒤에 비로소 이 책이 해녕 진씨에게 소장된 것을 관복거사가 진씨에게 빌려서 손으로 기록한 것임을 알았으며, 원래의 판본이 이미 불에 타서 없어졌으니 그렇다면 이 책이 이미 해내의 고본이 되어 더욱 보배로써 귀하게 여길 만한 것이다. 가령 진씨가 비밀히 간직하고 사람들에게 보여주지 않았거나, 비록 사람들에게 보여주더라도 관복거사처럼 수록하기를 좋아하는 자가 없었다면, 이 책을 어찌 다시 세상에서 볼 수 있겠는가? 이제 이미 다행히 이 책을 보게 되었으니 만일 그 뒷일을 잘할 수 없어서 마침내 진 씨의 원본이 사라져 없어지게 되거나, 또 관복거사가 쓴 글 뒤의 말뜻을 풀어서 널리 세상에 전하기 위하여 이것을 판목에 새기지 않기에 이른다면, 증주자의 고서를 계발한 정밀하고 심오한 뜻과 수록자의 후학들에게 아름답게 은혜를 베푼 고심을 크게 저버리는 것이 아니겠는가?

이에 영인하여 이것을 동호인에게 공개하며, 제목을 '천미'라고 하여 여러 책들과 다르게 하였다. 애석하게도 관복거사는 그 시대와 성씨를 자세히 알 수 없는데, 겨우 글

속에서 그 말을 풀어 그 행적을 살펴보니 아마도 옛날에 명(命)을 편안히 여기고 천리(天理)에 통달하며 술수를 좋아하고 학문이 깊은 이른바 은둔한 군자의 부류일 것이다. 바야흐로 이 인욕(人欲)이 멋대로 흘러가는 세상에서 독자들로 하여금 그 영허소장의 이치를 보고 천심(天心)의 묵묵히 운행함을 보아서 은미한 가운데에서 세상의 도리를 본받게 하여, 완고하고 어리석은 자로 하여금 경계하게 하고, 쓰러지는 자로 하여금 떨쳐 일어나게 했으니, 어찌 세상을 깨우치고 백성을 인도하는 데 일조함이 될 수 없겠는가?

천하의 일은 인연으로 맺어지지 않는 것이 없어서 이 책이 진 씨에게 몇 년 동안 비밀히 간직되었는데도, 이미 철초의 증주와 관복의 수록을 만나고 다시 내가 그것을 간행하기에 이르렀으니, 이 몇 사람들이 태어난 것은 시대를 함께하지 않았으나 뜻이 같고 도가 합치되어 이 가운데로 여기저기에서 모여들었으니, 비록 사람의 일이라 할지라도 이것이 어찌 우연이겠는가?

중화민국 22년 癸酉 5월 형원주인

通神論

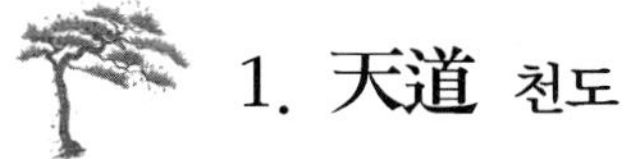

1. 天道 천도

欲識三元萬法宗인댄 先觀帝載與神功이니라

삼원이 모든 법의 근본임을 알고사 한다면 먼저
제재(帝載)와 신공(神功)을 관찰해야 한다.

[原注] 天有陰陽이라 故春木·夏火·秋金·冬水·季土
가 隨時顯其神功하며 命中天地人三元之理가 悉本于此니라

하늘에 陰과 陽이 있으므로, 봄의 木과 여름의 火와 가을의
金과 겨울의 水와 四季의 土가 때에 따라 그 신묘한 공덕을 나
타내며, 命 중의 천지인 삼원의 이치가 다 여기에 근본을 두는
것이다.

【任注】 干爲天元, 支爲地元, 支中所藏爲人元. 人
之稟命, 萬有不齊, 總不越此三元之理, 所謂萬法宗也.

陰陽本乎太極, 是謂帝載, 五行播于四時, 是謂神功. 乃 三才之統系, 萬物之本原, 滴天髓首明天道如此.

干은 天元이고, 支는 地元이며, 支 중에 간직된 것이 人 元인데, 사람의 타고난 命이 온통 똑같지 않음이 있어도 다 이 三元의 이치를 벗어나지 못하는 것이니, 이른바 모 든 법의 근본이 되기 때문이다. 음양이 태극에 근본을 두 므로 이것을 제재(天帝의 일)라 하며, 오행이 四時에 전파 되므로 이것을 신공(신묘한 공덕)이라 하니, 이것이 바로 天地人 三才의 본 가닥이 되는 실마리이고 만물의 주장이 되는 근원이므로, 적천수에서 첫 번째로 천도(天道)를 이 와 같이 밝힌 것이다.

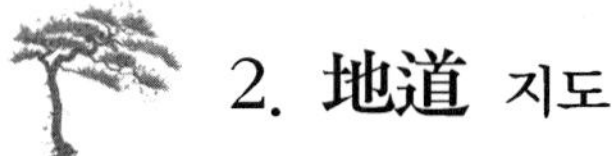

2. 地道 지도

坤元合德機緘通이요 五氣偏全定吉凶이니라

땅이 하늘과 덕을 합하므로 만물을 생성 변화시키는 대자연의 힘이 유통하며, 오행의 氣가 치우치거나 온전함에 따라 길흉을 결정하는 것이다.

[原注] 地有剛柔라 故五行生于東南西北中하고 與天合德하여 而感其機緘之妙하나니 賦於人者에 有偏全之不一이라 故吉凶定于此니라

땅은 강함과 부드러움의 도리가 있으므로 오행이 동남서북중앙에 생기고, 하늘과 덕을 합하여 만물을 생성 변화시키는 신묘함에 감응하는데, 사람에게 부여된 것(오행의 기)이 치우침과 온전함의 한결같지 않음이 있기 때문에 길함과 흉함이 여기에서 결정되는 것이다.

【任注】大哉乾元! 萬物資始. 至哉坤元! 萬物資生. 乾主健, 坤主順, 順承天, 德與天合, 煦嫗覆育, 機緘流通. 特五行之氣有偏全, 故萬物之命有吉凶.

크도다! 건원이여! 만물이 그 도움을 받아 시작되며, 지극하도다! 곤원이여! 만물이 그 도움을 받아 생성된다. 하늘은 강건함을 주관하고 땅은 유순함을 주관하니 유순한 도리로 하늘을 받들어 덕이 하늘과 부합하므로, 하늘은 햇볕으로 만물을 따뜻하게 하고 땅은 만물을 품에 안아 길러서 만물을 생성 변화시키는 힘이 유통하는 것인데, 다만 오행의 氣에 치우침과 온전함이 있기 때문에 만물의 命에 길함과 흉함이 있는 것이다.

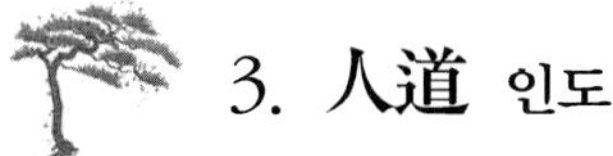

3. 人道 인도

戴天履地人爲貴하니　順則吉今凶則悖니라

하늘을 머리에 이고 땅을 밟는 것 승에 사람이 가
장 귀한데, 순응하면 길하고 거스르면 흉한 것이다.

［原注］　萬物莫不得五行而戴天履地하나니　惟人得五行之
全이라　故爲貴하니　其有吉凶之不一者는　以其得于五行之順
與悖也니라

만물은 오행을 얻어서 하늘을 머리에 이고 땅을 밟지 않음이
없는데, 오직 사람은 오행의 온전함을 얻었으므로 가장 귀한 것
이니, 그중에 길흉이 한결같지 않음이 있는 까닭은 오행의 순응
함과 패역함을 만나기 때문이다.

【任注】人居覆載之中, 戴天履地, 八字貴乎天干地支順
而不悖也. 順者接續相生, 悖者反剋爲害, 故吉凶判然.
如天干氣弱, 地支生之, 地支神衰, 天干輔之, 皆爲有情
而順則吉. 如天干衰弱, 地支抑之, 地支氣弱, 天干剋
之, 皆爲無情而悖則凶也.

사람은 하늘이 덮어주고 땅이 실어 주는 가운데에 살고
있으므로 하늘을 머리에 이고 땅을 밟고 있는 것이며, 팔
자는 천간과 지지가 서로 순응하여 거스르지 않는 것을 귀
하게 여긴다. 順은 서로 이어 받고 서로 살려 주는 것이
며, 悖는 서로 반대하고 극제하여 해가 되는 것이므로 길
과 흉이 확실한 것이니, 가령 천간이 氣가 약할 때 지지가
그것을 생조하며 지지가 神이 쇠약할 때 천간이 그것을 도
와서 모두 유정이 되어 순응하면 길하며, 가령 천간이 쇠
약할 때 지지가 그것을 억제하며 지지가 氣가 약할 때 천
간이 그것을 극제하여 모두 무정이 되어 거스르면 흉한 것
이다.

假如干是木, 畏金之剋, 地支有亥子生之. 支無亥子,
天干有壬癸以化之. 干無壬癸, 地支有寅卯以通根. 支無

寅卯, 天干有丙丁以制之, 木有生機, 吉可知矣. 若天干無壬癸, 而反透之以戊己. 支無亥子寅卯, 而反加之以辰戌丑未申酉, 黨助庚辛之金, 木無生理, 凶可知矣. 餘可類推.

가령 干이 木이고 金의 극제를 두려워하는 경우에 지지에 亥子가 있어서 木을 生하거나, 지지에 亥子가 없으면 천간에 壬癸가 있어서 金을 변화시키거나, 천간에 壬癸가 없으면 지지에 寅卯가 있어서 통근하거나, 지지에 寅卯가 없을 때 천간에 丙丁이 있어서 金을 극제한다면 木은 生의 기틀이 있게 되므로 길함을 알 수 있을 것이며, 가령 천간에 壬癸가 없고 도리어 戊己를 들어내거나 지지에 亥子寅卯가 없고 도리어 辰戌丑未申酉를 가하여 庚辛의 金을 돕는다면 木은 살 길이 없으므로 흉함을 알 수 있을 것이니, 나머지도 같은 부류끼리 미루어 알 수 있을 것이다.

凡物莫不得五行戴天履地, 即羽毛鱗介, 亦各得五行專氣而生, 如羽蟲屬火, 毛屬木, 鱗屬金, 介屬水. 惟人屬土, 土居中央, 乃木火金水中氣所成, 獨是五行之全爲貴. 是以人之八字, 最宜四柱流通, 五行生化. 大忌四柱

缺陷, 五行偏枯.

天地 간의 만물은 오행을 얻어서 하늘을 이고 땅을 밟지 않는 것이 없으니, 곧 날짐승, 길짐승, 어류, 패류 등도 각각 오행의 특정한 氣를 얻어 살아가는 것이니, 예컨대 날짐승은 火에 속하고 길짐승은 木에 속하고 어류는 金에 속하고 패류는 水에 속한다. 사람은 土에 속하는데 土는 중앙에 있으니 곧 木火金水와 中央의 氣로 이루어진 것이므로 오직 이 오행이 온전히 갖추어진 것을 귀하게 여기는 것이다. 이 때문에 사람의 팔자는 사주가 유통하고 오행이 상생 조화하는 것을 가장 마땅하게 여기며, 사주가 흠이 있어 완전치 못하거나 오행이 한쪽으로 치우쳐 균형을 잃은 것을 크게 꺼리는 것이다.

謬書妄言四戊午者, 是聖帝之造, 四癸亥者, 是張桓侯之造, 究其理, 皆後人訛傳. 試思自漢至今二千餘載, 週甲循環, 此造不小, 謬可知矣. 余行道以來, 推過四戊午·四丁未·四癸亥·四乙酉·四辛卯·四庚辰·四甲戌者甚多, 皆作偏枯論, 無不應驗.

잘못 쓰인 책에서 四戊午는 성제(聖帝)의 사주이고, 四癸亥는 장환후(張桓侯)의 사주라고 함부로 말했는데 그 이치를 연구해 보면 모두 후인들이 잘못 전한 것이다. 시험 삼아 생각해 보면, 한(漢)나라 때부터 지금까지 이천여 년 동안 육십갑자가 끊임없이 돌고 돌면서 이러한 사주가 적지 않을 것이니 잘못된 말임을 알 수 있을 것이다. 내가 이 道를 행한 이래로 四戊午·四丁未·四癸亥·四乙酉·四辛卯·四庚辰·四甲戌 등을 추리하며 지나온 것이 매우 많은데 모두 편고(偏枯)된 것으로 간주하여 논하니 맞지 않음이 없었다.

同邑史姓有四壬寅者, 寅中火土長生, 食神祿旺, 尚有 生化之情, 而妻財子祿, 不能全美. 只因寅中火土之氣無 從引出, 以致幼遭孤苦, 中受飢寒, 至三旬外, 運轉南 方, 引出寅中火氣, 得際遇, 經營發財. 後竟無子, 家業 分奪一空, 可知仍作偏枯論也.

같은 고을에 사는 사(史) 씨 중에 四壬寅인 자가 있었는데, 寅은 寅 중 火土의 장생이 되고 식신祿이 旺하여 오히려 생성 조화하는 정이 있는데도 妻財와 子祿이 모두 아름답지 못했으니 다만 寅 중 火土의 氣가 무엇을 따라 인출할 수 없기 때문에 어릴 때에는 외롭고 고달픔을 당하고 중간에 굶주리고 떠는 경우를 당했으며, 삼십 세 이후에

運이 남방으로 옮기자, 寅 중의 火氣를 인출하여 때를 만날 수 있어서 경영하여 재물을 모았으나, 뒤에는 마침내 자식이 없고 가업이 분리되고 빼앗겨 한꺼번에 텅 비게 되었으니, 곧 편고로 간주하여 논해야 함을 알 수 있다.

由此觀之, 命貴中和, 偏枯終于有損, 理求平正, 奇異不足爲憑.

이것을 통하여 관찰하건대 命은 중화된 것을 귀하게 여기고 편고되면 손상이 있는 데서 끝나는 것이니, 命의 이치는 공평하고 치우침 없음을 구해야 하고 기이한 것은 근거로 삼을 것이 못 된다.

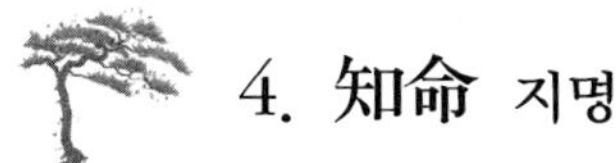

4. 知命 지명

要與人間開聾瞶면 順逆之機須理會니라

사람들에게 귀먹은 것을 열어주려면 순과 역의 기
틀을 반드시 이해해야 한다.

[原注] 不知命者如聾瞶니 知命于順逆之機而能理會之면
庶可以開天下之聾瞶니라

命을 알지 못하는 자는 귀머거리와 같은 것이니 命을 알아서
順과 逆의 기틀에 대하여 이해할 수 있다면, 거의 천하 사람들
의 귀먹은 것을 열어줄 수 있을 것이다.

【任注】 此言有至理, 惟恐後人學命, 不究順悖之機,
妄談人命, 貽悞不淺. 混看奇格異局, 一切神殺, 荒唐取
用. 桃花咸池, 專論女命邪淫. 受責鬼神, 金鎖鐵蛇, 謬

指小兒關煞, 憂人父母. 不論日主之衰旺, 總以財官爲喜, 傷殺爲憎, 定人終身. 不管日主之强弱, 盡以食印爲福, 梟刦爲殃.

이 말은 지극한 이치가 있으니 오직 후인들이 命을 배우면서 順과 悖의 기틀을 연구하지 않고 사람의 운명을 함부로 말하며 잘못을 끼침이 적지 않음을 염려한 것인데, 기이한 격국들을 뒤섞어서 보고 온갖 신살들을 황당하게 취하여 쓰며, 도화와 함지를 한결같이 女命이 간사하고 음란한 것으로 논하며, 수책귀신(受責鬼神)이나 금쇄(金鎖)와 철사(鐵蛇)를 소아관살(小兒關煞)이라고 잘못 지적하여 남의 부모를 근심하게 하며, 일주의 쇠왕을 논하지 않고 뭉뚱그려서 財와 官을 기쁜 것으로 여기고 傷과 殺을 꺼리는 것으로 여겨서 남의 한평생을 결정하며, 일주의 강약을 살펴보지 않고 멋대로 食과 印을 복으로 여기고 梟와 刦을 재앙으로 여긴다.

不知財官等名, 乃六親取用而列, 竟認作財可養命, 官可榮身, 何其愚也? 如財可養命, 則財多身弱者, 不爲富屋貧人, 而成巨富. 官可榮身, 則身衰官重者, 不至夭賤, 而成顯貴.

財官 등의 이름은 바로 육친을 취하여 쓰면서 늘어놓은 것임을 알지 못하고, 마침내 財는 命을 기를 수 있고 官은 몸을 영화롭게 할 수 있다고 알고 있으니 어찌 그리도 어리석은가? 만일 財가 命을 기를 수 있다면 財가 많고 身이 약한 경우에 부잣집 속의 가난한 사람이 되지 않고 거부(巨富)를 이루어야 하며, 官이 몸을 영화롭게 할 수 있다면 身이 쇠약하고 官이 중한 경우에 요절(夭折)과 비천(卑賤)에 이르지 않고 현귀(顯貴)를 이루어야 할 것이다.

余詳考古書, 子平之法, 全在四柱五行. 察其衰旺, 究其順悖, 審其進退, 論其喜忌, 是謂理會. 至於奇格異局, 神煞納音諸名目, 乃好事妄造, 非關命理休咎. 若據此論命, 必致以正爲謬, 以是爲非. 訛以傳訛, 遂使吉凶之理, 昏昧難明矣.

내가 고서를 자세히 살펴보건대 자평의 법은 완전히 사주오행에 달려 있으므로 그 사주 오행의 쇠와 왕을 관찰하고 그 순과 패를 궁구하며, 그 진퇴를 살피고 그 희기를 논해야 하니 이것을 이회(理會)라고 한다. 기이한 격국이나 신살, 납음 등 여러 명목에 이르러서는 곧 일 만들기 좋아하는 자들이 함부로 지어낸 것이지 명리의 휴구(길흉)

에 관계되는 것이 아니니, 만약 이러한 근거로 명을 논한
다면 반드시 정당한 것을 잘못된 것으로 여기고 옳은 것을
그르다고 여겨서 그릇된 말로 그릇된 것을 전하기에 이르
러, 마침내 길흉의 이치로 하여금 혼란하고 어두워서 밝히
기 어렵게 할 것이다.

書云, 用之爲財不可刼, 用之爲官不可傷, 用之印綬不
可壞, 用之食神不可奪. 此四句原有至理, 其要在一用
字. 無如[1]學命者, 不究用字根源, 專以財官爲重, 不知
不用財星儘可刼, 不用官星儘可傷, 不用印綬儘可壞, 不
用食神儘可奪. 順悖之機不理會, 與聾瞶何異? 豈能論
吉凶辨賢否, 而有功於世哉? 反誤世惑人者多矣.

書에 "用이 재성일 때에는 위협당해서는 안 되며, 用이
관성일 때에는 손상당해서는 안 되며, 用이 인수일 때에는
파괴되어서는 안 되며, 用이 식신일 때에는 빼앗겨서는 안
된다"고 했는데 이 네 구는 원래 지극한 이치가 있으니,
그 요점은 하나의 '用'자에 있다. 분별없이 命을 배우는 자
는 '用'자의 근원을 궁구하지 않고 오로지 財官만을 중요
하게 여기니, 재성을 쓰지 않을 때에는 위협당해도 되며,

---

1) 책에는 如로 되어 있으나 문맥상 知가 되어야 함.

관성을 쓰지 않을 때에는 손상당해도 되며, 인수를 쓰지 않을 때에는 파괴당해도 되며, 식신을 쓰지 않을 때에는 빼앗겨도 된다는 것을 알지 못하는 것이다. 순과 패의 기틀을 이해하지 못하면 귀머거리와 무엇이 다르겠는가? 어떻게 길흉을 논하고 현부를 분별하여 세상에 공덕이 있을 수 있겠는가? 도리어 세상을 그르치고 사람들을 미혹시키는 일이 많을 것이다.

高宗純皇帝御造[2]

丙　庚　丁　辛

子　午　酉　卯

己　庚　辛　壬　癸　甲　乙　丙

丑　寅　卯　辰　巳　午　未　申

天干庚辛丙丁, 正配火煉秋金, 地支子午卯酉, 又配坎離震兌. 支全四正, 氣貫八方, 然五行無土, 雖誕秋令, 不作旺論. 最喜子午逢沖, 水剋火, 使午火不破酉金, 足以輔主. 更妙卯酉逢沖, 金克木, 則卯木不助午火, 制伏得宜. 卯酉爲震兌, 主仁義之眞機. 子午爲坎離, 宰天地

---

2) 고종순황제어조: 청나라 고종 건륭황제의 어조.

之中氣. 且坎離得日月之正體, 無消無滅, 一潤一暄, 坐
下端門, 水火旣濟. 所以八方賓服, 四海攸同, 金馬朱鳶,
並隷版圖之內, 白狼玄兎, 咸歸覆幬之中, 天下熙寧也.

　천간에는 庚辛丙丁이 바르게 배치되어 火가 秋金을 단
련하고 지지에는 子午卯酉가 또 감리진태(坎離震兌)로 배
치되어 있다. 지지에 四正(동서남북)을 갖추어 氣가 팔방
을 관통하나 오행 중에 土가 없으니 비록 가을 절기에 태
어났더라도 旺으로 논하지 못한다. 가장 기쁜 것은 子午가
沖을 만나 水가 火를 剋하여 午火로 하여금 酉金을 파괴하
지 못하게 하여 日主를 도울 수 있는 것이며, 다시 또 묘
한 것은 卯酉가 沖을 만나 金이 木을 剋하므로 卯木이 午
火를 돕지 못하니 제복(制伏)이 알맞음을 이룬 것이다. 卯
와 酉는 震과 兌이니 仁義의 참된 기틀을 주관하며, 子와
午는 坎과 離이니 천지의 중화된 氣를 주재한다. 또 坎과
離는 해와 달의 바른 본체를 얻어 사라짐도 없고 없어짐도
없으며, 한편으로는 적셔주고 한편으로는 따뜻하게 하여
아래의 단문(왕궁의 문)에 앉았으니 수화기제(水火旣濟)의
상이다. 이 때문에 팔방에서 공물을 바치고 복종하는 바이
며, 사해가 함께하는 바이며, 금마(金馬)와 주연(朱鳶)3)

---

3) 금마(金馬)와 주연(朱鳶): 금빛 말과 붉은 솔개, 모두 훌륭한 인재를 뜻함.

이 함께 나라의 영토 안에서 부림을 받으며, 백랑(白狼)과
현토(玄兎)4)가 모두 은혜로 덮어 주는 가운데로 돌아오니
천하가 태평한 것이다.

戊　戊　庚　庚

午　辰　辰　申

戊　丁　丙　乙　甲　癸　壬　辛

子　亥　戌　酉　申　未　午　巳

董中堂5)造. 戊土生于季春午時, 似乎旺相, 第春時虛
土, 非比六九月之實也. 且兩辰蓄水爲濕, 足以洩火生
金, 干透兩庚, 支會申辰, 日主過洩, 用神必在午火. 喜
水木不見, 日主印綬不傷, 精神旺足, 純粹中和. 一生宦
海無波, 三十餘年, 太平相業, 直至子運會水局, 不祿,
壽已八旬矣.

동 중당의 사주이다. 戊土가 季春 午시에 태어나서 왕상
인 것 같으나, 다만 봄철의 허한 土이니 6월이나 9월의
실한 土에 비할 바가 아니다. 또 두 辰이 水를 간직하여

---

4) 백랑(白狼)과 현토(玄兎): 흰 이리와 검은 토끼, 상서로운 동물들을 뜻함.

5) 동은 성씨, 중당은 관직이름으로 당나라 때 재상의 집무실인데 그것에서 연유하여 재상의 벼슬
　을 말함.

습하므로 火를 설하여 金을 생할 수 있으며, 천간에는 두 庚을 투출하고 지지에는 申辰을 회국하여 일주가 지나치게 누설되니, 용신은 반드시 午火에 있어야 한다. 기쁜 것은 水木이 보이지 않아서 일주와 인수가 손상당하지 않으니 精과 神이 왕성하고 넉넉하며 순수하여 중화를 이루었다. 일생 관직 생활에 파란이 없었고 30여 년간 태평한 시대에 재상의 일을 수행하였는데, 다만 子운에 이르러 水局을 이루어 별세하니, 수(壽)가 이미 팔십이었다.

庚 甲 壬 壬

午 寅 寅 辰

戊 丁 丙 乙 甲 癸

申 未 午 巳 辰 卯

同邑王姓造. 俗以身强殺淺論, 取庚金爲用, 謂春木逢金, 必作棟梁之器, 勸其讀書必發. 至三旬外, 不但讀書未售, 而且家業漸消, 屬余推之. 觀其支坐兩寅, 乘權當令, 干透兩壬, 生助旺神, 年支之辰土, 乃水之庫, 木之餘氣, 能蓄水養木, 不能生金, 一點庚金, 休囚已極, 且午火敵之, 壬水洩之, 不惟無用, 反爲生水之病. 大凡旺之極者, 宜洩而不宜克, 宜順其氣勢, 弗悖其性也. 以午火爲用, 將來運至火地, 雖不貴于名, 定當富于利, 可棄名就利, 如再守芸窗, 終身誤矣. 彼卽棄儒就經營, 至丙午運, 克盡庚金之病, 不滿十年, 發財十餘萬, 則庚金爲病明矣.

같은 동네에 王씨 성을 가진 사람의 사주이다. 세속에서 身이 강하고 殺이 약한 것으로 논하여 庚金을 용신으로 정하고 春木이 金을 만났으므로 반드시 동량의 그릇이 될 것이니 그에게 독서를 권하면 반드시 발달한다고 하였는데, 서른 살이 지나도록 독서가 행하여지지 않을 뿐 아니라 가업조차 점점 쇠퇴하자 나에게 그 사주를 추단할 것을 부탁하였다. 살펴보건대 그 지지에는 두 寅이 자리 잡고 있어서 권세를 타고 시령을 주관하며 천간에는 두 壬이 투출하여 旺神을 생조하며, 年支의 辰土는 곧 水의 庫이며 木의 여기이므로 水를 저장하여 木을 기를 수는 있어도 金을 생할 수 없으니 한 점 庚金은 휴수가 이미 지극한데다가 午火가 그것을 대적하고 壬水가 그것을 누설하니 쓸모가 없을 뿐만 아니라 도리어 水를 생하는 病이 된다. 대체로 旺이 지극한 경우에는 누설시켜야 하고 극해서는 안 되며 그 기세를 따라야 하고 그 성정을 거슬려서는 안 되는 것이

다. 午火를 용신으로 삼으면 앞으로 운이 火地에 이르러
비록 명예에는 귀하게 되지 못하지만 반드시 財利에는 풍
부하게 될 것이니, 명예를 버리고 財利를 향하여 나아가야
하며 만약 다시 서재를 지킨다면 종신토록 잘못될 것이다.
그는 즉시 유학의 길을 버리고 경영에 나아갔는데 丙午운
에 이르러 庚金의 病을 극제하여 없애자 십년도 되기 전에
십여 만금을 저축했으니, 그렇다면 庚金이 病이 되는 것이
분명하다.

辛　癸　甲　癸

酉　亥　子　酉

戊　己　庚　辛　壬　癸

午　未　申　酉　戌　亥

此福建人不知姓氏. 庚午冬余推之, 大[6]取金水運, 不
取火土. 彼曰, 金水旺極, 何以又取金水? 則命書不足憑
乎? 書曰, 旺則宜洩不[7]宜傷, 今滿局金水, 反取金水,
是命書無憑矣. 余曰, 命書何爲無憑? 皆因不能識命中
五行之奧妙耳. 此造, 水旺逢金, 其勢沖奔, 一點甲木枯

---

6) 大: 오자이거나 연문임. 바른 문장이 되려면 曰이 되어야 함.

7) 不: 원문에는 없으나 문맥상 不자가 있어야 함.

浮, 難洩水氣, 如止其流, 反成水患, 不若順其流爲美.
初行癸亥, 助其旺神, 蔭庇有餘. 一交壬戌, 水不通根逆
其氣勢刑耗, 並見辛酉庚申, 丁財並旺. 己未戊午, 逆其
性, 半生事業盡付東流, 刑妻剋子, 孤苦無依. 此所謂崑
崙之水, 可順而不可逆也, 順逆之機, 不可不知也.

이것은 복건사람의 사주인데 그 성씨를 모른다. 庚午년
겨울에 내가 이 사주에 추리하면서 "金水운을 취하고 火土
를 취하지 않는다"라고 하니, 그가 말했다. "金水가 旺이
지극한데 무엇 때문에 다시 또 金水를 취합니까? 그렇다
면 命書는 근거로 삼을 것이 못 됩니까? 書에 말하기를
'旺하면 그것을 누설시켜야 하고 손상하지 말아야 한다'고
했으니, 지금 온 局이 金水인데 도리어 金水를 취한다면
이 命書는 근거로 삼을 수 없을 것입니다." 내가 말하기를
"命書가 어째서 근거로 삼을 수 없겠는가? 모두 命중 오행
의 묘함을 알지 못하기 때문일 뿐이다. 이 명조는 水가 旺
하고 金을 만났으니 그 기세가 날고 뛸 만한데, 한 점 甲
木은 바짝 마른 채 떠 있어서 水氣를 누설시키기 어려우므
로 만약 그 흐름을 중지시킨다면 도리어 水의 우환을 만들
것이니, 그 흐름을 따를 때의 아름다움만 못하다"고 하였
다. 초년 癸亥운에는 그 旺神을 도우니 조상의 음덕이 넉

넉하며, 한번 壬戌로 바뀌자 水가 근본을 통하지 않고 그
기세를 거역하니 형벌을 받았고, 아울러 辛酉·庚申을 만
나서는 인구와 재물이 모두 흥왕했으며, 己未·戊午 운에
는 그 본성을 거스르니 반평생의 사업이 모두 사라지고 처
자를 형극하여 외롭고 괴로워도 의지할 데가 없었다. 이것
은 이른바 곤륜의 水로써 순종해야 하고 거역해서는 안 되
는 것이니 순역의 기틀을 알지 않으면 안 된다.

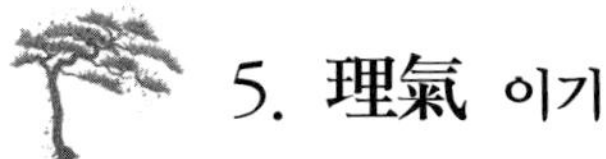

5. 理氣 이기

理承氣行豈有常이리오 進兮退兮宜抑揚이니라

理가 계승되고 氣가 운행되는 것이 어찌 일정함이 있겠는가? 나아가고 물러가는 것을 마땅히 억누르기도 하고 들어 올리기도 해야 한다.

[原注] 闔[8]闢往來皆是氣니 而理行乎其間이라 行之始而進하고 進之極則爲退之機하나니 如三月之甲木是也며 行之盛而退하고 退之極則爲進之機하나니 如九月之甲木是也라 學者宜抑揚其淺深이라야 斯可以言命也니라

닫히고 열리고 가고 오는 것이 모두 氣이니 理가 그 사이에 운행된다. 운행이 시작되면 나아가고, 나아감이 지극하면 물러감의 기틀이 되는 것이니, 예컨대 三月의 甲木이 그것이며, 운

---

8) 闔은 闔이 되어야 함.

행이 극성하면 물러가고, 물러감이 지극하면 나아감의 기틀이 되는 것이니, 예컨대 九月의 甲木이 그것이다. 학자는 마땅히 그 얕고 깊음을 억누르고 들어 올려 다스릴 수 있어야만 命을 말할 수 있다.

【任注】　進退之機, 不可不知也. 非長生爲旺, 死絶爲衰, 必當審明理氣之進退, 庶得衰旺之眞機矣. 凡五行旺相休囚, 按四季而定之. 將來者進, 是謂相. 進而當令, 是謂旺. 功成者退, 是謂休. 退而無炁, 是謂囚. 須辨其旺相休囚, 以知其進退之機.

진퇴의 기틀은 알지 않으면 안 되니, 長生을 旺으로 여기고 死絶을 衰로 여기는 것이 아니라, 반드시 理와 氣의 진퇴를 살펴서 밝혀야만 거의 衰旺의 참된 기틀을 터득할 것이다. 무릇 오행의 왕상휴수는 사계절을 살펴서 그것을 결정하니, 도움이 오면 나아가는 것을 相이라 하며, 나아가서 시절을 담당하는 것을 旺이라 하며, 공이 이루어지면 물러가는 것을 休라 하며, 물러가서 기운이 없는 것을 囚라 하니, 반드시 그 왕상휴수를 분별하여 그 나아가고 물러가는 기틀을 알아야 한다.

爲日主, 爲喜神, 宜旺相, 不宜休囚. 爲凶煞, 爲忌神, 宜休囚, 不宜旺相. 然相妙于旺, 旺則極盛之物, 其退反速, 相則方長之氣, 其進無涯也. 休甚乎囚, 囚則旣極之勢, 必將漸生. 休則方退之氣, 未能遽復也. 此理氣進退之正論也, 爰擧兩造爲例.

日主와 희신은 왕상해야 하고 휴수되지 말아야 하며, 흉살과 기신은 휴수되어야 하고 왕상하지 말아야 하는데, 그러나 相이 旺보다 더 묘하니 旺은 지극히 왕성한 것이므로 그 물러감이 도리어 빠르고 相은 이제 막 자라나는 氣이므로 그 나아감이 끝이 없다. 休는 囚보다 더 심하니 囚는 이미 지극해진 형세이므로 반드시 장차 점점 생기가 있게 되며, 休는 이제 막 물러간 氣이므로 갑자기 돌아올 수 없다. 이것이 이기진퇴(理氣進退)의 정론이니 이에 두 명조를 들어 예로 삼겠다.

壬　甲　庚　丁

申　辰　戌　亥

甲　乙　丙　丁　戊　己

辰　巳　午　未　申　酉

甲木休囚已極, 庚金祿旺剋之, 一點丁火, 難以相對, 加之兩財生殺, 似乎殺重身輕, 不知九月甲木進氣, 壬水貼身相生, 不傷丁火. 丁火雖弱, 通根身庫, 戌乃燥土, 火之本根, 辰乃溼土, 木之餘氣. 天干一生一制, 地支又遇長生, 四柱生化有情, 五行不爭不妒. 至丁運科甲聯登, 用火敵殺明矣. 雖久任京官, 而官資豐厚, 皆一路南方運也.

甲木은 휴수가 이미 지극하고 庚金이 祿이 旺하여 그것을 극하는 데 한 점 丁火로는 상대하기가 어려우며 거기에 두 財가 殺을 생하는 것을 더하니 殺이 중하고 身이 경한 듯하나, 九月의 甲木은 나아가는 氣이며, 壬水가 身에 바짝 붙어 상생하고 丁火를 손상하지 않음을 알지 못한 것이니, 丁火는 비록 약하지만 身의 庫에 통근하니 戌은 곧 燥土로서 火의 뿌리이고, 辰은 습토로서 木의 餘氣이다. 천간은 하나는 生하고 하나는 극제하며, 지지는 또 장생을 만나서 사주가 생화유정하고 오행이 서로 다투거나 시기하지 않는다. 丁운에 이르러 과거에 연달아 급제했으니 火를 써서 殺을 대적한 것이 분명하다. 이에 오래도록 서울에 있는 관직을 맡아 벼슬의 바탕이 풍후한 것이 모두 한 길의 南方운이었다.

$$\begin{array}{cccc} 壬 & 甲 & 庚 & 乙 \\ 申 & 戌 & 辰 & 亥 \end{array}$$

$$\begin{array}{cccccc} 甲 & 乙 & 丙 & 丁 & 戊 & 己 \\ 戌 & 亥 & 子 & 丑 & 寅 & 卯 \end{array}$$

此與前大同小異. 以俗論之, 甲以乙妹妻庚, 凶爲吉兆, 貪合忘沖, 較之前造更佳. 何彼則翰苑, 此則寒衿? 不知乙庚合而化金, 反助其暴. 彼則甲辰, 辰乃溼土, 能生木, 此則甲戌, 戌燥土不能生木. 彼則申辰拱化, 此則申戌生殺. 彼則甲木進氣, 而庚金退, 此則庚金進氣, 而甲木退. 推此兩造, 天淵之隔, 進退之機, 不可不知也.

이 사주는 앞의 것과 대동소이하다. 세속에서 이것을 논하기를 甲이 乙누이를 庚에게 시집보내니 흉한 것이 길하게 될 조짐이며, 合을 탐하여 沖을 잊으므로 앞의 명조에 비교하여 더욱 아름답다고 했는데, 그렇다면 어째서 앞의 경우는 한원9) 벼슬을 하고 이 사람은 쓸쓸하게 옷깃을 여미는가? 乙庚이 합하여 金으로 化하여 사나운 殺을 돕는다는 것을 알지 못한 것이다. 앞의 경우는 甲辰이니 辰은 곧 濕土이므로 木을 生할 수 있지만 이 경우는 甲戌이니

---

9) 한원(翰苑): 당대 이래의 관직명. 한림원(翰林苑)과 같음.

戌은 燥土이므로 木을 生할 수 없으며, 앞의 경우는 申과
辰이 손을 맞잡고 따르지만 이 경우는 申과 戌이 殺을 생
하며, 앞의 경우는 甲木이 진기이고 庚金은 퇴기인데 이
경우는 庚金이 진기이고 甲木은 퇴기인 것이다. 이 두 명
조를 미루어 보면 천지만큼 현격하니 진퇴의 기틀을 알지
않으면 안 된다.

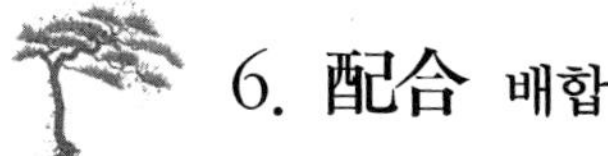

6. 配合 배합

配合干支仔細詳하여　定人禍福與災祥이니라

서로 짝지어 만난 干支를 자세히 살펴서 사람의
재앙과 복록, 재난과 상서를 결정해야 한다.

[原注] 天干地支는　相爲配合하니　仔細推詳其進退之機면
則可以斷人之禍福災祥矣니라

천간과 지지는 서로 배합을 이루니 그 진퇴의 기틀을 자세히 미
루어 살피면 사람의 화복(禍福)과 재상(災祥)을 판단할 수 있다.

【任注】此章, 乃闢謬之要領也. 配合干支, 必須正理,
搜尋詳推與衰旺喜忌之理, 不可將四柱干支置之弗論, 專
從奇格異局神殺等類妄譚, 以致禍福無憑, 吉凶不驗.

이 장은 곧 잘못된 것을 깨우쳐주는 중요한 대목이다.

배합된 간지는 반드시 올바른 이론을 써서 衰旺과 喜忌의
이치를 따라 찾아서 상세히 추리해야 하고, 사주 간지의
배치에 대한 잘못된 이론을 취하고 기이한 격국이나 신살
등에 대한 잘못된 말을 전적으로 따라서 禍와 福에 근거로
삼을 것이 없고 吉과 凶이 증명되지 않음에 이르게 해서는
안 된다.

**命中至理, 只存用神, 不拘財官印綬比劫食傷梟殺, 皆
可爲用, 勿以名之美者爲佳, 惡者爲憎. 果能審日主之衰
旺, 用神之喜忌, 當抑則抑, 當扶則扶, 所謂去留舒配,
取裁確當, 則運途否泰, 顯然明白, 禍福災祥, 無不驗矣.**

命中의 지극한 이치는 용신에 있으니 財·官·印綬·比劫·
食傷·梟·殺에 구애되지 않고 모두 용신이 될 수 있으므
로 이름이 좋은 것을 아름답게 여기거나 이름이 나쁜 것을
싫어 할 것으로 여기지 말아야 한다. 과연 일주의 衰旺과
용신의 喜忌를 살펴서 억제해야 할 것은 억제하고 도와야
할 것은 도와서, 이른바 버릴 것과 남길 것을 펼쳐서 배분
하고 확실하고 합당한 것을 취하여 헤아릴 수 있다면, 운
도의 막힌 운과 열린 운이 뚜렷하고 명백하며 화복과 재상
이 증명되지 않음이 없을 것이다.

壬	庚	戊	甲
午	申	辰	子

甲	癸	壬	辛	庚	己
戌	酉	申	未	午	巳

此造, 以俗論之, 干透三奇之美, 支逢拱貴之榮, 且又會局不沖, 官星得用, 主名利雙收. 然庚申生于季春, 水本休囚, 原可用官, 嫌其支會水局, 則坎增其勢, 而離失其威, 官星必傷, 不足爲用. 欲以强衆敵寡而用壬水, 更嫌三奇透戊, 根深奪食, 亦難作用. 甲木之財, 本可借用, 疏土衛水, 洩傷生官, 似乎有情. 不知甲木退氣, 戊土當權, 難以疏通. 縱用甲木, 亦是假神, 不過庸碌之人. 況運走西南, 甲木休囚之地, 雖有祖業, 亦一敗而盡, 且不免刑妻剋子, 孤苦不堪. 以三奇拱貴等格論命而不看用神者, 皆虛謬耳.

이 명조는 세속에서 논하기를 천간에 삼기(三奇, 甲戊庚)의 아름다움이 투출되고 지지에 공귀(拱貴, 未)의 영화로움을 만났으며 게다가 또 申子辰 회국으로 沖하지 않고 관성이 쓰임을 얻으니 주로 명예와 이익을 함께 거둔다고 했다. 그러나 庚申이 季春에 태어나 水는 본래 휴수되었고 원래 火官

을 써야 하는데 그 지지에 수국을 이룬 것을 꺼리게 되니 곧 坎(水)은 그 세력을 더하고 離(火)는 그 위력을 잃어서 관성이 반드시 손상되므로 용신이 될 수 없으며, 강하고 많은 것으로 적은 것을 대적하여 壬水를 쓰고자 하나 다시 三奇로 투출된 戊가 뿌리가 깊고 食을 빼앗는 것을 꺼리게 되니 역시 用이 되기 어려우며, 甲木의 財도 본래 차용할 수 있으므로 土를 뚫어 소통시키고 水를 보호하며 傷을 누설시키고 官을 생하여 유정한 듯하지만, 甲木은 退氣이고 戊土가 권력을 잡고 있어서 甲木으로 소통시키기 어려움을 알지 못한 것이다. 가령 甲木을 쓰더라도 역시 가신(假神)으로 평범한 사람에 불과할 뿐이며, 더구나 運이 西南으로 주행하여 甲木이 휴수되는 곳이니 비록 조업이 있더라도 한번 패하면 다 없어지며, 또 처자를 형극함을 면치 못하고 외롭고 고달픔을 견디기 어렵다. 삼기나 공귀 등의 격으로 命을 논해서는 용신을 보지 못하는 것이니 다 헛되고 잘못된 것일 뿐이다.

壬　乙　己　丙

午　丑　亥　子

乙　甲　癸　壬　辛　庚

巳　辰　卯　寅　丑　子

此造初看, 一無可取, 天干壬丙一剋, 地支子午遙沖, 且寒木喜陽, 正遇水勢泛濫, 火焉剋絕, 似乎名利無成. 余細推之, 三水二土二火, 水勢雖旺, 喜無金. 火本休囚, 幸有土衛, 謂兒能救母. 況天干壬水生乙木, 丙火生己土, 各立門戶, 相生有情, 必無爭剋之意. 地支雖北方, 然喜己土原神透出, 通根祿旺, 互相庇護, 其勢足以止水衛火, 正謂有病得藥. 且一陽後萬物懷胎, 木火進氣, 以傷官秀氣爲用. 中年運走東南, 用神生旺, 必是甲第中人. 交寅, 火生木旺, 連登甲榜, 入翰苑, 是以青雲直上. 由此兩造觀之, 配合干支之理, 其可忽乎?

이 명조는 처음에 보면 하나도 취할 만한 것이 없으니 천간에는 壬과 丙이 상극하고 지지에는 子와 午가 멀리서 충하며, 또 추운 나무가 햇볕을 좋아하지만 바로 水의 세력이 범람함을 만나고 火氣는 극절을 당하여 명예와 이득이 이루어짐이 없을 듯하다. 내가 이것을 자세히 추리해 보니 三水, 二土, 二火로 水勢가 비록 왕하나 기쁘게도 金이 없으며, 火는 본래 휴수되었으나 다행히도 土의 호위가 있으므로 이른바 자식이 어머니를 구제할 수 있다는 것이며, 더구나 천간의 壬水는 乙木을 생하고 丙火는 己土를 생하여 각각 문호를 세워 상생으로 유정하니 반드시 다투고 극하는 뜻은 없다. 지지가 비록 북방이나 기쁘게도 己土원신이 투출하고 祿에 통근하여 왕하니 서로 돕고 보호하므로 그 세력이 水를 저지하고 火를 호위할 수 있으니 바로 이른바 병이 있을 때 약을 얻은 격이다. 또 一陽이 있은 뒤에 만물이 회태되는 것인데, 木火는 進氣이니 傷官의 빼어난 氣를 용신으로 삼는다. 중년에 운이 東南으로 주행하여 용신이 생왕하니 반드시 과거시험에 으뜸으로 합격한 사람이다. 운이 寅으로 교체되자 火가 생조되고 木이 왕하여 연달아 갑방(甲榜)10)에 올라 한원(翰苑)에 들어갔으니 이로써 청운이 곧바로 상승하였다. 이 두 명조를 통하여 관찰해 보면 배합된 干支의 이치를 어찌 소홀히 할 수 있겠는가?

---

10) 갑방(甲榜): 과거 급제.

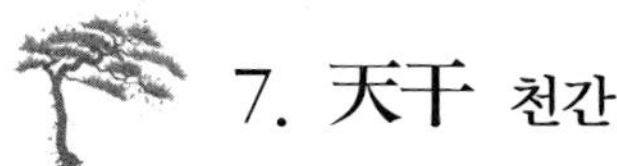

7. 天干 천간

五陽皆陽丙爲最요 五陰皆陰癸爲至라

다섯 양간이 모두 양이지만 丙이 으뜸이며, 다섯
음간이 모두 음이지만 癸가 가장 지극하다.

[原注] 甲丙戊庚壬爲陽이나 獨丙火秉陽之精하니 而爲陽
中之陽이요 乙丁己辛癸爲陰이나 獨癸水秉陰之精하니 而爲
陰中之陰이니라

甲丙戊庚壬이 모두 양에 속하지만 오직 丙火가 양의 精[11]을
잡았으니 양 중의 양이 되며, 乙丁己辛癸가 모두 음에 속하지만
오직 癸水가 음의 精을 잡았으니 음 중의 음이 되는 것이다.

【任注】丙乃純陽之火, 萬物莫不由此而發, 得此而斂.

---

11) 정(精): 순수한 근원.

癸乃純陰之水, 萬物莫不由此而生, 得此而茂. 陽極則陰生, 故丙辛化水, 陰極則陽生, 故戊癸化火, 陰陽相濟, 萬物有生生之妙. 夫十干之氣, 以先天言之, 故一原同出, 以後天言之, 亦一氣相包. 甲乙一木也, 丙丁一火也, 戊己一土也, 庚辛一金也, 壬癸一水也, 卽分別所用, 不過陽剛陰柔, 陽健陰順而已.

丙은 곧 순양의 火이니 만물은 이것으로 말미암아 피어나고 이것을 만나 거두어지지 않음이 없으며, 癸는 곧 순음의 水이니 만물은 이것으로 말미암아 생존하고 이것을 만나 무성하지 않음이 없는데 양이 지극하면 음이 생기므로 丙과 辛이 水로 화하고, 음이 지극하면 양이 생기므로 戊와 癸가 火로 화하여 음과 양으로 서로 이루어주니 만물이 끊임없이 생성되는 묘함이 있는 것이다. 무릇 十干의 氣는 先天으로 그것을 말하자면 본래 하나의 근원에서 똑같이 나왔고 後天으로 그것을 말하자면 또한 하나의 氣를 서로 포함하고 있는 것이니, 甲과 乙이 하나의 木이고 丙과 丁이 하나의 火이고 戊와 己가 하나의 土이고 庚과 辛이 하나의 金이고 壬과 癸가 하나의 水인데 곧 작용하는 바를 분별하면 양은 강하고 음은 부드러우며 양은 굳세고 음은 순함에 불과할 뿐이다.

竊怪命家作爲歌賦, 比擬失倫, 竟以甲木爲梁棟, 乙木爲花果. 丙作太陽, 丁作燈燭. 戊作城牆, 己作田園. 庚爲頑鐵, 辛作珠玉. 壬爲江河, 癸爲雨露. 相沿已久, 牢不可破, 用之論命, 誠大謬也. 如謂甲爲無根死木, 乙爲有根活木, 同是木而分生死, 豈陽木獨稟死氣, 陰木獨稟生氣乎? 又謂活木畏水泛, 死木不畏水泛, 豈活木遇水且漂, 而枯槎遇水反定乎? 論斷諸干, 如此之類, 不一而足, 當盡闢之, 以絕將來之謬.

속으로 괴이하게 여기는 바는 명가들이 가(歌)와 부(賦)를 지어 주위의 물체와 비교하여 윤리를 잃고 있는 것이니, 마침내 甲木을 들보와 마룻대라고 하고 乙木을 꽃과 열매라 하며, 丙을 태양으로 간주하고 丁을 등불이나 촛불로 간주하며, 戊를 성이나 담장으로 간주하고 己를 전원으로 간주하며, 庚을 무쇠라 하고 辛을 주옥이라 하며, 壬을 江河라 하고 癸를 비와 이슬이라 하면서 서로 함께 이어옴이 너무 오래되고, 견고하여 무너뜨릴 수 없으므로 이것을 써서 命을 논한다면 진실로 크게 어긋날 것이다. 또 말하기를 甲을 뿌리 없는 죽은 나무라 하고 乙을 뿌리가 있는 산 나무라 하여 똑같은 나무인데도 生과 死로 구분하니 어찌 陽木만이 홀로 死氣를 받고 陰木만이 홀로 生氣를 받겠는가? 또 산 나무는 물에 뜨는 것을 두려워하고 죽은 나무는 물에 뜨는 것을 두려워하지 않는다고 하니 어째서 산 나무는 물을 만나면 곧 표류하고 말라 죽은 나무는 물을 만나면 도리어 고정되겠는가? 모두 干을 논단함에 있어서 이와 같은 부류는 일일이 다 말하지 못할 뿐이니, 마땅히 이러한 것을 다 물리쳐서 장래의 오류를 끊어야 한다.

五陽從氣不從勢요 五陰從勢無情義니라

다섯 양간은 기를 따르므로 세력을 따르지 않으며, 다섯 음간은 세력을 따르므로 정과 의리가 없다.

[原注] 五陽得陽之氣하니 卽能成乎陽剛之事라 不畏財殺之勢하며 五陰得陰之氣하니 卽能成乎陰順之義라 故木盛則從木하고 火盛則從火하고 土盛則從土하고 金盛則從金하고 水盛則從水하니 於情義之所在者에 見其勢衰면 則忌之矣니 蓋婦人之情也라 如此라도 若得氣順理正者는 亦未必從勢而忘義요 雖從亦必正矣니라

다섯 양간은 양의 기를 얻으니 곧 양의 강건한 일을 이룰 수 있으므로 財와 殺의 세력을 두려워하지 않으며, 다섯 음간은 음

의 기를 얻으니 곧 음의 유순한 의리를 이룰 수 있으므로, 木이 성하면 木을 따르고, 火가 성하면 火를 따르고, 土가 성하면 土를 따르고, 金이 성하면 金을 따르고, 水가 성하면 水를 따르는데, 정과 의리가 있는 곳에서 그 세력의 쇠함을 보면 그것을 기피하는 것이니 이것은 부인(婦人)의 정인 것이다. 이와 같더라도 혹 氣의 순함과 理의 바름을 얻을 경우에는 또한 반드시 세력을 따라서 의리를 망각하지도 않으며 비록 세력을 따르더라도 반드시 바르게 따른다.

【任注】五陽氣闢, 光亨之象易觀. 五陰氣翕, 包含之蘊難測. 五陽之性剛健, 故不畏財煞而有惻隱之心, 其處世不苟且. 五陰之性柔順, 故見勢忘義, 而有鄙吝之心, 其處世多驕諂. 是以柔能制剋剛, 剛不能制剋柔也.

다섯 양간의 기는 열려 있으므로 빛나서 드러나는 형상을 보기가 쉬우며, 다섯 음간의 기는 닫혀 있으므로 포함하고 있는 심오한 속내를 헤아리기가 어렵다. 다섯 양간의 성질은 강건하므로 財와 殺을 두려워하지 않고 측은하게 여기는 마음이 있어서 그 처세가 구차하지 않으며, 다섯 음간의 성질은 유순하므로 세력을 보면 의리를 잊으며 천박하고 속된 마음이 있어서 그 처세에 교만하고 아첨함이

많은 것이니, 이 때문에 유순함은 강건함을 제압할 수 있
으나 강건함은 유순함을 제압할 수 없는 것이다.

大都趨利忘義之徒, 皆陰氣之爲戾也. 豪俠慷慨之人,
皆陽氣之獨鍾. 然尙有陽中之陰, 陰中之陽, 又有陽外陰
內, 陰外陽內, 亦當辨之. 陽中之陰, 外仁義而內奸詐.
陰中之陽, 外凶險而內仁慈. 陽外陰內者, 包藏禍心. 陰
外陽內者, 秉持直道. 此人品之端邪, 固不可以不辨. 要
在氣勢順正, 四柱五行停勻, 庶不偏倚, 自無損人利己之
心. 凡持身涉世之道, 趨避必先知人, 故云擇其善者而從
之, 卽此意也.

대체로 이익을 따르고 의리를 잊는 무리들은 다 음기가
어그러짐을 이룬 것이며, 호탕하고 의협심이 있으며 그릇
된 것을 분개하고 탄식하는 사람들은 다 양기가 독특하게
모인 것인데, 그러나 양 중의 음과 음 중의 양이 있으며,
또 양이 밖에 있고 음이 안에 있는 경우와 음이 밖에 있고
양이 안에 있는 경우가 있으니 또한 마땅히 이것을 분별해
야 한다. 양 중에 음이 있으면 밖으로는 인의를 내세우나
안으로는 간사하며, 음 중에 양이 있으면 밖으로는 흉험하

나 안으로는 인자하며, 양이 밖에 있고 음이 안에 있는 경우에는 남을 해칠 마음을 품고 있으며, 음이 밖에 있고 양이 안에 있는 경우에는 바른 도리를 지키므로 이에 인품의 단정하고 간사함을 진실로 분별하지 않으면 안 된다. 요점은 양기 음기의 세력이 순하고 바르며 사주 오행의 머무름이 가지런히 조화를 이루는 데 있으니, 거의 치우치거나 기울지 않으면 자연히 남을 손상하고 자신을 이롭게 하는 마음이 없을 것이다. 무릇 몸을 지키고 세상을 살아가는 길에 길함을 향하고 흉함을 피하려면 반드시 먼저 사람을 알아야 하니, 그러므로 공자께서 "그 가운데 선한 자를 가려서 그를 따르라"[12]고 말씀한 것이 곧 이러한 뜻이다.

甲木參天이니 脫胎要火라 春不容金이요 秋不容土며 火熾乘龍이요 水宕騎虎하나니 地潤天和면 植立千古니라

甲木은 참천[13]이니 태를 벗으려면 火를 필요로 하는데, 봄에는 金을 용납하지 않고 가을에는 土를 용납하지 않으며 火가 치열하면 용(辰)을 타야 하고

---

12) 『논어』 述而편 21장. '三人行에 必有我師焉이니 擇其善者而從之요 其不善者而改之니라.'
13) 참천(參天): 하늘의 덕에 참여함.

水가 범람하면 범(寅)을 타야 하는 것이니, 땅이 윤택하고 하늘이 조화를 이루면 심어 놓은 나무가 천년토록 오래갈 것이다.

[原注] 純陽之木이니 參天雄壯이요 火者木之子也니 旺木得火而愈敷榮이라 生於春則欺金이니 而不能容金也며 生於秋則助金이니 而不能容土也라 寅午戌에 丙丁多見이면 而坐辰則能歸며 申子辰에 壬癸多見이면 而坐寅則能納이라 使土氣不乾이요 水氣不消면 則能長生矣니라

甲은 순양의 木이니 하늘의 덕에 참여하여 웅장하며, 火는 木의 자식이므로 旺木이 火를 얻으면 더욱 번성하는 것이다. 甲木이 봄에 생하면 金을 업신여기므로 金을 용납할 수 없으며, 가을에 생하면 金을 도우므로 土를 용납할 수 없는 것이다. 寅午戌에 丙丁이 많이 보이면 甲이 辰에 앉아야만 火氣를 돌려보낼 수 있으며, 申子辰에 壬癸가 많이 보이면 寅에 앉아야만 水氣를 수납할 수 있다. 가령 土氣가 메마르지 않고 水氣가 없어지지 않으면 장생할 수 있는 것이다.

【任注】甲爲純陽之木, 體本堅固, 參天之勢, 又極雄壯. 生于春初, 木嫩氣寒, 得火而發榮. 生于仲春, 旺極

之勢, 宜洩其菁英. 所謂强木得火, 方化其頑. 剋之者
金, 然金屬休囚, 以衰金而剋旺木, 木堅金缺, 勢所必
然, 故春不容金也.

甲은 곧 순양의 木으로써 체가 본래 견고하고 참천의 기
세이니 또한 지극히 웅장한 것이다. 春初(正月)에 생하면
나무는 어리고 기후는 차가우므로 火를 만나야 발달하고
꽃을 피우며, 仲春(卯月)에 生하면 旺이 지극한 기세이므
로 마땅히 그 화려하고 뛰어난 기세를 누설시켜야 하니,
이른바 강한 木은 火를 만나야 비로소 그 완강함을 변화할
수 있다는 것이다. 木을 극하는 것은 金이지만 金이 휴수
에 속하는 경우에 쇠약한 金으로 旺木을 극하면 木이 견고
하여 金이 결손되는 것이니 형세가 반드시 그러한 것이므
로 봄에는 金을 용납하지 않는 것이다.

生于秋, 失時就衰, 但枝葉雖凋落漸稀, 根氣却收斂下
達, 受剋者土. 秋土生金洩氣, 最爲虛薄. 以虛氣之土,
遇下攻之木, 不能培木之根, 必反遭其傾陷, 故秋不容土也.

甲木이 가을에 생하면 때를 놓쳐 쇠하게 되는데 다만 가
지와 잎은 비록 시들어 떨어져 점점 적어지더라도 뿌리의
기운은 도리어 안으로 거두어 아래에 도달하니 극을 받는

것은 土이다. 가을의 土는 金을 생하고 자신의 氣를 누설
하게 되어 가장 허약하고 메마르니 氣가 허한 土로써, 아
래로 공격하는 木을 만나면 木의 뿌리를 배양하지 못하고
반드시 도리어 木에게 기울어지고 무너짐을 당하게 되므
로 가을에는 土를 용납하지 않는 것이다.

**柱中寅午戌全,　又透丙丁,　不惟洩氣太過,　而木且被
焚, 宜坐辰, 辰爲水庫, 其土溼, 溼土能生木洩火, 所謂
火熾乘龍也. 申子辰全,　又透壬癸,　水泛木浮,　宜坐寅,
寅乃火土生地, 木之祿旺, 能納水氣, 不致浮泛, 所謂水
宕騎虎也. 如果金不銳, 土不燥, 火不烈, 水不狂, 非植
立千古而得長生者哉?**

　사주 중에 寅午戌이 전부 갖추어지고 또 丙丁을 투출했
다면 설기가 너무 지나칠 뿐 아니라 木이 더 나아가 불태
움을 당하게 되므로 마땅히 辰에 앉아야 하는데, 辰은 곧
水의 庫로써 그 土가 습하니 습한 土는 木을 생하고 火를
누설할 수 있으므로 이른바 火가 치열하면 용을 타야 한다
는 것이다. 申子辰이 전부 갖추어지고 또 壬癸를 투출했
면 물이 범람하여 나무가 뜨게 되므로 마땅히 寅에 앉아야
하는데, 寅은 곧 火土의 장생지이며 木의 녹왕지이니 水氣

를 수납하여 뜨고 범람함에 이르지 않게 할 수 있으므로
이른바 水가 범람하면 범을 타야 한다는 것이다. 만약 金
이 예리하지 않고 土가 건조하지 않으며 火가 맹렬하지 않
고 水가 광란하지 않는다면, 심어 놓은 나무가 천년토록
오래가서 길이길이 살 수 있는 것이 아니겠는가?

**乙木雖柔나 刲羊解牛요 懷丁抱丙이면 跨鳳乘猴요
虛溼之地엔 騎馬亦憂요 藤蘿繫甲이면 可春可秋니라**

乙木은 비록 부드럽지만 양(未)을 잡고 소(丑)를
도살하며, 丁을 몸에 지니고 丙을 품에 안으면 봉황
(酉)을 타고 원숭이(申)를 타지만, 허하고 습한 곳에
서는 말(午)을 타더라도 근심이 되며, 등나무가 높은
나무(甲)에 매여 있으면 봄도 좋고 가을도 좋다.

[原注] 乙木者는 生於春如桃李요 夏如禾稼요 秋如桐桂
요 冬如奇葩니 坐丑未면 能制柔土하여 如刲宰羊解割牛然
하며 只要有一丙丁이면 則雖生申酉之月이라도 亦不畏之나
生於子月이요 而又壬癸發透者면 則雖坐午라도 亦難發生이
니 故益知坐丑未月之爲美라 甲與寅字多見이면 弟從兄義니

譬之藤蘿附喬木이라 不畏斫伐也니라

乙木은 봄에 생하면 복숭아나 오얏나무와 같고, 여름에 생하면 곡식과 같으며, 가을에 생하면 오동나무나 계수나무와 같고, 겨울에 생하면 기이한 꽃과 같은데, 丑이나 未에 앉으면 부드러운 土를 제압할 수 있어서 양(未)을 잡아 요리하고 소(丑)를 도살하듯 하며, 다만 하나의 丙이나 丁만 있으면 비록 申酉月에 생하더라도 그것을 두려워하지 않지만 子월에 생하고 다시 또 壬이나 癸가 투출한 경우에는 비록 午에 앉더라도 삶을 펴기 어려운 것이니, 그러므로 더욱 丑이나 未월에 앉는 것이 아름다움이 됨을 알아야 한다. 甲과 寅이 많이 보이면 아우가 형의 도리를 따르니 등나무 덩굴이 높은 나무에 붙은 것에 비유되므로 찍어 베는 것을 두려워하지 않는다.

【任注】 乙木者, 甲之質, 而承甲之生氣也. 春如桃李, 金剋則凋. 夏如禾稼, 水滋得生. 秋如桐桂, 金旺火制. 冬如奇葩, 火溫土培. 生于春宜火者, 喜其發榮也. 生于夏宜水者, 潤地之燥也. 生于秋宜火者, 使其剋金也. 生于冬宜火者, 解天之凍也.

乙木은 甲의 형질이며 甲의 生氣를 받는데, 봄에는 복숭아나 오얏나무와 같으므로 金이 극하면 시들며, 여름에는 곡식과 같으므로 水로 적셔주어야 살 수 있으며, 가을에는 오동이나 계수나무와 같으므로 金이 왕하면 火로 극제해야 하며, 겨울에는 기이한 꽃과 같으므로 火와 濕土로 배양해야 한다. 乙木이 봄에 생하면 火를 적합하게 여기는 까닭은 그 발육과 꽃피움을 기뻐하기 때문이며, 여름에 생하면 水를 적합하게 여기는 까닭은 땅의 건조함을 적셔 주기 때문이며, 가을에 생하면 火를 적합하게 여기는 까닭은 金을 극하게 하기 때문이며, 겨울에 生하면 火를 적합하게 여기는 까닭은 날씨가 추워 언 것을 녹여 주기 때문이다.

刲羊解牛者, 生于丑未月, 或乙未乙丑日, 未乃木庫, 得以蟠根, 丑乃濕土, 可以受氣也. 懷丁抱丙, 跨鳳乘猴者, 生于申酉月, 或乙酉日, 得丙丁透出天干, 有水不相爭剋, 制化得宜, 不畏金强. 虛濕之地, 騎馬亦憂者, 生于亥子月, 四柱無丙丁, 又無戌未燥土, 卽使年支有午, 亦難發生也.

양을 잡고 소를 도살한다는 것은 丑월, 未월이나 혹은 乙未, 乙丑일에 생하면 未는 곧 木의 庫이니 木이 기운이 뿌리로 내려가 축적되게 할 수 있고, 丑은 곧 습토이니 木이 생기를 받을 수 있기 때문이며, 丁을 몸에 지니고 丙을 품에 안으면 봉황을 타고 원숭이를 탄다는 것은 申월, 酉

월이나 혹은 乙酉일에 태어나고 丙丁이 천간에 투출함을 만나면 水가 있어도 서로 다투어 극하지 않고 제압과 변화가 알맞음을 이루어 金의 강함을 두려워하지 않기 때문이며, 허하고 습한 곳에서는 말을 타더라도 근심이 된다는 것은 乙木이 亥월이나 子월에 생하여 사주에 丙丁이 없고 또 戌未조토도 없으면 설령 년지에 午가 있더라도 삶을 펴기 어렵기 때문이다.

天干甲透, 地支寅藏, 此謂蔦蘿繫松柏, 春固得助, 秋亦合扶, 故曰可春可秋, 言四季皆可也.

천간에 甲이 투출하고 지지에 寅이 있으면 이것을 담쟁이덩굴이 송백에 얽매여 있다고 말하니, 봄에는 물론 도움을 받고 가을에도 힘을 합하여 부조하므로 봄도 좋고 가을도 좋다고 한 것이니 사계절이 모두 좋음을 말한 것이다.

丙火猛烈하니 欺霜侮雪하며 能煅庚金이나 逢辛反怯하며 土衆成慈하고 水猖顯節하며 虎馬犬鄕에 甲木若來면 必當焚滅이니라

丙火는 기세가 사납고 세차니 서리와 눈을 업신여

기며, 庚金을 단련할 수 있으나 辛金을 만나면 도리어 겁을 내며, 土가 많으면 자애로움을 이루고, 水가 창궐하면 충절을 드러내며, 호마견(寅午戌)의 향에서 甲木이 옴을 만나면 반드시 불타 없어진다.

[原注] 火陽精也요 丙火灼陽之至라 故猛烈하니 不畏秋而欺霜하며 不畏冬而侮雪이라 庚金雖頑이나 力能煅之며 辛金本柔나 合而反弱이라 土其子也니 見戊己多하면 而成慈愛之德하며 水其君也니 遇壬癸旺히면 而顯忠節之風이라 至於未하면 遂炎上之性하며 而遇寅午戌三位者요 露甲木하면 則燥而焚滅也니라

火는 陽의 근원이며 丙火는 성한 陽의 극치이므로 기세가 사납고 세차니 가을을 두려워하지 않아서 서리를 업신여기며 겨울을 두려워하지 않아서 눈을 업신여긴다. 庚金이 비록 완강하지만 丙火의 힘으로 그것을 단련할 수 있으며 辛金은 본래 부드럽지만 丙火를 합하여 도리어 약하게 한다. 土는 자신의 자식이므로 戊己가 많음을 만나면 자애로운 덕을 이루며, 水는 자신의 군주이므로 壬癸가 왕함을 마나면 충절의 기풍을 드러낸다. 未에 이르면 炎上의 성질을 이루며, 寅午戌 삼위를 만나고 甲木이 드러나면 말라서 불타 없어진다.

【任注】　丙乃純陽之火，其勢猛烈，欺霜侮雪，有除寒解凍之功．能煆庚金，遇强暴而施剋伐也．逢辛反怯，合柔順而寓和平也．土衆成慈，不凌下也．水猖顯節，不援上也.[14]　虎馬犬鄉者，支坐寅午戌，火勢已過于猛烈，若再見甲木來生，轉致焚滅也．

　丙은 곧 순양의 火이므로 그 기세가 사납고 세차니 서리와 눈을 업신여기며, 추위를 제거하고 언 것을 녹이는 공이 있는 것이다. 庚金을 단련시킬 수 있다는 것은 강하고 사나운 것을 만나 극벌을 베푸는 것이며, 辛金을 만나면 도리어 겁을 내는 것은 부드럽고 온순한 것을 만나 화평에 머무는 것이다. 土가 많으면 자애로움을 이루는 것은 윗자리에 있으면서 아랫사람을 업신여기지 않는 것이며, 水가 창궐하면 충절을 드러내는 것은 아랫자리에 있으면서 윗사람에게 매달리지 않는 것이다. 호마견(虎馬犬)의 향은 지지가 寅午戌에 앉는 것이니 火의 기세가 이미 사납고 세찬 것을 초과했는데 만약 다시 甲木이 와서 생조함을 만나면 도리어 불타 없어짐에 이른다.

---

14)　……不凌下也. ……不援上也.：『中庸』 14장 ‘……在上位하여　不凌下하며　在下位하여　不援上이요…….’

由此論之, 洩其威, 須用己土. 遏其焰, 必要壬水. 順其性, 還須辛金. 己土卑溼之體, 能收元陽之氣. 戊土高燥, 見丙火而焦坼矣. 壬水剛中之德, 能制暴烈之火. 癸水陰柔, 逢丙火而熯乾矣. 辛金柔軟之物, 明作合而相親, 暗化水而相濟. 庚金剛健, 剛又逢剛, 勢不兩立. 此雖擧五行而論, 然世事人情, 何莫不然?

이것을 근거로 논한다면, 그 위세를 누설하려면 반드시 己土를 써야 하며, 그 불꽃을 막으려면 壬水가 필요하며, 그 성질을 순하게 하려면 또한 辛金을 써야 하는 것이다. 己土는 낮고 습한 체질이므로 원양(元陽)의 氣를 거둘 수 있으나 戊土는 높고 건조하므로 丙火를 만나면 불타서 갈라진다. 壬水는 굳세고 바른 덕이므로 사납고 세찬 불을 제압할 수 있으나 癸水는 음으로 부드러우니 丙火를 만나면 말라 버린다. 辛金은 부드러운 물건이므로 겉으로는 합을 이루어 서로 친하고 속으로는 水로 변화되어 상대를 구제하지만 庚金은 강건하므로 강한 것이 다시 또 강함을 만나면 그 형세가 둘이 함께 존립할 수 없는 것이다. 이것은 비록 오행을 들어서 논한 것이지만 세상사와 사람의 인정이 어디엔들 그렇지 않음이 없겠는가?

丁火柔中하여 內性昭融이라 抱乙而孝하고 合壬而忠하며 旺而不烈하고 衰而不窮하니 如有嫡母면 可秋可冬이니라

丁火는 부드럽고 중용을 이루어 내면의 성질이 밝고 화창하므로, 乙을 품에 안아 효도하고 壬과 합하여 충성하며, 왕성해도 맹렬하지 않고 쇠약해도 다 꺼지지 않으니, 만일 적모(甲)가 있으면 가을도 좋고 겨울도 좋다.

[原注] 丁干屬陰이요 火性雖陽이나 柔而得其中矣라 外柔順而內文明하니 內性豈不昭融乎리오 乙非丁之嫡母也로되 乙畏辛而丁抱之하니 不若丙抱甲而反能焚甲木也요 不若己抱丁而反能晦丁火也니 其孝異乎人矣라 壬爲丁之正君也니 壬畏戊而丁合之하여 外則撫恤戊土하여 能使戊土不欺壬也하며 內則暗化木神하여 而使戊土不敢抗乎壬也하니 其忠異乎人矣라 生於夏令이면 雖逢丙火라도 特讓之而不助其焰하니 不至於烈矣요 生於秋冬이로되 得一甲木이면 則倚之不滅이라 而焰至於無窮也니 故曰可秋可冬은 皆柔之道也일새니라

丁은 천간으로 음에 속하며 火의 성질은 비록 양이나 부드럽고 그 중용을 이루었으므로 겉으로는 유순하지만 안으로는 문채가 밝게 빛나니 내면의 성질이 어찌 밝고 화창하지 않겠는가? 乙은 丁의 적모가 아닌데도 乙이 辛을 두려워하면 丁은 乙을 품에 안으니 丙이 甲을 품에 안으면 도리어 甲木을 불태울 수 있는 것과 같지 않으며, 己가 丁을 품에 안으면 도리어 丁火를 어둡게 할 수 있는 것과도 같지 않으니, 그 효성이 사람과 다르다. 壬은 丁의 정군(正君)인데, 壬이 戊를 두려워하면 丁이 壬과 합을 이루어 밖으로는 戊土를 어루만져 은혜를 베풀어서 戊土로 하여금 壬을 업신여기지 못하게 할 수 있으며, 안으로는 은밀히 木神이 되어 戊土로 하여금 감히 壬에게 대항하지 못하게 하니, 그 충성이 사람과 다르다. 여름에 생하면 비록 丙火를 만나더라도 다만 그에게 양보하여 그 불꽃을 돕지 않으니 맹렬함에 이르지 않으며, 秋冬에 생하더라도 하나의 甲木을 얻으면 그에게 의지하여 꺼지지 않으므로 불꽃이 무궁함에 이를 것이니, 그러므로 가을도 좋고 겨울도 좋다고 한 것은 다 부드러운 도리 때문이다.

【任注】丁非燈燭之謂, 較丙火則柔中耳. 內性昭融者, 文明之象也. 抱乙而孝, 明使辛金不傷乙木也. 合壬而忠, 暗使戊土不傷壬水也. 惟其柔中, 故無太過不及之弊, 雖時當乘旺, 而不至赫炎. 卽時値就衰, 而不至于熄滅. 干透甲乙, 秋生不畏金. 支藏寅卯, 冬産不忌水.

丁火는 등촉을 말하는 것이 아니라 丙火와 비교하여 부드럽고 중용을 이루었을 뿐이다. 내면의 성질이 밝고 화창하다는 것은 문채가 빛나는 형상이며, 乙을 품에 안아 효도한다는 것은 겉으로 辛金으로 하여금 乙木을 손상하지 않게 하는 것이며, 壬과 합하여 충성한다는 것은 안으로 戊土로 하여금 壬水를 손상하지 못하게 하는 것이다. 오직 그 부드러움이 중용을 이루었으므로 너무 지나치거나 모자라는 폐단이 없으니, 비록 시절이 왕성한 기세를 탈 때를 당하더라도 불꽃이 뜨거움에 이르지 않으며, 만일 시절이 쇠약해지는 때를 만나더라도 꺼져 없어짐에 이르지 않는다. 천간에 甲乙이 투출되면 가을에 태어나도 金을 두려워하지 않으며 지지에 寅卯가 간직되면 겨울에 태어나도 水를 꺼리지 않는다.

戊土固重하고 旣中且正하니 靜翕動闢하여 萬物司命하며 水潤物生하고 火燥物病하며 若在艮坤이면 怕沖宜靜이니라

戊土는 단단하고 두터우며 이미 치우치지 않고 올바르니, 고요히 닫히고 움직여 열려서 만물의 생명을 맡으며, 水로 적시면 만물이 생육되고 火로 건조하게 하면 만물이 병들며, 만약 艮坤(寅申)에 앉으면 沖을 두려워하니 마땅히 조용히 있어야 한다.

[原注] 戊土는 非城牆隄岸之謂也라 較己特高厚剛燥하니 乃己土發源之地요 得乎中氣而且正大矣라 春夏엔 則氣闢而生萬物하고 秋冬엔 則氣翕而成萬物이라 故爲萬物之司命也라 其氣屬陽하여 喜潤不喜燥하며 坐寅怕申하고 坐申怕寅하니 蓋沖則根動하여 非地道之正也라 故宜靜이니라

戊土는 성벽이나 제방을 말하는 것이 아니라 己와 비교하여 다만 높고 두터우며 굳세고 건조할 뿐이니, 곧 己土의 발원이 되는 땅이며 중용의 氣를 얻어서 또한 올바르고 큰 것이다. 春夏에는 氣가 열려서 만물을 생육하고 秋冬에는 氣가 닫혀서 만물을 성숙시키므로 만물의 사명이 된다. 그 氣는 陽에 속하여 윤택함을 좋아하고 건조함을 좋아하지 않으며, 寅에 앉으면 申을 두려워하고 申에 앉으면 寅을 두려워 하니 이것은 沖하면 뿌리가 동요되어 地道의 올바름이 아니기 때문에 조용히 있어야 하는 것이다.

【任注】戊爲陽土, 其氣固重, 居中得正. 春夏氣動而闢, 則發生, 秋冬氣靜而翕, 則收藏, 故爲萬物之司命也. 其氣高厚, 生於春夏, 火旺宜水潤之, 則萬物發生, 燥則物枯. 生於秋冬, 水多宜火暖之, 則萬物化成, 溼則物病. 艮坤者, 寅申之月也. 春則受剋, 氣虛宜靜. 秋則多洩, 體薄怕沖. 或坐寅申日, 亦喜靜忌沖. 又生四季月者, 最喜庚申辛酉之金, 秀氣流行, 定爲貴格, 己土亦然. 如柱見木火, 或行運遇之則破矣.

戊土는 陽土로써 그 氣가 단단하고 두터우며 중도에 머물러 올바름을 이루니, 春夏에 그 氣가 움직여 열리면 만물이 발육 생장하고 秋冬에 그 氣가 고요하여 닫히면 만물이 거두어 저장되므로 만물의 사명이 되는 것이다. 그 氣가 높고 두터우니 춘하에 생하면 火가 왕하므로 마땅히 水로써 土를 적셔주어야만 만물이 발육 생장하고 건조하면 만물이 마르게 되며, 추동에 생하면 水가 많으므로 마땅히 火로써 土를 따뜻하게 해야만 만물이 변화하여 성숙하고 습하면 만물이 병들게 된다. 艮坤은 寅申월이다. 봄에는 戊土가 극을 당하여 氣가 허하므로 마땅히 조용히 있어야 하며, 가을에는 누설이 많아서 체질이 약하므로 沖을 두려워하는 것이니 혹 寅일이나 申일에 앉으면 또한 조용한 것을 좋아하여 沖을 꺼리는 것이다. 또 四季월에 생하는 경우에는 庚申·辛酉의 金을 가장 좋아하니 수기가 유행하여 반드시 귀격이 되기 때문이며, 己土도 역시 그러한데 만일 사주에 木火가 보이거나 혹은 行運에서 그것을 만나면 파격이 된다.

己土卑溼이나 中正蓄藏하며 不愁木盛하고 不畏水狂하며 火少火晦요 金多金光이니 若要物旺인댄 宜助宜幇이니라

己土는 낮고 습하지만 치우치지 않고 올바르게 만물을 모아 간직하며, 木의 왕성함을 근심하지 않고 水의 광란을 두려워하지 않으며 火氣가 약해져서 불빛이 어둡게 하기도 하고 金이 많아져서 金이 빛나게 하기도 하니, 만약 만물이 왕성해지기를 바란다면 己土를 원조하고 도와야 한다.

[原注] 己土는 卑薄軟溼하니 乃戊土枝葉之地로되 亦主中正而能蓄藏萬物이라 柔土能生木하여 非木所能剋이라 故

不愁木盛이요 土深而能納水하여 非水所能蕩이니 故不畏水狂이라 無根之火는 不能生溼土라 故火少而火反晦며 溼土能潤金烝라 故金多而金光彩하여 反淸瑩可觀하나니 此其無爲而有爲之妙用이라 若要萬物充盛長旺인댄 惟土勢固重이요 又得火氣暖和方可니라

己土는 낮고 엷고 부드럽고 습하니 곧 戊土의 지엽이 되는 땅이지만 또한 치우치지 않고 올바름을 주장하여 만물을 모아서 간직할 수 있다. 부드러운 土는 木을 생육할 수 있어서 木이 극제할 수 있는 바가 아니므로 木의 왕성함을 근심하지 않으며, 土가 깊으면 水를 받아들일 수 있어서 水가 쓸어버릴 수 있는 바가 아니므로 水의 광란을 두려워하지 않는다. 근본이 없는 火는 습한 土를 생할 수 없으므로 火氣가 쇠약해져서 불꽃이 도리어 어두우며, 습한 土는 金氣를 윤택하게 할 수 있으므로 金이 많아지고 金이 빛나서 도리어 맑고 밝음이 볼만한 것이니, 이것이 그 행위를 가함이 없어도 행함이 있게 되는 묘한 작용이다. 만약 만물이 충성하고 무성하여 오래도록 왕성하기를 바란다면 오직 土의 기세가 견고하고 두터우며 다시 또 火氣를 만나 따뜻하고 화창해져야만 비로소 가능하다.

【任注】 己土, 爲陰溼之土, 中正蓄藏, 貫八方而旺四季, 有滋生不息之妙用焉. 不愁木盛者, 其性柔和, 木藉以培養, 木不尅也. 不畏水狂者, 其體端凝, 水得以納藏, 水不沖也. 火少火晦者, 丁火也, 陰土能斂火晦火也. 金多金光者, 辛金也, 溼土能生金潤金也. 柱中土氣深固, 又得丙火去其陰溼之氣, 更足以滋生萬物, 所謂宜助宜幫者也.

己土는 陰의 습한 土로써 치우치지 않고 바르게 만물을 모아 간직하며 팔방으로 통하고 四季에 왕하여 불어나고 자라남이 멈추지 않게 하는 묘한 작용이 있다. 木의 왕성함을 근심하지 않는다는 것은 그 성질이 부드럽고 온화하여 木이 거기에 힘입어서 배양되므로 木이 극하지 않는 것이다. 水의 광란을 두려워하지 않는다는 것은 그 체질이 단정하게 이루어져서 水가 그것을 만나야 거두어 간직될 수 있으므로 水가 沖하지 않는 것이다. 火氣가 약해져서 불빛이 어둡다는 것은 丁火의 경우이니 陰土는 火氣를 수렴하여 불빛을 어둡게 할 수 있는 것이며, 金이 많아져서 金이 빛난다는 것은 辛金의 경우이니 습한 土는 金을 생하고 金을 윤택하게 할 수 있는 것이다. 사주 중에 土氣가 깊고 견고하며 또 丙火를 만나서 그 陰의 습한 기운을 제거하면 더욱더 만물을 불어나고 자라게 할 수 있으니 이른바 원조하고 도와야 한다는 것이다.

庚金帶煞하고 剛健爲最하니 得水而淸하고 得火而
銳하며 土潤則生하고 土乾則脆하며 能嬴甲兄이나 輸
于乙妹니라

庚金은 살기(煞氣)를 지니고 강건함이 최상이니, 水를 만나면 氣가 淸하고 火를 만나면 氣가 예리하며 土가 윤택하면 살아나고 土가 건조하면 연약해지며, 甲형에게는 이길 수 있으나 乙누이에게는 진다.

[原注] 庚金은 乃天上之太白이니 帶殺而剛健이라 健而得水면 則氣流而淸이요 剛而得火면 則氣純而銳라 有水之土는 能全其生이요 有火之土는 能使其脆라 甲木雖强이나 力足伐之요 乙木雖柔나 合而反弱이니라

庚金은 곧 천상의 태백성(金星)이니 살기를 지니고 강건하다. 강건하면서 水를 만나면 氣가 유통되어 淸하며, 강건하면서 火를 만나면 氣가 순수해져서 예리하다. 水를 지니고 있는 土는 그 庚金의 生을 온전하게 할 수 있고, 火를 지니고 있는 土는 그 金을 연약하게 할 수 있다. 甲木이 비록 강하더라도 힘으로 그것을 벨 수 있으며, 乙木이 비록 부드럽더라도 합하면 도리어 자신이 약해진다.

【任注】庚乃秋天肅殺之氣, 剛健爲最. 得水而清者, 壬水也, 壬水發生, 引通剛殺之性, 便覺淬厲晶瑩. 得火而銳者, 丁火也, 丁火陰柔, 不與庚金爲敵, 良冶銷熔, 遂成劍戟, 洪爐煆煉, 時露鋒鋩. 生于春夏, 其氣稍弱, 遇丑辰之濕土則生, 逢未戌之燥土則脆. 甲木正敵, 力能伐之. 與乙相合, 轉覺有情. 乙非盡合庚而助暴, 庚亦非盡合乙而反弱也, 宜詳辨之.

庚은 곧 가을 하늘의 초목을 시들어 마르게 하는 氣로써 강건함이 최상이다. 水를 만나면 淸해진다는 것은 壬水의 경우이니 壬水가 生氣를 발하여 강건하고 숙살하는 성질을 이끌어 유통시키면 곧 담금질하고 갈아서 밝아짐을 깨닫는 것이다. 火를 만나면 예리해진다는 것은 丁火의 경우이니 丁火는 음으로 부드러워서 庚金과 적수가 되지 않으나 솜씨 좋은 대장장이가 녹이면 마침내 칼과 창이 되니 큰 화로에서 단련하면 때에 따라 예리한 끝을 드러내는 것이다. 춘하에 생하면 그 氣가 조금 약한데 丑이나 辰의 濕土를 만나면 생기가 있고, 未나 戌의 燥土를 만나면 연약해진다. 甲木은 정당한 적이지만 힘으로 그것을 벨 수 있으며, 乙과 相合하면 도리어 유정함을 느낀다. 乙은 庚과

합하는 데 진력하여 사나움을 돕는 것이 아니며 庚도 乙과
합하는 데 진력하여 도리어 약해지는 것이 아니니, 마땅히
이러한 것을 상세히 분별해야 한다.

**辛金軟弱하고 溫潤而淸하니 畏土之疊하고 樂水之
盈하며 能扶社稷하고 能救生靈하며 熱則喜母하고
寒則喜丁이니라**

辛金은 부드럽고 약하고 온화하고 윤택하고 맑으
니, 土가 중첩된 것을 두려워하고 水가 가득 찬 것
을 즐거워하며, 사직을 도울 수 있고 백성을 구원할
수 있으며, 더울 때에는 母土를 좋아하고 추울 때에
는 丁火를 좋아한다.

[原注] 辛乃陰金이요 非珠玉之謂也니 凡溫軟淸潤者는
皆辛金也라 戊己土多而能埋니 故畏之요 壬癸水多而必秀니
故樂之라 辛爲丙之臣也니 合丙化水하여 使丙火臣服壬水케
하여 而安扶社稷하며 辛爲甲之君也니 合丙化水하여 使丙
火不焚甲木케 하여 而救援生靈이라 生於九夏而得己土면
則能晦火而存之요 生於隆冬而得丁火면 則能敵寒而養之라

故辛金生於冬月하여 見丙火則男命不貴하니 雖貴亦不忠하며 女命剋夫하니 不剋亦不和라 見丁男女皆貴且順이니라

　辛은 곧 陰의 金이지 주옥을 말하는 것이 아니니, 무릇 온화하고 부드러우며 맑고 윤택하다는 것이 모두 辛金을 설명한 것이다. 戊己土가 많으면 매몰될 수 있으므로 그것을 두려워하는 것이며, 壬癸水가 많으면 氣가 반드시 빼어나므로 그것을 즐거워하는 것이다. 辛은 丙의 신하이니 丙과 합하여 水가 되어 丙火로 하여금 壬水에게 신하의 예로 복종케 하여 사직을 편안히 도우며, 辛은 甲의 군주이니 丙과 합하여 水가 되어 丙火로 하여금 甲木을 태우지 못하게 하여 배선을 구원하는 것이다. 한여름에 태어나더라도 己土를 만나면 火를 어둡게 하여 자신을 보존할 수 있으며, 한겨울에 태어나더라도 丁火를 만나면 추위와 대적하게 하여 자신을 기를 수 있다. 그러므로 辛金이 冬月에 태어나서 丙火를 만나면 男命은 귀하게 되지 않으니 비록 귀하게 되더라도 충성하지 않으며, 女命은 剋夫하게 되니 극부하지 않으면 불화한다. 丁火를 만나면 남녀 모두 귀하게 되고 화순하게 된다.

　【任注】　辛金, 乃人間五金之質, 故淸潤可觀. 畏土之疊者, 戊土太重, 而濁水埋金. 樂水之盈者, 壬水有餘, 而潤土養金也. 辛爲甲之君也, 丙火能焚甲木, 合而

化水, 使丙火不焚甲木, 反有相生之象. 辛爲丙之臣也,
丙火能生戊土, 合丙化水, 使丙火不生戊土, 反有相助之
美. 豈非扶社稷救生靈乎? 生于夏而火多, 有己土則晦
火而生金. 生于冬而水旺, 有丁火則溫水而養金. 所謂熱
則喜母, 寒則喜丁也.

　辛金은 곧 인간사회의 다섯 가지 금속의 바탕이므로 맑
고 윤택함이 볼만한 것이다. 土가 중첩된 것을 두려워하는
까닭은 戊土가 너무 많으면 水를 마르게 하고 金을 매몰시
키기 때문이며, 水가 가득한 것을 즐거워하는 까닭은 壬水
가 유여하면 土를 적시고 金을 배양하기 때문이다. 辛이
甲의 군주라는 것은 丙火가 甲木을 태울 수 있으므로 丙과
합하여 水가 되어 丙火로 하여금 甲木을 태우지 않고 도리
어 상생하는 형상이 있게 하는 것이며, 辛金이 丙의 신하
라는 것은 丙火가 戊土를 생할 수 있으므로 丙과 합하여
水가 되어 丙火로 하여금 戊土를 생하지 않고 도리어 서로
돕는 아름다움이 있게 하는 것이니, 어찌 사직을 돕고 백
성을 구원하는 것이 아니겠는가? 여름에 생하여 火가 많
을 때에 己土가 있으면 火를 어둡게 하고 金을 생하며, 겨
울에 생하여 水가 왕할 때에 丁火가 있으면 水를 건조시키
고 金을 기르게 되는 것이니, 이른바 더울 때에는 母土를

좋아하고 추울 때에는 丁火를 좋아한다는 것이다.

壬水通河하고 能洩金氣하여 剛中之德이니 周流不滯하며 通根透癸하면 沖天奔地하며 化則有情하고 從則相濟니라

壬水는 은하수에 통하고 金氣를 누설시킬 수 있어서 굳세고 중정한 덕이니 두루 흘러 막히지 않으며, 지지에 통근하고 癸를 투출하면 하늘로 솟구치고 땅으로 내달리며, 木으로 화하면 유정하고 火土를 따르면 서로 이루어준다.

[原注] 壬水는 卽癸水之發源이요 崑崙之水也며 癸水는 卽壬水之歸宿이요 扶桑之水也라 有分有合하여 運行不息이라 所以爲百川者此也요 亦爲雨露者此也니 是不可歧而二之라 申爲天關이니 乃天河之口요 壬水長生於此라 能洩西方金氣하며 周流之性은 漸進不滯하여 剛中之德이 猶然也니 若申子辰全而又透癸면 則其勢沖奔하여 不可遏也라 如東海 本發端於天河하여 每成水患하니 命中遇之에 若無財官者면 其禍當何如哉리오 合丁化木하고 又生丁火면 則可謂有情이

며 能制丙火하여 不使其奪丁之愛라 故爲夫義而爲君仁이라 生於九夏하면 則巳午未中火土之氣가 得壬水熏蒸而成雨露하나니 故雖從火土라도 未嘗不相濟也니라

壬水는 곧 癸水의 발원지이고 곤륜의 水이며, 癸水는 곧 壬水의 귀착지이고 부상의 水이다. 나누어지기도 하고 합하기도 하면서 운행이 멈추지 않으므로 모든 냇물을 이루는 것도 이것이고 또 비와 이슬을 이루는 것도 이것이니 이것을 나누어 두 가지로 할 수 없다. 申은 하늘의 관문이니 곧 은하수의 입구이고 壬水가 이 申에 장생이 되므로 西方 金氣를 누설시킬 수 있으며, 두루 흐르는 성질은 점점 나아가고 막히지 않으므로 굳세고 중정한 덕이 역시 그러한 것이니, 만약 申子辰이 전부 갖추어지고 또 癸가 투출되면 그 세력이 솟구치고 내달려서 막을 수 없는 것이다. 저 동해는 본래 은하수에서 시작되어 늘 홍수의 환란을 이루는 것이니 命 중에서 이러함을 만났을 때 만약 재관이 없다면 그 재앙이 곧 어떠하겠는가? 丁과 합하여 木으로 화하고 다시 또 丁火를 생하면 유정하다고 말할 수 있으며, 丙火를 제압하여 丁의 애정을 빼앗지 못하게 할 수 있으므로 남편의 의리가 되고 군주의 仁이 되는 것이다. 한여름에 생하면 巳午未 가운데 火土의 氣가 壬水를 만나 뜨겁게 데워서 비와 이슬을 이루는 것이니 그러므로 비록 火土를 따르더라도 서로 이루어주지 않음이 없는 것이다.

【任注】 壬爲陽水. 通河者, 卽天河也. 長生在申, 申在天河之口, 又在坤方, 壬水生此, 能洩西方肅殺之氣, 所以爲剛中之德也. 百川之源, 周流不滯, 易進而難退也. 如申子辰全, 又透癸水, 其勢泛濫, 縱有戊己之土, 亦不能止其流, 若强制之, 反沖激而成水患, 必須用木洩之, 順其氣勢, 不至于沖奔也. 合丁化木, 又能生火, 不息之妙, 化則有情也. 生於四五六月, 柱中火土並旺, 別無金水相助. 火旺透干則從火, 土旺透干則從土, 調和潤澤, 仍有相濟之功也.

壬은 陽水이니 河에 통한다는 것은 곧 은하수(天河)에 통한다는 것이고, 申에 장생이 되는데 申은 은하수의 입구에 있으며 또 坤方에 있는데 壬水가 여기에서 발생하여 西方의 숙살지기를 누설시킬 수 있으므로 굳세고 중정한 덕이 되는 것이다. 모든 냇물의 근원이 되어 두루 흐르고 막히지 않으므로 나아가기는 쉬워도 물러서기는 어려운 것이니, 만약 申子辰이 온전히 갖추어지고 또 癸水가 투출되면 그 세력이 범람하여 비록 戊己의 土가 있더라도 그 흐름을 저지할 수 없으므로 만약 억지로 그것을 제지하면 도리어 서로 세차게 부딪혀서 水의 재난을 이룰 것이니, 반

드시 木을 써서 그것을 누설시켜 그 기세를 순하게 해야
솟구치고 내달림에 이르지 않는다. 丁과 합하여 木으로 화
하면 다시 또 火를 생하여 꺼지지 않게 하는 묘한 도리가
될 수 있으니, 화하면 유정한 것이다. 四·五·六月에 생
하여 사주 중에 火와 土가 함께 왕하고 따로 金水의 서로
도움이 없는 경우에, 火가 왕하고 干이 투출되면 火를 따
르며 土가 왕하고 干이 투출되면 土를 따라서 조화를 이루
어 윤택하면 곧 서로 이루어주는 공이 있는 것이다.

**癸水至弱이나 達于天津하며 得龍而運이면 功化斯
神하며 不愁火土하고 不論庚辛하며 合戊見火하면
化象斯眞이니라**

癸水는 지극히 약하지만 天津(은하)에 도달하며,
용은 만나 운행하면 功과 조화가 곧 신묘해지며, 火
土를 근심하지 않고 庚辛을 논하지 않으며, 戊와 합
하고 火를 만나면 그 변화된 상이 참된 것이다.

[原注] 癸水는 乃陰之純而至弱이니 故扶桑有[15]弱水也라 達於天津하여 隨天而運하여 得龍以成雲雨면 乃能潤澤萬物하여 功化斯神이라 凡柱中有甲乙寅卯면 皆能運水氣하여 生木制火하며 潤土養金이라 定爲貴格이니 火土雖多나 不畏하며 至於庚金하여는 則不賴其生이나 亦不忌其多라 惟合戊土化火는 何也오 戊生寅이요 癸生卯하여 皆屬東方이라 故能生火하니 此固一說也나 不知地不滿東南이요 戊土之極處는 卽癸水之盡處니 乃太陽起方也라 故化火니라 凡戊癸得丙丁透者엔 不論衰旺秋冬皆能化火니 最爲眞也니라

癸水는 곧 순수한 陰으로 지극히 약하므로 부상(扶桑)의 유약한 水이다. 천진에 도달하고 하늘을 따라 운행하여 용을 만나서 구름과 비를 이루면 만물을 윤택하게 할 수 있어서 功과 조화가 곧 신묘해지는 것이다. 무릇 柱 중에 甲乙寅卯 등이 있으면 모두 水氣를 운전할 수 있어서 木을 생하고 火를 억제하며 土를 윤택하게 하고 金을 기르므로 반드시 귀격이 되니 火土가 비록 많더라도 두렵지 않으며, 庚金에 이르러서는 그 생함에 의지하지는 않으나 또한 그 많음도 꺼리지 않는다. 戊土와 합하여 火가 되는 것은 어떠한 것인가? 戊는 寅에 장생이 되고 癸는 卯에 장생이 되어 모두 東方에 속하므로 火를 생할 수 있으니, 이것도 물론 한 가지 설이지만, 땅은 東南方에만 가득 찬 것이 아니

---

15) 有는 柔의 잘못인 듯함.

며 戊土가 극에 달한 곳은 癸水가 다한 곳으로 곧 태양이 일어나는 곳이므로 火로 化하는 것임을 알지 못하는 것이다. 무릇 戊癸가 丙丁이 투출됨을 만나는 경우에는 衰旺과 秋冬을 논하지 않고 모두 火로 化할 수 있으니 가장 참된 것이다.

【任注】 癸水, 非雨露之謂, 乃純陰之水. 發源雖長, 其性極弱, 其勢最靜, 能潤土養金, 發育萬物, 得龍而運, 變化不測. 所謂逢龍卽化, 龍卽辰也, 非眞龍而能變化也, 得辰而化者, 化辰之原神發露也. 凡十干逢辰位, 必干透化神, 此一定不易之理也.

癸水는 비나 이슬을 말하는 것이 아니라 순수한 陰의 水이다. 발원은 비록 길지만 그 성질은 지극히 약하고 그 형세는 가장 고요하니, 土를 윤택하게 하여 金을 기르고 만물을 발육시킬 수 있으며, 용을 만나 운행하면 변화를 헤아릴 수 없다. 이른바 용을 만나면 변화한다는 것은 용은 곧 辰이므로 진짜 용이 변화할 수 있는 것이 아니라, 辰을 만나 변화하는 것은 辰의 原神이 밖으로 드러난 것과 合化하는 것이니, 무릇 십간이 辰의 자리를 만나면 반드시 천간에 化氣의 元神이 투출되는 것이니 이것은 일정하여 변치 않는 이치이다.

不愁火土者, 至弱之性, 見火土多卽從化矣. 不論庚辛者, 弱水不能洩金氣, 所謂金多反濁癸水, 是也. 合戊見火者, 陰極則陽生, 戊土燥厚, 柱中得丙火透露, 引出化神, 乃爲眞也. 若秋冬金水旺地, 縱使支遇辰龍, 干透丙丁, 亦難從化, 宜細詳之.

火土를 근심하지 않는다는 것은 지극히 약한 성질이 많은 火土를 만나면 從化하는 것이며, 庚辛을 논하지 않는다는 것은 약한 水는 金氣를 누설시키지 못하니 이른바 金이 많으면 도리어 癸水가 탁해진다는 것이 이 경우이다. 戊의 합하고 火를 만난다는 것은, 陰이 지극하면 陽이 생기는 것이니 戊土가 건조하고 두터우므로 戊癸가 사주 중에서 丙火가 드러난 것을 만나면 化神을 인출하니 이것이 바로 참된 격이다. 그런데 秋冬은 金水의 旺地이므로 가령 지지에서 辰용을 만나고 천간에 丙丁이 투출되더라도 從化하기 어려운 것이니, 마땅히 이것을 자세히 살펴야 한다.

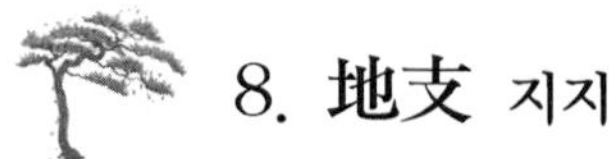

8. 地支 지지

陽支動且强이라　速達顯災祥이요　陰支靜且專이라 否泰每經年이니라

陽支는 동적이고 강하므로 신속하게 발달하여 재앙 과 복을 드러내며, 陰支는 정적이고 전일하므로 불운 과 행운의 효험이 늘 몇 해를 지낸 뒤에 나타난다.

[原注] 子寅辰午申戌陽也니　其性動이요　其勢强이라　其 發至速하고　其災祥至顯하며　丑卯巳未酉亥陰也니　其性靜이 요　其氣專이라　發之不速하여　而否泰之驗이　每至經年而後 見이니라

子寅辰午申戌은 陽支이니　그 성질은 동적이고 그 세력은 강 하므로 그 발달함이 지극히 빠르고 그 재앙과 복이 지극하게 드 러나며, 丑卯巳未酉亥는 陰支이니　그 성질은 정적이고 그 기세

는 전일하므로 발달함이 빠르지 않아서 불운과 행운의 효험이 늘 몇 해를 지낸 뒤에 나타난다.

【任注】 地支有以子至巳爲陽, 午至亥爲陰者, 此從冬至陽生, 夏至陰生論也. 有以寅至未爲陽, 申至丑爲陰者, 此分木火爲陽, 金水爲陰也. 命家以子寅辰午申戌爲陽, 丑卯巳未酉亥爲陰. 若子從癸午從丁, 是體陽而用陰也. 巳從丙亥從壬, 是體陰而用陽也.

지지는 子에서 巳까지를 양으로 삼고 午에서 亥까지를 음으로 삼는 경우가 있으니 이것은 동지로부터 양이 생기고 하지로부터 음이 생긴다는 이론이며, 寅에서 未까지를 양으로 삼고 申에서 丑까지를 음으로 삼는 경우가 있으니 이것은 木火를 양으로 삼고 金水를 음으로 삼음을 구분한 것이다. 명가들은 子寅辰午申戌을 양으로 삼고 丑卯巳未酉亥를 음으로 삼는데, 子는 癸를 따르고 午는 丁을 따르니 이것은 본체가 양이면서 음으로 작용하는 것이며, 巳는 丙을 따르고 亥는 壬을 따르니 이것은 본체가 음이면서 양으로 작용하는 것이다.

分別取用, 亦惟剛柔健順之理, 與天干無異. 但生剋制化, 其理多端, 蓋一支所藏或二干, 或三干故耳. 然以本氣爲主, 寅必先甲而後及丙, 申必先庚而後及壬, 餘支皆然. 陽支性動而强, 吉凶之驗恆速, 陰支性靜而弱, 禍福之應較遲, 在局在運, 均以此意消息之.

잘 분별하여 작용을 취하면 또한 강유(剛柔)와 건순(健順)의 이치가 천간과 다름이 없는데, 다만 생극제화에 그 이치가 복잡다단한 것은 대체로 하나의 지지에 소장된 것이 혹은 두 개의 천간이 있고 혹은 세 개의 천간이 있기 때문일 뿐이다. 그러나 本氣를 위주로 하여 寅은 반드시 甲을 우선으로 한 뒤에 丙에 미치고, 申은 반드시 庚을 우선으로 한 뒤에 壬에 미치는 것이니 나머지 지지도 다 그러하다. 陽支는 성질이 동적이고 강하므로 길흉의 효험이 항상 빠르고, 陰支는 성질이 정적이고 약하므로 화복의 응험이 비교적 더딘데, 局에서나 運에서나 균일하게 이러한 뜻으로 지지를 소식해야 한다.

生方怕動庫宜開요 敗地逢沖仔細推니라

생방(장생)은 충동을 두려워하고 四庫는 열려야

하며, 패지(목욕)가 충을 만났을 때에는 자세히 헤아려야 한다.

[原注] 寅申巳亥生方也니 忌沖動하며 辰戌丑未四庫也니 宜沖則開라 子午卯酉四敗也니 有逢合而喜沖者로되 不若生地之必不可沖也며 有逢沖而喜合者로되 不若庫地之必不可閉也라 須仔細詳之니라

寅申巳亥는 生方이니 충동을 꺼리며, 辰戌丑未는 四庫이니 당연히 충하면 열리게 된다. 子午卯酉는 四敗이니 합을 만났을 때 충을 기뻐하는 경우가 있는데 生地가 반드시 충해서는 안 되는 것과 같지 않으며, 충을 만났을 때 합을 기뻐하는 경우가 있는데 庫地가 반드시 닫혀서는 안 되는 것과 같지 않으므로 반드시 이것을 자세히 살펴야 한다.

【任注】 舊說云, 金水能沖木火, 木火不能沖金水. 此論天干則可, 論地支則不可. 蓋地支之氣多不專, 有他氣藏在內也. 須看他氣, 乘權得勢, 卽木火亦豈不能沖金水乎? 生方怕動者, 兩敗俱傷也. 假如寅申逢沖, 申中庚金, 剋寅中甲木, 寅中丙火. 未嘗不剋申中庚金. 申中壬水, 剋寅中丙火, 寅中戊土, 未嘗不剋申中壬水, 戰剋不靜故也.

옛 해설에 金水는 木火를 충할 수 있으나 木火는 金水를 충할 수 없다고 했는데, 이 말은 천간을 논할 땐 괜찮으나 지지를 논할 땐 옳지 않다. 대체로 지지의 氣는 전일하지 않음이 많아서 어떤 他氣가 안에 소장되어 있으므로 반드시 他氣를 보아야 하니, 권세를 타고 세력을 얻으면 木火 또한 어찌 金水를 충할 수 없겠는가? 生方이 충동을 두려워하는 까닭은 양쪽 모두 패하고 상하기 때문이니, 가령 寅과 申이 충을 당하면 申 중 庚金이 寅 중 甲木을 극할 때 寅 중 丙火가 申 중 庚金을 극하지 않음이 없으며, 申 중 壬水가 寅 중 丙火를 극할 때 寅 중 戊土가 申 중 壬水를 극하지 않음이 없어서 싸우고 극제하면 안정되지 못하기 때문이다.

庫宜開者, 然亦有宜不宜, 詳在雜氣章中. 敗地逢沖仔細推者, 子午卯酉之專氣也. 用金水則可沖, 用木火則不可沖. 然亦須活看, 不可執一. 倘用春夏之金水, 則金水之氣休囚, 木火之勢旺相, 金水豈不反傷乎? 宜參究之.

四庫가 열려야 한다는 것은 또한 적합함과 적합하지 않음이 있으니 상세한 내용이 「잡기장(雜氣章)」 가운데에 있다. 패지가 충을 만났을 때에는 자세히 헤아려야 한다는 것은, 子午卯酉는 전일한 氣이므로 金水를 쓸 때에는 충해도 되지만 木火를 쓸 때에는 충해서는 안 되니, 또한 반드시 융통성 있게 보아야 하며 한 가지만 고집해서는 안 된다. 만일 春夏의 金水를 쓰면 金水의 氣는 휴수되고 木火의 세력은 旺相하니 金水가 어찌 도리어 손상되지 않겠는가? 마땅히 이러한 점을 참고하여 연구해야 한다.

癸 癸 壬 甲

亥 巳 申 寅

庚 己 戊 丁 丙 乙 甲 癸

辰 卯 寅 丑 子 亥 戌 酉

秋水通源, 金當令, 水重重, 木囚逢沖, 不足爲用. 火雖休而緊臨日支, 況秋初餘氣未熄, 用神必在巳火. 巳亥逢沖, 羣劫紛爭, 所以連剋三妻無子. 兼之運走北方水地, 以致破耗異常. 至戊寅己卯, 運轉東方, 喜用合宜, 得其溫飽, 庚運制傷生刦, 又逢酉年, 喜用兩傷, 不祿.

가을 水가 근원에 통하고 金이 시령(時令)을 맡으며 水가 중첩되었는데 木은 囚가 되고 沖을 당하여 쓸 수 없다. 火는 비록 休가 되나 일지에 긴밀하게 임하고 더구나 초가을엔 火의 여기가 아직 꺼지지 않으니, 용신은 반드시 巳

火에 있다. 巳亥가 충을 만나고 여러 劫이 어지럽게 다투므로 이 때문에 三妻를 연달아 극하고 자식도 없는 것이다. 아울러 운이 北方 水地로 달려서 파모(破耗)에 이름이 보통과 달랐으며, 戊寅己卯에 이르러 運이 東方으로 옮기자 희신 용신이 알맞음을 만나 따뜻하게 입고 배불리 먹을 수 있었으며, 庚運에 상관을 극제하고 비겁을 생하며, 다시 또 酉年을 만나 희신 용신이 함께 손상되니 사망하였다.

壬　甲　癸　癸

申　寅　亥　巳

丁　戊　己　庚　辛　壬

巳　午　未　申　酉　戌

甲寅日元, 生于孟冬, 寒木必須用火. 柱中四逢旺水, 傷用, 無土砥定, 似乎不美. 妙在寅亥臨合, 巳火絕處逢生, 此卽興發之機. 然初運西方金地, 有傷體用, 碌碌風霜, 奔馳未遇. 四旬外, 運轉南方火土之地, 助起用神, 棄印就財, 財發數萬, 娶妾連生四子. 由是觀之, 印綬作用, 逢財爲禍不小, 不用就財, 發福最大.

甲寅 일원이 맹동(10월)에 생하니 寒木이므로 반드시 火

를 써야 한다. 주중에 旺水를 네 번 만나 용신을 손상하는
데도 土의 가로막아 평정함이 없으므로 아름답지 않은 듯
하지만, 묘함이 寅亥가 合에 임하고 巳火가 절처(絶處)에
서 生을 만나는 데 있으니, 이것이 곧 떨치고 일어나 발전
할 기틀인 것이다. 그러나 초운의 西方 金地는 체용을 손
상함이 있어서 평범하게 풍상을 겪으며 부지런히 치달려
도 때를 만나지 못했으며, 사십 이후에 운이 南方 火土의
자리로 옮겨 용신을 도와 일으키니 印綬를 버리고 財를 취
하여 재물저축이 수만금이며 첩을 얻어 연이어 네 아들을
낳았다. 이것을 통하여 본다면 印綬가 用이 되었을 때 財
를 만나면 재앙을 이룸이 작지 않고, 인수를 쓰지 않고 財
를 취할 때에는 발복이 가장 큰 것이다.

戊　戊　丁　辛

午　子　酉　卯

辛　壬　癸　甲　乙　丙

卯　辰　巳　午　未　申

此傷官用印,　喜神卽是官星,　非俗論土金傷官忌官星
也. 卯酉沖,　則印綬無生助之神. 子午沖,　使傷官得以肆
逞. 地支金旺水生,　木火沖剋已盡,　天干火土虛脫,　以致

讀書未遂, 碌碌經營. 然喜水不透干, 爲人文采風流, 精
於書法. 更兼中運天干金水, 未免有志難申. 凡傷官佩
印, 喜用在木火者, 忌見金水也.

　이것은 상관격에 인수를 쓰는 사주로 희신은 곧 관성이
니 세속에서 논하는 土金傷官格은 관성을 꺼린다는 것이
아니다. 卯와 酉가 충하니 인수 丁火는 생조해주는 神이
없어지며, 子와 午가 충하니 상관으로 하여금 제멋대로 힘
을 펼 수 있게 한다. 지지는 金이 왕하여 水가 생조되니
木火가 충극되어 이미 힘이 다했으며, 천간의 火土도 극도
로 쇠약해져서 학업이 목적한 바를 이루지 못하게 되니 경
영하는 일이 평범할 뿐이었다. 그러나 기쁜 것은 水가 천
간에 노출되지 않아 사람됨이 문장이 훌륭하고 품격이 우
아하며 서법에 정통했는데, 다시 중년운에 천간 金水를 겸
하니 뜻이 있어도 펼치기 어려움을 면치 못했다. 무릇 상
관패인(傷官佩印)의 사주에서 희신과 용신이 木火에 있는
경우에는 金水를 만나는 것을 꺼린다.

$$
\begin{array}{cccc}
壬 & 戊 & 辛 & 辛 \\
戌 & 辰 & 丑 & 未
\end{array}
$$

$$
\begin{array}{cccccc}
乙 & 丙 & 丁 & 戊 & 己 & 庚 \\
未 & 申 & 酉 & 戌 & 亥 & 子
\end{array}
$$

此造非支全四庫之美, 所喜者辛金吐秀, 丑中元神透出, 洩其精英. 更妙木火伏而不見, 純淸不混. 至酉運, 辛金得地, 中鄕榜. 後因運行南方, 木火並旺, 用神之辛金受傷, 由擧而進, 而不能選.

이 명조는 지지가 四庫를 전부 갖추어서 아름다운 것이 아니라, 기쁘게 여기는 것은 辛金이 빼어남을 들어내는 것이니 丑중의 원신이 투출하여 그 가장 순수하고 뛰어난 氣를 누설하고 있는 것이며, 더욱 묘한 것은 木火가 잠복해 있고 보이지 않아서 순수하게 맑고 혼탁하지 않은 것이다. 酉運에 이르러 辛金이 자리를 얻자 향시에 급제했는데, 뒤에 운이 南方으로 향하여 木火가 함께 왕성해짐으로 인하여 용신인 辛金이 손상당하니 과거를 통하여 벼슬길에 나아가려 했으나 뽑히지 못했다.

己　辛　壬　戊

丑　未　戌　辰

戊　丁　丙　乙　甲　癸

辰　卯　寅　丑　子　亥

此滿局印綬, 土重金埋, 壬水用神傷盡. 未辰雖藏乙木, 無沖或可借用, 以待運來引出. 乃被丑戌沖破, 藏金暗相砍伐, 以至剋妻無子. 由此論之, 四庫必要沖者, 執一之論也. 全在天干調劑得宜, 更須用神有力, 歲運輔助, 庶無偏枯之病也.

　이것은 인수가 局에 가득하니 土가 많아 金이 묻혀 있고 壬水 용신은 손상이 극진하며 未와 辰이 비록 乙木을 소장했으므로 沖이 없으면 혹 차용할 수도 있지만 운이 와서 인출되기를 기다려야 하는데, 마침내 丑과 戌이 충파하여 소장된 金이 몰래 서로 乙木을 베어가게 됨을 당하니 처를 극하고 자식도 없기에 이르렀다. 이것을 통하여 논하자면, 四庫가 沖을 필요로 한다는 것은 한 가지 만을 고집하는 논리이니, 모두 天干이 적절히 배합되어 알맞음을 이루는 데 달려 있으며, 다시 또 반드시 용신이 유력하고 세운이 보조해야만 거의 편고된 병이 없는 것이다.

支神只以沖爲重이요 刑與穿兮動不動이니라

지지의 신은 다만 충만을 중요하게 여기며, 형과
천은 동하기도 하고 동하지 않기도 한다.

[原注] 沖者必是相剋이요 及四庫兄弟之沖이니 所以必動
이며 至於刑穿之間하여는 又有相生相合者存하니 所以有動
不動之異니라

충(沖)은 반드시 상극하는 것이고, 四庫에 이르러서는 형제의
충이므로 반드시 움직여야 하는 것이며, 형(刑)과 천(穿)의 사이
에 이르러서는 또 상생이나 상합하는 경우가 존재하니, 이 때문
에 동(動)과 부동(不動)의 차이가 있는 것이다.

【任注】地支逢沖, 猶天干之相剋也, 須視其强弱喜忌
而論之. 至於四庫之沖, 亦有宜不宜, 如三月之辰, 乙木
司令, 逢戌沖, 則戌中辛金, 亦能傷乙木. 六月之未, 丁
火司令, 逢丑沖, 則丑中癸水, 亦能傷丁火. 按三月之乙·
六月之丁, 雖屬退氣, 若得司令, 竟可爲用, 沖則受傷,
不足用矣. 所謂墓庫逢沖則發者, 後人之謬也. 墓者, 墳
墓之意. 庫者, 木火金水收藏埋根之地, 譬如得氣之墳,

未有開動而發福者也.　如木火金水之天干,　地支無寅卯
巳午申酉亥子之祿旺,　全賴辰戌丑未之身庫通根,　逢沖則
微根拔盡,　未有沖動而强旺者也. 如不用司令,　以土爲喜
神,　沖之有益無損,　蓋土動則發生矣.

　지지가 충을 만나는 것은 천간의 상극과 같으므로 반드
시 그 강약과 희기를 보고 그것을 논해야 한다. 四庫의 충
에 이르러서는 또한 적합한 경우와 적합하지 않은 경우가
있으니, 예컨대 삼월의 辰은 乙木이 시령을 맡는데 戌과의
충을 만나면 戌중 辛金이 또한 乙木을 손상할 수 있으며,
유월의 未는 丁火가 시령을 맡는데 丑과의 충을 만나면 丑
중 癸水가 또한 丁火를 손상할 수 있다. 살펴보건대 삼월
의 乙木과 유월의 丁火는 비록 퇴기에 속하지만 만약 시령
을 맡게 되면 마침내 용신이 될 수 있으나 충하면 손상을
당하므로 쓸 수 없으니, 이른바 묘고(墓庫)가 충을 만나면
열린다는 것은 후세사람들의 잘못된 말이다. 墓는 분묘라
는 뜻이고, 庫는 木火金水가 거두어 간직되고 뿌리를 묻는
곳이니, 비유하자면 가령 氣를 얻은 분묘가 열리고 움직여
서 발복하는 경우는 있지 않으며, 또 木火金水가 천간일
경우 지지에 寅卯, 巳午, 申酉, 亥子 등 녹왕의 자리가 없
고 온전히 辰戌丑未인 자신의 고에 의지하여 통근하고 있

을 때 충을 만나면 미약한 뿌리가 다 뽑힐 것이니, 충으로 동요시켜서 강왕해지는 경우도 있지 않은 것이다. 가령 사령하는 기를 쓰지 못하여 土를 희신으로 삼는 경우에는 그것을 충하면 이로움만 있고 해로움이 없으니, 이것은 土가 움직이면 生을 일으키기 때문이다.

刑之義無所取, 如亥刑亥·辰刑辰·酉刑酉·午刑午, 謂之自刑, 本支見本支, 自謂同氣, 何以相刑. 子刑卯· 卯刑子, 是謂相生, 何以相刑. 戌刑未·未刑丑, 皆爲木氣, 更不當刑. 寅刑巳, 亦是相生, 寅申相刑, 旣沖, 何必再刑? 又曰子卯一刑也, 寅巳申二刑也, 丑戌未三刑也, 故稱三刑, 又有自刑. 此皆俗謬, 姑置之.

형(刑)의 뜻에는 취할 바가 없으니, 예컨대 亥가 亥를 형하고 辰이 辰을 형하고 午가 午를 형하는 것을 자형(自刑)이라 하지만 본지가 본지를 만나는 것이니 스스로 동기라 하면서 무엇 때문에 서로 해치겠으며, 子가 卯를 형하고 卯가 子를 형한다는 것은 이것을 상생관계라 하면서 무엇 때문에 서로 해치겠으며, 戌이 未를 형하고 未가 丑을 형한다는 것은 모두 본기가 되니 더욱 형해서는 안 되며, 寅이 巳를 형한다는 것도 역시 상생관계이고 寅申이 서로 형한다는 것은 이미 서로 충하는 관계인데 어째서 꼭 다시 형해야 하겠는가? 또 子卯가 一刑, 寅巳申이 二刑, 丑戌未가 三刑이므로 三刑이라 칭하고 또 自刑이 있다고 하는데, 이것은 모두 세속의 잘못이니 잠시 이 이야기를 그만두겠다.

穿, 卽害也, 六害由六合而來, 沖我合神, 故爲之害. 如子合丑而未沖, 丑合子而午沖之類. 子未之害無非相剋, 丑午寅巳之害, 乃是相生, 何以爲害? 且刑旣不足爲憑, 而害之義, 尤爲穿鑿, 總以論其生剋爲是. 至于破之義, 非害卽刑也, 尤屬不經, 削之可也.

천(穿)은 곧 해(害)이니 六害는 六合으로부터 온 것인데 자신과 합하는 神을 충하므로 그것을 해라고 하는 것이니, 예컨대 子가 丑과 합을 이루는 데 未가 충하고, 丑이 子와 합을 이루는 데 午가 충하는 것과 같은 부류이다. 子와 未의 해는 상극이 아닌 것이 없으나, 丑과 午, 寅과 巳의 해는 곧 상생관계이니 무엇 때문에 해가 되겠는가? 대저 刑은 이미 근거로 삼을 것이 못 되고, 害의 뜻은 더욱 천착을 행한 것이니, 모두 그것의 생극을 논하는 것을 옳은 것으로 여기며, 破의 뜻에 이르러서는 害가 아니면 刑이라 하니 더욱 불합리하므로 그것을 삭제함이 옳을 것이다.

癸　壬　辛　丙

卯　子　卯　子

丁　丙　乙　甲　癸　壬

酉　申　未　午　巳　辰

壬子日元, 支逢兩刃, 干透癸辛, 五行無土. 年干丙火臨絶, 合辛化水, 最喜卯旺提綱, 洩其精英, 能化刦刃之頑. 秀氣流行, 爲人恭而有禮, 和而中節. 至甲運, 木之元神發露, 科甲連登. 午運得卯木洩水生火, 及乙未丙運, 官至郡守, 仕途平順. 以俗論之, 子卯爲無禮之刑, 且傷官羊刃逢刑, 必至傲慢無禮, 凶惡多端矣.

壬子 일원이 지지에 두 개의 양인을 만나고 천간에 癸와 辛이 투출하며 오행 중에 土가 없다. 年干 丙火는 절지에 임하고 辛과 합하여 水로 化하는데, 가장 좋은 것은 卯가 왕하여 제강이 되어 그 가장 순수하고 뛰어난 기를 누설하여 비겁과 양인의 완고한 기세를 변화시킬 수 있는 것이다. 사주에 수기가 유행하니, 사람됨이 공손하고 예가 있으며 온화하면서 중정하고 절조가 있었다. 甲운에 이르러 木의 원신이 드러나니 과거에 연이어 올랐으며, 午운에는 卯木이 水를 설하고 火를 생함을 만나며, 乙未丙운에는 벼

슬이 군수에 이르렀는데 벼슬길이 평탄하고 순조로웠다.
세속의 방법으로 이것을 논한다면 子卯는 무례의 刑이고
또 상관과 양인이 刑을 만났으므로 반드시 오만하고 무례
하여 흉악한 일이 많기에 이르러야 한다.

丁　庚　乙　辛

亥　辰　未　未

己　庚　辛　壬　癸　甲

丑　寅　卯　辰　巳　午

庚辰日元, 生于季夏, 金進氣, 土當權, 喜其丁火司令,
元神發露而爲用神, 能制辛金之刧. 未爲火之餘氣, 辰乃
木之餘氣, 財官皆通根有氣, 更妙亥水潤土養金而滋木,
四柱無缺陷. 運走東南, 金水虛, 木火實, 一生無凶無險.
辰運午年, 財官印皆有生扶, 中鄕榜, 由琴堂而遷司馬.
壽至丑運.

庚辰 일원이 季夏에 태어나 金은 진기이고 土가 권세를
잡았는데, 기쁜 것은 丁火가 시령을 맡아 원신이 드러나고
용신이 되어 辛金의 刧을 제압할 수 있는 것이다. 未는 곧
火의 여기이고 辰은 木의 여기이니, 財와 官이 모두 통근

하여 기가 있으며, 더욱 묘한 것은 亥水가 土를 윤택하게
하여 金을 기르고 木을 자양해서 사주에 결함이 없는 것이
다. 운이 東南으로 달리니 金水는 허하고 木火는 실하여
일생 동안 흉한 일이나 험한 일이 없었으며, 辰운 午년에
財官印이 모두 생부(生扶)됨이 있으니 향시에 합격하고 금
당(현감)을 경유하여 사마에 올랐으며, 수명은 丑운까지
이르렀다.

丁 庚 乙 辛

丑 辰 未 丑

己 庚 辛 壬 癸 甲

丑 寅 卯 辰 巳 午

此與前造大同小異, 財官亦通根有氣, 前則丁火司令,
此則己土司令. 更嫌丑時, 丁火熄滅, 則年干辛金肆逞,
沖去未中木火微根, 財官雖有若無. 初運甲午, 木火並
旺, 蔭庇有餘. 一交癸巳, 剋丁拱丑, 傷刦並旺, 刑喪破
耗. 壬辰運, 妻子兩傷, 家業蕩然無存, 削髮爲僧. 以俗
論之, 丑未沖開財官兩庫, 名利兩全也.

이것은 앞의 명조와 대동소이하며, 財官 역시 통근하여

기가 있지만, 앞의 것은 丁火가 시령을 맡고 이것은 己土
가 시령을 맡으며 다시 또 꺼리는 것은 丑시이니, 丑시로
인하여 丁火가 꺼지면 年干의 辛金이 제멋대로 힘을 펼치
게 되고, 未중 木火의 미약한 뿌리를 충거하므로 財官이
비록 있더라도 없는 것과 같다. 초운 甲午는 木火가 함께
왕성하여 조상의 음덕으로 여유가 있었으나, 한번 癸巳운
으로 바뀌자 丁火를 극하고 丑土와 손을 잡아 상관과 비겁
이 함께 왕성해지니 형상과 파모를 당했으며, 壬辰운에는
처자가 모두 죽고 가업이 탕진되어 남은 것이 없자 머리
깎고 중이 되었다. 속설로 이것을 논한다면 丑未가 충하여
財官 양 庫를 열어서 名利가 모두 갖추어져야 한다.

暗沖暗會尤爲喜요 彼沖我兮皆沖起니라

암충과 암회는 더욱 좋고, 피아간에 충하는 것은
모두 충기이다.

[原注] 如柱中無所缺之局이로되 取多者暗沖暗會니 沖起
暗神에 而來會合暗神은 比明沖明會尤佳하니 子來沖午에
寅與戌會午가 是也라 是日爲我면 提綱爲彼요 提綱爲我면
年時爲彼요 四柱爲我면 運途爲彼요 運途爲我면 歲月爲彼

라 如我寅彼申에 申能剋寅하니 是彼沖我요 我子彼午에 子
能剋午하니 是我沖彼니 皆爲沖起니라

　가령 사주 가운데 결여된 局이 없어도 많이 취하게 되는 것이
암충(暗沖)과 암회(暗會)인데, 암신(暗神)을 충기(沖起)할 때 와
서 암신과 암회하는 것은 명충(明沖)이나 명회(明會)에 비하여
더욱 아름다우니, 子가 와서 午를 충할 때 寅과 戌이 午와 회합
하는 것이 이 경우이다. 이에 日이 나라면 제강(月)은 상대방이
고 제강이 나라면 年과 時가 상대방이며, 사주가 나라면 운도
(運途)가 상대방이고 운도가 나라면 세월(歲月)이 상대방인 것
이다. 가령 내가 寅이고 상대가 申일 때 申이 寅을 극할 수 있
으니 이것은 상대가 나를 충하는 것이며, 내가 子이고 상대가
午일 때 子가 午를 극할 수 있으니 이것은 내가 상대를 충하는
것인데 모두 충기(沖起)라 한다.

【任注】支中逢沖, 固非美事, 然八字缺陷者多, 停勻
者少. 木火旺, 金水必乏矣. 金水旺, 木火必乏矣. 若旺
而有餘者, 沖去之, 衰而不足者, 會助之爲美. 如四柱無
沖會之神, 得歲運暗來沖會, 尤爲喜也. 蓋有病得良劑以
生也. 然沖有彼我之分, 會有去來之理. 彼我者, 不必分
年時爲彼, 日月爲我, 亦不必分四柱爲我, 歲運爲彼也.

지지 중에 충을 만나는 것은 물론 좋은 일은 아니나 八字는 결함이 있는 경우가 많고 균등하게 갖추어진 경우는 적으니, 木火가 왕하면 金水는 반드시 부족하며, 金水가 왕하면 木火가 반드시 부족한 것이다. 가령 왕하여 유여한 경우에는 그것을 충하여 제거하고, 쇠하여 부족한 경우에는 그것을 회합하여 돕는 것이 좋으니, 예컨대 사주에 충이나 회합하는 神이 없을 때 세운에서 은밀히 와서 충이나 회합하게 됨을 만나면 더욱 좋은 것인데, 그것은 病이 있을 때 좋은 약제를 얻으면 살아나기 때문이다. 沖에는 충하는 상대방과 나의 구분이 있고 會合에는 가고 오는 이치가 있는데, 피아(彼我) 관계는 年과 時가 상대방이고 日과 月이 나임을 구분할 필요가 없고, 또 사주가 나이고 세운이 상대라고 구분할 필요도 없다.

總之, 喜神是我, 忌神爲彼可也. 如喜神是午, 逢子沖, 是彼沖我, 喜與寅戌會爲吉. 喜神是子, 逢午沖, 是我沖彼, 忌寅與戌16)會爲凶. 如喜神是子, 有申得辰會而來之爲吉. 喜神是亥, 有未得卯會而去之則凶. 寧可我去沖彼, 不可彼來沖我. 我去沖彼, 謂之沖起. 彼來沖我, 謂之不

---

16) 寅與戌은 與寅戌이 되어야 함.

起. 水火之沖會如此, 餘可例推.

　총괄하여 말하자면 희신을 나로 간주하고 기신을 상대방으로 간주하는 것이 옳으니, 가령 희신이 午일 때 子와 충함을 만나면 그것은 상대가 나를 충한 경우이니 희신 午가 寅이나 戌과 화합하면 길하며, 희신이 子일 때 午와 충함을 만나면 그것은 내가 상대방을 충한 경우이니 기신인 午가 寅이나 戌과 회합하면 흉한 것이다. 또 희신이 子일 때 申이 있어서 辰을 만나 水局으로 회합하여 오는 것은 길하며, 희신이 亥일 때 未가 있어서 卯를 만나 木局으로 회합하여 가버리는 것은 흉하니, 차라리 내가 가서 상대방을 충하는 것은 괜찮으나 상대가 와서 나를 충해서는 안 된다. 내가 가서 상대를 충하는 것을 충기(沖起)라 하고, 상대가 와서 나를 충하는 것을 불기(不起)라 한다. 水火의 沖과 會가 이와 같으니 나머지도 미루어 짐작할 수 있을 것이다.

庚　甲　乙　庚

午　寅　酉　戌

辛　庚　己　戊　丁　丙

卯　寅　丑　子　亥　戌

此造, 干透兩庚, 正當秋令, 支會火局, 雖制殺有功, 而剋洩並見. 且庚金銳氣方盛, 制之以威, 不若化之以德. 化之以德者, 有益於日主也. 制之以威者, 洩日主之氣也. 由此推之, 不喜會火局也, 反以火爲病矣. 故子運辰年, 大魁天下. 子運沖破火局, 去午之旺神也, 引通庚金之性, 益我日主之氣. 辰年溼土, 能洩火氣, 拱我子水, 培日主之根源也.

이 명조는 천간에 두 庚이 투출하여 마침 秋令을 만나고 지지에는 寅午戌火局을 이루었으니 비록 殺을 제압하는 데에는 功이 있더라도 剋과 洩의 작용이 함께 드러난다. 게다가 庚金의 예리한 기세가 한창 왕성하므로 그것을 위력으로 제압하는 것은 그것을 덕으로 변화시키는 것만 못하니, 덕으로 변화시키는 경우에는 日主에게 유익하게 되지만 위력으로 제압하는 경우에는 日主의 기를 누설하게 된다. 이 사주를 통하여 미루어 본다면 火局을 이룬 것을 좋게 여기지 않고 도리어 火를 病으로 여기는 것이다. 그러므로 子운 辰년에 천하에서 크게 빼어났으니,17) 子운이 火局을 충파하여 午의 왕신을 제거하고 庚金의 성질을 이

---

17) 大魁天下: 과거에 장원 급제함.

끌어 유통시켜서 日主의 기를 유익하게 했으며, 辰년의 溼土가 火氣를 누설하고 子水와 손을 잡아 日主의 근원을 배양할 수 있었기 때문이다.

丙　丁　癸　丁

午　卯　丑　巳

丁　戊　己　庚　辛　壬

未　申　酉　戌　亥　子

丁火雖生季冬, 比刼重重, 癸水退氣, 無力制刼, 不足爲用, 必以丑中辛金爲用. 得丑土包藏, 洩刼生財, 爲輔用之喜神也. 所嫌者, 卯木生刼奪食爲病, 以致早年妻子刑傷. 初運壬子辛亥, 暗沖巳午之火, 蔭庇有餘. 庚戌運, 暗來拱合午火, 刑傷破耗. 至己酉會金局, 沖去卯木之病, 財發十餘萬. 由此觀之, 暗沖其忌神, 暗會其喜神, 發福不淺. 暗沖其喜神, 暗會其忌神, 爲禍非輕. 暗沖暗會之理, 其可忽乎?

丁火가 섣달에 태어났으나 비겁이 중첩됐으며 癸水는 퇴기이니 비겁을 제압할 힘이 없어 용신이 될 수 없으므로 반드시 丑中 辛金을 용신으로 삼아야 하니, 마땅히 丑土에 간직된 것이 비겁을 누설하고 財를 生하여 용신을 보좌하는 희신이 되는 것이다. 꺼리는 것은 卯木이 비겁을 生하고 食을 빼앗아 病이 되는 것이니 이 때문에 젊은 나이에 처자가 형벌로 손상되었다. 초운의 壬子, 辛亥대운에는 巳午의 火를 암충하여 조상의 음덕이 유여했으나 庚戌운에는 午火와 암합하여 형벌, 상해, 파산, 소모가 있었으며, 己酉대운에 金局을 이루어 卯木의 病을 충거하니 재산 십여 만금을 모았다. 이것을 통하여 본다면 기신을 암충하고 희신을 암회하면 발복이 얕지 않으며, 희신을 암충하고 기신을 암회하면 재앙을 이룸이 가볍지 않은 것이니, 암충과 암회의 이치를 어찌 소홀히 할 수 있겠는가?

辛　丙　辛　庚

卯　寅　巳　寅

丁　丙　乙　甲　癸　壬

亥　戌　酉　申　未　午

丙火生於孟夏, 地支兩寅一卯, 巳火乘權, 引出寅中丙火, 天干雖逢庚辛, 皆虛浮無根. 初運壬午癸未無根之水, 能洩金氣, 地支午未南方, 又助旺火, 財之氣剋洩已盡, 祖業雖豐, 刑喪早見. 甲運臨申, 本無大患, 因流年木火, 又刑妻剋子, 家計蕭條. 一交申字, 暗沖寅木之病, 天干浮財通根, 如枯苗得雨, 浡然而興. 及乙酉十五年, 自刱數倍于祖業. 申運驛馬逢財, 出外大利, 經營得財十餘萬. 丙戌運丙子年, 凶多吉少, 得風疾不起. 比肩爭財, 乃臨絶地, 子水不足以剋火, 反生寅卯之木故也.

丙火가 초여름에 태어나고 지지에 寅木이 둘, 卯木이 하나인데 巳火가 권세를 타고 寅 中 丙火를 인출하고 있으니 친긴에 비록 庚辛金을 만났으나 모두 허공에 떠서 뿌리가 없다. 초운인 壬午, 癸未대운은 근원이 없는 水이지만 金氣를 누설시킬 수 있고, 지지인 午와 未 남방火가 다시 또 旺火를 도와서 財의 기세는 극과 설이 이미 극진해지니, 물려받은 사업이 비록 풍부했으나 刑喪을 일찍 당했다. 甲대운은 申에 임하니 본래 큰 우환이 없겠으나 流年의 木火로 인하여 다시 또 처자를 刑剋하여 집안 살림이 쓸쓸하였는데, 申字로 한번 교대하자 寅木의 病을 암충하여 천간에 떠 있는 財가 뿌리를 내리니 메마른 싹이 비를 만난 것처럼 왕성하게 일어났다. 乙酉대운까지 15년 동안에 조업보다 몇 배나 되는 재산을 자력으로 일으켰으니, 申대운에는 역마가 財를 만나서 밖에 나가면 크게 이로우므로 왕래하

면서 십여 만금의 재물을 얻은 것이다. 丙戌대운의 丙子년
은 凶은 많고 吉이 적으므로 風병을 얻어 일어나지 못했으
니, 비견이 財를 다투고 마침내 絕地에 임했는데 子水는
火를 이길 수 없고 도리어 寅卯의 木을 생하기 때문이다.

旺者沖衰衰者拔이요 衰神沖旺旺神發이니라

왕한 것이 쇠한 것을 沖하면 쇠한 것이 기울어지고,
쇠한 神이 왕한 神을 沖하면 왕한 神은 일어난다.

[原注] 子旺午衰에 沖則午拔不能立이요 子衰午旺에 沖
則午發而爲福이라 餘倣此라

子가 왕성하고 午가 쇠약할 때 충하게 되면 午는 뿌리가 뽑혀
기울어져서 일어설 수 없으며, 子가 쇠약하고 午가 왕성할 때
충하게 되면 午가 격동하여 일어나서 福이 되는 것이다. 나머지
도 이와 같다.

【任注】 十二支相沖, 各支中所藏, 互相沖剋. 在原局爲
明沖, 在歲運爲暗沖. 得令者沖衰則拔, 失時者沖旺無傷.
沖之者有力, 則能去之, 去凶神則利, 去吉神則不利. 沖
之者無力, 則反激之, 激凶神則爲禍, 激吉神雖不爲禍,

亦不能獲福也. 如日主是午, 或喜神是午, 支中有寅卯巳未戌之類, 遇子沖謂衰神沖旺, 無傷. 日主是午, 或喜神是午, 支中有申酉亥子丑辰之類, 遇子沖謂旺者沖衰, 則拔. 餘支皆然.

十二支의 상충(相沖)은 각 지지 중에 간직된 천간이 서로 충극하는 것인데, 사주 원국에 있는 지지끼리 충하면 명충(明沖)이라 하고, 세운이 충하면 암충(暗沖)이라 한다. 시령을 얻은 지지가 쇠약한 지지를 충하면 뿌리가 뽑혀 기울어지며, 시령을 잃은 지지기 왕성한 지지를 충하면 손상이 없다. 충하는 지지가 힘이 있으면 상대방을 제거할 수 있는데, 凶神을 제거하면 유리하나 吉神을 제거하면 불리한 것이며, 충하는 지지가 힘이 없으면 도리어 상대방을 격발시키는데, 흉신을 격발시키면 재앙이 되고 길신을 격발시키면 비록 재앙이 되지는 않더라도 복을 얻지는 못한다. 가령 日主가 午火일 때 혹 희신도 午火이며 지지 중에 寅卯巳未戌 등 木火의 부류가 있는 경우에 子의 沖을 만나는 것을 쇠신이 왕신을 충한다고 하는 것이니 손상이 없으며, 日主가 午火일 때 혹 희신도 午火이며 지지 중에 申酉亥子丑辰 등 金水의 부류가 있는 경우에 子의 충을 만나는 것을 왕한 것이 쇠한 것을 충한다고 하는 것이니 곧 뿌리가 뽑혀 기울어진다. 나머지 지지도 모두 이와 같다.

然以子午卯酉寅申巳亥八支爲重, 辰戌丑未較輕. 如子午沖, 子中癸水沖午中丁火, 如午旺提綱, 四柱無金而有木, 則午能沖子. 卯酉沖, 酉中辛金沖卯中乙木, 如卯旺提綱, 四柱有火而無土, 則卯亦能沖酉. 寅申沖, 寅中甲木丙火, 被申中庚金壬水所剋, 然寅旺提綱, 四柱有火, 則寅亦能沖申矣. 巳亥沖, 巳中丙火戊土, 被亥中甲木壬水所剋, 然巳旺提綱, 四柱有木, 則巳亦能沖亥矣. 必先察其衰旺, 四柱有無解救, 或抑沖, 或助沖, 觀其大勢, 究其喜忌, 則吉凶自驗矣.

그러나 子午卯酉寅申巳亥 등 여덟 지지의 沖을 중요하게 여기고, 辰戌丑未의 沖을 비교적 가볍게 여기니, 예컨대 子午의 沖은 子 중 癸水가 午 중 丁火를 충하는 것인데, 만일 午가 旺하여 시령을 얻고 사주에 金이 없고 木만 있으면 午가 子를 충할 수 있으며, 卯酉의 沖은 酉 중 辛金이 卯 중 乙木을 충하는 것인데 만일 卯가 왕하여 시령을 얻고 사주에 火만 있고 土가 없으면 卯가 또한 酉를 沖할 수 있으며, 寅申의 沖은 寅 중 甲木과 丙火가 申 중 庚

金과 壬水에게 충극을 당하는 것인데, 그러나 寅이 旺하여 시령을 얻고 사주에 火가 있으면 寅이 또한 申을 충할 수 있으며, 巳亥의 충은 巳중 丙火와 戊土가 亥중 甲木과 壬 水에게 충극을 당하는 것인데, 그러나 巳가 旺하여 시령을 얻고 사주에 木이 있으면 巳가 또한 亥를 충할 수 있는 것 이니, 반드시 먼저 그것의 왕쇠와 사주에 해제하고 구원하 는 것의 유무와 혹 沖을 억제하거나 혹 沖을 돕는가를 살 펴서 그 대세를 관찰하고 그 희기를 궁구하면 길흉이 저절 로 증명될 것이다.

至于四庫兄弟之沖, 其蓄藏之物, 看其四柱干支, 有無 引出. 如四柱之干支, 無所引出, 及司令之神. 又不關 切, 雖沖無害, 合而得用亦爲喜. 原局與歲運皆同此論.

四庫 형제의 沖에 이르러서는 그 간직된 것이 그 사주 干支에 인출됨이 있는지 없는지를 보아야 하니, 만일 사주 의 간지에 인출된 것과 사령하는 神이 없으며, 다시 또 관 계가 절실하지 않으면 비록 沖이 되어도 해가 없고, 합이 되어 쓸모를 얻으면 또한 기쁜 것이다. 사주 원국과 세운 의 관계도 모두 이 논리와 같다.

癸　丙　辛　戊

巳　午　酉　辰

丁　丙　乙　甲　癸　壬

卯　寅　丑　子　亥　戌

此造旺財當令, 加以年上食神生助, 日逢時祿, 不爲無根, 所以身出富家. 時透癸水, 巳火失勢, 逢酉邀而拱金矣. 五行無木, 全賴午火幫身, 則癸水爲病明矣. 一交子運, 癸水得祿, 子辰拱水, 酉金黨子沖午, 四柱無解救之神, 所謂旺者沖衰衰者拔, 破家亡身. 若運走東南木火之地, 豈不名利兩全乎?

이 명조는 왕성한 酉金 財가 時令을 맡고 年上 식신의 생조를 더하며, 日主는 時에 巳火祿을 만나서 無根이 아니므로 몸이 부자 집에 태어난 것이다. 時에 癸水가 투출하니 巳火가 세력을 잃고 酉의 맞이함을 만나 金과 손을 잡으며, 五行 중에 木이 없으므로 완전히 午火의 방신에 의지하게 되니 그렇다면 癸水는 病이 됨이 분명하다. 한번 子운으로 바뀌자 癸水가 녹을 만나고 子와 辰이 水와 손을 잡고 酉金이 子와 한편이 되어 午를 충하는데도 사주에 그것을 해제하고 구원해줄 神이 없으니, 이른바 왕한 것이 쇠한 것을 충하면 쇠한 것은 기울어진다는 것이므로 가산을 탕진하고 몸을 망쳤다. 만약 운이 東南 木火의 자리로 향했다면 어찌 名利가 모두 온전하지 않았겠는가?

癸　丁　壬　庚

卯　卯　午　寅

戊　丁　丙　乙　甲　癸

子　亥　戌　酉　申　未

此財官虛露無根, 梟比當權得勢, 以四柱觀之, 貧夭之命. 前造身財並旺, 反遭破敗無壽. 此則財官休囚, 剏業有壽. 不知彼則無木, 逢水沖則拔, 此則有水, 遇火刦有救. 至甲申乙酉運, 庚金祿旺, 壬癸逢生, 又沖去寅卯之木, 所謂衰神沖旺旺神發, 驟然發財巨萬. 命好不如運好, 信斯言也.

이 사주는 財와 官이 허공에 노출하여 뿌리가 없고 효신과 비겁이 권력을 맡아 득세하니, 사주로써 본다면 빈천하고 요절할 命이라 할 것이다. 앞의 명조는 日과 財가 함께 旺한데도 도리어 파패(破敗)와 무수(無壽)를 당했고, 이 사주는 財官이 휴수되었는데도 사업을 일으키고 장수했으

니, 앞의 것은 木이 없으므로 水의 沖을 만나면 쓰러지지
만 이것은 水가 있으므로 火剋을 만나더라도 구제될 수 있
음을 알지 못한 것이다. 甲申, 乙酉 대운에 이르러 庚金은
녹이 旺하고 壬癸가 生을 만나며, 다시 또 寅卯木을 沖去
하니 이른바 쇠신이 왕신을 충하면 왕신은 일어난다는 것
이므로 신속하게 막대한 재산을 모았으니, 命 좋은 것이
運 좋은 것만 못하다는 이 말을 진실로 여길 만하다.

9. 干支總論 간지총론

陰陽順逆之說과 洛書流行之用은 其理信有之也나 其法不可執一이라

음양 순역의 설과 낙서에서 밝힌 오행 유행의 작 용은 그 이론에는 믿을 만한 바가 있으나 그 활용 방법은 한 가지만을 고집해서는 안 된다.

[原注] 陰生陽死요 陽順陰逆은 此理出於洛書며 五行流 行之用은 固信有之나 然甲木死午는 午爲洩氣之地니 理固 然也나 而乙木死亥는 亥中有壬水하니 乃其嫡母어늘 何爲 死哉리오 凡此皆詳其干支輕重之機와 母子相依之勢와 陰陽 消息之理하여 而論吉凶可也라 若專執生死敗絶之說인댄 推 斷多誤矣리라

陰이 生하면 陽이 死하고 陽은 순행하고 陰은 역행한다는 이

러한 이론은 낙서에서 나온 것이며, 오행이 유행하는 작용은 진실로 거기에 믿을 만한 바가 있으나, 甲木이 午에 死하는 것은 午가 설기의 자리이니 이치가 진실로 옳지만, 乙木이 亥에 死한다는 것은 亥 중에 壬水가 있으니 곧 乙木의 적모(生母)인데 무엇 때문에 死하겠는가? 이러한 것은 모두 그 干支의 경중의 기틀과 母子가 서로 의지하는 형세와 陰陽이 사라지고 생기는 이치를 자세히 살펴서 吉凶을 논하는 것이 옳다. 만약 오로지 生死敗絕의 이론만을 고집한다면 운명을 추단하는 데에 잘못이 많을 것이다.

【任注】陰陽順逆之說, 其理出洛書, 流行之用, 不過陽主聚, 以進爲退, 陰主散, 以退爲進. 若論命理, 則不專以順逆爲憑, 須觀日主之衰旺, 察生時之淺深, 究四柱之用神, 以論吉凶, 則了然矣.

음과 양이 역행하고 순행한다는 말은 그 이론이 낙서에서 나왔는데, 유행하는 작용에 있어서는 陽은 모이는 것을 주장하므로 나아감을 물러가는 것으로 삼고, 陰은 흩어지는 것을 주장하므로 물러감을 나아가는 것으로 삼는 데 지나지 않으니, 명리를 논함에 있어서는 오로지 순역의 이치만을 근거로 삼지 말고, 반드시 日主의 왕쇠를 보고 生時

의 얕고 깊음을 살피고 사주의 용신을 궁구하여 吉凶을 논
해야만 명확할 것이다.

至于長生沐浴等名, 乃假借形容之辭也. 長生者, 猶人
之初生也. 沐浴者, 猶人之初生而沐浴以去垢也. 冠帶
者, 形氣漸長, 猶人年長而冠帶也. 臨官者, 由長而旺,
猶人之可以出仕也. 帝旺者, 壯盛之極, 猶人之輔帝而大
有爲也. 衰者, 盛極而衰, 物之初變也. 病者, 衰之甚也.
死者, 氣之盡而無餘也. 墓者, 造化有收藏, 猶人之埋於
土也. 絶者, 前之氣絶而後將續也. 胎者, 後之氣續而結
胎也. 養者, 如人之養母腹也. 自是而復長生, 循環無端矣.

장생, 목욕 등의 명칭에 이르러서는 그 상황을 임시로
빌려서 형용한 말이니, 장생(長生)은 사람이 처음 태어나
는 것과 같으며, 목욕(沐浴)은 사람이 처음 태어나 목욕하
여 때를 제거하는 것과 같으며, 관대(冠帶)는 형체와 기운
이 점점 자라는 것이니, 사람이 나이가 많아져서 관을 쓰
고 띠를 두르는 것과 같으며, 임관(臨官)은 장성함으로 인
하여 왕성해지는 것이니 사람이 벼슬길에 나아갈 수 있는
것과 같으며, 제왕(帝旺)은 장성의 극치이니 사람이 임금

을 보좌하여 큰일을 할 수 있는 것과 같으며, 쇠(衰)는 성함이 다하여 쇠약해지는 것이니 사물이 처음으로 변화하는 것이며, 병(病)은 쇠약해짐이 심한 것이며, 사(死)는 기가 다하여 남음이 없는 것이며, 묘(墓)는 조화가 수장된 것이니 사람이 땅속에 묻힌 것과 같으며, 절(絶)은 앞의 기가 이미 끊어지고 뒤의 기가 이어지려는 상태이며, 태(胎)는 뒤의 기가 이어져서 태를 이루어주는 것이며, 양(養)은 사람이 어머니 배 속에서 길러지는 것과 같은 것이니, 이로부터 다시 장생으로 돌아가 순환하여 끝이 없는 것이다.

人之日主不必生逢祿旺, 卽月令休囚, 而年日時中, 得長生祿旺, 便不爲弱, 就使逢庫, 亦爲有根. 時說謂投墓而必沖者, 俗書之謬也. 古法只有四長生, 從無子午卯酉爲陰長生之說. 水生木, 申爲天關, 亥爲天門, 天一生水, 卽生生不息, 故木皆生在亥. 木死午, 爲火旺之地, 木至午發洩已盡, 故木皆死在午. 言木而餘可類推矣.

사람의 日主가 반드시 生月에서 건록이나 제왕을 만나야 하는 것은 아니니, 곧 월령이 휴수되어도 年이나 日時 중에서 장생·건록·제왕 등을 만나면 곧 身弱이 되지 않으니, 가령 庫를 만나더라도 根이 있게 되는 것이다. 때로 말하기를 墓에 들었으면 반드시 충해야 한다고 하는 것은 속서의 잘못이며, 고법에는 다만 寅申巳亥 네 장생만 있으니, 따라서 子午卯酉가 음장생이 된다는 말은 없었다. 水가 木을 生하는 것은 申은 천관[18]이 되고 亥는 천문[19]이 되어, 天一이 水을 生하니 곧 끊임없이 生하여 멈추지 않으므로 木은 모두 亥에서 生하는 것이며, 木이 午에서 死하는 것은 火가 旺한 곳이기 때문이니, 木이 午에 이르면 설기를 발함이 이미 극진하므로 木은 모두 午에서 死히는 것이다. 木을 말했으니 나머지도 유추하여 알 수 있을 것이다.

夫五陽育于生方, 盛于本方, 弊于洩方, 盡于剋方, 于理爲順. 五陰生于洩方, 死于生方, 于理爲背, 卽曲爲之說. 而子午之地, 終無産金産木之道. 寅亥之地, 終無滅火滅木之道. 古人取格, 丁遇酉, 以財論, 乙遇午, 己遇酉, 辛遇子, 癸遇卯, 以食神洩氣論, 俱不以生論. 乙遇亥, 癸遇申, 以印論, 俱不以死論. 卽己遇寅藏之丙火,

---

辛遇巳藏之戊土, 亦以印論, 不以死論. 由此觀之, 陰陽
同生同死, 可知也. 若執定陰陽順逆, 而以陽生陰死, 陰
生陽死論命, 則大謬矣. 故知命章中, 順逆之機須理會,
正爲此也.

　무릇 다섯 陽干이 生方에서는 육성되고 本方에서는 무
성해지며, 洩方에는 피로해지고, 剋方에서는 기가 다 없어
진다는 것은 이치에 맞다고 하겠으나, 다섯 陰干이 洩方에
서 生하고 生方에서 死한다는 것은 이치에 어긋나므로 곧
잘못된 말이니, 子午의 자리에서는 마침내 金木을 생산하
는 도리가 없으며, 寅亥의 자리에서는 마침내 木火를 멸절
하는 도리가 없는 것이다. 古人이 格을 취할 때 丁이 酉를
만나면 財로 논하고, 乙이 午를 만나고 己가 酉를 만나고
辛이 子를 만나고 癸가 卯를 만나면 식신이 설기하는 것으
로 논하고 모두 生하는 것으로 논하지 않았으며, 乙이 亥
를 만나고, 癸가 申을 만나면 인수로 논하고 모두 死하는
것으로 논하지 않았으니, 곧 己가 寅에 소장된 丙火를 만
나고 辛이 巳에 소장된 戊土를 만나는 것도 인수로 논하고
死로 논하지 않은 것이다. 이것을 통하여 본다면 음과 양
이 生과 死를 함께함을 알 수 있으니, 만약 음양의 순역을
고집하고 지켜서 양이 生하는 곳에서는 음이 死하고, 음이

生하는 곳에서는 양이 死하는 것으로 命을 논한다면 큰 잘 못이다. 그러므로 「知命章」 가운데 '순역의 기틀을 반드시 이해해야 한다'는 것은 바로 이 때문이다.

丙　乙　己　丙

子　亥　亥　子

乙　甲　癸　壬　辛　庚

巳　辰　卯　寅　丑　子

乙亥日元, 生于亥月, 喜其天干兩透丙火, 不失陽春之景, 寒木向陽, 淸而純粹, 惜乎火土無根, 水木太重, 讀書未售. 兼之中年一路水木, 生扶太過, 局中火土皆傷, 以致財鮮聚而志未伸, 然喜無金, 業必淸高. 若以年時爲乙木病位, 月日爲死地, 豈不休囚已極, 宜用生扶之運? 今以亥子之水作生論, 則不宜再見水木也.

乙亥 일원이 亥월에 生하여 기쁜 것은 천간 양쪽에 두 개의 丙火를 투출하여 따뜻한 봄볕을 잃지 않으므로 寒木이 햇볕을 향하여 사주가 맑고 순수한 것인데, 애석하게도 火土는 뿌리가 없고 水木이 너무 많아서 독서가 행해지지 않았으며, 아울러 중년에는 외길의 水木운이라 生扶가 너

무 지나쳐서 局 중의 火土가 모두 손상되어 재물도 제대로 모으지 못하고 뜻도 펴지 못하기에 이르렀으나 다행히도 金이 없어서 하는 일은 반드시 청렴하고 고상하였다. 만약 年과 時의 子를 乙木의 病의 자리로 간주하고 月과 日의 亥를 死地로 간주한다면 아마도 休囚가 이미 지극하니 마땅히 生扶하는 운을 써야 하지 않겠는가? 이제 亥子의 水를 生으로 간주하여 논한다면 거듭 水木을 만나는 것은 적합하지 않은 것이다.

癸　癸　乙　戊

亥　卯　卯　午

辛　庚　己　戊　丁　丙

酉　申　未　午　巳　辰

此春水多木, 過于洩氣, 五行無金, 全賴亥時比刼幫身, 嫌其亥卯拱局, 又透戊土, 剋洩並見, 交戊午運不壽, 若據書, 云癸水兩坐長生, 時逢旺地, 何以不壽? 又云食神有壽妻多子, 食神生旺勝財官, 此名利兩全, 多子有壽之格也. 總以陰陽生死之說, 不足憑也.

이 사주는 봄의 水인데 木이 많아서 설기를 지나치게 당하며 오행 중에 金이 없으니 완전히 亥時와 비겁 癸가 일주를 돕는 데 의지하고 있다. 꺼리는 것은 亥와 卯가 합하여 국을 이루고 또 戊土가 투출하여 극과 설이 함께 보이는 것인데, 戊午대운으로 바뀌자 더 살지 못했다. 만약 속서를 근거로 한다면 癸水가 겸하여 장생에 앉고 時에 旺地를 만났는데 무엇 때문에 장수하지 못하는가라고 할 것이며, 또 식신은 수명과 처가 있고 자식이 많은 법인데 식신이 生旺하여 財官을 빼어나게 하니 이것은 명예와 財利가 모두 온전하고 자식이 많고 장수를 누리는 격이라 힐 것이니, 결국은 陰陽生死의 설은 근거로 삼을 것이 못 된다.

故天地順遂而精粹者昌하고 天地乖悖而混亂者亡하나니 不論有根無根이요 俱要天覆地載니라

그러므로 천간과 지지가 순조롭게 이루어져서 순수한 경우에는 번창하고, 천간과 지지가 어그러져서 혼란한 경우에는 패망하는 것이니, 천간의 뿌리가 있고 없음을 논하지 말고, 모두 함께 천간은 위에서 덮어주고 지지는 아래에서 실어주어야 하는 것이다.

【任注】 取用干支之法, 干以載之支爲切, 支以覆之干爲切. 如喜甲乙, 而載以寅卯亥子, 則生旺, 載以申酉, 則剋敗矣. 忌丙丁, 載以亥子, 則制伏, 載以巳午寅卯, 則肆逞矣. 如喜寅卯, 而覆以甲乙壬癸, 則生旺, 覆以庚辛, 則剋敗矣. 忌巳午, 而覆以壬癸, 則制伏, 覆以丙丁甲乙, 則肆逞矣.

干과 支를 취하여 쓰는 법은 천간은 그것을 싣고 있는 지지를 중요하게 여기며 지지는 그것을 덮고 있는 천간을 중요하게 여기니, 가령 희신인 甲乙이 寅卯亥子에 실려 있으면 생조되어 왕성하지만, 申酉에 실려 있으면 극패당하며, 기신인 丙丁이 亥子에 실려 있으면 제복되지만 巳午寅卯에 실려 있으면 거리낌 없이 제멋대로 작용하게 된다. 가령 희신인 寅卯가 甲乙壬癸에 덮여 있으면 생조되어 왕성하지만 庚辛에 덮여 있으면 극패당하며, 기신인 巳午가 壬癸에 덮여 있으면 제복되지만 丙丁甲乙에 덮여 있으면 거리낌 없이 제멋대로 작용하는 것이다.

不特此也, 干通根于支, 支逢生扶, 則干之根堅, 支逢沖剋, 則干之根拔矣. 支受蔭于干, 干逢生扶, 則支之蔭盛, 干逢剋制, 則支之蔭衰矣. 凡命中四柱干支, 有顯然

吉神而不爲吉, 碍乎凶神而不爲凶者, 皆是故也. 此無論
天干一氣, 地支雙淸, 總要天覆地載.

　이뿐만 아니라 천간이 지지에 통근하고 지지가 生扶를
만나면 천간의 뿌리가 견고하지만 지지가 沖剋을 만나면
천간의 뿌리가 뽑히며, 지지가 천간에게 보호받고 천간이
生扶를 만나면 지지의 보호받음이 왕성하지만 천간이 극
제 당하면 지지의 보호받음이 쇠약해진다. 무릇 命 중의
사주 간지가 분명히 길신인데도 길하게 되지 않고 확실히
흉신인데도 흉하게 되지 않음이 있는 끼닭은 다 이 때문이
니, 이것은 천간이 一氣이거나 지지의 雙淸을 막론하고 결
국은 천간이 위에서 덮어주고 지지가 아래에서 실어주어
야 하는 것이다.

庚　庚　丁　己

辰　申　卯　亥

辛　壬　癸　甲　乙　丙

酉　戌　亥　子　丑　寅

庚金雖生春令, 支坐祿旺, 時逢印比, 足以用官. 地支
載以卯木財星, 又得亥水生扶有情, 丁火之根愈固, 所謂

天地順遂而精粹者昌也. 歲運逢壬癸亥子, 干有己印衛官, 支得卯財化傷, 生平履險如夷, 少年科甲, 仕至封疆, 經云, 日主最宜健旺, 用神不可損傷, 信斯言也.

庚金이 비록 봄에 태어났지만 지지가 녹왕에 앉고 時에 인수와 비견을 만났으니 丁火관성을 쓸 수 있는데, 지지가 卯木재성을 싣고 또 亥水의 생부를 만나 유정하므로 丁火의 뿌리가 더욱 견고하니, 이른바 천간과 지지가 순조롭게 이루어져서 순수한 경우에는 번창한다는 것이다. 세운에서 壬癸亥子를 만나고 천간에 己土인수가 있어 관성을 호위하며, 지지에 卯재성이 상관을 合化함을 만나니 평소에 험한 길을 가더라도 평지와 같으므로 어린 나이에 과거에 급제하여 벼슬이 봉강(封疆)에 이르렀으니 經에 "日主는 무엇보다도 건왕해야 하고 用神은 손상되지 말아야 한다"고 했는데 이 말을 진실하다 하겠다.

甲　庚　丁　己

申　辰　卯　酉

辛　壬　癸　甲　乙　丙

酉　戌　亥　子　丑　寅

此亦以丁火官星爲用,　地支亦載以卯木財星,　與前造大同小異. 只爲卯酉逢沖, 剋敗丁火之根, 支中少水, 財星有剋無生, 雖時透甲木, 臨於申支, 謂地支不載, 雖有若無. 故身出舊家, 詩書不繼, 破耗刑傷, 一交戌運, 支類西方, 貧乏不堪.

이 사주도 丁火관성을 용신으로 삼고 지지 역시 卯木재성을 싣고 있어서 앞의 명조와 대동소이하지만, 다만 卯酉가 沖을 만나기 때문에 丁火의 뿌리를 극패하며, 지지 중에 水가 적어 재성이 剋만 있고 生이 없다. 비록 時에 甲木이 투출했으나 申지지에 임하여 이른바 지지가 실어주지 못한 것이니 비록 있더라도 없는 것과 같으므로, 오래된 집안 출신임에도 詩書 공부를 계속하지 못하고 파모와 형상을 겪었으며, 한번 戌운으로 바뀌어 지지가 西方과 같게 되자 가난함을 견디지 못하였다.

癸　辛　壬　庚
巳　酉　午　申

戊　丁　丙　乙　甲　癸
子　亥　戌　酉　申　未

此庚辛壬癸, 金水雙淸, 地支申酉巳午, 煅煉有功, 謂午火眞神得用, 理應名利雙輝. 所惜者, 五行無木, 金雖失令而黨多. 火雖當令而無輔, 更嫌壬癸覆之, 緊貼庚辛之生, 而申中又得長生, 則壬水愈肆逞矣. 雖有巳火助午, 無如巳酉拱金, 則午火之勢必孤, 所以申酉兩運, 破耗異常. 丙戌運中, 助起用神, 大得際遇, 一交亥運, 壬水得祿, 癸水臨旺, 火氣剋盡, 家破身亡.

이 사주는 천간이 庚辛壬癸이니 金水가 쌍청하고 지지의 申酉와 巳午는 金을 단련하는 데 공이 있으므로 午火 진신이 쓰임을 만났으니 이치상 마땅히 名利가 쌍으로 빛난다고 하겠으나, 애석한 것은 오행 중에 木이 없고 金은 비록 時令을 잃었으나 무리가 많으며, 火는 時令을 담당했으나 보좌가 없고 다시 壬癸가 그 巳午火를 덮고 있는 것을 꺼리는데 庚辛의 생조가 거기에 바싹 붙어 있으며, 申 가운데에 다시 또 장생을 만나게 되면 壬水는 더욱 제멋대로 작용할 것이다. 비록 巳火가 있어서 午를 돕는다 할지라도 巳와 酉가 합하여 金과 손을 잡는 것보다는 못하니, 午火의 형세는 틀림없이 외로우므로 이 때문에 申酉 양 대운에는 파모가 보통과 달랐고, 丙戌운 중에 용신을 도와 일으켜 크게 때를 만나는 듯했으나, 한번 亥운으로 바뀌자 壬水가 녹을 만나고 癸水가 旺地에 임하여 火氣가 극을 당하여 소진하니 가업이 무너지고 몸이 죽게 되었다.

甲　辛　壬　庚

午　酉　午　申

戊　丁　丙　乙　甲　癸

子　亥　戌　酉　申　未

此亦用午中丁火之殺, 壬水亦覆之於上, 亦有庚金緊貼之生. 所喜者, 午時一助, 更妙天干覆以甲木, 則火之蔭盛. 且壬水見甲木而貪生, 不來敵火. 四柱有相生之誼, 無爭剋之風, 中鄕榜, 仕至觀察, 與前造只換得先後一時, 天淵之隔, 所謂毫釐千里之差也.

이 사주도 역시 午 중 丁火의 칠살을 쓰는데 壬水가 또 위에서 그것을 덮고 또 庚金이 거기에 바싹 붙어서 생조하고 있다. 기쁜 것은 午時가 午月에 일조하는 것인데 또 묘한 것은 천간이 甲木으로 덮고 있어서 午火의 보호받음이 왕성하며 또 壬水는 甲木을 만나면 생하는 데 탐을 내어 火를 대적하러 오지 않으니, 四柱가 서로 살려주려는 정분

만 있고 다투어 이기려는 기세가 없으므로 향시에 합격하여 벼슬이 관찰사에 이르렀다. 앞의 명조와는 다만 선후의 時 하나만을 바꾸어 만났을 뿐인데 하늘과 땅만큼 현격하니, 이른바 털끝만 한 차이로 천리만큼 어긋난다는 것이다.

天全一氣라도 不可使地德莫之載요

천간이 한 가지 氣를 완전히 갖추더라도 지지의 德으로 하여금 그것을 실을 수 없게 해서는 안 되며,

[原注] 四甲四乙이요 而遇寅申卯酉면 爲地不載니라

천간이 네 개의 甲이나 네 개의 乙로 되어 있을 때, 지지에 寅申卯酉를 만나면 지지가 천간을 싣지 못한다.

【任注】天全一氣者, 天干四甲, 四乙, 四丙, 四丁, 四戊, 四己, 四庚, 四辛, 四壬, 四癸, 皆是也. 地支不載者, 地支與天干無生化也. 非特四甲四乙而遇申酉寅卯爲不載, 卽全受剋于地支, 或反剋地支, 或天干不顧地支, 或地支不顧天干, 皆爲不載也. 如四乙酉者, 受剋于地支也. 四辛卯者, 反剋地支也. 必須地支之氣上升, 天干之氣下降, 則流通生化, 而不至於偏枯. 又得歲運安頓, 非富亦貴矣. 如無升降之情, 反有沖剋之勢, 皆爲偏枯而貧賤矣. 宜細究之.

천간이 한 가지 기를 완전히 갖춘다는 것은, 천간이 네 개의 甲이나 네 개의 乙이나 네 개의 丙이나 네 개의 丁이나 네 개의 戊나 네 개의 己, 네 개의 庚, 네 개의 辛, 네 개의 壬, 네 개의 癸로 되어 있는 것이 모두 이 경우이다. 지지가 싣지 못한다는 것은 지지와 천간 사이에 상생 조화함이 없는 것인데, 네 개의 甲이나 네 개의 乙이 申酉寅卯를 만났을 경우에만 실어주지 못할 뿐만 아니라 곧 천간이 완전히 지지에게 극을 당하거나 혹은 반대로 지지를 극하거나 혹은 천간이 지지를 돌보지 않거나 혹은 지지가 천간을 돌보지 않는 것 등도 모두 실어주지 못하는 것이다. 예컨대 사주가 모두 乙酉인 경우에는 천간이 지지에게 극을 당하며 사주가 모두 辛卯인 경우에는 천간이 반대로 지지를 극하게 되니 반드시 지지의 氣는 위로 올라가고 천간의 氣는 아래로 내려와야만 氣가 유통하고 상생 조화하여 편고함에 이르지 않으며, 다시 또 세운을 만나 편안하게 자리 잡으면 부유하지는 않더라도 귀하게 될 것이다. 만일 오르고 내리는 情은 없고 도리어 충극하는 형세만 있다면 모두 편고하여 빈천하게 될 것이니, 마땅히 이러한 것을 자세히 궁구해야 한다.

甲　甲　甲　甲

戌　寅　戌　申

庚　己　戊　丁　丙　乙

辰　卯　寅　丑　子　亥

年支申金, 沖去日主寅木, 加以戌土乘權重見生金助殺, 謂地支不顧天干. 夫四甲一寅, 似乎强旺, 第秋木休囚, 沖去祿神, 其根已拔, 不作旺論. 故寅卯亥子運中, 衣食頗豐, 一交庚辰, 殺之元神透出, 四子俱傷, 破家不祿. 干多不如支重, 理固然也.

연지의 申金이 일주 寅木을 충거하고 이에 더하여 戌土가 권세를 타고 거듭 나타나 申金 칠살을 생조하니 이른바 지지가 천간을 돌보지 않는 것이다. 甲이 넷이고 寅이 하나이니 강왕한 듯하지만 다만 가을木이라 휴수되고 祿神을 충거하여 그 뿌리가 뽑혔으니 旺으로 논하지 못한다. 그러므로 寅卯亥子운 중에는 의식이 제법 풍족했으나, 한 번 庚辰운으로 바뀌어 칠살의 원신이 투출하자 네 명의 아들이 모두 손상되었으며 집안이 망하고 본인도 죽었으니,

천간에 많이 겹쳐 있는 것이 지지의 무거움만 못하다는 것
이 이치상 진실로 옳은 말이다.

戊　戊　戊　戊

午　戌　午　子

甲 癸 壬 辛 庚 己

子 亥 戌 酉 申 未

此滿局火土, 子衰午旺, 沖則午發而愈烈, 熬乾滴水,
是謂天干不覆. 初交己未, 孤苦萬狀. 至庚申辛酉運, 引
通戊土之性, 大得際遇, 娶妻生子, 立業成家. 一交壬
戌, 水不通根, 暗拱火局, 遭祝融之變, 一家五口皆亡.
如天干透一庚辛, 或地支藏一申酉, 豈至若是之結局乎?

이 사주는 온 局에 火土가 가득하고 子는 쇠약하고 午는
왕성하므로, 沖하면 午火가 분발하여 더욱 맹렬해져서 한
방울의 물까지 말려 버릴 것이니, 이것을 천간이 지지를
덮어주지 않는다고 말하는 것이다. 처음에 己未대운에는
외롭고 고생스러움이 많았으나, 庚申·辛酉운에 이르자
戊土의 성정을 이끌어 유통시켜 크게 때를 만나니 결혼하
여 아들을 낳고 사업을 일으키고 집안을 이루었다. 한번

壬戌운으로 바뀌자 壬水는 통근하지 못하고 戊土는 火局을 이루게 되어 화재의 변고를 당하여 일가족 다섯 명이 모두 죽었으니, 만일 천간에 하나의 庚辛이라도 투출했거나 지지에 하나의 申이나 酉가 간직되었다면 어찌 이와 같은 판국에 이르렀겠는가?

戊　戊　戊　戊

午　子　午　申

甲 癸 壬 辛 庚 己

子 亥 戌 酉 申 未

此與前造祗換一申字，而天干之氣下降，地支之水有源，午火雖烈，究不能傷申金，用金明矣. 況有子水爲去病之喜神，交申運戊辰年四月入學，九月登科. 蓋得太歲辰字，暗會水局之妙，惜將來壬戌運中，天干羣比爭財，地支暗會火局，未見其吉矣.

이것은 앞의 사주와 다만 申자 하나만 바꿨을 뿐인데도 천간의 기가 아래로 내려오고 지지의 水는 근원이 있어서 午火가 비록 맹렬하더라도 마침내 申金을 손상하지는 못하니 金을 쓰는 것이 분명하다. 더구나 子水가 있어서 病

을 제거하는 희신이 되는데 申대운으로 바뀌자 戊辰년 4월에 태학에 들어가 9월에 합격했으니, 이것은 태세의 辰자를 만나 암회하여 水局을 이루는 묘함 때문인데, 애석하게도 앞으로 올 壬戌운 중에는 천간이 군비쟁재를 이루고 지지는 암회하여 火局을 이루게 되니 길함을 보지 못할 것이다.

辛　辛　辛　辛

卯　卯　卯　卯

乙　丙　丁　戊　己　庚

酉　戌　亥　子　丑　寅

此造四木當權, 四金臨絕, 雖曰反剋地支, 實無力剋也. 如果能剋, 可用財矣. 若能用財, 豈無成立乎? 彼出母腹, 數年間父母皆亡, 與道士爲徒, 己丑戊子運, 印綬生扶, 衣食無虧. 一交丁亥, 生火剋金, 卽亡其師, 所有微業, 嫖賭掃盡而死.

이 명조는 네 개의 木이 권세를 잡고 네 金은 絕에 임하니 비록 천간이 지지를 反剋한다 하지만 실제로는 극할 만한 힘이 없다. 만약 극할 수 있다면 財를 쓸 수 있는데 만일 財를 쓸 수 있다면 어찌 성공과 입신이 없겠는가? 그가 태어난 지 몇 년 사이에 부모가 모두 죽자 도사에게 의지하여 문도가 되었는데, 己丑·戊子대운에는 인수가 생부하여 의식에 부족함이 없었으나, 丁亥로 한번 바뀌자 火를 생하여 金을 극하게 되니 곧 그의 스승을 잃었고 지니고 있던 미미한 사업도 음란한 생활과 도박으로 다 없애고 죽었다.

地全三物이라도 不可使天道莫之容이니라

지지가 三物을 완전히 갖추더라도 천간의 도리로 하여금 그것을 용납할 수 없게 해서는 안 된다.

[原注] 寅卯辰亥卯未요 而遇甲庚乙辛이면 則天不覆나 然不特全一氣與三物者라 皆宜天覆地載하며 不論有根無根이요 皆要循其氣序라야 干支不反悖爲妙니라

지지에 寅卯辰이나 亥卯未의 木局을 이루었을 때 천간에 甲庚乙辛을 만나면 천간이 덮어 주지 못하는 것인데, 그러나 천간의 一氣와 지지의 三物을 완전히 갖춘 경우뿐만 아니라 모두 마땅히 천간이 덮어주고 지지가 실어주어야 하며 뿌리의 有無를 막론하고 모두 반드시 그 氣의 질서를 따라야 干支가 서로 거역

하지 않고 묘함을 이룬다.

【任注】 地支三物者, 支得寅卯辰·巳午未·申酉戌·亥子丑之方, 是也. 如寅卯辰, 日主是木, 要天干火多. 日主是火, 要天干金旺. 日主是金, 要天干土重. 大凡支全三物, 其勢旺盛, 如旺神在提綱, 天干必須順其氣勢, 洩之可也. 如旺神在別支, 天干制之有力, 制之可也. 何以旺神在提綱, 只宜洩而不宜制? 夫旺神在提綱者, 必制神之絕地也. 如强制之, 不得其性, 及激而肆逞矣. 旺神者, 木方提綱得寅卯, 是也. 制神者, 庚辛金也, 寅卯乃庚辛之絕地也. 如辰在提綱, 四柱干支, 又有庚辛之助, 方可制矣. 所謂循其氣序, 調劑得宜, 斯爲全美, 木方如此, 餘可例推.

지지 三物은 지지에 寅卯辰·巳午未·申酉戌·亥子丑 등의 方局을 만나는 것이 이 경우이다. 가령 지지에 寅卯辰이 있을 때 일주가 木일 경우에는 반드시 천간에 火가 많아야 하고, 일주가 火일 경우에는 천간에 金이 왕해야 하고, 일주가 金일 경우에는 천간에 土가 후중해야 하는 것이다. 대체로 지지에 三物을 완전히 갖추면 그 세력이 왕성한 것인데 만일 旺神이 제강(月令)에 있다면 천간은 반드시 그 기세를 따라야 하니 그 기세를 설하는 것이 좋으며, 만일 왕신이 다른 지지에 있고 천간이 그것을 제압할 만한 힘이 있다면 그것을 제압하는 것이 좋다. 무엇 때문에 왕신이 제강에 있으면 다만 설하기만 하고 제압하지 말아야 하는가? 무릇 왕신이 제강에 있는 경우는 반드시 제압하는 신의 絶地에 해당되기 때문이니, 만약 억지로 그것을 제압하면 그 성정을 이루지 못하고 왕신을 격분케 하여 멋대로 힘을 펼치기에 이를 것이다. 旺神은 지지가 木의 方局을 이루었을 때 제강이 寅이나 卯를 만나는 것이 이 경우이며, 制神은 庚辛金이니 寅卯는 곧 庚辛의 絶地이다. 가령 辰이 제강에 있고 사주 간지에 또 庚辛의 부조자가 있다면 비로소 제압할 수 있는 것이니, 이른바 그 기의 질서를 따르고 적절히 배합되어 알맞음을 이루어야만 온전한 아름다움이 되는 것이다. 木方이 이와 같으니 나머지도 전례대로 추리할 수 있을 것이다.

丙 甲 庚 辛

寅 辰 寅 卯

甲 乙 丙 丁 戊 己

申 酉 戌 亥 子 丑

此寅卯辰東方, 兼之寅時, 旺之極矣. 年月兩金臨絕, 旺神在提綱, 休金難剋. 而且丙火透時, 木火同心, 謂強衆而敵寡, 勢在去庚辛之寡. 早行土運生金, 破耗異常, 進京入部辦事, 至丙戌運, 分發廣東, 得軍功, 升知縣, 喜其剋盡庚辛之美. 至酉, 庚辛得地, 不祿宜矣.

이 사주는 寅卯辰 東方에 寅시를 겸하였으니 旺이 지극하다. 연월의 두 金은 絕地에 임했으며 왕신 寅木이 제강에 있으므로 휴수된 金이 그것을 극하기 어려운데 더 나아가 丙火가 時에 투출하여 木火가 마음을 함께하니, 말하자면 강한 것은 많고 대적하는 것은 적으므로 형세가 庚辛의 약한 기세를 제거하는 데에 달려 있다. 초년에 土운으로 행하여 金을 생하니 파탄과 소모가 보통과 달랐는데 서울에 가서 군대에 들어가 사무를 보다가 丙戌운에 이르러 광동 지역으로 파견되어 무공을 세우고 지현[20]에 올랐으니, 기쁜 것은 庚辛金을 다 제압한 아름다움 때문이다. 酉대운에 이르러 庚辛金이 자리를 얻자 사망하게 된 것은 당연한 일이다.

---

20) 지현(知縣): 현의 장관.

丁　甲　庚　庚

卯　寅　辰　寅

丙　乙　甲　癸　壬　辛

戌　酉　申　未　午　巳

此亦寅卯辰東方, 旺神不是提綱, 辰土歸垣, 庚金得載, 力量足以剋木, 丁火雖透, 非庚金之敵, 用殺明矣. 至甲申運, 庚金祿旺, 暗沖寅木, 科甲聯登, 仕至郡守. 一交丙運制殺, 降職歸田.

이 사주도 寅卯辰 東方이나 旺神은 제강이 아니며, 辰土는 垣土에 속하므로 庚金이 거기에 실릴 수 있어서 그 역량으로 木을 극할 수 있으며, 丁火가 비록 투출했으나 庚金의 적수가 아니니 庚金 칠살을 쓰는 것이 분명하다. 甲申대운에 이르러 庚金의 녹이 왕하고 申金이 寅木을 암충하니 과거에 연달아 올라 벼슬이 군수에 이르렀는데, 한번 丙대운으로 바뀌어 칠살을 제압하니 관직에서 물러나 고향으로 돌아갔다.

陽乘陽位陽氣昌엔　最要行程安頓이요

陽干이 陽支를 타고 앉아 陽氣가 창성한 경우에는

무엇보다도 운이 편안히 머물 수 있는 곳으로 행해야 한다.

[原注] 六陽之位에 獨子寅辰爲陽方이니 爲陽位之純이라 五陽居之하여 如若是旺神이면 最要行運陰順安頓之地니라
여섯 陽支의 자리 중에 오직 子寅辰을 陽方으로 여기니 陽位 가운데 순수한 것이므로 다섯 陽干이 여기에 자리 잡아서 만약 그것이 旺神일 경우에는 무엇보다도 陰으로 順하여 편안히 자리 잡을 수 있는 곳으로 행해야 한다.

【任注】 六陽皆陽, 非子寅辰爲陽之純也, 須分陽寒陽暖而論也. 西北爲寒, 東南爲暖, 如若申戌子全, 爲西北之陽寒, 最要行運遇卯巳未東南之陰暖是也. 如寅辰午全, 爲東南之陽暖, 最要行運遇酉亥丑西北之陰寒是也.
여섯 陽支가 모두 陽이므로 子寅辰만을 純陽으로 여길 것이 아니라 반드시 한랭한 陽인가 온난한 陽인가를 구분하여 논해야 한다. 西北은 한랭하고 東南은 온난하니 만약 사주에 申戌子가 모두 있으면 곧 西北의 한랭한 陽이므로 무엇보다도 행운에서 卯巳未 등 東南의 온난한 陰을 만나야 하는 것이 이 경우이며, 만약 寅辰午가 모두 있으면 東

南의 온난한 陽이므로 무엇보다도 행운에서 酉亥丑 등 西北의 한랭한 陰을 만나야 하는 것이 이 경우이다.

　此擧大局而論. 若遇日主之用神喜神, 或木, 或火, 或土, 是東南之陽暖, 歲運亦宜配西北之陰水陰木陰火, 方能生助喜神用神, 而歡如酬酢, 若歲運遇西北之陽水陽木陽火, 則爲孤陽不生, 縱使生助喜神, 亦難切當, 不過免崎嶇而趨平坦也. 陽暖之局如此, 陽寒之局亦如此論. 所謂陽盛光昌剛健之勢, 須配以陰盛包寒柔順之地是也. 若不深心確究, 孰能探其精微, 而得其要訣乎?

　이것은 대체적인 형국을 들어서 논한 것이니, 만약 日主의 용신과 희신이 木이나 火나 土일 경우에는 그것이 동남의 온난한 陽이므로 세운은 또한 西北의 陰水나 陰木, 陰火와 배합해야만 비로소 희신과 용신을 생조하여 기쁘게 응대할 수 있으며, 만약 세운에서 서북의 陽水나 陽木, 陽火를 만난다면 陰이 없는 외로운 陽이 되어 生育되지 못하므로 비록 희신을 생조하더라도 알맞게 하기 어려우니 험난한 인생길을 벗어나 평탄한 길을 향하는 데 불과할 뿐이다. 온난한 陽의 국면이 이와 같으므로 한랭한 陽의 국면도 이와 같이 논하는데, 이른바 陽이 성하여 빛나고 창성하고 강건한 세력은 반드시 陰이 성하여 한랭함을 포함한 유순한 자리와 배합해야 한다는 것이 이것이니, 만약 생각을 깊게 하여 확고하게 연구하지 않으면 누가 그 정미함을 탐구하여 그 중요한 비결을 터득할 수 있겠는가?

庚　丙　丙　癸

寅　午　辰　巳

庚辛壬癸甲乙

戌亥子丑寅卯

此東南之陽暖, 天干金水, 似乎無根, 喜月支辰土, 洩火蓄水而生金, 庚金挂角逢生, 則庚金可用, 癸水卽庚金之喜神. 初運乙卯甲寅, 金絕火生而水洩, 孤苦不堪, 一交癸丑, 北方陰溼之地, 金水通根, 又得巳丑拱金之妙, 出外大得際遇, 驟然發財十餘萬, 陽暖逢寒, 配合之美也.

이 사주는 東南의 온난한 陽으로 천간의 金水는 뿌리가 없는 것 같은데 기쁘게도 月支 辰土가 火를 누설하고 水를 저축하여 金을 生하므로 庚金이 모서리에 매달려 生을 만난 것이니 庚金을 쓸 수 있으며, 癸水는 곧 庚金의 희신이다. 초

년운인 乙卯와 甲寅은 庚金의 絶地이고 火의 生地이며 水가
누설되니 외로움과 고통을 견디기 어려웠는데, 한번 癸丑운
으로 바뀌자 북방의 음습한 자리가 되어 金水가 통근하고 다
시 또 巳와 丑이 金을 감싸는 묘함을 만나니 밖으로 나가서
크게 기회를 얻어 신속하게 십여 만금의 재물을 모았으니 온
난한 陽이 한랭한 운을 만난 배합의 아름다움 때문이다.

庚　丙　乙　戊

寅　寅　丑　寅

辛　庚　己　戊　丁　丙

未　午　巳　辰　卯　寅

　丙寅日元, 雖支遇三寅, 最喜丑土乘權, 財星歸庫. 若
運走西北土金, 財業必勝前造, 惜一路東南木火之地, 祖
業破盡, 徧歷數省, 奔馳不遇. 至午運暗會刦局, 死于廣
東, 一事無成, 莫非運也.

　丙寅 일원이 비록 지지에 세 개의 寅을 만났지만 가장
기쁜 것은 丑土가 권세를 타서 재성이 庫에 들어가는 것이
니, 만약 운이 서북의 土金으로 달리면 財業이 반드시 앞
의 사주보다 나았을 것인데 애석하게도 외길인 동남 木火

의 자리로 행하게 되어 조업을 파산하여 탕진하고 여러 성
을 두루 떠돌며 부지런히 뛰어다녔으나 때를 만나지 못하
더니 午운에 이르러 암회하여 刦局을 이루자 광동에서 죽
고 한 가지 일도 이루지 못했으니 運과의 배합 때문이 아
닌 것이 없다.

陰乘陰位陰氣盛엔 還須道路光亨이니라

陰干이 陰支를 타고 앉아 陰氣가 창성한 경우에는
또한 반드시 도로가 빛나고 형통해야 한다.

[原注] 六陰之位에 獨酉亥丑爲陰方이니 乃陰位之純이라
五陰居之하여 如若是旺神이면 最要行運陽剔順光亨之地니라
여섯 陰支의 자리 중에 오직 酉亥丑을 陰方으로 여기니 곧 陰
位 가운데 순수한 것이므로 다섯 陰干이 여기에 자리 잡아서 만
약 그것이 旺神일 경우에는 무엇보다도 운이 陽으로 順하여 빛
나고 형통한 곳으로 행해야 한다.

【任注】 六陰皆陰, 非酉亥丑爲陰之盛也, 須分陰寒陰
暖而論也. 承上文西北爲寒, 東南爲暖, 假如酉亥丑全,
爲西北之陰寒, 最要行運遇東南寅辰午之陽暖是也. 如

卯巳未全，　爲東南之陰暖，　最要行運遇申戌子西北之陽
寒是也.

　여섯 陰支가 모두 陰이므로 酉亥丑만을 성한 陰으로 여
길 것이 아니라 반드시 한랭한 陰인가 온난한 陰인가를 구
분하여 논해야 한다. 윗글에서 말한 것처럼 西北은 한랭하
고 東南은 온난하니, 가령 사주에 酉亥丑이 모두 있으면
서북의 한랭한 陰이므로 무엇보다도 행운에서 동남의 寅
辰午 등 온난한 陽을 만나야 하는 것이 이 경우이며, 만약
卯巳未가 모두 있으면 동남의 온난한 陰이므로 무엇보다
도 행운에서 申戌子 등 서북의 한랭한 陽을 만나야 하는
것이 이 경우이다.

　　此舉大局而論. 若日主之用神喜神, 或金, 或水, 或土,
是西北之陰寒，　歲運亦宜配東南之陽金陽火陽土，　方能
助用神喜神，　而福力彌增，　若歲運遇東南之陰金陰火陰
土, 則爲純陰不育, 難獲厚福, 不過和平而無災咎也. 陰
寒之局如此論，　陰暖之局亦如此論.　所謂陰盛包含柔順
之氣, 須配以陽盛光昌剛健之地者是也.

　이것은 대체적인 형국을 들어서 논한 것이니 만약 日主

의 용신과 희신이 金이나 水나 土일 경우에는 그것이 서북의 한랭한 陰이므로 세운은 또한 동남의 陽金이나 陽火나 陽土와 배합해야만 비로소 용신과 희신을 생조하여 복력이 더욱 증가될 수 있으며, 만약 세운에서 東南의 陰金이나 陰火나 陰土를 만난다면 純陰이 되어 생육되지 못하므로 두터운 복을 얻기 어려우니 화목하고 평온하여 재난이 없이 살아가는 데 불과할 뿐이다. 한랭한 陰의 국면을 이와 같이 논하므로 온난한 陰의 국면도 이와 같이 논하는데, 이른바 陰이 성하여 유순한 기운을 포함하면 반드시 陽이 성하여 빛나고 창성하여 강건한 자리와 배합해야 한다는 것이 이것이다.

壬　乙　己　丙

午　酉　亥　子

乙　甲　癸　壬　辛　庚

巳　辰　卯　寅　丑　子

此全酉亥子西北之陰寒，寒木更宜向陽，以丙火爲用，壬水卽其病也. 然喜壬水遠隔，與日主緊貼，日主本衰，未嘗不喜其生，又有己土透干，亦能砥定中流. 且喜天干水木火土, 各立門戶, 相生有情, 地支午火緊制七殺, 年月火土, 通根祿旺. 更喜行運東南陽暖之地. 不但四柱有情, 而且行運光亨, 早年聯登甲第, 仕至封疆, 皆陰陽配合之妙也.

이 사주는 지지가 酉亥子 등 西北의 한랭한 陰을 갖추고 있고 寒木은 마땅히 陽을 향해야 하므로 丙火를 용신으로 삼는데 壬水는 곧 그 病이 된다. 그러나 기쁘게도 壬水는 용신과 멀리 떨어지고 日主와 바싹 붙어 있으니 日主는 본래 쇠약하므로 그의 生助를 기뻐하지 않은 적이 없으며, 다시 또 己土가 천간에 투출해 있어서 또한 水가 중앙으로 흐르는 것을 막아 평정시킬 수 있다. 또 기쁜 것은 천간의 水木火土가 각각 문호를 지키고 서서 상생하여 유정하며, 지지의 午火는 칠살을 긴박하게 제압하고 年月의 火土는 녹왕한 지지에 통근하는 것이며, 더욱 기쁜 것은 대운이 동남의 온난한 陽의 자리로 행하는 것이니 사주가 유정할 뿐만 아니라 또 행운이 빛나고 형통하여 젊은 나이에 연달아 과거에 급제하여 벼슬이 봉강에 이르렀으니, 모두 음양 배합의 묘함 때문이다.

壬　乙　丙　己

午　丑　子　亥

庚　辛　壬　癸　甲　乙

午　未　申　酉　戌　亥

此與前只換一酉字, 以俗論之, 酉換丑更美, 酉乃七殺剋我, 丑乃偏財我剋, 又能止水, 何其妙也? 不知丑乃溼土, 能洩火不能止水, 酉雖七殺, 午火緊剋, 不洩火之元神. 彼則丙火在年, 壬水遙遠, 又得己土一隔. 此則丙火在月, 壬水相近, 己土不能爲力, 子水又逼近相沖, 而且運走西北陰寒之地, 丙火一無生扶, 乙木何能發生? 十干體象云, 虛溼之地, 騎馬亦憂, 斯言不謬也. 所以屈志芸窗, 一貧如洗, 剋妻無子, 至壬申運, 丙火剋盡而亡, 所謂陰乘陰位陰氣盛也.

이것은 앞의 사주에 다만 酉자 하나만 바꿨을 뿐인데 세속의 방법으로 이것을 논하면 酉을 丑으로 바꿔서 더욱 아름다워졌으니 酉는 곧 일주를 극하는 칠살이고, 丑은 일주가 극하는 편재이며 또한 水를 막을 수 있으니 얼마나 묘한가라고 할 것이나, 丑은 습토이므로 火를 설할 수 있으나 水를 멈추게 할 수는 없으며, 酉는 비록 칠살이지만 午

火가 바싹 붙어 극하므로 火의 元神을 누설하지 못함을 모르는 논리이다. 앞의 사주는 丙火가 年에 있어서 壬水와의 거리가 멀며 또 己土라는 하나의 가로막아 줄 것을 얻었지만, 이 사주는 丙火가 月에 있어서 壬水와 서로 가깝고 己土는 힘이 되지 못하며 子水가 또 가까이 붙어서 相沖하는데 더 나아가 운이 서북의 한랭한 陰의 자리로 달려서 丙火는 生扶가 하나도 없으니 乙木이 어떻게 生을 펼 수 있겠는가? 十干의 체상을 논하기를 허하고 습한 곳에서는 말(午)을 타더라도 근심한다고 했는데 이 말이 틀리지 않는다. 이 때문에 서재에서 뜻을 펴지 못한 채[21] 한결같이 가난하여 물로 씻은 듯하며, 剋妻無子하더니 壬申운에 이르러 丙火가 극을 당하여 火氣가 소진되자 사망했으니, 이른바 陰干이 陰支를 타고 앉아 陰氣가 창성한 것이다.

地生天者엔 天衰怕沖이요

지지가 천간을 생하는 경우에는 천간이 쇠하면 충을 두려워하며,

---

21) 屈志芸窓: 학문을 이루지 못함.

[原注] 如丙寅戊寅丁酉壬申癸卯己酉는 皆長生日主요 甲子乙亥丙寅丁卯己巳는 皆自生日主니 如主衰逢沖이면 則相22)拔而禍更甚이니라

예컨대 丙寅·戊寅·丁酉·壬申·癸卯·己酉 등은 다 長生 관계인 일주이고, 甲子·乙亥·丙寅·丁卯·己巳 등은 다 自生 관계인 일주인데, 만약 일주가 쇠약할 때 沖을 만나면 뿌리가 뽑혀서 재앙이 더욱 심하다.

【任注】 地生天者, 如甲子丙寅丁卯己巳戊午壬申癸酉乙亥庚辰辛丑, 是也. 日主生于不得令之月, 柱中又少幫扶, 用其身印, 沖則根拔, 生機絕矣, 爲禍最重. 若日主得時當令, 或年時皆逢祿旺, 或天干比刦重疊, 或官星衰弱, 反忌印綬之洩, 則不怕沖破矣. 總之看日主之氣勢, 旺相者喜沖, 休囚者怕沖. 雖以日主而論, 歲運沖亦然.

지지가 천간을 生한다는 것은 예컨대 甲子·丙寅·丁卯·己巳·戊午·壬申·癸酉·乙亥·庚辰·辛丑과 같은 것이 그것이다. 일주가 時令을 얻지 못한 달에 태어나고 사주 중에 다시 또 일주를 돕는 것이 적어서 그 일주의 인수를 쓰는 경우에 그 용신이 沖을 당하면 뿌리가 뽑혀서 生의

---

22) 상(相)은 근(根)이 되어야 함. 任注 참조.

기틀이 끊어질 것이니 재앙이 몹시 중대하다. 그러나 일주
가 時令을 얻고 혹 年과 時에 모두 녹왕을 만나거나 혹은
천간에 비겁이 중첩되거나 혹은 관성이 쇠약하여 도리어
인수의 누설을 꺼리는 경우에는 충파를 두려워하지 않는
다. 요컨대 日主의 기세를 보아야 하니 旺相의 경우에는
沖을 좋아하고 休囚의 경우에는 沖을 두려워하는 것이다.
비록 일주만 가지고 논했지만 세운의 沖도 그러하다.

丙　丙　戊　甲

申　寅　辰　寅

甲癸　壬　辛　庚　己

戊酉　申　未　午　巳

　此坐下印綬, 生于季春, 印氣有餘, 又年逢甲寅, 則太
過矣. 土雖當令, 而木更堅, 喜其寅申逢沖, 財星得用,
第嫌比肩蓋頭, 沖之無力. 早年運走南方, 起倒異常, 至
壬申癸酉二十年, 幇沖寅木, 剋去比肩, 剏業興家. 此謂
乘印就財也.

　이 사주는 인수에 앉고 季春에 태어나서 인수의 기세가
유여하며 다시 또 年에 甲寅을 만나니 일주가 태과하다.

土가 비록 時令을 맡았으나 木이 또 견고하므로 寅申이 沖을 만나 申金 재성이 쓰일 수 있는 것을 기쁘게 여기는데 다만 비견이 申의 머리를 덮고 있어서 沖이 무력해짐을 꺼린다. 초년에는 운이 南方으로 달려 일어서고 넘어짐이 보통과 다르더니, 壬申·癸酉운에 이르는 20년 동안 寅木을 沖하는 것을 돕고 비견을 剋去하자 사업을 시작하여 집안을 일으켰으니 이것을 인수를 타고 財를 이룬다고 하는 것이다.

丙　丙　甲　壬

申　寅　辰　申

庚　己　戊　丁　丙　乙

戌　酉　申　未　午　巳

此坐下印綬, 亦在季春, 印綬未嘗無餘, 年干壬殺, 生印有情, 不足畏也. 所嫌者, 兩申沖寅, 甲木之根拔, 還喜壬水洩金生木. 運走丙午, 刼去申財, 入學補廩登科. 丁未合去壬水, 三走春闈不捷, 戊申剋去壬水, 三沖寅木, 而死於途, 此造之壬水, 乃甲木之元神, 斷不可傷, 壬水受傷, 甲木必孤, 凡獨殺用印者, 最忌制殺也.

이 사주도 일주가 인수에 앉고 역시 季春에 태어나서 인수가 넉넉하지 않은 것이 아니며 年干의 壬水 칠살은 인수를 生하여 有情하니 두려워할 것이 못 된다. 꺼리는 것은 두 申이 寅을 沖하여 甲木의 뿌리가 뽑히는 것인데 다시 또 기쁜 것은 壬水가 金을 설하고 木을 生하는 것이다. 운이 丙午에 이르러 비겁이 申金 財를 제거하자 학교에 들어가 보름[23]에 임명되고 과거에 합격했으며, 丁未대운에는 壬水를 合去하니 세 번이나 춘위[24]에 나아갔으나 합격하지 못했고, 戊申대운에는 壬水를 剋去하고 세 申이 寅木을 沖하자 길에서 사망하였다. 이 사주의 壬水는 곧 甲木의 元神이므로 절대로 손상하지 말아야 하니, 壬水가 손상당하면 甲木은 반드시 고립되는 것이다. 무릇 칠살이 하나이고 인수를 쓰는 경우에는 制殺을 가장 꺼린다.

天合地者엔 地旺喜靜이니라

천간이 지지와 합하는 경우에는 지지가 旺하면 조용히 있는 것을 좋아한다.

[原注] 如丁亥戊子甲午己亥辛巳壬午癸巳之類는 皆支中人元이 與天干相合者니 此乃坐下財官之地라 財官若旺이면

---

23) 보름(補廩): 명·청 때 주·현의 학교에서 식량을 지급받던 생원.
24) 춘위(春闈): 봄철의 과거시험.

則宜靜不宜沖이니라

　예컨대　丁亥·戊子·甲午·己亥·辛巳·壬午·癸巳와　같은 부류는 모두 지지 중의 人元(지장간)이 천간과 서로 합이 되는 경우이니, 이것은 곧 財官의 자리에 앉는 것이므로, 財官이 만약 旺하다면 조용히 있어야지 沖해서는 안 된다.

【任注】　十干之合, 乃陰陽相配者也. 五陽合五陰爲財, 五陰合五陽爲官, 所以必合. 尙有陰旺不從陽, 陽旺不從陰, 雖合不化, 有爭合妬合分合之別. 若露干合支中暗干, 則隨局無所不合, 無所不分爭妬忌矣. 此節本有至理, 只因原注少變通耳.

　十干의 합은 곧 음과 양이 서로 배합하는 것인데, 五陽干은 五陰干과 배합하여 財로 삼고, 五陰干은 五陽干과 배합하여 官으로 삼으니 이 때문에 반드시 합해야 하는 것이지만 오히려 陰이 旺하면 陽을 따르지 않고 陽이 旺하면 陰을 따르지 않아서, 비록 만나더라도 合化하지 않는 경우가 있으며, 쟁합(爭合), 투합(妬合), 분합(分合) 등의 구별이 있는데, 노출된 천간이 지지 중에 암장된 천간과 합하는 경우에는 局에 따라 합하지 않는 바도 없으며 분쟁이나 투기하지 않는 바도 없다. 이 구절은 본래 지극한 이치가 있는데 다만 [原注]를 근거로 하여 변통을 적게 했을 뿐이다.

天合地三字, 須活看輕看, 重在下句地旺喜靜四字. 夫
地旺者, 天必衰也. 喜靜者, 四支無沖剋之物, 有生助之
神也. 天干衰而無助, 地支旺而有生, 天干必懷忻合之
意, 若得地支元神透出, 緣上天下地, 升降有情, 此合似
從之意也. 合財似從財, 合官似從官, 非十干合化之理
也. 所以靜則居安, 尙堪保守, 動則履危, 難以支持.

천간이 지지와 합한다는 세 글자는 모름지기 융통성 있
게 보고 가볍게 볼 것이며, 아래 句인 지지가 旺하면 조용
히 있는 것이 좋아한다는 네 글자를 중요하게 여겨야 하
니, 무릇 지지가 왕한 까닭은 천간이 반드시 쇠하기 때문
이며, 조용함을 좋아하는 까닭은 네 지지에 충극하는 물건
이 없고 생조하는 神이 있기 때문이다. 천간은 쇠약한데도
생조하는 것이 없고 지지는 旺한데도 생조하는 것이 있으
면 천간은 반드시 기쁘게 합하려는 뜻을 품을 것이니, 만
약 지지의 원신이 천간에 투출됨을 만나면 위의 천간과 아
래의 지지가 연분을 맺어 오르락내리락 정이 있으므로 이
러한 合은 從하는 것과 같은 의미를 지닌다. 財와 합하면
從財와 같고 官과 합하면 從官과 같아서 十干이 合化하는

이치가 아니니, 이 때문에 조용히 있으면 편안함에 거처하여 대체로 보존하여 지킬 수 있으니 움직이면 위태로움을 겪어서 견디어 내기가 어려운 것이다.

然可言合者,　只有戊子辛巳丁亥壬午四日耳.　若甲午日,　則午必先丁而後己,　己土豈能專權而合甲? 己亥日,　亥必先壬而後甲,　甲豈能出而合己? 癸巳日,　巳必先丙而後戊,　戊豈能越佔而合癸? 此三日不論,　至於十干,　應合而化,　則爲化格,　另有作用,　解在化格章中.

그러나 합이라고 말할 수 있는 것은 다만 戊子·辛巳·丁亥·壬午 등 4일이 있을 뿐이니, 原注에서 말한 甲午일에 있어서는 午는 반드시 丁이 우선이고 己를 뒤로하니 己土가 어찌 권력을 독점하여 甲과 합할 수 있겠으며, 己亥일의 경우에는 亥는 반드시 壬이 우선이고 甲을 뒤로 하니 甲이 어떻게 먼저 와서 己와 합할 수 있겠으며, 癸巳일의 경우에는 巳는 반드시 丙이 우선이고 戊를 뒤로 하니 戊가 어떻게 월권하여 癸와 합할 수 있겠는가? 그러므로 이 3일은 합으로 논하지 말아야 하며 十干에 이르러서는 응당 합하여 化하면 化格이 되므로 별도의 작용이 있게 되니 그 해석이 「化格章」 중에 있다.

乙　壬　辛　己

巳　午　未　巳

乙　丙　丁　戊　己　庚

丑　寅　卯　辰　巳　午

支類南方, 乘權當令, 地旺極矣. 火炎土燥, 脆金難滋水源, 天衰極矣. 故日干之情, 不在辛金, 其意向必在午中丁火而合從矣. 己巳戊辰運, 生金洩火, 刑耗有之. 丁卯丙寅, 木火並旺, 剋盡辛金, 經營發財巨萬.

지지가 모두 南方이고 火가 권세를 타고 時令을 담당했으니 지지의 왕성함이 극심하며, 火는 뜨겁고 土는 건조하니 취약한 金은 水의 근원을 자양하기 어려우므로 천간의 쇠약함이 극심하다. 그러므로 일간의 情은 辛金에 있지 않고 그 뜻의 향하는 바가 반드시 午中 丁火에 있어서 合從하게 된다. 己巳·戊辰운에는 金을 생하고 火를 설하여 형벌과 해로운 일이 있었으나, 丁卯·丙寅운에는 木과 火가 함께 旺하여 辛金을 극하여 소진시키니 사업을 경영하여 막대한 재산을 모았다.

庚　丁　丙　己

子　亥　子　丑

庚辛壬癸甲乙

午未申酉戌亥

此造支類北方, 地旺極矣. 天干火虛, 無木生扶, 又有
溼土晦火, 天衰極矣. 人皆論其殺重身輕, 取火幫身敵
殺. 戊寅歲, 金絶火生, 又合去亥水, 必有大凶, 果卒季
夏. 此地支官星乘旺, 又類官方, 天干無印, 己土洩丙,
未足幫身, 此爲天地合而從官也. 甲戌運生火剋水, 刑喪
破耗, 家業已盡. 癸酉壬申, 剋盡丙火, 助起財官, 獲利
五萬. 未運丙子年遭回祿, 破去二萬. 人皆取其火土幫
身, 以午未運爲美, 殊不知比刦奪財, 反致大凶.

이 명조는 지지가 모두 北方이니 지지의 旺함이 지극하
며 천간의 火는 허약하고 生扶해줄 木이 없는데 다시 또
溼土가 火를 어둡게 함이 있으니 천간의 쇠함이 지극하다.
사람들이 모두 殺이 중하고 身이 가벼우므로 火를 취하여
身을 돕고 殺을 대적해야 한다고 논하였으나, 내가 보기에
戊寅년에는 金이 絶하고 火가 生助되며 또 亥水를 合去하
므로 틀림없이 大凶이 있을 것인데 정말로 그 해 季夏에

죽었으니, 이 사주는 지지의 관성이 旺氣를 타고 또 모두
관살의 방위이며 천간에는 인수가 없고 己土가 丙火를 누
설하고 있어 身을 도울 수 없으니, 이것은 곧 천간과 지지
가 合하여 관살을 따라야 하는 것이다. 甲戌운에는 火를
生하고 水를 剋하니 형벌, 人亡, 파산, 소모로 가업이 이
미 다 없어졌고, 癸酉·壬申운에는 丙火를 완전히 剋하고
財官을 도와 일으키니 5만의 이득을 얻었으며, 未운 丙子
년에는 화재를 당하여 2만금을 잃었으니, 사람들이 모두
火土가 身을 돕는 것을 취하여 午未운을 아름다운 것으로
여겼으나 비겁이 財를 빼앗으므로 도리어 大凶에 이른다
는 것을 전혀 알지 못한 것이다.

**甲申戊寅은 眞爲殺印相生이요 庚寅癸丑은 也坐兩
神興旺이니라**

　甲申과 戊寅은 진정으로 살인상생이 되며, 庚寅과
癸丑은 또한 흥왕한 兩神에 앉은 것이다.

　[原注] 兩神者는 殺印也이요 庚金見寅中火土라도 卻多
甲木이면 而以財論이요 癸見丑中土金이라도 卻多癸水則幫
身이나 不如甲見申中壬水庚金하고 戊見寅中甲木丙火之爲

眞也니라

　양신(兩神)은 殺과 印이다. 庚金이 寅 중 火土를 만나더라도 오히려 甲木이 많으면 財로 논하며, 癸水가 丑 중 土金을 만나더라도 오히려 癸水가 많으면 身을 돕지만, 甲이 申 중의 壬水와 庚金을 만나고 戊가 寅 중의 甲木과 丙火를 만날 때의 진정한 殺과 印이 되는 것만 못한 것이다.

　【任注】　支坐殺印, 非止此四日, 如乙丑辛未壬戌之類, 亦是兩神也. 癸丑多比肩, 戊寅豈無比肩乎. 庚寅多財星, 甲申豈無財星乎? 非惟庚寅癸丑不眞, 卽甲申戊寅, 亦難作據. 若只以日主一字論格, 則年月時中, 作何安頓理會耶? 不過將此數日爲題.

　지지가 殺과 印에 앉은 것은 이 4일[25]뿐만이 아니니, 乙丑·辛未·壬戌과 같은 부류도 역시 兩神이다. 癸丑에 비견이 많으면 戊寅에 어찌 비견이 없겠으며, 庚寅에 재성이 많으면 甲申에 어찌 재성이 없겠는가? 庚寅과 癸丑만 참되지 않을 뿐 아니라 곧 甲申과 戊寅도 근거로 삼기 어려우니, 만약 다만 日主 한 글자만 가지고 격국을 논한다면 年·月·時 중에 어느 것을 편안히 자리 잡은 것으로

---

25) 4일: 甲申·戊寅·庚寅·癸丑.

여겨 이해하겠는가? 이 몇 개의 日主를 제목으로 삼은 것
에 불과하다.

**用殺則扶之, 不用則抑之, 須觀四柱氣勢, 日主衰旺之
別. 如身强殺淺, 則以財星滋殺. 身殺兩停, 則以食神制
殺, 殺强身弱則以印綬化殺. 論局中, 殺重身輕者, 非貧
卽夭, 制殺太過者, 雖學無成. 論行運, 殺旺復行殺地
者, 立見凶災, 制殺再行制鄕者, 必遭窮乏. 書云, 格格
推詳, 以殺爲重, 又云, 有殺只論殺, 無殺方論用, 殺其
可忽乎?**

殺을 쓸 때에는 그것을 부조(扶助)해야 하고 쓰지 않을
때에는 그것을 억제해야 하는데 모름지기 사주의 기세와
日主의 쇠왕의 구별을 관찰해야 하니, 가령 身이 강하고
殺이 약할 경우에는 財星으로 殺을 자양하고, 身과 殺이
둘 다 머물러 있는 경우에는 식신으로 殺을 제압하고, 殺
이 강하고 身이 약한 경우에는 인수로 殺을 인화(引化)해
야 한다. 원국 가운데에 있는 것을 논할 때 殺이 중하고
身이 경한 경우에는 가난하지 않으면 단명하고, 制殺이 태
과한 경우에는 비록 배우더라도 성공이 없다고 논하며, 行

運을 논할 때 殺이 왕한데 다시 殺地로 행하는 경우에는
곧바로 흉재(凶災)를 만나며, 殺을 제압하고 있는데 다시
制殺의 향으로 행하는 경우에는 반드시 궁핍함을 당한다
고 논한다. 명리서에 格마다 추리하여 자세히 살피되 殺을
중요하게 여겨야 한다고 하였고, 또 殺이 있으면 殺만을
논해야 하고 殺이 없어야만 비로소 用神을 논한다고 했으
니 殺을 어찌 소홀히 할 수 있겠는가?

甲 甲 己 壬

子 申 酉 午

乙 甲 癸 壬 辛 庚

卯 寅 丑 子 亥 戌

甲申日元, 生于八月, 官殺當權. 喜其午火緊制酉金,
子水化其申金, 所謂去官留煞, 煞印相生, 木凋金旺, 印
星爲用. 甲第聯登, 由郎署出爲觀察, 從臬憲而轉封疆.

甲申 일원이 8월에 태어나 관살이 권세를 잡았는데 기
쁘게도 午火가 酉金을 긴밀하게 제압하고 子水가 申金을
引化하니, 이른바 거관유살(去官留殺)하고 살인상생(煞印
相生)한다는 것이며, 木이 시들고 金이 旺하므로 인성을

용신으로 삼는다. 과거에 급제하여 낭서26)를 경유하여 관
찰사가 되었으며 얼헌27)에서 봉강28)으로 옮겼다.

甲 甲 己 壬

子 申 酉 辰

乙 甲 癸 壬 辛 庚

卯 寅 丑 子 亥 戌

此與前造, 只換一辰字. 以俗論之, 前則制官留殺, 此
則合官留殺, 功名仕路, 無所高下, 殊不知有天淵之隔.
夫制者, 剋而去之, 合者有去有不去也. 如以辰土爲財,
則化金而助殺. 以酉金爲官, 仍化金而黨殺. 由此觀之,
淸中帶濁. 且以財爲病者, 不但功名蹭蹬, 而且刑耗難
辭. 惟亥運逢生, 可獲一衿. 壬子如逢木年, 秋闈有望.
癸丑合去子印, 一阻雲程, 有凶無吉. 甲寅運被申沖破,
壽元有礙矣.

이것은 앞의 사주와 비교하여 辰자 하나만 바뀌었으니
세속의 방법으로 이것을 논한다면, 앞의 사주는 官을 제압

---

26) 낭서(郞署): 관직명.

27) 얼헌(臬憲): 관직명, 법관의 일종.

28) 봉강(封疆): 省의 민정, 병사, 형옥 등을 담당하던 관직.

하고 殺을 남기며 이 사주는 官을 合하고 殺을 남기므로 공명과 벼슬길에 높고 낮음을 논할 것이 없다고 하겠으나, 천지만큼의 차이가 있음을 전혀 알지 못한 것이다. 무릇 제압이란 상대방을 剋하여 제거하는 것이고, 合이란 제거되는 경우도 있고 제거되지 않는 경우도 있다. 가령 辰土를 財로 삼는 경우에는 辰이 金으로 化하여 殺을 돕고, 酉金을 官으로 삼는 경우에는 곧 金으로 化하여 殺과 한패가 되니, 이것을 통하여 본다면 淸한 가운데 濁氣를 띠고 있으며, 또 財를 病으로 여길 경우에는 공명에 차질이 있을 뿐 아니라 또한 형벌과 파모도 말로 다하기 어렵다. 오직 亥운에는 生을 만나 일금[29]을 얻을 수 있었고, 壬子운에는 木年을 만나서 가을의 과거시험에 희망이 있었으며, 癸丑운에는 子 인수를 合去하여 청운의 앞길을 한번 막으니 흉함만 있고 길함이 없으며, 甲寅운에는 申의 충파를 당하여 수명에 장애가 있었다.

上下貴乎情協이요

천간과 지지 사이에는 서로 정겹게 화합하는 것을 귀하게 여기며,

---

29) 일금(一衿): 하나의 중요한 자리, 작은 이익.

[原注] 天干地支는 雖非相生이라도 宜有情而不反背니라

천간과 지지가 비록 상생관계는 아닐지라도 마땅히 정이 있어서 어그러지거나 등지지 않아야 한다.

【任注】 上下情協者, 互相衛護, 干支不反背者也. 如官衰傷旺, 財星得局. 官旺財多, 比刦得局. 殺重用印, 忌財者, 財臨刦地. 身强殺淺, 喜財者, 財坐食鄕. 財輕刦重, 有官而官星制刦, 無官而食傷化刦, 皆謂有情. 如官衰遇傷, 財星不現. 官旺無印, 財星得局. 殺重用印, 忌財者, 財坐食位. 身旺煞輕, 喜財者, 財坐刦地. 財輕刦重, 無食傷而官失令. 有食傷而印當權, 皆爲不協.

상하가 정협(情協)한다는 것은 서로 호위하여 干支가 어그러지거나 등지지 않는 것이니, 예컨대 관성이 쇠하고 상관이 왕할 때 재성이 局을 이루거나, 官이 旺하고 財가 많을 때 비겁이 局을 이루거나, 殺이 중하여 인수를 쓰고 財를 꺼리는 경우에 財가 비겁의 자리에 임하거나, 일주가 강하고 殺이 약하여 財를 좋아하는 경우에 財가 식신의 자리에 앉거나, 財가 경하고 비겁이 중한데 관성이 있어서 관성이 비겁을 제압하거나 관성이 없는데 식상이 비겁을 인화하는 부류들은 다 유정(有情)이라 하며, 예컨대 관성이 쇠약하고 상관을 만났는데 재성이 나타나지 않거나, 관성이 왕하고 인수가 없는데 재성이 局을 이루거나, 殺이 중하여 인수를 쓰고 財를 꺼리는 경우에 財가 식신의 자리에 앉거나, 日主가 왕하고 殺이 경하여 財를 좋아하는 경우에 財가 비겁의 자리에 앉았거나, 財가 경하고 비겁이 중한데 식상이 없고 관성이 시령을 잃었거나, 식상은 있으나 인수가 당권하고 있는 부류들은 다 불협(不協)이라 한다.

庚　丙　癸　己

寅　寅　酉　巳

丁　戊　己　庚　辛　壬

卯　辰　巳　午　未　申

此日主兩坐長生, 年支又逢祿旺, 足以用官. 癸水官星, 被己土貼身一傷. 喜得官臨財位, 尤妙巳酉拱金. 則己土之氣已洩, 而官星之根固矣. 所以一生不遭凶險, 名利兩全也.

이 사주는 일주가 두 長生을 만나고 年支에 또 녹왕을 만났으므로 관성을 쓸 수 있으나, 癸水 관성이 己土로부터 바싹 붙어 손상함을 당하는 상황인데 기쁜 것은 癸水 관성이 酉金 재성의 자리에 임한 것이며, 더욱 묘한 것은 巳와 酉가 金으로 합한 것이니 그렇다면 己土의 氣는 이미 누설되고 관성의 뿌리는 견고한 것이다. 이 때문에 일생 동안 흉하고 험한 일을 당하지 않고 명예와 이득이 모두 온전하였다.

甲　丙　癸　癸

午　辰　亥　亥

丁　戊　己　庚　辛　壬

巳　午　未　申　酉　戌

此官殺乘旺, 原可畏也. 然喜午時, 生食制煞, 時干透甲, 生火洩水, 旺殺半化爲印, 衰木兩遇長生, 賴此木根愈固. 上下情協, 不誣也. 白手成家, 發財數萬.

이 사주는 관살이 왕한 기세를 타고 있으므로 원래 두려워할 만하나 기쁘게도 午時가 식신을 生하여 煞을 제압하고 時干에 甲木이 투출하여 火를 生하고 水를 설하니, 왕성한 殺이 절반은 인수로 인화했으며 쇠약한 木이 두 장생을 만나 이에 힘입어서 木의 뿌리가 더욱 견고해졌으니, 천간과 지지가 정겹게 화합해야 한다는 것은 거짓이 아니다. 빈손으로 가업을 이루어 수만금의 재산을 모았다.

丙 乙 庚 甲

子 卯 午 寅

丙 乙 甲 癸 壬 辛

子 亥 戌 酉 申 未

專祿日主, 時支子水生之, 年干甲木, 亦坐祿旺, 用庚金則火旺無土, 坐于火地. 用丙火則子沖去其旺支, 卽或用火, 亦無安頓之運, 所以一敗如灰, 至乙亥運, 水木齊來, 竟爲乞丐.

일주가 녹위에 앉고 時支의 子水가 그것을 生하며 年干의 甲木도 역시 녹왕에 앉았으니 庚金을 쓸 경우에는 火가 왕하고 土가 없어 火地에 앉게 되며, 丙火를 쓸 경우에는 子가 왕한 지지를 沖去하니 혹 火를 쓴다 해도 편안히 자리 잡을 운이 없다. 이 때문에 한번 패운을 만나자 가산이 재처럼 없어졌으며 乙亥운에 이르러 水와 木이 함께 오니 마침내 걸인이 되었다.

壬 乙 己 乙

午 亥 卯 丑

癸 甲 乙 丙 丁 戊

酉 戌 亥 子 丑 寅

此己土之財, 通根在丑, 得祿于午, 似乎身財並旺. 不知己土之財, 比肩奪去, 丑土之財, 卯木尅破, 午火食神, 亥水尅之, 壬水蓋之, 無從引化, 所謂上下無情也. 初逢戊寅丁丑, 財逢生助, 遺業頗豐. 一交丙子, 沖去午火, 一敗而盡. 乙亥運, 妻子俱賣, 削髮爲僧, 又不守淸規, 凍餓而死. 合此兩造觀之, 則上下之情協與不協, 富貴貧賤, 遂判天淵, 卽于此證驗焉.

이 사주는 己土 財가 丑에 통근하고 午에 녹을 만났으니 日主와 財가 함께 왕한 듯하지만, 己土 財는 비견이 빼앗아가고 丑土 財는 卯木이 극파하며 午火 식신은 亥水가 그것을 극제하고 壬水가 그것을 덮고 있어 따르고 인도하고 변화시키는 것이 없으므로, 이른바 천간과 지지가 무정하다는 것을 모르는 논리이다. 초년에 戊寅·丁丑운을 만나서는 재성이 생조받아 물려받은 가업이 제법 풍족했는데, 한번 丙子로 바뀌어 午火를 충거하니 한꺼번에 패망하여 다 없어졌으며, 乙亥운에는 처자를 모두 팔고 머리 깎고 중이 되었는데 다시 또 청정한 규범을 지키지 못하더니 얼고 굶주려 죽고 말았다. 이 두 명조를 종합하여 살펴본다면 干支 上下의 정이 화합하고 화합하지 않는 데에서 부귀

와 빈천이 마침내 천지만큼 판별된다는 것이 곧 여기에서
증명된다.

左右貴乎同志니라

사주 간지의 左右 사이에는 서로 뜻을 함께하는
것을 귀하게 여긴다.

[原注] 上下左右는 雖不全一氣之物이라도 須生化不錯이
니라

사주의 상하와 좌우가 비록 한 가지 氣를 갖추지 않았더라도
반드시 相生 制化가 이루어져 서로 어긋나지 않아야 한다.

【任注】 左右同志者, 制化得宜, 左右生扶, 不雜亂
者也. 如殺旺身弱, 有羊刃合之, 或印綬化之. 身旺殺
弱, 有財星生之, 或官星助之. 身殺兩旺, 有食神制之,
或傷官敵之. 此謂同志. 若身弱而殺有財滋, 則財爲累
矣. 身旺而刦將官合, 則官已忘矣.

좌우가 뜻을 함께한다는 것은 억제하고 인화함이 알맞
음을 이루고 좌우가 生扶하여 잡란하지 않는 것이니, 예컨

대 殺이 旺하고 身이 弱할 때 양인이 있어서 殺과 合하거
나 인수가 있어서 殺을 인화하며, 身이 왕하고 殺이 약할
때 재성이 있어서 殺을 생하거나 관성이 있어서 殺을 부조
하며, 身과 殺이 둘 다 왕할 때 식신이 있어서 殺을 억제
하거나 상관이 있어서 殺을 대적하는 경우에는 이러한 것
을 동지(同志)라고 한다. 만약 身이 약한데도 殺에 재성의
자양이 있으면 재성이 근심거리가 되며, 身이 왕한데 비겁
이 관성과 합하면 관성은 이미 본분을 잊게 된다.

**總之, 日主所喜之神, 必要貼身透露. 喜殺而殺與財
親, 忌殺而煞逢食制. 喜印而印居官後, 忌印而印讓財
先. 喜財而遇食傷, 忌財而遭比刧. 日主所喜之神, 得閑
神相助, 不爭不妒. 所忌之神, 被閑神制伏, 不肆不逞.
此謂同志, 宜細究之.**

총괄하여 말하자면 일주가 좋아하는 神은 반드시 일주
를 가까이하여 천간에 드러나야 하니, 殺을 좋아하는 경우
에는 殺이 財와 친해야 하고, 殺을 꺼리는 경우에는 殺이
식신의 억제를 당해야 하며, 인수를 좋아하는 경우에는 인
수가 관성의 뒤에 있어야 하고, 인수를 꺼리는 경우에는
인수가 재성에게 앞을 양보해야 하며, 재성을 좋아하는 경

우에는 식상을 만나야 하고, 재성을 꺼리는 경우에는 비겁을 만나야 한다. 일주가 좋아하는 神은 한신(閑神)의 相助를 만나 다투거나 질투함이 없어야 하고, 꺼리는 神은 한신에게 제복당하여 멋대로 방자하게 굴지 말아야 하니, 이러한 것을 동지(同志)라 하는 것이니 마땅히 이것을 자세히 연구해야 한다.

庚　庚　丙　壬
辰　午　午　申
壬　辛　庚　己　戊　丁
子　亥　戌　酉　申　未

此丙火之殺雖旺, 壬水之根亦固, 日主有比肩之助, 溼土之生, 謂身殺兩停. 用壬制殺, 天干之同志者, 地支之同志者, 辰土也. 一制一化, 可謂有情, 運至金水之鄕, 仕途顯赫, 位至封疆.

이 사주는 丙火 칠살이 비록 旺하지만 壬水의 根 역시 견고하며 일주는 비견의 도움과 溼土의 生함이 있으니, 이른바 身과 殺이 둘 다 머물러 있는 경우이므로, 壬水를 써서 殺을 제압하니 천간의 동지이며, 지지의 동지가 되는 것은 辰土이다. 하나는 제압하고 하나는 인화하여 유정(有情)이라 말할 수 있으며, 운이 金水의 향에 이르자 벼슬길이 뚜렷하게 빛나서 지위가 봉강에 이르렀다.

戊　庚　丙　壬

寅　申　午　午

壬　辛　庚　己　戊　丁

子　亥　戌　酉　申　未

此造與前合觀, 大同小異, 況乎日坐祿旺, 壬水亦緊制殺. 何彼則名利雙收, 此則終身不發? 蓋彼則壬水逢申之生地, 制殺有權. 此則壬水坐午之絕地, 敵殺無力. 彼則時干比刦幫身, 又可生水. 此則時上梟神剋水, 而不能生食, 所謂左右不能同志者也.

이 사주는 앞의 사주와 합하여 보면 대동소이하며 더구나 일주가 녹왕의 자리에 앉고 壬水 역시 칠살을 가까이에서 제압하는데, 왜 앞의 사주는 명예와 이득을 모두 거두고 이 사주는 종신토록 발복하지 못했는가? 그 이유는, 앞의 사주는 壬水가 申金이 生하는 자리를 만나서 殺을 제압하는 데 권능이 있지만 이 사주는 壬水가 絶地인 午에 앉아서 殺을 대적하는 데 힘이 없으며, 앞의 사주는 時干의 비겁이 일주를 돕고 또 水를 生할 수 있지만, 이 사주는 時上의 효신(梟神)이 水를 극하여 식신을 生할 수 없기 때문이니, 이른바 좌우에서 뜻을 함께할 수 없는 경우이다.

始其所始요 終其所終이면 富貴福壽가 永乎無窮하리라

그 시작되어야 할 곳에서 시작하고 그 끝나야 할 곳에서 끝나면, 부귀와 수록이 영원토록 무궁할 것이다.

[原注] 年月爲始라 日時不反背之요 日時爲終이라 年月不妒忌之니 凡局中所喜之神이 引於時支하여 有所歸者하여 爲始終得所면 則富貴福壽가 永乎無窮矣리라

年과 月은 始(근본)에 속하므로 日과 時가 그것을 배반하지 않아야 하고, 日과 時는 終(종말)에 속하므로 年과 月이 그것을 투기하지 않아야 하는 것이니, 무릇 局 중의 희신이 時支에 인도되어 돌아갈 곳이 있어서 始와 終이 제자리를 얻으면 부귀와 수복이 영원토록 무궁할 것이다.

【任注】 始終之理, 要干支流通, 四柱生化不息之謂也. 必須接續連珠, 五行俱足, 即多缺乏, 或有合化之情, 互相護衛, 純粹可觀. 所喜者逢生得地, 所忌者受尅無根. 閑神不黨忌物, 忌物合化爲功, 四柱干支, 一無棄物. 縱有傷梟刦刃, 亦來輔格助用, 喜用有情, 日元得氣, 未有不富貴福壽者也.

시(始)와 종(終)의 도리는 干支의 유통을 필요로 하므로 사주가 生化하여 멈추지 않는 것을 말하니, 반드시 구슬을 꿴 것처럼 이어져서 오행이 모두 충족되어야 하는데, 가령 부족함이 있더라도 혹 合化하는 정이 있어서 서로 호위하게 되면 순수한 것으로 볼 수 있다. 좋은 것은 生을 만나거나 자리를 얻는 것이고 꺼리는 것은 극을 당하거나 뿌리가 없는 것인데, 한신(閑神)이 꺼리는 것과 한편이 되지 않고, 꺼리는 것이 合化하여 공을 이루면 사주 간지 중에 하나도 버릴 것이 없을 것이니, 비록 상관·효신·겁재·양인이 있더라도 격국을 보좌하고 용신을 도우면 희신과 용신에게 정이 있어서 日元이 기세를 얻으면 부귀와 수복을 누리지 않는 자가 없다.

己　丁　甲　壬

酉　亥　辰　寅

壬辛庚己戊丁丙乙

子亥戌酉申未午巳

年干壬水爲始, 日支亥水爲終. 官生印, 印生身, 食神發用吐秀, 財得食神之覆, 官逢財星之生. 傷官雖當令, 印綬制之有情, 年月不反背, 日時不妬忌, 始終得所. 貴至二品, 富有百萬, 子孫濟美, 壽至八旬.

年干의 壬水는 始에 속하고 日支의 亥水는 終에 속하는데, 官이 印을 生하고 印이 身을 生하며 식신이 작용을 발하여 秀氣를 토하니 財는 식신의 덮어줌을 만나고 官은 재성의 생조를 만났으며, 상관이 비록 時令을 담당했지만 인수가 그것을 억제하여 유정하고, 年月이 어그러지거나 日時가 투기하지 않아서 始와 終이 제자리를 얻었으므로, 귀함이 二品에 이르고 부유함이 백만금을 소유했으며 자손이 父祖의 업을 이어 받아 아름다움을 이루고 수명이 팔순에 이르렀다.

乙　癸　庚　戊

卯　亥　申　戌

戊　丁　丙　乙　甲　癸　壬　辛

辰　卯　寅　丑　子　亥　戌　酉

此造土生金, 金生水, 水生木, 干支同流. 但有相生之誼, 而無爭妒之風, 戌中財星歸庫, 官淸印正分明, 食神吐秀逢生. 鄕榜出身, 仕至黃堂, 一妻二妾, 子有十三, 科第連綿, 富有百萬, 壽過九旬.

이 사주는 土가 金을 생하고 金이 水를 생하고 水가 木을 생하여 干과 支가 흐름을 함께하니, 오로지 상생하는 도리만 있고 다투고 투기하는 풍조가 없으며, 戌 중에 재성이 庫에 귀의하여 官이 淸하고 印이 바르고 분명하며, 식신이 秀氣를 토하고 生을 만나니, 향방으로 관직에 등용되어 벼슬이 황당(태수)에 이르고, 일처 이첩에 13명의 자식을 두었는데 과거에 연달아 급제했으며, 富는 백만금을 소유하고 壽는 구순을 넘었다.

$$
\begin{array}{cccc}
辛 & 己 & 丙 & 甲 \\
未 & 巳 & 寅 & 子
\end{array}
$$

甲 癸 壬 辛 庚 己 戊 丁
戌 酉 申 未 午 巳 辰 卯

此造天干木生火, 火生土, 土生金. 地支水生木, 木生火, 火生土, 土生金, 且由支而生干. 從地支則以年支子水生寅木爲始, 至時干辛金爲終. 從天干亦以年支子水生甲木爲始, 至時干辛金爲終, 天地同流, 正所謂始其所始, 終其所終也. 是以科甲聯登, 仕至極品, 夫婦齊美, 子孫繁衍, 科甲不絶, 壽至九旬.

이 사주는 천간이 木生火, 火生土, 土生金으로 상생하고 지지도 水生木, 木生火, 火生土, 土生金으로 상생하며 또 지지에서 천간을 생하니, 지지에서는 年支 子水가 寅木을 생하는 것을 始로 하고, 時干 辛金에 이르는 것을 終으로 하며, 천간에서도 年支 子水가 甲木을 생하는 것을 始로 하고, 時干 辛金에 이르는 것을 終으로 하여 천간과 지지가 흐름을 함께하니, 바로 이른바 시작되어야 할 곳에서 시작하고 끝나야 할 곳에서 끝난 것이다. 이 때문에 과거에 연달아 급제하여 벼슬이 최고 지위에 이르고 부부가 함

께 아름다우며 자손이 번창하여 과거에 급제함이 끊이지
않았으며 壽가 구순에 이르렀다.

10. 形象 형상

兩氣合而成象엔　象不可破也요

두 氣가 합하여 象을 이룬 경우에는 그 象을 파괴
하지 말아야 하며,

[原注] 天干屬木이요　地支屬火며　天干屬火요　地支屬木
이면　其象則一이니　若見金水則破니라　餘倣此라

천간이 木에 속하고 지지가 火에 속하거나, 천간이 火에 속하
고 지지가 木에 속하면 그 형상은 한 가지이니, 만약 金水를 만
나면 파괴되는 것이다. 나머지도 이와 같다.

【任注】　兩氣雙淸, 非獨木火二形也. 如土金・金水・
水木・木火・火土,　相生各半五局,　卽相剋之五局亦是
也. 如木土・土水・水火・火金・金木之各半相敵也. 相

生要我生, 秀氣流行, 相剋要我剋, 日主不傷. 相生必欲平分, 無取稍多稍寡, 相剋務須均敵, 切忌偏重偏輕.

　두 氣가 함께 淸한 것은 木火 두 가지 형태뿐만 아니라, 예컨대 土와 金, 金과 水, 水와 木, 木과 火, 火와 土 등과 같이 相生하는 오행이 각각 반으로 이루어진 형태의 五局인데 곧 相剋의 형태인 五局도 역시 이 경우이니, 예컨대 木과 土, 土와 水, 水와 火, 火와 金, 金과 木 등과 같이 각각 반씩 서로 대적하는 오행으로 이루어진 것이다. 상생 관계에서는 내가 상대방을 生하면서 秀氣가 유행되어야 하고 상극 관계에서는 내가 상대방을 剋하면서 日主가 손상되지 않아야 하며, 상생 관계에서는 반드시 공평하게 분담해야 하니 조금 많거나 조금 적게 취함이 없어야 하고, 상극 관계에서는 반드시 균등하게 대적해야 하니 한쪽이 중하거나 한쪽이 경한 것을 매우 꺼린다.

　若用金水則火土不宜夾雜, 如取水木則火金不可交爭. 木火成象者, 最怕金水破局, 水火得濟者, 尤忌土來止水. 格旣如此, 取運亦倣此, 而行一路澄淸, 必位高而祿重, 中途混亂, 恐職奪而家傾. 故此格最難全美, 而看法貴在至精. 若生而復生, 乃是流通之妙, 倘剋而遇化, 亦

爲和合之情. 或謂理僅兩神, 似嫌俠少, 不知格分十種, 盡費推詳.

　만약 金水를 쓰는 경우에는 火土가 거기에 섞이지 말아야 하고, 만약 水木을 취하는 경우에는 火金이 거기에 맞붙어 싸우지 말아야 한다. 木火가 象을 이룬 경우에는 金水가 局을 파하는 것을 가장 두려워하고, 水火가 균형을 이룬 경우에는 土가 水를 제지함을 매우 꺼린다. 격이 이미 이와 같을 때에는 운을 취하는 것도 이에 준거해야 하니, 한결같이 맑은 길로 행하는 경우에는 반드시 지위가 높고 녹이 중하겠지만, 중도에 혼란해지면 직책이 박탈되고 가세가 기울까 염려된다. 그러므로 이러한 格은 완전하게 아름답기가 어려우므로 간명법의 귀한 점은 지극히 정밀하게 보는 데에 있는 것이다. 가령 생하고 또 생하는 것은 곧 유통의 묘(妙)이고, 혹 극하면서도 만나서 化하는 것은 또한 화합의 情인데, 혹자는 이치상 겨우 두 神뿐이므로 믿고 의지하는 세력이 적음을 꺼릴 듯하다고 했으나, 格이 열 가지로 구분되므로 미루어 상세히 하는 노력을 다 써야 함을 알지 못한 것이다.

$$\begin{array}{cccc}
丁 & 甲 & 丁 & 甲 \\
卯 & 午 & 卯 & 午
\end{array}$$

癸 壬 辛 庚 己 戊

酉 申 未 午 巳 辰

此造木火各半, 兩氣成象, 取丁火傷官秀氣爲用, 四柱金水全無, 純粹可觀. 巳運丁火臨官, 南宮奏捷, 名高翰苑. 庚運官殺混局, 降知縣. 夫南方之金, 尙有不足, 將來西方之水, 難言无咎.

이 사주는 木과 火가 반씩 놓여 두 氣로 象을 이루었으니 丁火 상관의 빼어난 氣를 취하여 용신으로 삼는데, 사주에 金水가 전혀 없으니 순수함이 볼만하다. 巳운은 丁火의 임관(臨官)이니 남궁(예부)의 추천으로 이름이 한림원에 높이 알려졌으며, 庚운에는 官과 殺이 局을 혼잡하게 하여 지현30)으로 좌천되었다. 무릇 南方의 金운도 오히려 부족함이 있으니, 장차 西方의 水운에는 재앙이 없다고 말하기 어렵다.

---

30) 지현(知縣): 현의 장관.

乙　丁　乙　丁

巳　卯　巳　卯

己　庚　辛　壬　癸　甲

亥　子　丑　寅　卯　辰

此亦木火各半, 兩氣成象, 非前傷官之比, 日主是火, 長于夏令, 木從火勢, 格成炎上, 更不宜見金運. 火逢生助, 巡撫浙江. 至辛運水年, 木火皆傷, 故不能免禍. 所謂二人同心, 可順而不可逆也.

이 사주도 木과 火가 각각 반씩으로 두 氣가 象을 이루었으나, 앞의 상관을 쓰는 사주에 비할 바는 아니다. 日主인 火가 夏令에 성하고 木이 火의 세력을 따르므로 염상격(炎上格)을 이루었으니 다시 金운을 만나서는 안 된다. 火가 생조를 만나자 절강성에 순무31) 벼슬을 했으나, 辛대운 水년에 이르러 木과 火가 모두 손상되므로 禍를 면치 못했으니, 이른바 두 사람이 마음을 함께했을 때에는 서로 순종해야지 거역해서는 안 되는 것이다.

---

31) 순무(巡撫): 성의 장관. 민정, 병무, 형옥 담당.

$$
\begin{array}{cccc}
戊 & 丙 & 戊 & 丙 \\
戊 & 午 & 戊 & 午 \\
甲\ 癸\ 壬\ 辛\ 庚\ 己 \\
辰\ 卯\ 寅\ 丑\ 子\ 亥
\end{array}
$$

此火土各半, 兩氣成象, 取戊土食神秀氣爲用. 辛丑運, 溼土晦火, 秀氣流行, 登鄕榜. 壬運壬年, 赴會試, 死于都中, 蓋水激丙火, 則火滅也. 如兩戊換以兩辰, 不致燥烈, 雖逢水運, 亦不至大凶也.

이 사주는 火와 土가 각각 반씩으로 두 氣가 象을 이루었는데 戊土 식신의 빼어난 氣를 취하여 용신으로 삼는다. 辛丑운에 溼土가 火를 어둡게 하지만 秀氣가 유행하므로 향시[32)]에 합격했으며, 壬대운 壬년에는 회시[33)]에 나아갔다가 서울에서 죽었으니, 이것은 水가 丙火를 충격하여 불이 꺼졌기 때문이다. 만약 두 개의 戊이 두 辰으로 바뀐다면 조열함에 이르지 않으므로 비록 水운을 만나더라도 大凶에 이르지는 않을 것이다.

---

32) 향시(鄕試): 지방 초시.

33) 회시(會試): 초시 합격자가 서울에 모여서 보는 복시.

　辛　戊　辛　戊

　酉　戌　酉　戌

丁　丙　乙　甲　癸　壬

卯　寅　丑　子　亥　戌

此土金各半, 兩氣成象, 取辛金傷官爲用. 喜其一路北方運, 秀氣流行, 少年科甲, 仕至黃堂. 交丙破辛金之用, 不祿. 凡兩氣成象者, 要日主去生, 或食或傷, 謂英華秀發, 多致富貴, 所不足者, 運破局, 不免於禍. 如金水水木之印綬格, 無秀可取, 故無富貴, 試之屢驗.

이 사주는 土와 金이 각각 반씩으로 두 氣가 象을 이루었으니, 辛金 상관을 취하여 용신으로 삼는다. 기쁘게도 한 줄기 北方운으로 秀氣가 유행하여 어린 나이에 과거에 합격하여 벼슬이 황당(태수)에 이르렀는데, 丙대운으로 바뀌어 辛金 용신을 파극하자 사망하였다. 무릇 두 氣가 象을 이루는 경우에는 반드시 일주가 生을 버리고 혹 식신이나 상관이 있어서 이른바 수목이 자라서 꽃을 피우고 이삭이 패듯하면 부귀에 이름이 많으나, 秀氣가 부족한 경우에 運이 局을 파하면 화를 면하기 어렵다. 예컨대 金水나 水木의 인수격은 취할 만한 秀氣가 없으므로 부귀가 없으니, 이것을 시험하여 여러 번 증명되었다.

癸　戊　癸　戊

亥　戌　亥　戌

己　戊　丁　丙　乙　甲

巳　辰　卯　寅　丑　子

此水土各半, 兩氣成象, 喜其通根燥土, 財命有一, 然氣勢稍寒. 所以運至丙寅, 寒土逢陽, 連登科甲. 更妙亥中甲木暗生, 仕至郡守, 宦途平坦.

이 사주는 水와 土가 각각 반씩으로 두 氣가 象을 이루었으며, 기쁘게도 燥土에 통근하고 財와 本命이 한곳에 있는데 그러나 기세가 조금 한랭하다. 이 때문에 운이 丙寅에 이르러 한랭한 土가 햇볕을 만나자 연달아 과거에 급제했으며, 다시 또 묘하게도 亥중 甲木이 戌중 丁火를 暗生하니 벼슬이 군수에 이르고 벼슬길이 평탄하였다.

己　癸　己　癸

未　亥　未　亥

癸　甲　乙　丙　丁　戊

丑　寅　卯　辰　巳　午

此土水相剋, 兩氣成象, 純殺無制, 日主受傷. 初走火土之鄕, 生助七殺, 正是明月淸風誰與共? 高山流水少知音. 一交乙卯, 運轉東方, 制殺化權, 得奇遇, 飛升縣令. 由此觀之, 生局必須食爲美, 印局無秀氣, 不足爲佳, 財局身財均敵, 日主本氣無傷. 然又要運程安頓得好, 斯爲全美, 一遇破局, 則禍生矣.

이 사주는 土와 水가 상극 관계로 두 氣가 象을 이루었는데, 殺만 있고 제복이 없으니 일주가 손상을 받는다. 초년운이 火土의 향으로 달려 칠살을 생조하니 바로 이것은 '밝은 달과 맑은 바람을 누구와 함께할까? 높은 산과 흐르는 물을 노래해도 알아주는 이가 없다[34]'는 격인데, 한번 乙卯로 바뀌어 운이 東方으로 옮겨가니 殺을 제압하고 권세로 化하여 기이한 만남을 이루어 현령의 자리에 올랐다. 이러한 것들을 통하여 본다면 日主가 生하는 局은 반드시 식상이 아름다워야 하고, 生을 받는 인수국은 秀氣가 없으면 아름답다 할 것이 못 되며, 財局은 日主와 財가 균등하게 대적하여 日主의 本氣가 손상되지 말아야 하는데, 그러나 다시 또 반드시 대운의 행로가 편안히 자리 잡아 좋은 운을 만나야만 완전히 아름답다고 할 수 있으며, 만일 파

---

34) '明月淸風誰與共, 高山流水少知音': 춘추시대 거문고의 명인 백아와 종자기의 이야기 중 한 대목.

국을 만나면 재앙이 발생한다.

五氣聚而成形엔 形不可害也니라

五氣가 모여서 형상을 이룬 경우에는 그 형상을
해치지 말아야 한다.

[原注] 木必得水以生之요 火以行之요 土以培之요 金以
成之니 是以로 成形於要緊之地하니 或過或缺이면 則害니
餘皆倣之니라

木은 반드시 水로써 자신을 살리고 火로써 자신을 운행하고
土로써 자신을 배양하고 金으로써 자신의 쓸모를 이루게 되는
것이니, 이 때문에 요긴한 자리에서 형상을 이루게 되므로 혹
지나치거나 모자라면 해로운 것이니 나머지도 모두 이와 같다.

【任注】 木之成形, 食傷洩氣, 水以生之, 官殺交加,
火以行之, 印綬重疊, 土以培之, 財輕刦重, 金以成之.
成形于得用之地, 庶無偏枯之病, 何患名利不遂乎? 卽
擧木論, 五行皆可成形, 亦倣此而推. 若四柱無成, 成之
于歲運, 又無成處, 則終身碌碌, 凶多吉少, 有志難伸矣.

木이 형상을 이룬 경우에 식상이 木氣를 누설하면 水로

써 자신을 生하고, 관살이 뒤섞이면 火로써 자신을 운행하고, 인수가 중첩되면 土로써 자신을 배양하고, 財가 경하고 비겁이 중하면 金으로써 자신의 쓸모를 이루어야 하니, 쓰임을 얻은 곳에서 형상을 이루면 거의 한쪽으로 치우치는 병폐가 없을 것이니 어찌 명예와 이익이 이루어지지 않음을 근심하겠는가? 이제 木을 들어 논했으니 五行이 모두 형상을 이룰 수 있으므로 역시 이것을 준거하여 추리한다. 만약 사주에 이루어짐이 없으면 세운에서 형상을 이루어야 하며, 다시 또 세운에도 이루어진 곳이 없으면 종신토록 평범하게 지내며 흉함은 많고 길함이 적으니 뜻이 있어도 펴기 어렵다.

戊 甲 壬 壬

辰 子 子 戌

己 戊 丁 丙 乙 甲 癸

未 午 巳 辰 卯 寅 丑

此造水勢猖狂, 獨戊土以培之, 以作砥柱之功, 不致浮泛也. 然戊土亦賴有戊土而根固, 若有辰而無戌, 辰乃溼土, 見水則蕩, 戊土不能植根而虛矣. 無根之土, 豈能止

百川之源? 故此造所重者, 戌之燥土也. 但寒木無陽, 必
須火以溫之, 則木方可發榮. 所以運至南方火旺之鄉, 發
財數萬, 名成異路也.

　이 사주는 水의 세력이 창광하니 오직 戊土로 甲木을 북
돋아서 지주35)의 功을 이루어야 물에 뜨는 처지에 이르지
않을 것이다. 그런데 戊土는 또한 다행히 戌土가 있어서
뿌리가 견고한 것이니, 만약 辰만 있고 戌이 없다면 辰은
곧 淫土이므로 水를 만나면 쓸려 내려가서 戊土가 뿌리를
심을 수 없어 허약해지니, 근본이 없는 土가 어찌 백천(百
川)의 근원을 저지할 수 있겠는가? 그러므로 이 사주의 중
요한 점은 戌의 燥土이다. 다만 한랭한 木에 햇볕이 없으
므로 반드시 火로써 그것을 따뜻하게 해야만 木이 비로소
꽃을 피울 수 있으니 이 때문에 운이 남방 火旺의 향에 이
르자 수만금의 재물을 모았으며 다른 길에서 명성이 높았다.

辛　甲　乙　戊

未　辰　卯　寅

辛　庚　己　戊　丁　丙

酉　申　未　午　巳　辰

---

35) 지주(砥柱): 격류 속에 있으면서도 움직이지 않는 기둥.

此造支類東方, 刦刃肆逞, 一點微金, 成之不足, 故書香不繼, 初運火土, 不失生化之情, 財源通裕, 至庚申辛酉, 辛金得地, 而成之異路, 加捐仕至州牧. 癸運生木洩金, 不祿.

이 사주는 지지가 모두 東方이고 비겁과 양인은 멋대로 방자하여 한 점의 미약한 金은 형상을 이루기에 부족하므로 학문을 계속하지 못했다. 초운 火土에는 生化의 정을 잃지 않아 財의 근원이 두루 넉넉했고 庚申·辛酉에 이르러 辛金이 지리를 얻자 다른 길에서 공명을 이루어 재물을 바치고 벼슬을 사서 벼슬이 주목(州牧)에 이르렀으며, 癸운에는 木을 生하고 金을 누설하므로 죽었다.

乙　甲　乙　癸

亥　戌　卯　未

己　庚　辛　壬　癸　甲

酉　戌　亥　子　丑　寅

此造柱中, 未土深藏, 戌土自坐, 謂財來就我, 未嘗不美. 祗因四柱無金以成之, 五行無火以行之, 再加亥時, 癸水通根生刦, 亥卯未全, 助起刦刃猖狂. 査其歲運, 又

無成地, 以致祖業消磨, 尅妻無子. 由此推之, 命之所重
在運, 運其可忽乎? 諺云, 人有凌雲志, 無運不能自達也.

이 명조는 사주 가운데 未土가 깊이 간직되어 있고 戌土
에 직접 앉았으니 이른바 財가 나를 향한다는 것으로 아름
답지 않은 적이 없다. 다만 사주 중에 金으로 甲木을 이루
어줌이 없고 오행 중에 火로써 甲木을 운행하게 함이 없는
데, 거듭 亥時가 가해짐으로 인하여 癸水가 통근하여 비겁
을 생하고 亥卯未가 전부 갖추어져서 비겁과 양인이 창광
하도록 돕고 있으며, 그 세운을 살펴보아도 원국을 이루어
주는 곳이 없으니 이 때문에 조업이 마모되어 없어지고 尅
妻 無子하기에 이른 것이다. 이것을 통하여 미루어 본다면
命의 소중함이 運에 있으니 運을 어찌 소홀히 여길 수 있
겠는가? 속담에 사람이 능운[36]의 뜻을 품고 있더라도 運
이 없으면 스스로 달성할 수 없다고 하였다.

獨象喜行化地하니 而化神要昌이요

한 가지 기세로 이루어진 상은 化地로 행함을 좋
아하는데 化神은 반드시 창성해야 하며,

---

36) 능운(凌雲): 세속을 떠나 고상하게 살려는 뜻.

[原注] 一者爲獨이니 曲直炎上之類也며 所生者爲化神이니 化神宜旺하면 則其氣流行하나니 然後行財官之地라야 方可니라

한 가지로 이루어진 것을 독(獨)이라 하니 곡직(曲直), 염상(炎上) 등의 부류이며 거기에서 生한 것이 화신(化神)인데, 화신은 마땅히 왕성해야만 그 氣가 유행하니 그런 뒤에 財官의 자리로 행하여야 비로소 옳은 것이다.

【任注】 權在一人, 曲直炎上之類是也. 化者, 食傷也. 局中化神昌旺, 歲運行化神之地, 名利皆遂也. 八字五行全備, 固爲合宜, 而獨象乘權, 亦主光亨. 木日或方或局全, 不雜金爲曲直. 火日或方或局全, 不雜水爲炎上. 土日四庫皆全, 不雜木爲稼穡. 金日或方或局全, 不雜火爲從革. 水日或方或局全, 不雜土爲潤下. 皆從一方之秀氣, 不同六格之常情, 必要得時當令, 遇旺逢生.

권세가 한 사람에게 있는 것이니 곡직, 염상 등의 부류가 그것이다. 化한 것은 식신과 상관이다. 命局 중의 化神이 왕성하고 세운이 化神의 자리로 행하면 명예와 이익이 모두 이루어진다. 八字와 五行이 온전하게 갖추어지는 것이 진실로 마땅하지만 독상(獨象)이 권세를 잡아도 빛나고

형통함을 주관하는 것이니, 木일주에 寅卯辰 木方이나 亥
卯未 木局이 온전히 갖추어지고 金이 섞이지 않으면 곡직
격(曲直格)이 되며, 火일주에 巳午未 火方이나 寅午戌 火
局이 온전히 갖추어지고 水가 섞이지 않으면 염상격(炎上
格)이 되며, 土일주에 辰戌丑未가 모두 갖추어지고 木이
섞이지 않으면 가색격(稼穡格)이 되며, 金일주에 申酉戌
金方이나 巳酉丑 金局이 온전히 갖추어지고 火가 섞이지
않으면 종혁격(從革格)이 되며, 水일주에 亥子丑 水方이나
申子辰 水局이 온전히 갖추어지고 土가 섞이지 않으면 윤
하격(潤下格)이 되니, 모두 一方의 빼어난 氣를 따르므로
일반 六格의 일상적인 뜻이 반드시 때를 만나 時令을 잡고
旺을 만나고 生을 만나야 하는 것과 같지 않다.

但體質過于自强, 須以引通爲妙, 而氣勢必有所關, 務
須審察其情. 如木局見土運, 斯雖財神資養, 先要四柱有
食有傷, 庶無分爭之慮. 見火運, 謂榮華發秀, 須看原局
有財無印, 方免反剋爲殃, 名利可遂. 見金運, 謂破局,
凶多吉少. 見水運, 而局中無火, 謂生助强神, 亦主光亨.
다만 체질(본바탕)이 자신을 강하게 하는데 너무 지나칠
때에는 반드시 이끌어 유통시키는 것을 묘하게 여기므로,

기세가 반드시 통하는 바가 있어야 하니 반드시 그 통하는 精(뜻)을 살펴야 한다. 가령 木局이 土運을 만나는 경우에는 그것이 비록 財神으로 木을 자양하는 것일지라도, 먼저 반드시 사주에 식상이 있어야만 거의 분쟁의 우려가 없으며, 火運을 만나는 경우에는 이른바 초목이 무성하여 꽃을 피운다는 것인데, 반드시 원국을 보아 財가 있고 印이 없어야만 비로소 反剋하여 재앙이 됨을 면하여 名利가 이루어질 수 있으며, 金運을 만나는 경우에는 이른바 파국(破局)이라 하니 흉함은 많고 길함은 적으며, 水運을 만나는 경우에는 局 중에 火가 없으면 이른바 강한 神을 생조하는 것이니 또한 빛나고 형통함을 주관한다.

故舊有從强之說, 再行生旺爲佳, 若四柱先有食傷, 必主凶禍臨身. 如原局微伏破神, 須運有合沖之妙. 若本主失時得局, 要運遇生旺之鄕, 亦主功名小就. 苟行運偶逢剋地, 獨象立見凶災. 若局有食傷反剋之能, 方無大害.

그러므로 예로부터 종강(從强)에 대한 설명이 있는 것인데 木局이 다시 生旺한 운으로 행하면 아름답지만 만약 사주에 먼저 식상이 있으면 반드시 흉화가 몸에 임함을 주장하게 된다. 만약 원국에 파신(破神)이 은밀하게 잠복해 있

다면 반드시 運에서 원국을 파괴하는 神을 합하거나 沖去
하는 묘함이 있어야 하며, 만약 本主(일주)가 時令을 잃고
局을 이루었다면 반드시 운에서 生旺한 향을 만나야만 또
한 本主의 공명이 작게라도 이루어지며, 만약 행운에서 비
겁의 자리를 만나는 경우에는 한 가지 기세로 이루어진 象
은 곧바로 흉재(凶災)를 만나는데, 만약 원국에 식상의 反
剋하는 능력이 있다면 비로소 큰 피해가 없을 것이다.

**總之, 干乃領袖之神, 陽氣爲强, 陰氣爲弱. 支乃會格
之物, 方力較重, 局力較輕. 獨象雖美, 只怕運途破局.
合象雖雜, 却喜制化成功.**

총괄하여 말한다면 천간은 곧 우두머리 노릇하는 神으
로 陽氣는 강하고 陰氣는 약하며, 지지는 곧 모여서 격을
이루는 물건이므로 方局의 힘은 비교적 중하고 會局의 힘
은 비교적 경하며, 한 가지 기세로 이루어진 상은 비록 아
름답지만 다만 운에서 파국함을 두려워하고 혼잡한 상은
비록 혼잡하더라도 도리어 制化하여 공을 이루는 것을 기
쁘게 여긴다.

丙 甲 丁 甲

寅 辰 卯 寅

癸 壬 辛 庚 己 戊

酉 申 未 午 巳 辰

支全寅卯辰東方一氣, 化神者, 丙丁也. 發洩菁華, 少年科甲, 早邃仕路之光. 行財地, 先有食傷化刦之功. 行金運, 又得丙丁回剋之能. 交壬破局傷秀, 降職歸田, 不祿.

지지가 寅卯辰의 東方一氣를 갖추었고 化神은 丙丁火이다. 아름답고 화려한 기세를 발설하므로 어린 나이에 과거에 급제하여 일찍 벼슬길의 영광을 이루었고 運이 財地로 행하자 우선 식상이 비겁을 引化하는 功이 있으며, 金運으로 행하자 다시 또 丙丁의 회극(回剋)하는 능력을 만난 것인데, 壬대운으로 바뀌어 局을 파하고 秀氣를 상하자 관직에서 물러나 고향에 돌아와 죽었다.

己 戊 丁 己

未 子 丑 未

辛 壬 癸 甲 乙 丙

未 申 酉 戌 亥 子

費中堂造, 天干戊己逢丁, 地支重重丑未, 子丑化土, 斯眞格象, 已成稼穡. 所不足者, 丑中辛金無從引出, 且局中丁火三見, 辛金暗傷, 未得生化之妙, 所以嗣息艱難. 若天干透一庚辛, 地支藏一申酉, 必多子矣.

비중당의 사주인데 천간에는 戊己가 丁을 만나고 지지에는 丑未가 겹쳐서 子丑이 土로 合化하니 이것은 眞格의 象으로 이미 가색격(稼穡格)을 이루었다. 부족한 것은 丑 중 辛金이 인출되는 바가 없고 또 局 중에 丁火가 셋이나 보여 丑 중 辛金이 암암리에 손상되므로 生化의 妙를 이루지 못하니 이 때문에 자식을 두기가 어려운 것이다. 만약 천간에 하나의 庚이나 辛이 투출하고 지지에 하나의 申이나 酉를 간직했다면 반드시 자식이 많았을 것이다.

乙　丙　甲　丙

未　戌　午　寅

庚　己　戊　丁　丙　乙

子　亥　戌　酉　申　未

支全火局, 木從火勢, 格成炎上. 惜木旺尅土, 秀氣有傷, 書香難就, 武甲出身, 仕至副將. 行申酉運, 亦有戌

未之化, 所以无咎. 亥運, 幸得未會寅合, 不過降職. 交
庚子, 干無食傷, 支逢沖激, 死在軍中.

　지지가 火局을 갖추고 木이 火의 기세를 따르므로 염상
격(炎上格)을 이루었는데, 애석하게도 木이 旺하여 土를
극하니 秀氣에 손상이 있어서 학문을 이루기 어려웠고 무
갑37)으로 관직에 나아가 벼슬이 부장(副將)에 이르렀다.
申酉운으로 행할 때에도 戌未의 引化가 있으므로 재앙이
없었고, 亥운에는 다행히 未와 회합하고 寅과 합하게 되어
관직을 떠나는 데 불과했으니, 庚了운으로 바뀌자 천간에
식상이 없고 지지에 충격을 당하게 되니 軍 중에서 죽었다.

庚　庚　乙　庚

辰　戌　酉　申

辛　庚　己　戊　丁　丙

卯　寅　丑　子　亥　戌

此造天干乙庚化合, 地支申酉戌全, 格成從革, 惜無
水, 肅殺之氣太銳, 不但書香不利, 而且不能善終. 行
伍38)出身, 官至參將, 一交寅運, 陣亡. 蓋局無食傷之故

---

37) 무갑(武甲): 무과 합격.
38) 항오(行伍): 군대의 대열.

耳. 又寅戌暗拱, 觸其旺神也.

이 명조는 천간에 乙庚이 化合하고 지지에 申酉戌이 갖추어져 종혁격(從革格)을 이루었으나, 애석하게도 水가 없어 숙살의 기세가 너무 예리하니 학문에 불리할 뿐 아니라 또 천수(天壽)를 다할 수도 없는 사주이다. 무관으로 관직에 나아가 벼슬이 참장(參將)에 이르렀는데 寅운으로 한번 바뀌자 진(陣) 중에서 사망했으니, 그것은 본국에 식상이 없기 때문일 뿐이며 또 寅과 戌이 손을 잡고 그 旺神을 건드린 것이다.

壬 癸 辛 壬

子 丑 亥 子

丁 丙 乙 甲 癸 壬

巳 辰 卯 寅 丑 子

地支亥子丑, 干透壬癸辛, 局成潤下. 喜行運不背, 書香早遂. 甲寅運秀氣流行, 登科發甲. 乙卯宦途平坦, 由縣令而遷州牧. 丙原局無食傷之化, 羣劫爭財, 不祿.

지지가 亥子丑이고 천간에 壬癸辛을 투출하여 윤하격(潤下格)을 이루었다. 기쁘게도 行運이 배반하지 않아서 학업이 일찍 이루어졌으며, 甲寅운에는 秀氣가 유행하니 과거에 甲으로 올랐고, 乙卯운에는 벼슬길이 평탄하여 현령(縣令)에서 주목(州牧)으로 승진했으며, 丙운에는 원국에 식상의 引化함이 없어서 여러 비겁이 財를 쟁탈하므로 죽게 되었다.

全象喜行財地하니 而財神要旺이라

온전한 象은 財地로 향하는 것을 좋아하니, 財神은 반드시 왕성해야 한다.

[原注] 三者爲全이니 有傷官而又有財也라 主旺喜財旺이요 而不行官殺之地方可니라

세 가지가 온전함을 이루는 것이니 상관이 있고 또 財가 있는 것이다. 日主가 旺하면 財가 旺한 것을 좋아하며 官殺운으로 행하지 않아야 좋다.

【任注】 三者爲全, 非專論傷官與財也. 傷官生財, 固爲全矣. 而官印相生, 財官並見, 豈非全乎? 傷官生財, 日主旺相, 固宜財運. 倘四柱比刼多見, 財星被刼, 官運必佳, 傷官運更美, 須觀局中意向爲是. 日主旺, 傷官輕, 有印綬, 喜財而不喜官. 日主旺, 財神輕, 有比刧, 喜官而不喜財. 財官並見, 日主旺相, 喜財而不喜官. 官印相生, 日主休囚, 喜印綬而不喜比刧. 大凡論命, 不可執一, 須察全局之意向, 日主之喜忌爲的.

세 가지가 온전함을 이루는 것은 오로지 상관과 財만을 논하는 것이 아니다. 상관이 財를 생하는 것은 진실로 온전한 상이 되지만, 官과 印이 상생하고 財와 官이 함께 보이면 어찌 온전한 상이 아니겠는가? 상관이 재를 생하고 일주가 旺相이면 진실로 財운이 알맞지만, 만일 사주에 비겁이 많이 보여서 재성이 위협을 당하면 官운은 틀림없이 좋으며 상관운은 더욱 좋은 것이니 반드시 局중의 의향을 관찰하는 것이 옳다. 日主가 旺하고 상관이 경할 때 인수가 있으면 재성은 좋으나 관성은 좋지 않으며, 日主가 왕하고 財神이 경할 때 비겁이 있으면 관성은 좋으나 재성은 좋지 않으며, 財와 官이 함께 보이고 일주가 旺相이면 재성은 좋으나 관성은 좋지 않으며, 官과 印이 상생하고 日主가 휴수되었으면 인수는 좋으나 비겁은 좋지 않은 것이니, 대체로 명을 논할 때에는 한 가지만을 고집하지 말고, 반드시 局 전체의 의향과 日主의 희기를 관찰해야만 틀림없는 것이다.

甲 丁 丙 戊
辰 卯 辰 申
壬 辛 庚 己 戊 丁
戌 酉 申 未 午 巳

丁卯日元, 生于季春, 傷官生財, 嫌其木盛土虛, 書香難就. 土得其傷官化刼, 使丙火無爭財之意. 所以運至庚申辛酉, 承先人之事業雖微, 而自剙之規模頗大, 財發十餘萬.

丁卯 日元이 季春에 태어나고 상관이 財를 생하는데 그 木이 성하고 土가 허함을 꺼리므로 학업을 이루기 어려웠다. 土가 상관으로써 비겁을 引化함을 이루어 丙火로 하여금 財를 쟁탈하려는 뜻을 없게 하니, 이 때문에 운이 庚申·辛酉에 이르러 선인에게서 승계한 사업은 비록 미미했으나 스스로 이룩한 사업의 규모가 매우 커서 십여 만금의 재산을 모았다.

丁 丙 辛 己
酉 午 未 巳
癸 甲 乙 丙 丁 戊 己 庚
亥 子 丑 寅 卯 辰 巳 午

此造火長夏天,[39] 支類南方, 旺之極矣. 火土傷官生財格, 所嫌者, 丁火羊刃透干, 局中全無溼氣, 刦刃肆逞. 祖業無恆, 父母早亡, 幼遭孤苦, 中受飢寒. 六旬之前, 運走東南木火之地, 妻財子祿, 一字無成. 至丑運, 北方溼土, 晦火生金, 暗會金局, 從此得際遇, 立業發財. 至七旬又買妾, 連生二子. 及甲子癸亥北方水地, 獲利數萬, 壽至九旬. 諺云, 有其運, 必得其福, 爲人豈可限量哉?

이 명조는 丙火가 6월에 태어나고 지지가 모두 南方이니 지극히 왕성하다. 火土상관이 財를 생하는 격인데 꺼리는 것은 丁火양인이 천간에 투출하고 局 중에 습기가 전혀 없어서 비겁과 양인이 거리낌 없이 기세를 부리는 것이니, 조업도 일정하게 지켜짐이 없고 부모도 일찍 죽어서 유년에는 의지할 곳 없는 고통을 당했고 중년에는 굶주리고 떠는 고생을 했으며 육십 세 전에는 운이 東南 木火로 달리므로 처, 재물, 자식, 관록 중에 한 가지도 이루어진 것이 없었다. 丑운에 이르자 北方 溼土가 火를 어둡게 하고 金을 생하여 金局을 암회하니 이때부터 時運을 만나 사업을

일으켜 재물을 모았고 칠십에 이르러 첩을 사서 연달아 두 아들을 낳았으며, 甲子·癸亥의 북방 水地에 이르도록 수만금의 財利를 얻고 壽가 구십 세에 이르렀으니, 속담에 그러한 운이 있으면 반드시 그만 한 복을 얻는다 했으니 사람이 어떻게 그 복의 분량을 제한할 수 있겠는가?

形全者宜損其有餘요 形缺者宜補其不足이니라

형상이 온전한 경우에는 마땅히 그 유여함을 덜어내야 하고, 형상이 결여된 경우에는 그 부족함을 보충해야 한다.

[原注] 如甲木生於寅卯辰月이요 丙火生於巳午未月은 皆爲形全이며 戊土生於寅卯辰月이요 庚金生於巳午未月은 皆爲形缺이니 餘倣此니라

예컨대 甲木이 寅卯辰월에 태어나고 丙火가 巳午未월에 태어난 것 등은 다 형상이 온전한 경우에 속하며, 戊土가 寅卯辰월에 태어났거나 庚金이 巳午未월에 태어난 것 등은 모두 형상이 결여(缺如)된 경우이니 나머지도 이와 같다.

【任注】 形全宜損, 形缺宜補之說, 卽子平旺則宜洩宜傷, 衰則喜幫喜助之謂也. 命書萬卷, 總不外此二句, 讀之直捷痛快, 顯然明白, 故人人得而知之. 究之深奧異常, 其中作用實有至理. 庸俗祗知旺用洩傷, 衰用幫助, 以致吉凶顚倒, 宜忌淆亂也.

형상이 온전한 경우에는 마땅히 덜어내야 하고 형상이 결여된 경우에는 보충해야 한다는 말은, 곧 자평 서(子平書)의 "왕한 경우에는 누설이 마땅하고 손상이 마땅하며, 쇠한 경우에는 방조가 좋고 생조가 좋다"는 논리를 말한 것이다. 명리서가 만 권이라도 모두 이 두 구의 논리를 벗어나지 않으니, 이 글을 읽으면 곧바로 통쾌해지고 현저하게 명백해지므로 사람마다 그 이치를 알 수 있으며, 이것을 깊이 연구해 보면 심오함이 보통과 달라서 그 가운데의 작용에 진실로 지극한 이치가 있는데, 평범한 사람은 다만 왕한 경우에는 누설과 손상을 쓰고 쇠한 경우에는 방조(幫助)와 생조(生助)를 쓸 줄만 알아서 吉과 凶이 거꾸로 되고 적합한 것과 꺼리는 것이 뒤섞여 혼란하기에 이른다.

以余論之, 須將四字分用爲是, 通變在一宜字. 宜洩則洩之爲妙, 宜傷則傷之有功, 洩者食傷也, 傷者官殺也.

均是旺也. 或洩之有害, 而傷之有利, 或洩之有利, 而傷
之有害, 所以洩傷兩字, 宜分而用之也. 宜幫則幫之爲
切, 宜助則助之爲佳, 幫者比刦也, 助者印綬也. 均是衰
也, 或幫之則凶, 而助之則吉, 或幫之則吉, 而助之則
凶, 所以幫助兩字, 亦宜分而用之也.

내 생각으로 이것을 논한다면, 반드시 설·상·방·조
(洩·傷·幫·助) 네 글자는 구분하여 쓰는 것이 옳다고
여기며, 변화의 이치에 통하는 방법은 하나의 '의(宜)'자
에 있으니, 누설함이 마땅한 경우에는 누설해야만 묘함이
되고 손상함이 마땅한 경우에는 손상해야만 공이 있으니,
洩하는 것은 食傷이고 傷하는 것은 官殺인데, 똑같이 왕한
데도 혹은 설하면 유해하고 상함은 유리하며, 혹은 설하면
유리하고 상하면 유해하므로, 이 때문에 洩과 傷 두 글자
를 마땅히 구분하여 써야 하는 것이며, 방조함이 마땅한
경우에는 방조해야 적절함이 되고 생조함이 마땅한 경우
에는 생조해야만 아름다움이 되니, 방조하는 것은 비겁이
고 생조하는 것은 인수인데, 똑같이 쇠한데도 혹은 방조하
면 흉하고 생조하면 길하며 혹은 방조하면 길하고 생조하
면 흉하므로, 이 때문에 幫과 助 두 글자도 역시 마땅히
구분해서 써야 하는 것이다.

如日主旺相, 柱中財官無氣, 洩之則官星有損, 傷則去比刼之有餘, 補官星之不足, 所謂傷之有利, 而洩之有害也. 日主旺相, 柱中財官不見, 滿局比刼, 傷之則激而有害, 不若洩之以順其氣勢, 所謂傷之有害, 而洩之有利也.

가령 日主가 왕상하고 柱 중의 財官이 기세가 없는 경우에 이것을 식상으로 설하면 관성에 손상이 있지만, 관성으로 상하게 하면 비겁의 유여함을 제거하고 관성의 부족함을 보충하게 되니, 이른바 손상하면 유리하고 누설하면 유해한 것이며, 日主가 왕상하고 柱 중에 財官이 보이지 않으며 비겁이 많은 경우에 이것을 관성으로 상해하면 격분케 하여 유해하므로, 왕성한 氣를 설하여 그 기세를 따르는 것만 못하니, 이른바 손상하면 유해하고 누설하면 유리한 것이다.

日主衰弱, 柱中財星重疊, 印綬助之反壞, 幫則去財星之有餘, 補日主之不足, 所以幫之則吉, 而助之則凶也. 日主衰弱, 柱中官殺交加, 滿盤殺勢, 幫之恐反尅無情, 不若助之以化其强暴, 所以幫之則凶, 而助之則吉也. 此補前人所未發之言也.

일주가 쇠약하고 柱 중에 財星이 중첩된 경우에 인수로 이것을 생조하면 도리어 인수가 무너지지만, 비겁으로 도우면 재성의 유여함을 제거하고 일주의 부족함을 보충하게 되니, 이 때문에 방조하면 길하고 생조하면 흉한 것이며, 일주가 쇠약하고 柱 중에 官殺이 뒤섞여서 관살의 기세가 가득히 서려 있는 경우에, 이것을 비겁으로 도우면 도리어 반극하여 무정할까 두려우므로 이것을 인수로 도와서 그 강폭함을 인화하는 것만 못하니, 이 때문에 방조하면 흉하고 생조하면 길한 것이니 이것은 전인(前人)들이 아직 발표한 적이 없는 말을 보충한 것이다.

至於木生寅卯辰月, 火生巳午未月爲形全, 亦偏論也. 如木生寅卯辰月, 干露庚辛, 地藏申酉, 莫非仍作全形而損之乎? 火生巳午未月, 干透壬癸, 地藏亥子, 莫非仍作形全而損之乎? 土生于寅卯辰月爲形缺, 干丙丁而支巳午, 莫非仍作缺形而補之乎? 金生於巳午未月, 干戊己而支申酉, 莫非亦作缺形而補之乎? 凡此須究其旺中變弱, 弱中變旺之理, 不可執一而論. 是以, 實似所當損者, 而損之反有害, 實似所當補者, 而補之反無功, 須詳察焉.

原注의 木이 寅卯辰월에 태어나고 火가 巳午未월에 태어나면 형상이 온전하다고 한 것에 이르러서는 또한 치우친 논리이니, 가령 木이 寅卯辰월에 태어나고 천간에 庚辛을 드러내고 지지에 申酉를 간직한 경우에도 그대로 온전한 형상으로 간주하여 유여함을 덜어내지 않으면 안 되는가? 火가 巳午未월에 태어나고 천간에 壬癸가 투출하고 지지에 亥子를 간직한 경우에도 그대로 온전한 형상으로 간주하여 유여함을 덜어내지 않으면 안 되는가? 土가 寅卯辰월에 태어나면 형상이 결여된 것이라 했는데 천간에 丙丁이 있고 지지에 巳午가 있는 경우에도 역시 결여된 형상으로 간주하여 부족함을 보충하지 않으면 안 되는가? 金이 巳午未월에 태어나고 천간에 戊己가 있고 지지에 申酉가 경우에도 역시 결여된 형상으로 간주하여 부족함을 보충하지 않으면 안 되는가? 무릇 이러한 것은 반드시 그 왕한 가운데 약한 것으로 변하고 약한 가운데 왕한 것으로 변하는 이치를 연구해야 하며 한 가지만을 고집하여 논해서는 안 된다. 이 때문에 실제로 덜어내야 할 듯한 경우인데도 덜어내면 도리어 해로움이 있고, 실제로 보충해야 할 듯한 경우인데도 보충하면 도리어 공이 없기도 한 것이니 반드시 이러한 것을 자세히 살펴야 된다.

甲　庚　庚　丁

申　子　戌　丑

甲 乙 丙 丁 戊 己

辰 巳 午 未 申 酉

此秋金銳銳, 官星虛脫, 不能相制, 財星臨絕, 何暇生官? 初運土金, 晦火生金, 刑傷破耗, 無所不見. 丁未丙午, 助起官星, 家業鼎新. 乙巳晚景優游, 所謂傷之有功也.

이 사주는 가을에 태어난 金이라 특별히 예리한데 관성은 극도로 허약하여 상대를 제압할 수 없고 재성은 絶地에 임했으니 어느 겨를에 관성을 생조하겠는가? 초년운인 土金운은 火를 어둡게 하고 金을 생하니 형벌과 상해, 파산과 소모를 만나지 않은 것이 없었으며, 丁未·丙午대운에는 관성을 도와 일으키니 가업을 새로 일으켰으며, 乙巳대운에는 늘그막을 한가롭고 편안하게 보냈으니 이른바 손상하면 공이 있는 경우이다.

乙　庚　壬　戊

酉　申　戌　申

戊 丁 丙 乙 甲 癸

辰 卯 寅 丑 子 亥

此造乙從庚化, 官星不見, 支類西方, 又坐祿旺, 權在一人, 從其强勢. 雖有壬, 戊土緊剋, 不能引通洩其殺氣. 初交癸亥甲子, 順其氣勢, 財喜如心. 一交丙寅, 觸其旺神, 一敗如灰, 衣食難度, 自縊而死. 所謂洩之有益, 傷之有害也.

이 명조는 乙이 庚을 따라 金으로 변화하고 관성이 보이지 않으며 지지의 무리가 西方이고 또 일주가 녹왕에 앉게 되어 권력이 한 사람에게 있는 형세이니 그 강한 세력을 따라야 한다. 비록 壬水가 있으나 戊土가 바짝 붙어 극하므로 그 살벌한 기운을 이끌어 유통하고 누설시킬 수 없다. 처음 癸亥·甲子운에는 그 기세를 따르므로 재물의 기쁨이 마음과 같았으나, 한번 丙寅운으로 바뀌어 그 旺神을 건드리자 한 번에 실패하여 재물이 재처럼 사라져서 의식조차 해결하기 어렵게 되어 스스로 목을 매어 죽었으니, 이른바 洩하면 유익하고 傷하면 유해한 경우이다.

乙　丙　辛　庚

未　辰　巳　申

丁　丙　乙　甲　癸　壬

亥　戌　酉　申　未　午

此造, 以俗論之, 丙火生於巳月, 建祿必要用財. 無如庚辛重疊根深, 獨印受傷, 弱可知矣. 運至甲申乙酉, 金得地, 木無根, 破耗異常. 丙戌丁運, 重振家聲. 此財多身弱, 所謂幇之則有功也.

이 사주는 세속의 방법으로 논한다면 丙火가 巳월에 생하고 건록을 얻었으므로 반드시 財를 써야 하겠으나, 丙火는 庚辛金의 중첩되고 뿌리가 깊은 것만 못하고, 외톨이인 인수마저 손상당하여 日主가 약함을 알 수 있다. 운이 甲申·乙酉에 이르러 金이 자리를 얻고 木은 뿌리가 없으니 파산과 소모가 보통과 달랐으나, 丙戌·丁운에는 거듭 집안의 명성을 떨쳤으니, 이 사주는 재다신약으로 이른바 비겁으로 방조하면 공이 있는 경우이다.

壬　丙　癸　壬

辰　午　丑　子

己　戊　丁　丙　乙　甲

未　午　巳　辰　卯　寅

此造滿局官星, 日主孤弱, 雖食傷並見, 但丑辰皆溼土, 能蓄水, 不能止水. 初交甲寅乙卯, 化殺生身, 早遊泮水, 財業有餘. 後交丙辰, 不但不能幫身, 反受官殺回剋, 刑妻剋子, 家業耗散, 申年暗拱殺局而亡. 所謂助之則吉, 幫之反害也.

이 명조는 온 局에 관성이 꽉 차 있어서 日主가 외롭고 약한데 비록 식상이 함께 보이지만 다만 丑과 辰은 모두 습토이므로 水를 저축할 수 있을 뿐이지 水를 제지할 수는 없다. 처음 甲寅·乙卯운에는 殺을 인화하여 日主를 생하므로 일찍이 반수에 노닐고[40] 재업이 유여했으나, 뒤에 丙辰운으로 바뀌자 일주를 돕지 못할 뿐만 아니라 도리어 관살에게 회극을 당하니, 처자를 형극하고 가업이 소모·파산되었으며, 申년에는 암합으로 殺局을 이루자 죽고 말았으니, 이른바 인수로 생조하면 길하고 비겁으로 도우면 도리어 해로운 경우이다.

---

40) 반수에 노닐고: 국립대학에 들어감. 泮水는 국립대학 주변에 파놓은 못의 물을 말함.

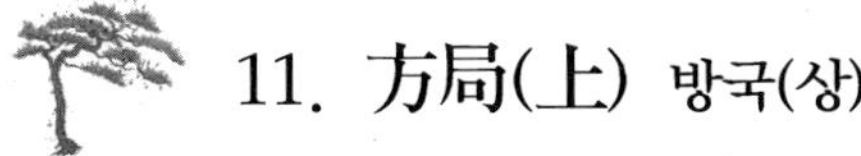

11. 方局(上) 방국(상)

方是方兮局是局이니　方要得方莫混局이요

方은 方이고 局은 局이니, 方은 반드시 方을 이루
어야 하고 局을 혼합하지 말아야 하며,

[原注] 寅卯辰은 東方也니 搭一亥或卯或未하면　則太過
하나니　豈不爲混局哉리오

寅卯辰은 東方인데 하나의 亥나 卯나 未를 더 섞으면 太過해
지는 것이니 어찌 혼합한 局이 되지 않겠는가?

【任注】　十二支, 寅卯辰東方, 巳午未南方, 申酉戌
西方, 亥子丑北方, 凡三字全爲成方. 如寅卯辰全, 其力
量較勝于亥卯未木局. 戊日遇寅月, 見三字, 俱以殺論.
遇卯月, 見三字, 俱以官論, 己日反是. 遇辰月, 視寅卯

之勢, 較量輕重, 以分官殺, 其餘倣此. 若只二字, 則竟
不取.

　십이지 중에 寅卯辰은 東方이고 巳午未는 南方이고 辛
酉戌은 西方이고 亥子丑은 北方이니, 세 글자가 전부 갖추
어지면 方을 이루는 것이다. 가령 寅卯辰이 전부 있으면
그 힘의 정도가 亥卯未 木局보다 비교적 뛰어나니, 戊일주
가 寅월을 만났을 때 寅卯辰 세 글자가 보이면 모두 殺로
논하고, 卯월을 만났을 때 세 글자가 보이면 모두 官으로
논하되 己일주는 이와 반대이며, 辰월을 만났을 때에는 寅
卯의 기세를 보아 경중을 비교하고 헤아려서 官과 殺을 구
분하여 논해야 하니, 그 나머지도 이와 같다. 만약 두 글
자뿐이면 마침내 方으로 취하지 않는다.

　所言方局莫混之理, 愚意以爲不然. 且如木方而見亥
字, 爲生旺之神, 見未字, 爲我剋之財, 又是木盤根之
地, 亦何不可, 卽用三合木局, 豈有所損累耶? 至于作
用, 則局之用多, 而方之用狹, 弗以論方而別生穿鑿也.

　이른바 '方과 局을 혼합하지 말아야 한다'는 논리는 내
가 생각하건대 옳지 않다고 여기니, 가령 木方에 亥字가
보이면 生旺의 神이 되고 未字가 보이면 자신이 극하는 財

가 되며, 또 이것은 木이 뿌리를 내리는 자리이니 또한 어째서 불가하겠으며, 혹 삼합 木局을 쓰더라도 어찌 손상하여 누를 끼치는 바가 있겠는가? 작용에 이르러서는 삼합국의 작용이 많고 方의 작용이 좁은 것이니, 그런 논리로 方을 논하여 따로 천착을 내지 말아야 한다.

己　戊　丁　甲

未　辰　卯　寅

癸　壬　辛　庚　己　戊

酉　申　未　午　巳　辰

此木方全, 搭一未字爲混. 然無未字, 則日主虛脫, 且天干甲木透出, 作殺而不作官. 必要未字, 日主氣貫, 身殺兩停, 名利雙輝. 鼎甲出身, 仕至極品, 可知方混局之無害也.

이 사주는 木方이 갖추어지고 하나의 未字가 더 섞여서 혼국이 되었다. 그러나 未字가 없었다면 일주가 극도로 허약해지며, 또 천간에 甲木이 투출했으므로 殺로 간주하고 官으로 간주하지 않으니, 반드시 未字를 만나야만 日主의 氣가 관통하여 身과 殺이 둘 다 머물게 되어 名利가 쌍으로 빛나는 것이다. 정갑[41] 출신으로 벼슬이 극품에 이르렀으니, 方이 局을 혼합해도 害가 없음을 알 수 있다.

丁 乙 庚 丙

亥 卯 寅 辰

丁 丙 乙 甲 癸 壬 辛

酉 申 未 午 巳 辰 卯

此支類東方, 火明木秀, 最喜, 丙火緊剋庚金之濁, 然春初木嫩, 必得亥時生助, 爲人風流瀟灑, 學問淵深. 丁亥生木助火, 采芹攀桂. 巳運南宮報捷, 名高翰苑. 午運拱寅合卯, 採梁棟於鄧林, 是唯哲匠, 搜琳琅於瑤圃, 爰藉宗工. 至酉, 乙木無根, 金得地, 沖破東方秀氣, 犯事落職. 若無亥水化之, 豈能免大凶?

이 사주는 지지가 東方이고 火가 밝고 木이 빼어나며 가장 좋은 것은 丙火가 庚金의 탁기를 가까이에서 극하는 것이다. 그러나 초봄에는 木이 연약하므로 반드시 亥時의 생조를 만나야만 사람됨이 품격이 우아하고 깨끗하며 학문이 깊은 것인데, 丁亥가 木을 生하고 火를 도우니 국학에

---

41) 정갑(鼎甲): 과거시험의 최우수합격자 3인.

들어가 과거에 급제하였고, 巳운에는 남궁(예부)의 보첩으로 한림원에 이름이 높았으며, 午운에는 寅과 손을 잡고 卯를 만나니 등림(鄧林)에서 동량을 캐어낸 격으로 곧 오직 현철한 대신(大臣)이며, 요포42)에서 임랑43)을 찾은 격으로 곧 높은 관직에 의지했는데, 酉운에 이르러 乙木은 뿌리가 없고 金은 자리를 만나서 東方의 秀氣를 충파하자 잘못을 범하여 관직에서 물러났으니, 만약 亥水가 그것을 인화함이 없었다면 어떻게 대흉을 면할 수 있었겠는가?

局混方兮有純疵니　行運喜南或喜北이니라

局에 方이 섞이면 순수함에 대한 흠이 있으니, 行運은 南方을 좋아하기도 하고 北方을 좋아하기도 한다.

[原注] 亥卯未木局에 混一寅辰하면 則太强하나니 行運南北하면 則有純疵니 不能俱利니라

亥卯未 木局에 하나의 寅이나 辰을 혼합하면 너무 강해지니, 운이 南이나 北으로 행하면 순수함에 대한 흠이 있으므로 모두 이롭지는 못하다.

---

42) 요포(瑤圃): 신선이 사는 곳, 선경(仙境).

43) 임랑(琳琅): 아름다운 옥.

【任注】 地支有三位相合而成局者, 亥卯未木局, 寅午戌火局, 巳酉丑金局, 申子辰水局, 皆取生旺墓, 一氣始終也. 柱中遇三支合勢, 吉凶之力較大. 亦有取二支者, 然以旺支爲主, 或亥卯, 或卯未, 皆可取, 亥未次之. 凡會忌沖, 如亥卯未木局, 雜一酉丑字于其中, 而又與所沖之神緊貼, 是爲破局. 雖沖字雜于其中, 而不緊貼, 或沖字處于其外而緊貼, 則會局與損局兼論. 其二支會局者, 以相貼爲妙, 逢沖卽破, 他字間之, 亦遙隔無力, 須天干領出可用.

지지에 세 자리가 서로 합하여 局을 이루는 경우가 있으니, 亥卯未의 木局과 寅午戌의 火局과 巳酉丑의 金局과 申子辰의 水局 등은 모두 生·旺·墓의 자리를 취하여 하나의 氣로 시종을 이룬다. 사주 중에 세 지지가 세력을 합하고 있음을 만나면 길흉의 힘이 비교적 크며, 또 두 지지를 취하는 경우도 있는데 旺한 지지를 위주로 하므로 亥卯나 卯未 등은 다 木局으로 취할 만하나 亥未는 그다음이다. 무릇 회합한 局은 충을 꺼리는 것이니 가령 亥卯未 木局의 경우에 그 가운데에 하나의 酉나 丑을 섞거나 또는 沖하는 神과 바짝 붙어 있다면 그것은 파국(破局)이 되는데, 비록 그 가운데 沖하는 글자가 섞여 있더라도 바짝 붙어 있지 않거나 혹은 沖하는 글자가 그 밖에 머물러서 다른 지지에 붙어 있다면 회국(會局)과 손국(損局)을 겸하여 논해야 하니, 그것이 지지의 회국인 경우에는 서로 붙어 있는 것을 묘하게 여기므로, 沖을 만나면 파국(破局)이 되며, 다른 글자가 그 사이에 끼여 있으면 또한 멀리 막혀 있어서 무력해지는 것이니 반드시 천간에 인출되어야 쓸 수 있다.

至於局混方兮有純疵之說, 與方要得方莫混局之理相似, 究其理亦無所害. 見寅字是謂同氣, 見辰字是謂餘氣, 又是東方溼土, 能生助木神, 又何損累耶? 行運南北之分, 須看局中意向爲是. 如木局日主是甲乙, 四柱純木, 不雜別字, 運行南方, 謂秀氣流行, 則純. 運行北方, 謂之生助强神, 無疵. 或干支有火吐秀, 運行南方, 名利裕如, 運行北方, 凶災立見. 木論如此, 餘者可知.

局에 方이 섞이면 순수함에 대한 흠이 있다는 설에 이르러서는 앞 구의 '方은 반드시 方을 이루어야 하고 局을 혼합하지 말아야 한다'는 이론과 서로 비슷하므로 그 이치를 궁구해 보면 또한 해로운 바가 없으니, 亥卯未 木局이 寅

자를 만나면 그것을 동기(同氣)라 하고, 辰자를 만나면 그
것을 여기(餘氣)라 하며 또 그것은 東方 습토이므로 木神
을 생조할 수 있으니 다시 또 어찌 손상하여 누를 끼치겠
는가? 行運의 南과 北에 대한 구분은 반드시 局 중의 의향
을 보는 것이 옳으니, 가령 지지가 木局을 이루고 일주가
甲이나 乙이며 사주가 순수한 木으로 다른 글자가 섞이지
않은 경우에는 운이 南方으로 행하면 이른바 秀氣가 유행
하는 것이니 곧 순수한 것이고, 운이 北方으로 행하면 그
것을 강신(强神)을 생조한다고 하니 흠이 없을 것이나, 혹
干支에 火가 秀氣를 토함이 있는 경우에는 운이 南方으로
행하면 名利가 넉넉하지만, 운이 北方으로 행하면 흉과 재
앙을 곧바로 만날 것이다. 木의 논리가 이와 같으니 나머
지도 알 수 있을 것이다.

癸　乙　乙　甲

未　卯　亥　寅

癸　壬　辛　庚　己　戊　丁　丙

未　午　巳　辰　卯　寅　丑　子

此木局全，混一寅字，然四柱無金，其勢從强，謂深得
一方秀氣，少年科第．惟庚辰辛巳運，雖有癸水之化，仍

不免刑喪起倒, 仕路蹭蹬. 至六旬外, 運走壬午癸未, 由
縣令而遷司馬, 履黃堂而升觀察, 直如揚帆大海, 誰能禦
之? 由此觀之, 從强之木局, 東南北運皆利, 惟忌西方金
運剋破耳.

　이 사주는 木局이 갖추어지고 하나의 寅자가 섞여 있는
데 사주에 金이 없고 그 기세가 강함을 따르니 一方의 빼
어난 氣를 깊이 얻었다고 할 수 있으므로 소년에 과거 급
제하였는데, 庚辰·辛巳운에는 비록 癸水가 殺을 인화함
이 있었지만 형상과 기복을 면지 못하고 벼슬길에도 차질
이 생겼으며, 육순에 이른 뒤에 운이 壬午·癸未로 행하자
현령(縣令)에서 사마(司馬)로 옮겨가고 황당(黃堂)을 거쳐
관찰사로 승진하여 마침내 大海에 돛을 드날리는 것과 같
았으니 누가 그것을 막을 수 있었겠는가? 이것을 통하여
본다면 강세를 따르는 木局은 東南北의 運은 다 유리하며
다만 西方 金運의 극파를 꺼릴 뿐이다.

丁 乙 丁 甲

亥 未 卯 寅

癸 壬 辛 庚 己 戊

酉 申 未 午 巳 辰

此亦木局全, 混一寅字, 取丁火食神秀氣, 非前造從强
論也. 至巳運, 丁火臨官, 登科發甲. 庚午辛未, 南方金
敗之地, 不傷體用, 仕途平坦. 壬申, 木火皆傷, 破局,
死於軍中. 前則從强, 南北皆利. 此則木火, 西北有害.
由此兩造觀之, 局混方之無害也.

이 사주도 역시 木局이 갖추어지고 하나의 寅자가 섞여
있는데 丁火식신의 빼어난 氣를 취하므로 앞의 사주처럼
종강격으로 논하는 사주가 아니다. 巳운에 이르러 丁火가
임관(臨官)하니 과거에 첫째로 급제하였고, 庚午·辛未운
은 南方의 金이 패하는 자리이므로 체와 용을 손상하지 않
아 벼슬길이 평탄했으나, 壬申운에는 木火가 모두 손상되
고 局을 파하게 되자 軍 중에서 죽었다. 앞의 사주는 종강
격이므로 南과 北이 모두 유리하고, 이 사주는 木火로 이
루어져서 西北이 有害하니, 이 두 사주를 통하여 관찰해
보면 局에 方이 섞여도 해가 없는 것이다.

若然方局一齊來엔 須是干頭無反覆이요

만약 方局과 合局이 한꺼번에 이루어진 경우에는
반드시 천간에 배반하고 뒤집음이 없어야 하며,

[原注] 木局木方全者엔 須要天干全順得序요 行運不背乃
好니라

木合局과 木方局이 모두 갖추어진 경우에는 반드시 天干이
흠이 없이 順으로 차례를 이루어야 하며 行運도 배반하지 않아야
만 좋은 것이다.

【任注】 方局齊來者, 承上文方混局, 局混方之謂也.
如寅卯辰兼亥未, 亥卯未兼寅辰, 巳午未兼寅戌, 寅午戌
兼巳未, 申酉戌兼巳丑, 巳酉丑兼申戌, 亥子丑兼申辰,

申子辰兼丑亥之類, 是也.

 方과 局이 한꺼번에 이루어진다는 것은, 윗글에 이어서 方에 局이 섞이고 局에 方이 섞인 것을 말하니, 예컨대 寅卯辰 木方에 亥나 未가 함께 있고 亥卯未 木局에 寅이나 辰이 함께 있으며, 巳午未 火方에 寅이나 戌이 함께 있고 寅午戌 火局에 巳나 未가 함께 있으며, 申酉戌 金方에 巳나 丑이 함께 있고 巳酉丑 金局에 申이나 戌이 함께 있으며, 亥子丑 水方에 申이나 辰이 함께 있고 申子辰 水局에 丑이나 亥가 함께 있는 것과 같은 부류가 이것이다.

 干頭無反覆者, 方局齊來, 其氣旺盛, 要天干順其氣勢爲妙. 若地支寅卯辰, 日主是木, 或再見亥之生之庫. 如地支亥卯未, 日主是木, 或再逢寅之祿辰之餘, 旺之極矣, 非金所能剋也. 須要天干有火, 洩其精英, 不見金水, 則干頭無反覆. 然後行土運, 乃爲全順得序而不悖矣.

 干頭에 배반하고 뒤집음이 없어야 한다는 것은, 方과 局이 한꺼번에 이루어지면 그 기세가 왕성하므로 반드시 천간도 그 기세에 순응해야 더욱 묘한 것이니, 만약 지지가 寅卯辰이고 日主가 木일때 혹 다시 木의 장생인 亥나 묘고인 未를 만나며, 또는 지지가 亥卯未이고 日主가 木일 때 혹 다시 木의 녹인 寅이나 여기인 辰을 만나면 왕성함이 지극하니 金이 이길 수 있는 바가 아니므로, 반드시 천간에 火가 있어서 그 순수하고 빼어난 氣를 누설하고, 金水를 만나지 않으면 干頭에 배반하고 뒤집음이 없는 것이니, 그러한 뒤에 土운으로 행하면 완전히 順으로 차례를 이루게 되어 어긋나지 않을 것이다.

如天干無火而有水, 謂之從強. 行水運, 順其旺神, 最美. 行金運, 金生水, 水仍生木, 逢凶有解. 苟有火而見水, 或無火而見金, 此謂干頭反覆. 如得運程安頓, 遇土則可止其逆水, 遇火則可去其微金, 亦不失爲吉耳.

만일 천간에 火가 없고 水만 있으면 그것을 종강(從強)이라 하니, 水운으로 행하면 그 왕신을 따르므로 가장 아름다우며, 金운으로 행하면 金이 水를 生하고 水는 곧 木을 生하므로 凶함을 만나도 벗어날 수 있다. 만일 火가 있을 때 水를 만나거나 혹은 火가 없을 때 金을 만나면 이것을 干頭가 배반하고 뒤집는다고 말하는데, 가령 안착할 수 있는 운을 만나는 경우에 土를 만나면 그 거슬리는 水를 제지할 수 있고, 火를 만나면 그 미약한 金을 제거할 수 있지만 다만 吉이 됨을 잃지 않을 뿐이다.

如日干是土, 別干得火, 相生之誼, 亦不反覆. 見金, 以寡敵衆, 見水, 生助强神, 則反覆矣. 所以制之以盛, 不若化之以德, 則其流行全順矣. 餘倣此.

日干이 土일 때 다른 干에 火를 만나면 상생의 의리가 있으니 또한 배반하고 뒤집지 않으나, 金을 만나면 적은 세력으로 많은 세력을 대적하는 것이고, 水를 만나면 강한 神을 생조하게 되니 곧 배반하고 뒤집을 것이다. 왕성한 것으로 제지하는 것이 德으로 引化하는 것만 못한 까닭은 그 유행함이 온전하게 順으로 이루어지기 때문이다. 나머지도 이와 같다.

癸　乙　丁　甲

未　亥　卯　寅

癸　壬　辛　庚　己　戊

酉　申　未　午　巳　辰

此方局齊來, 得月干丁火獨透, 發洩菁英, 何其妙也! 惜乎時干癸水透露, 通根亥支, 緊傷丁火秀氣, 謂干頭反覆. 所以一衿尚不能博, 貧乏無子. 設使癸水換一火土, 名利皆遂矣.

이 사주는 方과 局이 한꺼번에 이루어졌는데 月干의 丁火가 홀로 투출하여 깨끗하고 순수한 氣를 발설함을 만났으니 얼마나 묘한가! 애석하게도 時干에 癸水가 투출하여 亥支에 통근하고 丁火의 빼어난 氣를 가까이에서 손상하니 이른바 간두반복(干頭反覆)이다. 이 때문에 한 가지 품은 뜻도 오히려 넓게 펴지 못하고 가난하고 자식도 없었으니 가령 癸水가 하나의 火나 土로 바뀌었다면 名利가 모두 이루어졌을 것이다.

乙　甲　甲　丁

亥　寅　辰　卯

戊　己　庚　辛　壬　癸

戌　亥　子　丑　寅　卯

此亦方局齊來, 干頭無水, 丁火秀氣流行, 行運不甚反悖. 中鄕榜, 仕至州牧, 子多財旺, 賦性仁慈, 品行端方, 壽越八旬, 夫婦齊眉.[44] 所謂木主仁, 仁者壽, 格名曲直仁壽者, 信斯言也. 由此兩造觀之, 干頭反覆與全順得序者, 天淵也.

---

44) 부부제미(夫婦齊眉): "齊眉之案" 후한(後漢)의 양홍(梁鴻)의 아내가 남편을 공경하여 밥상을 눈썹높이만큼 받쳐 든 고사에서 유래한 말. 부부가 서로 공경하며 해로함을 뜻함.

이 사주도 方과 局이 한꺼번에 이루어졌는데 干頭에 水가 없고 丁火의 빼어난 氣가 유행하며 行運도 심하게 거스르지 않으니, 향시에 합격하여 벼슬이 주목(州牧)에 이르고 자식도 많고 재물도 흥왕했으며, 타고난 성품이 인자하고 품행이 단정하여 수명이 팔순을 넘도록 부부가 공경하며 해로했으니, 이른바 木은 仁을 주장하고 인자한 사람은 장수하므로 格의 이름을 곡직인수(曲直仁壽)라 한 것인데 진실로 그 말대로이다. 이 두 사주를 통하여 본다면 천간에 배반하고 뒤집음이 있는 것과 온전하게 順으로 차례를 이룬 것은 천지만큼 차이가 크다.

成方干透一元神엔 生地庫地皆非福이요

지지가 方을 이루고 천간에 하나의 元神이 투출된 경우에는 生地나 庫地가 모두 福이 되지 않으며,

[原注] 寅卯辰全者요 日主甲乙木이면 則透元神이며 而又遇亥之生未之庫하면 決不發福하나니 惟純一火運略好니라

寅卯辰이 모두 갖추어진 경우에 日主가 甲木이나 乙木이면 元神이 투출된 것이며, 다시 또 亥生이나 未庫를 만나면 틀림없이 발복하지 않는 것이니, 오직 순수한 火運만이 전반적으로 좋

은 것이다.

【任注】 成方干透元神者, 日主卽方之氣也. 如木方, 日主是木, 火方, 日主是火, 卽爲元神透出也. 生地庫地皆非福者, 身旺不宜再助也. 然亦要看其氣勢, 不可一例而推, 成方透元神, 旺可知矣, 固不宜再行生地庫地, 以幫方也. 倘年月時干, 不雜財官, 又有刦印, 謂之從强, 則生地庫地, 亦能發福. 如逢純一火運, 眞謂秀氣流行, 名利皆遂. 如年月時干, 財官無氣, 再行生地庫地之運, 不但不能發福, 而且刑耗多端. 此屢試屢驗, 故誌之.

지지가 方을 이루고 천간에 元神이 투출했다는 것은 日主가 곧 方의 氣인 것이니, 예컨대 木方에 日主가 木이거나 火方에 日主가 火인 경우에는 곧 元神 투출에 속한다. 生地나 庫地가 다 복이 되지 않는다는 것은 身旺한 경우에는 거듭 生助되지 말아야 한다는 것이다. 그러나 또한 그 기세를 보아야 하며 한 가지 예만 보고 추리해서는 안 되니, 方을 이루고 元神이 투출되었다면 旺함을 알 수 있으므로 물론 다시 生地나 庫地로 행하여 方을 도와서는 안 되지만, 만일 年·月·時의 천간에 財나 官이 섞이지 않고

또 비겁이나 인수가 있으면 그것을 종강(從强)이라 하니,
그렇다면 生地나 庫地도 또한 발복할 수 있는 것이다. 만
일 순수한 火운을 만나면 진실로 秀氣가 유행하여 名利가
다 이루어진다 하겠지만, 만일 年·月·時의 천간에 財官
의 기세가 없는데 다시 生地나 庫地로 행한다면 발복할 수
없을 뿐만 아니라 또 형모가 많은 것이니, 이러한 경우는
여러 번 시험하여 여러 번 응험하였으므로 여기에 기록한
것이다.

丁 甲 甲 戊

卯 辰 寅 寅

庚 己 戊 丁 丙 乙

申 未 午 巳 辰 卯

此成方, 干透元神, 四柱不雜金水, 時干丁火吐秀, 純
粹可觀. 初中行運火土, 中鄕榜, 出宰名區. 惜木多火
熾, 丁火不足以洩之, 所以運至庚申, 不能免禍. 此造如
時逢丙寅, 必中甲榜, 仕路顯赫, 庚申運丙火足以敵之,
亦不致大凶也.

이 사주는 方을 이루고 천간에 元神이 투출되었는데 사

주에 金水가 섞이지 않고 時干에 丁火가 빼어남을 토하니 순수함이 볼만하다. 초·중년에 火土운으로 행하자 향시에 합격하여 이름난 지방에 수령으로 나갔으나, 애석하게도 木이 많고 火가 성하여 丁火로는 그것을 누설시킬 수 없으므로 이 때문에 운이 庚申에 이르자 禍를 면할 수 없었으니, 이 명조가 만약 時에서 丙寅을 만났다면 틀림없이 과거에 급제하여 벼슬길이 뚜렷하게 빛나고 庚申운에도 丙火로 그것을 대적할 수 있어서 또한 大凶에 이르지 않았을 것이다.

丙　甲　丙　癸

寅　辰　辰　卯

庚　辛　壬　癸　甲　乙

戌　亥　子　丑　寅　卯

此造財旺提綱, 丙食生助, 當以財星爲用, 丙火爲喜, 癸水爲忌. 身旺用財, 遺業十餘萬. 初年水木運, 一敗如灰, 至辛亥運, 火絕木生, 水臨旺, 凍餓而死. 以此觀之, 不論成方成局, 必先察財官之勢. 若財旺提綱, 則以財爲用, 或官得財助, 則以官爲用. 如財不通月支, 官無旺財

生, 必須棄其寡而從其衆也. 餘皆倣此.

이 사주는 財가 月令에 왕하고 丙火식신이 생조하므로 마땅히 재성을 용신으로 삼고 丙火를 희신으로 삼고 癸水를 기신으로 삼으니 身이 왕하고 財를 쓰는 사주로 물려받은 가산이 십여 만금이었는데, 초년 水木운에 한꺼번에 무너져 재처럼 사라졌으며, 辛亥운에 이르러 火가 絶이 되고 木이 生을 만나며 水가 旺에 임하자 얼고 굶주려 죽고 말았다. 이것을 통하여 본다면 方을 이루거나 局을 이루는 것을 논할 것 없이 반드시 먼저 財官의 세력을 살펴야 하니, 만약 財가 월령에 있어서 旺하면 財를 용신으로 삼고 혹은 官이 財의 生助를 받으면 官을 용신으로 삼으며, 만약 財가 月支에 통하지 않고 官도 旺財의 生助가 없다면 반드시 그 적은 것을 버리고 많은 것을 따라야 한다. 나머지도 모두 이와 같다.

成局干透一官星이면 左邊右邊空碌碌이니라

지지가 국을 이루고 천간에 하나의 관성이 투출되면, 왼쪽이나 오른쪽이 모두 헛되고 쓸모없다.

[原注] 甲乙日遇亥卯未全者면 庚辛乃木之官也니 又見左
辰右寅하면 則名利無成이라 詳例自見하니 甲乙日單遇庚辛
이라도 則亦無成이니라

甲이나 乙일주가 亥卯未 전부를 만나면 庚이나 辛이 곧 木의
官인데, 다시 또 왼쪽의 辰이나 오른쪽의 寅을 만나면 名利에
이루어짐이 없는 것이다. 예를 자세히 살펴보면 저절로 드러나
니 甲이나 乙일이 庚이나 辛을 하나만 만나도 이루어짐이 없었다.

【任注】 如地支會木局, 日主元神透出, 別干見辛之
官, 庚之殺, 虛脫無氣. 卽餘干有土, 土亦休囚, 難以生
金, 須地支有一申酉丑字爲美. 若無申酉丑, 反加之寅辰
字, 則木勢愈盛, 金勢愈衰矣. 故碌碌終身, 名利無成
也. 若得歲運去其官星, 亦可發達, 必要柱中先見食傷,
然後歲運去淨官煞之根, 名利遂矣. 木局如此, 餘局倣此
論之可也.

가령 지지에 木이 회국하고 日主의 元神이 투출한 경우
에, 다른 干에 辛官이나 庚殺을 만나도 그 관살은 극도로
허약하여 氣가 없으며, 혹 나머지 干에 土가 있더라도 그
土 역시 휴수되어 金을 生하기 어려운 것이니 반드시 지지
에 하나의 申·酉·丑자가 있어야 좋은 사주가 된다. 만약

申·酉·丑이 없고 도리어 거기에 寅이나 辰자를 가한다
면 木의 세력은 더욱 왕성해지고 金의 세력은 더욱 쇠약해
지므로 평범하게 일생을 마쳐서 名利에 이루어짐이 없는
것이다. 만약 세운에서 그 관성을 제거할 수 있다면 또한
발달할 수 있으나, 반드시 柱 중에서 먼저 식상을 만나고
그런 뒤에 세운에서 관살의 뿌리를 깨끗하게 제거하면 名
利가 이루어질 것이다. 木局이 이와 같으니 나머지 局도
이와 같이 논하면 된다.

丁　乙　辛　辛

亥　未　卯　未

乙　丙　丁　戊　己　庚

酉　戌　亥　子　丑　寅

　此乙木歸垣, 亥卯未全, 木勢旺盛, 金氣虛脫, 最喜時
透丁火, 制煞爲用. 故初運土金之鄕, 奔馳未遇. 至丁亥
運, 生木制煞, 軍前效力, 得縣佐. 丙戌運中, 幫丁剋辛,
升縣令. 此所謂强衆而敵寡, 勢在去其寡, 非煞旺宜制而
推也. 至酉運, 煞逢祿旺, 沖破木局不祿.

　이 사주는 乙木이 원(垣, 未)에 귀의하고 亥卯未가 전부

있어서 木의 세력이 왕성하고 金기는 극도로 허약한데 가장 기쁜 것은 時干에 丁火가 투출하여 煞을 제압하고 用神이 되는 것이다. 그러므로 초운인 土金의 향에서는 바쁘게 달렸으나 때를 만나지 못했고, 丁亥운에 이르러 木을 生하고 煞을 제압하니 군전(軍前)에 힘을 다하여 현좌(縣佐)가 되었고, 丙戌운 중에 丁火를 돕고 辛金을 극하자 현령(縣令)으로 승진하였다. 이것이 이른바 강한 것이 많고 대적하는 것이 적은 경우에는 형세가 그 적은 것을 제거하는 데 있다는 것이니, 칠살이 왕하여 극제해야 하는 것으로 추리하지 않는다. 酉운에 이르러 칠살이 녹왕을 만나 木局을 충파하자 죽었다.

戊　乙　辛　辛

寅　未　卯　未

乙　丙　丁　戊　己　庚

酉　戌　亥　子　丑　寅

此乙木歸垣, 雖無全會, 然寅時比亥之力量勝數倍矣. 以大象觀之, 局中三土兩金, 似乎財生煞旺, 不知卯旺提綱, 支中皆木之根旺, 非金之生地也. 初運土金之鄉, 采芹食廩, 家業豐裕. 一交丁亥, 制煞會局, 刑妻剋子, 破耗異常, 犯事革名, 憂鬱而死.

　이 사주는 乙木이 원(未)에 귀의하고 있으니 비록 온전한 會局은 없으나 寅時가 亥의 역량에 비하여 몇 배가 나을 것이다. 대체적인 형상으로 본다면 局 중에 三土와 二金이 있어서 財가 칠살을 生하여 旺하게 하는 듯하지만, 卯가 제강(月支)에서 旺하고 지지 속에 모두 木의 뿌리가 旺하여 金의 生地가 아님을 모르기 때문이다. 초운 土金의 향에서는 국학에 입학하여 국가에서 주는 녹미를 받고 가업이 풍유했으나, 한번 丁亥로 바뀌자 煞을 제압하고 局을 회합하니 처자를 형극하고 파모가 보통과 달랐으며 사고를 범한 후 이름을 바꾸고 우울하게 살다가 죽었다.

癸　乙　己　庚

未　亥　卯　寅

乙　甲　癸　壬　辛　庚

酉　申　未　午　巳　辰

此造, 正合本文成局, 干透官星, 左右皆空, 四柱一無情致. 用財則財會剋局, 用官則臨絕地, 用神無所着落.

爲人少恆一之志, 多遷變之心, 以致家業破耗. 讀書未就而學醫, 醫又不就, 又學堪輿. 自以爲仲景再世, 楊賴復生, 而人終不信. 又學巫, 學易, 學命, 所學甚多, 不能盡述. 不但一無所就, 而且財散人離, 削髮爲僧矣.

이 명조는 바로 본문의 지지가 局을 이루고 천간에 관성이 투출되면 좌우가 모두 헛되고 쓸모없다는 조건에 부합하는데 사주에 좋은 정과 흥취가 하나도 없다. 財를 쓰는 경우는 財가 비겁국에 회합하고, 官을 쓰는 경우에는 官이 절시에 앉아 있어서 용신이 정착할 곳이 없으니, 사람됨이 변치 않고 한결같은 뜻이 적고 변덕스런 마음이 많아서 가업이 파모되기에 이르렀으며, 독서가 이루어지기도 전에 의술을 배우고, 의술도 이루어지지 않자 다시 또 감여(풍수)를 배워서 스스로 생각하기를 장중경(醫家)이 다시 세상에 나오고 양뢰(풍수가)가 다시 살아났다고 여겼으나 남들은 끝내 믿지 않았으며, 또 무당의 방술을 배우고, 역술을 배우고, 명리를 배워서 배운 것이 매우 많아 다 기술할 수 없는데, 이룬 것이 하나도 없을 뿐 아니라 또한 재물은 흩어지고 사람이 떠나가자 머리 깎고 중이 되었다.

13. 八格 팔격

正財·偏財·正官·偏官·正印·偏印·食神·傷官
이 是也니 財官印綬分偏正하고 兼論食傷八格定이라

팔격은 정재격·편재격·정관격·편관격·정인격·
편인격·식신격·상관격 등이 그것이니, 재·관·인
수는 偏과 正으로 나누고 식신과 상관을 함께 논하여
팔격이 정해진다.

[原注] 自形象氣局之外에 而格爲最하니 格之眞者는 月
支之神이 透於天干也며 以散亂之天干에 而尋其得所附於提
綱이면 非格也라 自八格之外에 若曲直五格皆爲格이나 而
方局氣象定之者는 不可言格也며 五格之外에 飛天合祿雖爲
格이나 而可以破害刑沖論之者는 亦不可言格니라

형상(形象)과 기국(氣局)으로 논하는 방법 외에는 格으로 논

하는 것을 최상으로 여기는데, 격 중에 참된 것은 月支의 神이
천간에 투출하는 것이며, 흩어져 어지러운 천간에서 제강(월령)
에 부속됨을 이루는 것을 찾는다면 격이 아니다. 八格 이외에
곡직 등 五格은 모두 격에 속하나, 方이나 局 등 기상(氣象)으
로 그것을 결정하는 경우에는 격이라고 말할 수 없으며, 五格
이외에 비천이나 합록 등은 비록 격이라고 하지만, 破害刑沖으
로 그것을 논할 수 있는 경우에는 역시 격이라고 말할 수 없다.

【任注】　八格者, 命中之正理也. 先觀月令所得何支,
次看天干透出何神,　再究司令以定眞假,　然後取用以分
淸濁, 此實依經順理. 若月逢祿刃, 無格可取, 須審日主
之喜忌,　另尋別支透出天干者, 借以爲用.

　팔격은 命 중의 바른 이론이니, 먼저 월령에서 만난 것이
어떤 지지인가를 보고, 그다음에 월령이 천간에 투출한 것이
어떤 神인가를 보고, 다시 사령(司令)을 궁구하여 진가(眞假)
를 정하며, 그런 뒤에 용신을 취하여 청탁을 구분해야 하니,
이것은 실제로 經(법)을 근거로 하고 이치를 따르는 것이다.
만약 月에서 녹이나 양인을 만나면 취할 만한 격이 없으니,
반드시 일주의 희기를 살피고 별도로 다른 지지에서 천간에
투출된 것을 찾아 그것을 빌어서 용신으로 삼아야 한다.

然格局有正有變, 正者, 必兼五行之常禮也, 曰官印,
曰財官, 曰煞印, 曰財煞, 曰食神制煞, 曰食神生財, 曰
傷官佩印, 曰傷官生財. 變者, 必從五行之氣勢也, 曰從
財, 曰從官殺, 曰從食傷, 曰從强, 曰從弱, 曰從勢, 曰
一行得氣, 曰兩氣成形. 其餘外格多端, 余備考羣書, 俱
不從五行正理, 盡屬謬談.

그리고 격국에는 정격과 변격이 있는데, 정격(正格)은
반드시 오행의 일정한 예식을 겸하니 관인격(官印格), 재
관격(財官格), 살인격(煞印格), 재살격(財煞格), 식신제살
격(食神制煞格), 식신생재격(食神生財格), 상관패인격(傷
官佩印格), 상관생재격(傷官生財格) 등이고, 변격(變格)은
반드시 오행의 기세를 따르니 종재격(從財格), 종관살격
(從官殺格), 종식상격(從食傷格), 종강격(從强格), 종약격
(從弱格), 종세격(從勢格), 일행득기격(一行得氣格), 양기
성형격(兩氣成形格) 등이며, 그 밖의 외격(外格)도 종류가
많은데 내가 여러 책들을 구비하여 살펴보건대 다 함께 오
행의 바른 이치를 따르지 않으니 모두 잘못된 말에 속한다.

至於蘭臺妙選, 所定一切奇格異局納音諸法, 尤屬不

經, 不待辯而知其荒唐也. 自唐宋以來, 作者甚多, 皆虛妄之論. 更有吉凶神煞, 不知起自何人, 作此險語, 往往全無應驗. 誠意伯千金賦云, 吉凶神煞之多端, 何如生剋制化之一理? 一言以蔽之矣.

『난대묘선(蘭臺妙選)』에 정해 놓은 일체의 기격(奇格), 이국(異局)이나 납음(納音) 등 여러 법에 이르러서는 더욱 불합리한 논리에 속하니 분별하기를 기다리지 않고도 그 황당함을 알 수 있으며, 唐·宋 이래로 저작된 책들이 매우 많으나 모두 허망한 이론들이고, 나시 길흉의 신살 능은 어떤 사람으로부터 시작되어 이렇게 사람을 놀라게 하는 말을 지어냈는지 모르지만 곳곳마다 전혀 응험함이 없었다. 성의백(誠意伯)은 『천금부(千金賦)』에서 "길흉의 신살이 종류가 많지만 어찌 생극제화의 한결같은 이치만 하겠는가? (생극제화의 이치는) 한마디 말로써 모든 것을 대표할 수 있다"고 하였다.

卽如壬辰日爲壬騎龍背, 壬寅日爲壬騎虎背, 何不再取壬午壬申壬戌壬子謂騎猴馬犬鼠之背乎? 又如六辛日逢子時, 謂六陰朝陽. 夫五陰皆陰, 何獨辛金可朝陽, 餘干不可朝陽乎? 且子乃體陽用陰, 子中癸水, 六陰之至, 何謂陽也? 又如六乙日逢子時, 謂鼠貴格. 夫鼠者, 耗也, 何以爲貴? 且十干之貴, 時支皆有之者, 豈餘干[45] 不可取貴乎? 不待辨而知其謬也. 其餘謬格甚多, 支離無當, 學者宜細詳正理五行之格, 弗以謬書爲惑也.

가령 壬辰일을 임기용배격(壬騎龍背格)이라 하고 壬寅일을 임기호배격(壬騎虎背格)이라고 하면서 왜 다시 壬午일, 壬申일, 壬戌일, 壬子일을 취하여 기후(騎猴), 기마(騎馬), 기견(騎犬), 기서(騎鼠) 등의 격이라고 말하지 않는가? 또 六辛日이 子時를 만났을 경우에 육음조양격(六陰朝陽格)이라 하니, 무릇 다섯 陰干이 모두 陰인데 어째서 유독 辛金만이 조양이 되고 나머지 干은 조양이 될 수 없는가? 또 子는 곧 본체는 陽, 작용은 陰이라 하니, 子중 癸水는 六陰 중에 지극한 것인데 왜 陽이라 하는가? 또 六乙日이 子時를 만났을 경우에 서귀격(鼠貴格)이라 하니 무릇 쥐는 곡식을 소모하는 동물인데 왜 그것을 귀하게 여기는가? 또 十干의 貴가 時支에 모두 있다고 한다면 어째서 다른 支에서는 貴를 취할 수 없는가? 분별하기를 기다리지 않고도 그 잘못되었음을 알 수 있다. 그 나머지 잘못된

---

45) 干은 支가 되어야 함.

격들도 매우 많은데 갈피를 잡을 수 없고 합당함이 없으니, 학자들은 마땅히 올바른 이치에 따른 오행의 격을 자세히 살펴서 잘못된 책으로 인하여 미혹되지 말아야 한다.

癸　乙　癸　庚

未　未　未　辰

己　戊　丁　丙　乙　甲

丑　子　亥　戌　酉　申

此造, 支中三未通根, 尙有餘氣, 干透兩癸, 正三伏生寒, 貼身生扶, 亦通根身庫. 官星獨發而淸, 癸水潤土養金, 生化不悖, 財旺生官, 中和純粹. 科甲出身, 仕至藩臬, 官境安和.

이 사주는 日主가 지지 중 세 未에 통근하고 또 辰에 餘氣가 있는데 천간에 투출한 두 癸는 바로 삼복더위에 찬바람을 일으켜서 日主에 바짝 붙어 생부하고 또 자신의 庫에 통근하였다. 관성은 홀로 드러나서 맑고 癸水는 土를 적시고 金을 기르므로 生化가 어긋나지 않으며, 財가 旺하여 官을 生하고 중화를 이루어 순수하니, 과거에 급제하고 관직에 등용되어 벼슬이 번얼46)에 이르렀으며 벼슬하는 경

---

46) 번얼(藩臬): 관직명, 지방 안찰사.

지가 편안하고 화락하였다.

丙　丁　壬　己

午　未　申　丑

丙　丁　戊　己　庚　辛

寅　卯　辰　巳　午　未

此造, 以大勢觀之, 官星淸于彼, 何彼則富貴, 此則困窮? 不知, 此造無印, 官緊剋, 午未雖是餘氣祿旺, 丑中蓄水, 暗傷午未之火, 壬水逢生, 又剋丙火. 更嫌己土一透, 不能制水, 反能晦火. 兼之中運逢土, 又洩火焁, 謂剋洩交加. 因之功名未遂, 耗散資財, 尙不免刑妻剋子, 細究皆己丑兩字之患. 幸格局順正, 氣象不偏, 將來運至木火之地, 雖然屈抑於前, 終必奮亨於後.

이 사주는 대체적인 형세로 본다면 관성이 앞의 사주보다 청수(淸秀)한데 왜 앞의 사주는 부귀하고 이 사주는 곤궁한가? 그 이유는, 이 사주는 인수가 없고 관성이 바짝 붙어 극하며 午未가 비록 丁火의 여기(餘氣)이고 녹왕(祿旺)이지만 丑 중에 水를 저축하여 午未의 火를 암상(暗傷)하고 壬水가 生地를 만나서 또 丙火를 극하며, 다시 또 꺼리는 것은 己土가 한편에 투출했으나 水를 제지하지 못하고 도리어 火를 어둡게 할 수 있을 뿐인데, 여기에 겸하여 중년운에 土를 만나서 다시 또 火氣를 누설할 수 있으니, 이른바 극과 누설이 서로 뒤섞인 것이다. 이로 인하여 공명이 이루어지지 않고 자재(재물)를 모산시켰으며 또 처자를 형극함을 면치 못했는데, 자세히 궁구해 보면 모두 己와 丑 두 글자의 우환 때문이다. 다행히 격국이 순수하고 바르며 기상이 치우치지 않으므로 앞으로 운이 木火의 자리에 이르면 비록 앞에서는 억눌려서 펴지 못했으나 마침내 뒤에는 반드시 떨치고 일어나 형통할 것이다.

辛　丙　乙　癸

卯　午　卯　未

己　庚　辛　壬　癸　甲

酉　戌　亥　子　丑　寅

此官淸印正格, 喜其未卯拱木, 純粹之象. 故爲人品格超羣, 才華卓越, 文望若高山北斗, 品行似良玉精金. 惜印星太重, 官星洩氣, 神有餘而精不足, 以致功名蹭蹬, 縱有凌雲之志, 難遂靑錢之選. 還喜格正局淸, 財星逢

合, 雖然大才小用, 究竟名利兩全, 仕路淸高, 施菁莪[47]
之雅化, 振棫樸[48]之人才也.

　이 사주는 관성이 맑고 인성이 바른 格인데 기쁜 것은
未卯가 木으로 拱合하여 순수한 상을 이룬 것이니, 그러므
로 사람됨이 품격이 무리에서 뛰어나고 재주가 탁월하여
학문상의 명망이 고산북두(高山北斗)와 같고 품행이 양옥
정금(良玉精金)과 같았다. 애석하게도 인성이 너무 중첩되
고 관성이 설기되어 神은 유여하나 精이 부족하여 공명에
차질이 생기게 되었으니, 비록 고상한 뜻을 가졌으나 시험
에 뽑힐 수 있는 문장을 이루기 어려웠는데, 도리어 기쁜
것은 格이 바르고 局이 맑으며 재성이 合을 만났으니 비록
큰 재능이 작게 쓰였지만 마침내 名利가 모두 온전하고 벼
슬길이 청고했으며 인재 교육의 바른 교화를 베풀어 많은
인재를 진흥시켰다.

壬　癸　丙　辛

戌　卯　申　卯

庚　辛　壬　癸　甲　乙

寅　卯　辰　巳　午　未

---

47) 菁莪(정아): 인재 교육.

48) 棫樸(역박):『시경』「대아」의 편명. 주나라 문왕이 인재등용을 잘하여 당시에 인재가 많았다는 내용.

此印綬格, 以申金爲用, 以丙火爲病, 以壬水爲藥, 中和純粹. 秋水通源, 運至癸巳, 金水逢生得助, 科甲聯登. 壬辰藥病相濟, 由部屬出爲郡守. 蓋辛卯庚寅蓋頭, 逢金不能生火壞印, 名利兩全也.

이 사주는 인수격으로 申金을 용신으로 삼고 丙火를 病으로, 壬水를 藥으로 삼으니 중화를 이루고 순수하다. 가을 물이 근원에 통하고 운이 癸巳에 이르자 金水가 生을 만나고 도움을 얻어 과거에 연달아 급제했으며, 壬辰운에는 약과 병이 서로 구제하니 소속 부서로부터 나와서 군수가 됐으며, 辛卯·庚寅대운은 金이 머리를 덮었으니, 金을 만나면 寅卯木이 火를 生하거나 인수를 파괴하지 못하므로, 名利가 모두 온전하였다.

甲　癸　丙　辛

寅　卯　申　卯

庚　辛　壬　癸　甲　乙

寅　卯　辰　巳　午　未

此亦以申金爲用, 以丙火爲病, 與前只換一寅字, 不但有病無藥, 而且生助病神. 彼則靑錢萬選, 名利兩全. 此則機杼空抛, 守株待兔. 更嫌寅申遙沖, 卯木助之, 印綬反傷, 木旺金缺. 且月建乃六親之位, 未免分荊破斧, 資財耗散. 惟壬運幫身去病, 財源稍裕. 辛卯庚寅, 東方無根之金, 功名未能進取, 家業不過小康. 然格正局眞, 印星秉令, 所以襟懷曠達, 八斗才誇, 爭似元龍意氣, 五花筆吐, 渾如司馬文章. 獨嫌 月透秋陽, 難免珠沈滄海, 順受其正, 莫非命也.

이 사주도 역시 申金을을 용신으로 삼고 丙火를 病으로 삼으니 앞의 사주와는 다만 寅자 하나만 바꿨는데, 병만 있고 약이 없을 뿐 아니라 또 病神을 생조하고 있다. 앞의 사주는 시험을 볼 때마다 뽑혀서 名利가 모두 온전했으나, 이 사주는 베틀에 앉아 빈 북을 던지고,49) 그루터기를 지키며 토끼를 기다리는50) 격인데, 다시 또 꺼리는 것은 寅申이 멀리서 沖하고 卯木이 그것을 도우니 인수가 도리어 손상되어 木이 旺하고 金이 모자라는 것이다. 또 월건은 곧 육친의 자리인데 모형나무를 나누어 갖고 도끼를 쪼개어 가지며,51) 재산이 소모되고 흩어짐을 면치 못했으나,

---

49) 機杼空抛(기저공포): 문장을 짓는 궁리가 헛되다는 의미임.

50) 守株待兔(수주대토): 송나라 사람이 밭에서 일하는데 토끼가 뛰어오다가 그루터기에 머리를 부딪쳐서 죽었는데 이를 보고 일은 안 하고 토끼만 기다렸다는 고사. 변통성이 없음을 뜻함.

51) 分荊破斧(분형파부): 이산가족, 형제가 떨어져 사는 것을 뜻함.

오직 壬운만은 日主를 돕고 病을 제거하여 재물을 얻는 근
원이 조금 넉넉하였고, 辛卯와 庚寅운은 東方의 뿌리 없는
金이니 공명은 나아가서 취하지 못하고 가업은 조금 안정
되는 데 불과했으나, 격이 바르고 국이 참되며 인성이 월
령을 잡았으므로 이 때문에 마음에 품은 생각이 넓고 활달
하였고, 팔두재52)를 자랑할 때에는 원룡의 의기53)와 다
투는 듯하며, 오화필력54)을 토할 때에는 사마씨55)의 문
장과 가지런한 듯했다. 다만 꺼리는 것은 月干에 가을 해
가 투출하여 진주가 푸른 바다에 잠겨 있음을 면하기 어려
운 것인데, 그중 올바른 命을 순리로 받아들여야 하니 命
아닌 것이 없기56) 때문이다.

**由此數造觀之, 格局不可執一論也. 不拘財官印綬等
格, 與日主無干, 旺則宜抑, 衰則宜扶, 印旺洩官宜財
星, 印衰逢財宜比劫, 此不易之法.**

이 몇 개의 명조를 통하여 본다면, 격국은 한 가지 이론

---

52) 八斗才(팔두재): 詩文의 재주가 풍부함을 뜻함. 송나라 사령운이 위나라 조식을 칭찬하면서, 천
하의 재주가 한 섬이면 그중 여덟 말(八斗)을 지녔다고 한 데서 유래함.

53) 元龍意氣(원룡의기): 동한의 진등이 빈객을 업신여겨서 자신은 높은 침상에 눕고 친구인 허범
은 낮은 침상에 눕게 했다는 고사.

54) 五花筆(오화필): 당나라 이백과 같은 문장을 뜻함. 이백이 아끼던 명마 이름이 五花馬임.

55) 司馬(사마): 한나라의 사마상여(司馬相如), 남북조 6조를 대표하는 문장가.

56) 『孟子』 「盡心上」 2장, '莫非命也, 順受其正.'

만을 고집해서는 안 되니 財·官·印綬 등의 격에 얽매이지 말고 日主와도 간여하지 말며, 旺할 때에는 억제해야 하고 衰할 때에는 부조해야 하니, 인수가 旺하여 官을 설할 때에는 재성이 적합하고 인수가 衰한데 財를 만날 때에는 比刦이 적합한 것이니, 이것은 바꿀 수 없는 법칙이다.

影響遙繫旣爲虛니 雜氣財官不可拘니라

서로의 작용에 얽매임이 적으면 이미 공허한 것이니, 잡기재관에 구애되지 말아야 한다.

[原注] 飛天合祿之類는 固爲影響遙繫而非格矣니 如四季月生人은 只當取土爲格이요 不可言雜氣財官이며 戊己日生於四季月者는 當看人元透出天干者取格이요 不可槪以雜氣財官論之니 至於建祿月刦羊刃도 亦當看月令中人元透於天干者取格이라 若不合氣象形局이면 則又無格矣니 只取用神하되 用神又無所取면 只得看其大勢하여 以皮面上斷其窮通이요 不可執格論也니라

비천, 합록 등의 부류는 진실로 상대방에게 미치는 영향이 적으므로 격이 아니니, 예컨대 四季(辰戌丑未)월에 태어난 사람은 다만 土를 취하여 格으로 삼아야 하고 잡기재관으로 말하지 말

아야 하며, 戊己일주가 辰戌丑未월에 태어난 경우에는 마땅히 人元(지장간)이 천간에 투출했는가를 보아서 격을 취해야 하고, 일률적으로 잡기재관이라고 이것을 논해서는 안 되니, 건록·월겁·양인에 이르러서도 마땅히 월령 중의 人元이 천간에 투출한 것을 보아서 격을 취해야 한다. 만약 기상형국(氣象形局)에 부합되지 않으면 또한 격을 논할 수 없으니, 다만 용신만을 취하되 용신도 취할 것이 없으면 다만 사주의 대세를 보아서 표면에 드러난 것으로 그 곤궁과 영달을 판단해야 하며, 격에 집착하여 논해서는 안 된다.

【任注】 影響遙繫者, 卽暗沖暗合之格也, 俗書所謂飛天祿馬是也. 如丙午日支全三午, 癸酉日支全三酉, 逢三則沖, 午去暗沖子水爲官, 酉去暗合辰土爲官. 尙有沖財合財, 如壬子日支全三子, 暗沖午火爲財, 乙卯日支全三卯, 暗合戌土爲財.

영향에 얽매임이 적다는 것은 곧 암충이나 암합하는 격을 말하는데, 속서에서 말하는 비천록마 등이 그것이니, 예컨대 丙午일의 지지에 세 개의 午가 있거나 癸酉일의 지지에 세 개의 酉가 있어서 셋이 충을 만나는 경우에, 午가 가서 암충하여 子水를 官으로 삼고, 酉가 가서 암합하여

辰土를 官으로 삼으며, 또한 沖財와 合財도 있으니 예컨대 壬子일의 지지에 세 개의 子가 있을 때 午火와 암충하여 財로 삼고, 乙卯일의 지지에 세 개의 卯가 있을 때 戌土와 암합하여 財로 삼는 것 등이다.

又云, 先要四柱不見財官爲眞, 方可沖合. 夫沖者, 散也. 合者, 化也. 何能爲我用乎? 四柱原有財官, 不宜沖合, 尙有喜與不喜, 何況四柱無財官乎? 至于雜氣財官, 亦是畫蛇添足. 辰戌丑未, 無非支藏三干, 各爲雜氣, 寅申巳亥, 亦有三干, 何故不論? 夫庫中餘氣, 可以言格, 生地之神, 莫非反棄. 又云雜氣財官喜沖, 尤爲穿鑿. 若甲木生丑月, 爲雜氣財官, 喜未沖之, 未中丁火, 緊傷丑中辛金之官, 格仍破矣. 餘支皆然, 不若透出天干, 取格爲是.

또 먼저 반드시 사주에 財官이 보이지 않아서 眞格이 되어야만 비로소 沖이나 合을 할 수 있다고 했는데, 무릇 沖이란 분산시키는 것이고 合은 변화시키는 것이니 어찌 일주가 쓰는 물건이 될 수 있겠는가? 사주 원국에 財官이 있으면 충이나 합이 적합하지는 않지만 그래도 좋은 경우와 나쁜 경우가 있는데, 하물며 사주에 財官이 없으면 어떠하겠는가? 잡기재관에 이르러서는 또한 뱀에 발을 그려 놓은 것이다. 辰戌丑未가 지지에 세 干을 소장하지 않은 것이 없어서 각각 잡기(雜氣)라고 한다면, 寅申巳亥도 역시 세 干을 소장하고 있는데 무엇 때문에 잡기라고 논하지 않는가? 무릇 庫 중의 여기(餘氣)는 그것으로 격을 말할 수 있는데도 生地의 神은 도리어 버려지지 않음이 없는 것이며, 또 잡기재관이 沖을 좋아한다고 한 것은 더욱 천착에 해당되니, 가령 甲木이 丑월에 생하면 잡기재관이 되어 未가 충하는 것을 기뻐하는데, 未 중 丁火가 丑 중 辛金 관성을 긴박하게 손상하여 격이 그로 인하여 파괴될 것이다. 나머지 지지도 모두 그러한 것이니 투출된 천간에서 격을 취하는 것을 옳다고 여기는 것만 못하다.

　諸書所載, 祿分四種, 年爲背祿, 月爲建祿, 日爲專祿, 時爲歸祿. 又云, 建祿喜官, 歸祿忌官, 則又遺背祿專祿矣. 又云, 日祿歸時沒官星, 號爲靑雲得路. 誠如所論, 則丙辛兩日生人, 逢癸巳丁酉時者, 世無讀書出仕者乎. 無非日干旺地之比肩也, 不可認作食祿, 爲王家之祿. 如一字之祿, 可以格言, 則四柱之神, 竟同閑廢. 旣柱中之

祿爲美，　何得運逢祿支反爲祿堂而家破人亡乎？　命者，
五行之理也．格者，五行之正也．論命取格，須究五行正
理，澈底根源，則窮通壽夭，自不爽矣．

여러 책에 기재된 것은 祿을 네 가지로 나누어 年을 배
록(背祿), 月을 건록(建祿), 日을 전록(專祿), 時를 귀록
(歸祿)이라 하였고 또 건록은 官을 좋아하고 귀록은 官을
꺼린다고 했으니 그렇다면 또한 배록과 전록을 빠뜨린 것
이며, 또 일록귀시격에 관성이 없으면 '청운득로'[57]라 한
다고 했는데, 진실로 이 논리와 같다면 丙일이나 辛일생인
이 癸巳나 丁酉시를 만나는 경우에는 세상에 글을 읽고 벼
슬에 나아갈 자가 없을 것이다. 일간의 旺地에 비견이 아
닌 것이 없으니 식록으로 간주하여 왕실의 녹으로 여겨서
는 안 된다. 만약 한 글자의 녹을 격이라 말할 수 있다면,
사주에 있는 모든 神들은 마침내 똑같이 한가하게 폐기될
것이며, 이미 사주 중의 녹을 아름답게 여긴다면 왜 운에
서 녹을 만날 때 지지는 도리어 녹당(祿堂)이 되는데도 집
안이 파괴되고 사람이 죽을 수 있겠는가? 命은 오행의 도
리이고 格은 오행의 바른 격식이니, 명을 논하고 격을 취
할 때에는 반드시 오행의 바른 도리를 궁구하여 근원을 속

---

57) 靑雲得路(청운득로): 공명을 이룸.

속들이 꿰뚫어야만, 빈궁과 영달, 장수와 단명의 판단이
저절로 어긋나지 않을 것이다.

大凡格局眞實而純粹者, 百無一二, 破壞而雜氣者, 十
有八九, 無格可取者甚多, 無用可尋者不少. 格正用眞,
行運不悖, 名利自如. 格破用損, 謂之有病, 憂多樂少.
倘行運得所, 去其破損之物, 扶其喜用之神, 譬如人染沈
痾, 得良劑以生也, 不貴亦富. 無格可取者, 尋其用神而
用神有力, 行運安頓, 亦可以剏業興家, 無格可取, 無用
可尋, 只可看其大勢與日柱之所向, 運途能補其所喜去
其所忌, 雖碌碌營生, 可免飢寒之患. 若行運又無可取,
則不貧亦賤. 若格正用眞, 五行反悖, 一生有志難伸矣.

대체로 격국이 진실하고 순수한 경우는 백에 하나 둘도
없고, 격국이 파괴되거나 잡기인 경우는 십중팔구가 되어
취할 만한 격이 없는 경우가 매우 많고, 찾을 만한 용신이
없는 경우도 적지 않다. 격이 바르고 용신이 참되며 행운
이 어그러지지 않으면 名利가 마음먹은 대로 이루어지며,
격이 파괴되고 용신이 손상되면 그것을 병이 있다고 말하
므로 근심이 많고 즐거움이 적은 것인데, 혹 行運에서 알

맞은 자리를 만나 격을 파괴하거나 용신을 손상하는 것을
제거하고 희신과 용신을 부조하면, 마치 사람이 오래된 고
질병에 걸렸다가 좋은 약을 얻어서 살아나는 것과 같으니
귀하게 되지 않으면 또한 부유하게 된다. 취할 만한 격이
없는 경우에는 용신을 찾아야 하니, 용신이 유력하고 行運
이 편안히 자리 잡으면 또한 사업을 시작하여 집안을 일으
킬 수 있으며, 취할 만한 격도 없고 찾을 만한 용신도 없
다면 다만 그 대세와 일주의 향하는 바를 보아야 하니, 운
도에서 일주가 좋아하는 바를 보충하고 꺼리는 바를 제거
할 수 있다면 비록 평범하게 살아가더라도 굶고 떠는 근심
은 면할 수 있으나, 만약 行運에서도 취할 만한 것이 없다
면 가난하지 않으면 또한 천하게 되며, 가령 격이 바르고
용신이 참되더라도 오행이 배반하고 어그러진다면 평생토
록 품은 뜻을 펼치기 어려울 것이다.

甲 丙 庚 己

午 午 午 巳

甲 乙 丙 丁 戊 己

子 丑 寅 卯 辰 巳

此造俗論, 丙午日支全三午, 四柱滴水全無, 中年又無水運, 必作飛天祿馬, 名利雙輝. 不知此造午中己土, 巳中庚金, 元神透出年月兩干, 眞火土傷官生財格. 初交己巳戊辰, 洩火生金, 遺業頗豐. 丁卯丙寅, 土金喜用皆傷, 連遭回祿三次, 又剋兩妻四子, 家業破盡. 至乙丑運, 北方溼土, 晦火生金, 又合化有情, 經營獲利, 納妾生子, 重振家園. 甲子癸亥北方水地, 潤土養金, 發財數萬. 若以飛天合祿論, 大忌水運矣.

이 사주는 세속의 방법으로 논하면 丙午일이 지지에 세 개의 午가 있고 사주에 한 방울의 물도 없으며 중년에도 水운이 없으므로 틀림없이 비천녹마 격으로 名利가 쌍으로 빛난다고 하겠으나, 이 사주는 午 중 己土와 巳 중 庚金이 元神으로 年·月 양 干에 투출하여 진실한 火土상관생재격임을 모르는 논리이다. 초년 己巳·戊辰운에는 火를 설하고 金을 생하니 물려받은 가업이 제법 풍부했으나, 丁卯·丙寅운에는 土金인 희신과 용신이 모두 손상되니 연달아 세 차례나 화재를 당했고 또 두 처와 네 아들을 극해하며 가업이 파하여 다 없어졌다. 乙丑운에 이르러 北方의 溼土가 火를 어둡게 하고 金을 생하여 다시 또 합화하여 유정하니, 사업경영으로 이익을 얻고 첩을 얻어 아들을 낳아서 거듭 가업을 일으켰으며, 甲子·癸亥 등 北方 水地의 운은 土를 적시고 金을 기르므로 수만금의 재산을 일으켰으니, 만약 비천합록으로 논한다면 水운을 크게 꺼려야 할 것이다.

己 乙 癸 丁

卯 卯 卯 丑

丁 戊 己 庚 辛 壬

酉 戌 亥 子 丑 寅

乙卯日, 生于卯月卯時, 旺之極矣. 最喜丁火獨發, 洩其精英. 惜癸水剋丁, 仍傷秀氣, 時干己土臨絶, 不能去其癸水. 因之書香不繼, 初中運逢水木之地刑喪破耗, 家業漸消. 戊戌丁運, 大遂經營之願, 發財巨萬. 若以飛天祿馬論之, 則戊戌運, 當大破矣.

乙卯 일주가 卯월 卯시에 태어났으니 旺함이 지극하다. 가장 기쁜 것은 丁火가 홀로 드러나서 그 순수하고 뛰어난 기세를 누설하는 것인데, 애석하게도 癸水가 丁火를 극하여 빼어난 기를 손상하고 時干의 己土는 絶地에 임하여 그

러한 癸水를 제거하지 못하니, 이 때문에 학업을 계속하지 못했고 초·중년에 水木운을 만나서는 형상파모로 가업이 점점 쇠퇴했으나, 戊戌·丁운에는 경영하는 사업의 소원을 크게 이루어 막대한 재산을 일으켰으니, 만약 비천녹마로 이 사주를 논한다면 戊戌운에 마땅히 크게 파멸해야 한다.

甲　甲　癸　丁
戌　辰　丑　未
丁戊　己　庚　辛　壬
未　申　酉　戌　亥　子

此造支全四庫逢沖, 俗作雜氣財官也. 不知丑未逢沖, 不特官星受傷, 而且沖去庫根. 日主坐下餘氣, 亦是根盤, 更嫌戌沖, 微根已拔, 財多身弱, 且旺土愈沖愈旺, 則癸水必傷. 初運壬子辛亥水旺之地, 蔭芘有餘. 一交庚戌, 財煞並旺, 椿萱并逝, 刑妻剋子. 己酉戊申土蓋天干, 使金不能生水, 家業破盡, 無子而亡.

이 사주는 지지에 辰戌丑未 四庫가 전부 있고 沖을 만났으니 세속의 논리로는 잡기재관격이라 하겠으나, 丑未가 沖을 만나서 관성이 손상당할 뿐 아니라 또 庫의 뿌리를

충거하며 日主가 辰의 餘氣에 앉으면 역시 뿌리를 내리는
데, 다시 혐오스럽게도 戌의 沖 때문에 약한 뿌리가 이미
뽑혀서 재다신약(財多身弱)이 되며, 또 旺土는 충할수록
더 강왕해지므로 癸水가 반드시 손상된다는 것을 모르는
논리이다. 초년 壬子·辛亥의 水旺운에는 조상의 음덕으
로 여유가 있었으나, 한번 庚戌운으로 바뀌어 財와 殺이
함께 왕성해지자 부모가 모두 사망하고 처자를 형극했으
며, 己酉·戊申운에는 土가 천간에 덮여서 金으로 하여금
水를 생할 수 없게 하니 가업이 다 파하고 자식도 없이 죽
었다.

辛 甲 癸 丁

未 子 丑 亥

丁 戊 己 庚 辛 壬

未 申 酉 戌 亥 子

甲子日元, 生于丑月, 支類北方. 天干辛癸, 官印元神
發露, 剋去丁火. 丑未遙隔, 又水勢乘權, 不能沖丑, 正
得中和之象. 所以土金水運, 皆得生化之情, 早遊泮水,
戰勝秋闈. 祇因格局淸寒, 仕路未居顯秩, 芹泮日長鳴孔

鐸, 杏壇春煖奏虞絃也. 前則逢沖, 官印兩傷, 名利無
成. 此則不動, 名成利遂, 可知墓庫逢沖必發者, 謬也.

甲子 일원이 丑월에 생하고 지지의 부류가 北方이며, 천
간의 辛·癸는 官과 印의 원신이 드러나서 丁火를 극거하
며, 丑과 未는 멀리 떨어져 있고 또 水가 권세를 타고 있
지만 丑을 충할 수 없으니 바로 중화의 상을 이루었다. 이
때문에 土金水운은 모두 生化의 情을 만나므로 일찍이 학
교에 들어가고 과거시험에 합격했는데, 다만 격국의 청한
(淸寒)으로 인하여 벼슬길에서 높은 자리에 머물시 못하
고, 학교에서 종일 빈 방울을 울리거나,58) 행단59)에서 따
뜻한 봄날에 우현(거문고)을 연주하였다. 앞의 사주는 沖
을 만나 官과 印이 모두 손상되어 名利에 이루어짐이 없었
고, 이 사주는 움직이지 않아서 名利가 이루어졌으니, 묘
고(墓庫)는 沖을 만나면 반드시 발달한다는 말이 잘못된
것임을 알 수 있다.

---

58) 芹泮日長鳴孔鐸: 芹泮(근반＝학교)에서 선생 노릇 함.
59) 杏壇(행단): 도가의 수련장.

道有體用하여　不可以一端論也니　要在扶之抑之得其宜니라

道(사물의 이치)에는 본체와 작용이 있어서 한 가지 단서로만 논해서는 안 되니, 요점은 부조할 것은 부조하고 억제할 것은 억제하여 그 알맞음을 얻는 데 달려 있다.

[原注] 有以日主爲體요　提綱爲用엔　日主旺하면　則提綱之食神財官이　皆爲我用이요　日主弱에　則提綱有物幫身하여 以制其强神者면　亦皆爲我用이며　提綱爲體요　喜神爲用者엔 日主不能用乎提綱矣라　提綱食傷財官太旺하면　則取年月時 上印比爲喜神이요　提綱印比太旺하면　則取年月時上食傷財

官爲喜神而用之니 此二者는 乃體用之正法也라

日主를 體로 삼고 제강(月支)을 用으로 삼는 경우에는, 일주가 왕하면 제강의 식신이나 財官이 모두 일주의 用이 되고, 일주가 약할 때 제강에 일주를 돕는 물건이 있어서 그 강한 神을 제압하면 역시 모두 일주의 用이 되며, 제강을 體로 삼고 희신을 用으로 삼는 경우에는, 일주가 제강을 쓸 수 없으므로 제강의 식상이나 재관이 태왕하면 年·月·時上의 인성이나 비겁을 취하여 희신으로 삼고, 제강의 인성이나 비겁이 태왕하면 年·月·時上의 식상이나 財官을 취하여 희신으로 삼아 그것을 쓰는 것이니, 이 두 가지가 곧 체와 용의 바른 법이다.

有以四柱爲體요 暗神爲用者엔 必四柱俱無可用이라야 方取暗沖暗合之神하며 有以四柱爲體요 化神爲用엔 四柱有合神이면 卽以四柱爲體요 而以化合之神可用者爲用하며 有以化神爲體요 四柱爲用엔 化之眞者면 卽以化神爲體요 以四柱中與化神相生相剋者를 取以爲用이라 有以四柱爲體엔 歲運爲用하며 有以喜神爲體엔 輔喜神之神爲用하니 所喜之神이 不能自用하여 以爲體用輔喜之神이라

사주를 體로 삼고 暗神을 用으로 삼는 경우에는 반드시 사주에 쓸 만한 것이 전혀 없어야만 비로소 암충이나 암합의 神을 취하며, 사주를 體로 삼고 化神을 用으로 삼는 경우에는 사주에

合神이 있으면 사주를 體로 삼고 化合의 神 중 쓸 만한 것을 用으로 삼으며, 化神을 體로 삼고 사주를 用으로 삼는 경우에는 化神이 참되면 化神을 體로 삼고 사주 중 化神과 상생 상극하는 것을 취하여 用으로 삼는다. 사주를 體로 삼는 경우에는 歲運을 用으로 삼으며, 희신을 體로 삼는 경우에는 희신을 보좌하는 神을 用으로 삼으니, 좋아하는 神이 스스로 쓰일 수 없어서 그것을 體로 삼고 희신을 보호하는 神을 쓰는 것이다.

有以格象爲體요　日主爲用者엔　須八格氣象　및　及暗神化神忌神客神이　皆成一個體段이니　若是一面格象이　與日主無干者어나　或傷剋日主太過어나　或幫扶日主太過엔　中間要尋體用分辨處하며　又無形迹이요　只得用日主自去引生喜神엔　別求一箇活路爲用矣라　有以日主爲用에　有用過於體者하니　如用食財에　而財官食神盡行隱伏커나　及太發露浮泛者엔　雖美亦過度矣라

　격국과 기상을 體로 삼고 일주를 用으로 삼는 경우에는 반드시 팔격의 기상 및 암신(暗神), 화신(化神), 기신(忌神), 객신(客神) 등이 모두 하나의 골격을 이루어야 하니, 만약 이 하나의 격상(格象)이 日主와 관계됨이 없거나 혹은 日主를 상극(傷剋)함이 너무 지나치거나 혹은 日主를 방부(幫扶)함이 너무 지나친 경우에는, 중간에서 체와 용이 분별되는 곳을 찾아야 하며, 또

는 형상이나 자취가 없이 다만 日主가 스스로 가서 이끌어 생하
는 희신을 써야 하는 경우에는 따로 하나의 활로를 찾아 用으로
삼아야 한다. 일주를 用으로 삼을 때 用이 體보다 지나친 경우
가 있으니 예컨대 食・財를 쓰는데 財・官・食神 등이 행동을
다하고 은복해 있거나 또는 너무 드러나서 뜨고 넘치는 경우에
는 비록 아름답더라도 정도에 지나친 것이다.

有用立而體行者요 有體立而用行者하니 正體用之理也니
如用神不行於流行之地요 且又行助體之運則不妙며 有體用
各立者하니 體用皆旺하여 不分勝負하고 行運又無輕重上下
면 則各立이며 有體用俱滯者하니 如木火俱旺에 不遇金土
則俱滯니 不可一端定也라 然體用之用과 與用神之用有分別
이라 若以體用之用爲用神固不可요 舍此以別求用神又不可
하니 只要甚酌體用眞了라 於此에 取緊要爲用神하여 而二
三四五處用神者는 的非妙造니 須抑揚其重輕하여 毋使有餘
不足이니라

用이 멈추어 있고 體가 움직이는 경우가 있으며, 體가 멈추어
있고 用이 움직이는 경우가 있으니 이것은 바로 체와 용의 도리
인데, 만약 용신이 유행할 곳으로 행하지 않고 또 體를 부조하
는 운으로 행하면 묘하지 않은 것이며, 체와 용이 각각 독립된
경우가 있으니, 체와 용이 모두 旺하여 승부를 구분할 수 없고

行運도 경중상하(輕重上下)의 구분이 없다면 각각 독립된 것이며, 체와 용이 모두 막힌 경우가 있으니 예컨대 木火가 함께 旺할 때 金土를 만나지 않으면 함께 침체된 것이므로 한 가지 단서로 결정해서는 안 된다. 그러나 체용의 용도와 용신의 용도에는 분별이 있으므로, 곧 체용의 용도를 용신으로 삼아서도 물론 안 되지만, 이것을 버리고 따로 용신을 구하는 것도 옳지 않으니, 다만 체와 용을 깊이 생각하여 결정해야만 참되게 이해할 것이다. 이에 긴요한 것을 취하여 용신으로 삼아야 하며, 이삼 사오처가 용신인 경우에는 틀림없이 묘한 명조가 아니니, 반드시 그 경중에 따라 올리기도 하고 억누르기도 하여 유여하거나 부족함이 있게 하지 말아야 한다.

【任注】 體者, 形象氣局之謂也. 如無形象氣局, 卽以日主爲體. 用者, 用神也, 非體用之外別有用神也. 原注體用與用神有分別, 又不詳細載明, 仍屬模糊了局, 可知除體用之外, 不能別求用神. 玩本文末句云, 要在扶之抑之得其宜, 顯見體用之用, 卽用神無疑矣.

體는 형상(形象)과 기국(氣局)을 말한 것이니, 만약 형상과 기국이 없으면 일주를 體로 삼으며, 用은 用神이니 체용 이외에 따로 용신이 있는 것이 아니다. 원주(原注)에서 체용과 용신에 분별이 있다고 했으나 다시 또 상세하게 기재하여 밝히지 않았으므로 마침내 모호한 국면에 속하니, 체용을 제외하고는 별도로 용신을 구할 수 없음을 알 수 있다. 본문 끝구에 '요점이 부조할 것은 부조하고 억제할 것은 억제하여 그 알맞음을 얻는 데 달려 있다'고 한 것을 익숙하게 음미해 보면, 체와 용의 용도를 분명하게 나타낸 것이니 곧 용신을 가리킨 말임을 의심할 것이 없다.

旺則抑之, 弱則扶之, 雖不易之法, 然有不易中之變易者, 惟在審察得其宜三字而已矣. 旺則抑之, 如不可抑, 反宜扶之. 弱則扶之, 如不可扶, 反宜抑之. 此命理之眞機, 五行顚倒之妙用也. 蓋旺極者抑之, 抑之反激而有害, 則宜從其强而扶之. 弱極者扶之, 扶之徒勞而無功, 則宜從其弱而抑之, 是不可以一端論也.

旺하면 그것을 억제하고 弱하면 그것을 부조하는 것은 비록 바뀌지 않는 법이지만, 바뀌지 않는 가운데 바뀌는 경우가 있으니 오직 '그 알맞음을 이루는 데 달려 있다'는 세 글자를 자세히 살피는 데 달려 있을 뿐이다. 旺할 때에는 그것을 억제해야 되는데 만약 억제할 수 없으면 반대로 그것을 부조해야 하며, 弱할 때에는 그것을 부조해야 하는

데 만약 부조할 수 없으면 반대로 그것을 억제해야 하는 것이니, 이것이 命理의 참된 기틀이며 오행이 이리저리 바뀌고 뒤집히는 묘한 작용이다. 대체로 왕성함이 지극한 경우에는 그것을 억제하는 것인데, 억제시키면 도리어 기세를 격분시켜서 해로움이 있을 때에는 마땅히 그 강세를 따라 그것을 부조해야 하며, 쇠약함이 지극한 경우에는 그것을 부조하는 것인데, 부조하는 것이 다만 헛수고일 뿐 공이 없다면 마땅히 그 약한 기세를 따라 그것을 억제해야 하니 이것을 한 가지 단서로 논해서는 안 된다.

如日主旺, 提綱或官或財或食傷, 皆可爲用. 日主衰, 別尋四柱干支有幫身者爲用. 提綱是祿刃, 卽以提綱爲體, 看其大勢, 以四柱干支食神財官, 尋其得所者而用之. 如四柱干支財殺過旺, 日主旺中變弱, 須尋其幫身制化財殺者而用之. 日主爲體者, 日主旺, 印綬多, 必要財星爲用. 日主旺, 官殺輕, 亦以財星爲用. 日主旺, 比刦多, 而無財星, 以食傷爲用. 日主旺, 比刦多, 而財星輕, 亦以食傷爲用. 日主旺, 官星輕, 印綬重, 以財星爲用. 日主弱, 官殺旺, 則以印綬爲用. 日主弱, 食傷多, 亦以

印綬爲用. 日主弱, 財星旺, 則以比刦爲用. 日主與官殺
兩停者, 則以食傷爲用. 日主與財星均敵者, 則以印比爲
用. 此皆用神之的當者也.

　가령 일주가 旺하고 제강이 官이나 財나 食傷이라면 모
두 용신으로 삼을 수 있고, 일주가 쇠약하면 별도로 사주
간지에서 일주를 돕는 것을 찾아서 용신으로 삼으며, 제강
이 녹이나 양인이면 제강을 體로 삼고 그 대세를 보아 사
주 간지의 食神이나 財官 중에서 그 알맞은 자리를 얻은
것을 찾아 그것을 쓴다. 가령 사주 간지의 財와 殺이 지나
치게 왕성하면 日主가 왕한 가운데 弱으로 변하니, 반드시
일주를 돕거나 財殺을 제압하고 변화시키는 것을 찾아 그
것을 쓰며, 일주를 體로 삼는 경우에 일주가 왕하고 인수
가 많으면 반드시 재성을 용신으로 삼아야 하고, 일주가
왕하고 관살이 경미해도 재성을 용신으로 삼으며, 일주가
왕하고 비겁이 많고 재성이 없으면 食傷을 용신으로 삼고,
일주가 왕하고 비겁이 많은데 재성이 경미할 때에도 食傷
을 용신으로 삼으며, 일주가 왕하고 관성이 경미하고 인수
가 많으면 재성을 용신으로 삼으며, 일주가 약하고 관살이
왕성하면 인수를 용신으로 삼고, 일주가 약하고 식상이 많
아도 인수를 용신으로 삼으며, 일주가 약하고 재성이 왕성

하면 비겁을 용신으로 삼고, 일주와 관살의 기세가 대등한
경우에는 식상을 용신으로 삼으며, 일주와 재성의 기세가
대등한 경우에는 인수나 비겁을 용신으로 삼는 것이니, 이
러한 것이 모두 용신의 분명하고 합당한 방법이다.

**如日主不能爲力, 合別干而化, 化之眞者, 卽以化神爲
體. 化神有餘, 則以洩化神之神爲用. 化神不足, 則以生
助化神之神爲用. 局方曲直五格, 日主是元神, 卽以格象
爲體. 以生助氣象者爲用, 或以食傷爲用, 或以財星爲
用, 只不宜用官殺. 餘總視其格局之氣勢意向而用之, 毋
執一也.**

　가령 일주가 힘을 쓸 수 없고 다른 干과 합하여 化했을
때 化한 것이 참되다면 化神을 體로 삼는데, 화신이 유여
한 경우에는 화신을 설하는 神을 용신으로 삼고 화신이 부
족한 경우에는 화신을 생조하는 神을 용신으로 삼는다. 方
局의 곡직 등 五格은 일주가 元神이니 곧 格象을 體로 삼
고, 氣象을 생조하는 것을 용신으로 삼거나, 혹은 식상을
용신으로 삼거나 재성을 용신으로 삼는데 다만 관살을 용
신으로 삼지 말아야 하며, 나머지는 모두 그 격국의 기세
와 의향을 보아서 용신으로 써야 하고 한 가지만을 고집하

지 말아야 한다.

如無格無局, 四柱又無用神可取, 卽或取之, 或被閑神
合住, 或被沖神損傷, 或被忌神刦占, 或被客神阻隔, 不
但用神不能顧日主, 而日主亦不能顧用神. 若得歲運破
其合神, 合其沖神, 制其刦占, 通其阻隔, 此謂歲運安
頓, 隨歲運取用, 亦不失爲吉也.

가령 格도 없고 局도 없으며 사주에 다시 또 취할 만한
용신이 없는 경우에, 혹 취힐 만한 것이 있너라노 閑神에
게 합주(合住)당하거나 또 沖神에게 손상당하거나 忌神에
게 점령당하거나 客神에게 막힘을 당하면, 용신이 일주를
돌볼 수 없을 뿐 아니라 일주도 용신을 돌볼 수 없는데,
만약 歲運에서 그 合神을 파괴하거나 그 沖神을 합하거나
그 점령하는 것을 제압하거나 그 막힌 것을 유통시킴을 만
난다면, 이것을 歲運이 편안히 머물 때에는 세운을 따라
용신을 취한다고 말하니 또한 길함을 잃지 않는다.

原注云, 二三四五用神者, 的非妙造. 此說大謬, 只有八
字, 若去四五字爲用神, 則是除日干之外, 只有兩字不用,
斷無此理. 總之有用無用, 定有一個着落, 礭乎不易也. 命

中只有喜用兩字, 用神者, 日主所喜始終依賴之神也. 除
用神喜神忌神之外, 皆閑神客神也, 學者宜審察之. 大凡
天干作用, 生則生, 剋則剋, 合則合, 沖則沖, 易於取材.
而地支作用, 則有種種不同者, 故天干易看, 地支難推.

原注에서 이삼사오처가 용신인 경우에는 틀림없이 묘한
명조가 아니라고 했는데 이 말은 크게 잘못되었으니, 사주
는 다만 여덟 글자뿐인데 만약 사·오자를 덜어내어 용신
으로 삼으면 日干을 제외하고 다만 두 자만 쓰이지 않으니
이러한 이치는 절대로 없다. 총괄하여 말하자면 쓸 것이
있던 쓸 것이 없던 반드시 한 개로 결말이 나는 것이 확고
하여 변치 않는 원칙이다. 命 중에는 다만 희신과 용신 두
글자만 있을 뿐이니, 용신은 일주가 좋아하여 처음부터 끝
까지 의지하는 神이며, 용신, 희신, 기신을 제외하면 모두
한신과 객신이니 학자들은 마땅히 이것을 자세히 살펴야
한다. 대체로 천간의 작용은 生할 때는 生으로 작용하고,
剋할 때에는 剋으로 작용하고, 合할 때에는 合으로 작용하
고, 沖할 때에는 沖으로 작용하여 적절히 헤아리기가 쉬우
나, 지지의 작용은 갖가지의 똑같지 않음이 있으니, 그러므
로 천간은 보기가 쉽고 지지는 추리하기가 어려운 것이다.

$$
\begin{array}{cccc}
癸 & 丙 & 甲 & 丙 \\
巳 & 午 & 午 & 寅
\end{array}
$$

$$
\begin{array}{cccccc}
庚 & 己 & 戊 & 丁 & 丙 & 乙 \\
子 & 亥 & 戌 & 酉 & 申 & 未
\end{array}
$$

此火長[60]夏令, 月支坐刃, 年支逢生, 時支得祿. 年月兩支, 又透甲丙, 烈火焚木, 旺之極矣. 一點癸水熬乾, 只得從其強勢, 運逢木火土, 財喜頻增. 申酉運中, 刑耗多端. 至亥運, 激火之烈, 家業破盡而亡. 所謂旺極者, 抑之反激而有害也.

이 사주는 火가 夏令에 태어나 月支가 양인에 앉고 年支에 장생을 만나고 時支에 녹을 만났으며, 年月 두 지지에 다시 또 甲과 丙이 투출되어 맹렬한 火가 木을 태우니 旺의 극치이다. 한 점 癸水는 말라 버리게 되므로 다만 그 강한 세력을 따를 뿐이니 木火土운을 만나서는 재물의 기쁨이 자주 증가했으나, 申酉운 중에는 형벌과 소모가 많았으며, 亥운에 이르러 맹렬한 火氣를 충격하자 가업이 파진하여 망했으니 이른바 旺이 지극한 경우에 그것을 억제하면 도리어 기세를 격분시켜서 해로움이 있다는 경우이다.

---

60) 長은 生의 뜻으로 동사임.

$$\begin{array}{cccc} 丙 & 丙 & 庚 & 戊 \\ 申 & 申 & 申 & 寅 \end{array}$$

$$\begin{array}{cccccc} 丙 & 乙 & 甲 & 癸 & 壬 & 辛 \\ 寅 & 丑 & 子 & 亥 & 戌 & 酉 \end{array}$$

丙火生於初秋, 秋金乘令. 三申沖去一寅, 丙火之根已拔, 比肩亦不能爲力, 年月兩干, 又透土金. 只得從其弱勢, 順財之性, 以比肩爲病. 故運至水旺之地, 制去比肩, 事業巍峨. 丙寅幫身, 刑喪破耗. 所謂弱極者扶之, 徒勞無功, 反有害也. 此等格局頗多, 以俗論之, 前造必以金水爲用, 此造必以木火爲用, 以致吉凶顚倒, 反歸咎于命理之無憑. 故特書兩造爲後證云.

丙火가 초가을에 태어나 가을 金이 時令을 탔는데, 세 개의 申이 하나의 寅을 沖去하니 丙火의 뿌리는 이미 뽑혔고 비견도 힘이 되지 못하며, 年月의 두 干에 다시 또 土金이 투출됐으므로 다만 그 약한 형세에 따라 財의 성질에 순응할 수 있을 뿐이고 비견을 病으로 여긴다. 그러므로 운이 水가 왕한 곳에 이르러 비견을 제압하여 버리자 사업이 크게 번창하였고, 丙寅운에 일주를 방조하자 형상과 파모를 당했으니, 이른바 弱이 지극한 경우에 그것을 부조하면 헛수고일 뿐 공이 없고 도리어 害만 있다는 경우이다. 이러한 격국이 제법 많은데 속설로 이것을 논한다면, 앞의 명조는 반드시 金水를 용신으로 삼고, 이 명조는 반드시 木火를 용신으로 삼게 되어 吉과 凶이 전도되기에 이르러서 도리어 命理가 신빙성이 없다는 데로 허물을 돌리게 될 것이므로 특별히 두 명조를 써서 뒷날의 증거로 삼는다.

15. 精神 정신

人有精神하여　不可以一偏求也니　要在損之益之得 其中이니라

사람의 命에는 精과 神이 있어서 한쪽으로만 구해 서는 안 되니, 요점은 덜어낼 것은 덜어내고 보탤 것은 보태서 그 알맞음을 이루는 데 달려 있다.

[原注] 精氣神氣皆元氣也니 五行大率以金水爲精氣요 木 火爲神氣며 而土所以實之者也라 有神足不見其精이요 而精 自足者하며 有精足不見其神이요 而神自足者하며 有精缺神 索이요 而日主虛旺者하며 有精缺神索이요 而日主孤弱者하 며 有神不足而精有餘者하며 有精不足而神有餘者하며 有精 神俱缺而氣旺하며 有精神俱旺而氣衰하며 有精缺得神以助 之者하며 有神缺得精以生之者하며 有精助精而精反洩無氣

者하며 有神助神而神反斃無氣者하여 二者皆由氣以主之也
라 凡此皆不可一偏求也요 俱要損益其進退하여 不可使有過
不及也니라

　精氣와 神氣는 모두 元氣인데 오행 중에서 대체로 金水를 精
의 氣로 삼고 木火를 神의 氣로 삼으며 土는 그것을 충실하게
하는 것이다. 神이 넉넉하면 그 精이 드러나지 않았어도 精이
저절로 넉넉한 경우도 있고, 精이 넉넉하면 그 神이 드러나지
않았어도 神이 저절로 넉넉한 경우도 있으며, 그 精이 부족하고
神이 다했을 때 일주가 허왕한 경우도 있고, 精이 부족하고 神
이 다했을 때 일주가 외롭고 약한 경우도 있으며, 神은 부족한
데 精이 유여한 경우도 있고 精이 부족한데 神이 유여한 경우도
있으며, 精과 神이 모두 부족한데도 氣가 왕성한 경우도 있고,
精가 神이 모두 왕한데도 氣가 쇠약한 경우도 있으며, 精이 부
족할 때 神을 만나서 부족함을 돕는 경우도 있고, 神이 부족할
때 精을 만나서 부족함을 생조하는 경우도 있으며, 精이 精을
돕는데도 精이 도리어 누설되어 氣가 없는 경우도 있고, 神이
神을 돕는데도 神이 도리어 넘어져서 氣가 없는 경우도 있어서,
精과 神 두 가지는 모두 氣를 근거로 하여 그것을 주관하는 것
이므로, 무릇 이러한 것은 모두 한쪽으로만 구하지 말고 그 진
퇴에 따른 손익을 함께 구하여 지나치거나 모자람이 있게 해서
는 안 된다.

【任注】　精者，生我之神也．神者，剋我之物也．氣者，本氣貫足也．二者以精爲主，精足則氣旺，氣旺則神旺，非專以金水爲精氣，木火爲神氣也．本文末句云，要在損之益之得其中，顯非金水爲精，木火爲神．必得流通生化損益適中，則精氣神三者備矣．細究之，不特日主用神體象有精神，卽五行皆有也．

　精은 일주를 생하는 神이고, 神은 일주를 극하는 물건이며, 氣는 精과 神의 本氣가 관통하여 충족된 것이다. 두 가지 중에 精을 위주로 하니, 精이 넉넉하면 氣가 旺하고 氣가 旺하면 神이 旺하므로 오로지 金水를 精의 氣로 여기고 木火를 神의 氣로 여기는 것이 아니다. 본문의 끝구에 요점이 덜어낼 것은 덜어내고 더할 것은 더하여 그 알맞음을 이루는 데 달려 있다고 말한 것은, 분명히 金水를 精으로 여기고 木火를 神으로 여긴 것이 아니며, 반드시 유통(流通), 생화(生化), 손익(損益)의 알맞음을 이루어야만 精·氣·神 세 가지가 갖추어지는 것이니, 이것을 자세히 궁구해 보면 다만 일주, 용신, 체상에만 精과 神이 있는 것이 아니라 곧 오행에 모두 있는 것이다.

有餘則損之, 不足則益之, 雖一定中之理, 然亦有一定
中之不定也, 惟在審察得其中三字而已. 損者, 剋制也.
益者, 生扶也. 有餘損之過, 有餘者宜洩之, 不足益之
過, 不足者宜去之, 此損益之妙用也. 蓋過于有餘, 損之
反觸其怒, 則宜順其有餘而洩之. 過于不足, 益不受補,
則宜從其不足而去之, 是不可以一偏求也.

유여하면 그것을 덜어내고 부족하면 그것을 더하는 것
은 비록 일정한 가운데의 이치이지만, 또한 일정한 가운데
일정하지 않음이 있으니, 오직 '그 알맞음을 이룬다'는 세
글자를 자세히 살피는 데 달려 있을 뿐이다. 손(損)은 극
제하는 것이고 익(益)은 생부하는 것이니, 유여할 때 그것
을 극제하는 것이 지나친 방법이라면 유여한 것을 설해야
하고, 부족할 때 그것을 생부하는 것이 지나친 방법이라면
부족한 것을 제거해야 하니, 이것이 손과 익의 묘한 쓰임
이다. 대체로 유여함에 도가 지나칠 때 그것을 극제하면
도리어 그 노여움을 건드리게 되니 마땅히 그 유여함에 순
응하여 그 기세를 설해야 하며, 부족함에 도가 지나칠 때
그것을 부조하면 보충하는 것을 받아들이지 못하니 마땅
히 그 부족함을 순종하여 그것을 제거해야 하니, 이것이
한쪽으로만 구해서는 안 되는 이유이다.

總之, 精太足宜益其氣, 氣太旺宜助其神, 神太洩宜滋其精. 則生化流通, 神淸氣壯矣. 如精太足, 反損其氣, 氣太旺, 反傷其神, 神太洩, 反抑其精. 則偏枯雜亂, 精索神枯矣. 所以水泛木浮, 木無精神. 木多火熾, 火無精神. 火焰土焦, 土無精神. 土重金埋, 金無精神. 金多水弱, 水無精神.

총괄하여 말하자면 精이 지나치게 넉넉하면 마땅히 그 氣를 보태주어야 하고, 氣가 지나치게 旺하면 그 神을 부조해야 하며, 神이 지나치게 누설되면 그 精을 자양해야 하니, 그렇게 하면 生化되고 유통하여 神이 맑고 氣가 건장할 것이다. 가령 精이 지나치게 넉넉하면 도리어 그 氣를 손상하고, 氣가 지나치게 왕성하면 도리어 그 神을 손상하며, 神이 지나치게 누설되면 도리어 그 精을 억제하니, 그렇게 되면 편고(偏枯)되고 잡란(雜亂)하여 精이 다하고 神이 마를 것이다. 이 때문에 水가 범람하여 木이 뜨면 木에 精·神이 없고, 木이 많아 火가 치열하면 火에 精·神이 없고, 火가 뜨거워 土가 까맣게 타면 土에 精·神이 없고, 土가 중첩되어 金이 매몰되면 金에 精·神이 없고, 金이 많고 水가 약하면 水에 精·神이 없는 것이다.

原注, 以金水爲精氣, 木火爲神氣者, 此由臟而論也.
以肺屬金, 以腎屬水, 金水相生, 藏于裏, 故爲精氣. 以
肝屬木, 以心屬火, 木火相生, 發于表, 故爲神氣. 以脾
屬土, 貫于周身, 土所以實之也.

原注에 金水를 精氣로 삼고 木火를 神氣로 삼는다고 한
것은 오장(五臟)을 근거로 논한 것이니, 폐를 金에 예속시
키고 腎을 水에 예속시키니 金과 水는 상생하여 속에 간직
되므로 精氣로 삼은 것이며, 간을 木에 예속시키고 心을
火에 예속시키니 木과 火는 상생하여 겉에 나타나므로 神
氣로 삼은 것이며, 脾(비장)를 土에 예속시키니 온몸을 관
통하므로 土가 그것을 충실하게 하는 것이라고 한 것이다.

若論命中之表理[61]精神, 則不以金水木火爲精神也. 譬
如旺者宜洩, 洩神得氣爲精足, 此從裏發于表, 而神自足
矣. 旺者宜剋, 剋神有力爲神足, 此由表達于裏, 而精自
足矣. 如土生于四季月, 四柱土多無木, 或干透庚辛, 或
支藏申酉, 此謂裏發于表, 精足神定. 如土多無金, 或干
透甲乙, 或支藏寅卯, 此謂表達于裏, 神足精安. 土論如

---

61) 표리(表理)는 표리(表裏)의 오기인 듯함. 理는 裏가 되어야 함.

此, 五行皆同, 宜細究之.

만약 命 중의 표리(表裏)와 정신(精神)을 논한다면 金水와 木火를 精과 神으로 여기지 않으니, 비유하자면 왕한 것을 설해야 하는 경우에 洩神이 氣를 얻으면 精이 충족되므로 이것이 속으로부터 겉에 나타나서 神이 저절로 충족되며, 왕한 것을 극해야 하는 경우에 剋神이 힘이 있으면 神이 충족되므로 이것이 겉으로부터 속에 도달하여 精이 저절로 충족되는 것과 같다. 가령 土가 사계월(辰戌丑未)에 태어나고 사주에 土가 많고 木이 없을 때 혹 천간에 庚辛이 투출했거나 지지에 申酉가 소장됐다면 이것을 속에서 겉으로 드러나서 精이 충족되고 神이 안정됐다고 말하며, 가령 土가 많고 金이 없을 때 혹 천간에 甲乙이 투출했거나 지지에 寅卯가 소장되었다면 이것을 겉에서 속으로 도달하여 神이 충족되고 精이 안정됐다고 말하는 것이다. 土의 논리가 이와 같으며 오행이 모두 똑같으니 마땅히 이것을 자세히 궁구해야 한다.

戊　丙　甲　癸

戊　寅　子　酉

戊　己　庚　辛　壬　癸

午　未　申　酉　戌　亥

此造以甲木爲精, 衰木得水滋, 而逢寅祿爲精足. 以戊土爲神, 坐戌通根, 寅戌拱之爲神旺. 官生印, 印生身, 坐下長生爲氣貫流通, 生化五行俱足, 左右上下情協不悖. 官來能攔, 刦來有官, 食來有印, 東西南北之運, 皆可行也. 所以一生富貴福壽, 可謂美矣.

이 사주는 甲木을 精으로 삼으니 쇠약한 木이 水의 자양을 얻고 寅祿을 만나 精이 충족하고, 戊土를 神으로 삼으니 戌에 앉아 통근하고 寅과 戌이 손을 잡아 神이 왕하며, 官이 印를 생하고 인수가 일주를 생하며, 일주가 장생에 앉아 氣가 꿰뚫어 유통하며 生化하는 오행이 모두 충족되고 좌우와 상하의 情이 화합하여 어그러지지 않으니, 官이 와도 막을 수 있으며 비겁운이 올 때는 官이 있고 식상운이 올 때는 인수가 있어서 동서남북의 운을 모두 행할 수 있으므로 이 때문에 일생 부귀와 수복을 누렸으니 아름답다고 말할 수 있다.

庚　丙　乙　癸

寅　辰　卯　未

己　庚　辛　壬　癸　甲

酉　戌　亥　子　丑　寅

此造以大勢觀之, 官印相生, 偏財時遇, 五行不缺, 四柱純粹, 儼然貴格. 不知財官兩字休囚, 又遙隔不能相顧, 支全寅卯辰, 春土剋盡, 不能生金, 金臨絶地, 不能生水, 水之氣盡洩于木, 木之勢愈旺而火熾, 火熾則氣斃, 氣斃則神枯. 行運北方, 又傷丙火之氣, 反助木之精, 卽逢金運, 所謂過于有餘, 損之反觸其怒, 以致終身碌碌, 名利無成也.

이 사주는 대체적인 형세로 본다면 官과 印이 상생하고 時에 편재를 만나며 오행이 모자라지 않고 사주가 순수하니 잘 정돈된 貴格인 듯하지만, 財와 官 두 자가 휴수되고 또 멀리 떨어져 있어서 서로 돌볼 수 없으며, 지지에 寅卯辰이 전부 있어서 春土는 剋盡당하여 金財를 생할 수 없고, 金은 絶地인 寅에 앉았으므로 水를 생할 수 없으며, 水의 氣는 모두 木에게 누설되어 木의 기세가 더욱 왕성하고 火가 치열해지니, 火가 치열하면 氣가 죽고 氣가 죽으면 神이 마르는 이치를 모르기 때문이다. 운이 북방으로 행하자 다시 또 丙火의 氣를 손상하고 도리어 木의 精을 부조하니 곧 金운을 만나면 이른바 '유여함에 도가 지나칠 때 그것을 극제하면 도리어 그 노기를 건드린다'는 경우에

해당하므로, 종신토록 평범하게 지내고 名利에 이루어짐
이 없기에 이르렀다.

己　丙　乙　戊

丑　辰　丑　戌

己　庚　辛　壬　癸　甲

未　申　酉　戌　亥　子

此四柱皆土, 命主元神, 洩盡月干, 乙木凋枯, 所謂精
氣枯索. 運逢壬戌, 本主受傷, 年逢辛未, 緊剋乙木, 卒
於九月, 患弱症而亡.

이것은 사주가 모두 土로 이루어지고 命主 元神은 누설
이 극진하며 月干 乙木은 시들어 말라서 이른바 精氣가 마
르고 다한 것이다. 운에서 壬戌을 만나자 本主가 손상당하
고 年에서 辛未를 만나 乙木을 긴밀하게 극하자, 마침내
九月에 허약증을 앓다가 사망했다.

16. 月令 월령

**月令乃提綱之府니　譬之宅也요　人元爲用事之神이
니　宅之定向也라　不可以不卜이니라**

월령은 곧 제강의 부고62)이니 집에 비유되고, 인
원은 용사의 신63)이니 집의 방향을 결정하는 것이
므로 헤아리지 않으면 안 된다.

[原注] 令星乃三命之至要니　氣象得令者吉하고　喜神得令
者吉하나니　令其可忽乎리오　月令如人之家宅이요　支中之三
元은　定宅中之向道니　不可以不卜이라　如寅月生人은　立春
後七日前엔　皆値戊土用事요　八日後十四日前者엔　丙火用事
요　十五日後엔　甲木用事니　知此則可以取格이요　可以取用

---

62) 府庫(부고): 가장 중요한 것이 갈무리되어 있는 곳집.
63) 用事(용사)의 神: 일을 행하는 주체.

矣니라

時令은 곧 三命 중에 지극히 중요한 것이니, 사주의 氣象이 시령을 얻으면 길하고 희신이 시령을 얻으면 길한 것이니 시령을 어찌 소홀히 할 수 있겠는가? 월령은 사람의 집과 같고, 지지 중의 三元은 집의 방향을 정하는 것이니 헤아리지 않으면 안 된다. 가령 寅월에 태어난 사람은 입춘 후 7일 전까지는 모두 戊土가 당번을 맡아 용사하고, 8일 후부터 14일 전까지는 丙火가 용사하며, 15일 후에는 甲木이 전권을 행사하니 이것을 알면 格을 취할 수 있고 용신을 취할 수 있을 것이다.

【任注】 月令者, 命中之至要也. 氣象格局用神, 皆屬提綱司令, 天干又有引助之神, 譬如廣廈不移之象. 人元用事者, 卽此月此日之司令神也. 如宅中之向道, 不可不卜, 地理元機云, 宇宙有大關會, 氣運爲主, 山川有眞性情, 氣勢爲先, 所以天氣動于上, 而人元應之, 地氣動于下, 而天氣從之. 由此論之, 人元司令, 雖助格補用之首領, 然亦要天地相應爲妙. 故知地支人元, 必得天干引助, 天干爲用, 必要地支司令.

월령은 命 중에 지극히 중요한 것이니 사주의 기상, 격국, 용신 등이 모두 제강의 사령에 속하고, 천간에 다시 또 이끌어 돕는 神이 있으면 비유하건대 넓고 큰 집의 옮길 수 없는 형상과 같으며, 人元이 용사한다는 것은 곧 그 달 그날의 時令을 맡은 神을 말한다. 집의 방향과 같으므로 헤아리지 않으면 안 된다는 것은, 『지리원기(地理元機)』에 "우주에는 큰 관회(關會)가 있어서 기운을 위주로 하고 山川에는 참된 성정이 있어서 기세를 우선으로 하니, 이 때문에 天氣가 위에서 움직이면 人元이 거기에 응하고 地氣가 아래에서 움직이면 天氣가 그것을 따른다"고 했으니, 이것을 근거로 논한다면 人元의 사령이 비록 격을 돕고 용신을 보충하는 우두머리가 되지만 그러나 반드시 천간과 지지가 서로 호응해야만 묘한 것이니, 그러므로 지지의 人元은 반드시 천간의 이끌어 부조함을 만나야 하며, 천간이 용신이면 반드시 지지에 사령해야 함을 알아야 한다.

總云, 人元必須司令, 則能引吉制凶, 司令必須出現, 方能助格補用. 如寅月之戊土, 巳月之庚金, 司令出見, 可置弗論也. 譬如寅月生人, 戊土司令, 甲木雖未及時, 戊土雖則司令, 天干不透火土而透水木, 謂地衰門旺. 天干不透水木而透火土, 謂門旺地衰, 皆吉凶參半. 如丙火司令, 四柱無水, 寒木得火而繁華, 相火得木而生助, 謂

門地兩旺, 福力非常也. 如戊土司令, 木透干支藏水, 謂
門地同衰, 禍生不測矣. 餘月依此而論.

총괄하여 말하자면 人元이 반드시 사령해야만 길한 것을 이끌고 흉한 것을 제압할 수 있으며, 사령하는 것이 반드시 천간에 드러나야만 비로소 격을 돕고 용신을 보충할 수 있으니, 예컨대 寅월의 戊土와 巳월의 庚金은 사령하는 것이 천간에 드러난 것이며 위치는 논하지 않아도 된다. 寅월생인에 비유하자면 戊土가 사령할 때에는 甲木은 곧 아직 때가 되지 않은 것이며, 戊土가 비록 사령하더라도 천간에 火土가 투출하지 않고 水木이 투출한 경우에는 地가 쇠하고 門이 왕하다고 말하며,[64] 천간에 水木이 투출하지 않고 火土가 투출한 경우에는 門이 왕하고 地가 쇠하다고 하는 것이니 모두 길과 흉이 반반씩이며, 가령 丙火가 사령하고 사주에 水가 없을 때 寒木이 火를 만나 번성하거나 相火가 木을 만나 생조되면 門과 地가 함께 旺하다고 하는 것이니 복을 누리는 능력이 보통이 아니며, 가령 戊土가 사령할 때 木이 천간에 투출하고 지지에 水가 간직됐다면 門과 地가 똑같이 쇠했다고 말하니 재앙의 발생을 예측할 수 없다. 나머지 月도 여기에 준거하여 논한다.

---

64) 地衰門旺은 門衰地旺(문이 쇠하고 지가 왕하다)의 잘못인 듯함.

丙　戊　丙　甲

辰　寅　寅　戌

壬　辛　庚　己　戊　丁

申　未　午　巳　辰　卯

戊寅日元, 生于立春十五日後, 正當甲木司令. 地支兩寅緊剋辰戌之土, 天干甲木, 又制日干之戊, 似乎煞旺身弱. 然喜無金, 則日元之氣不洩. 更妙無水, 則丙火之印不壞. 尤羨貼身透丙, 化殺生身. 由甲榜而懸靑綬, 從副尹以躋黃堂, 名利雙收也.

戊寅 日元이 입춘 15일 후에 태어났으니 바로 甲木이 사령했으며 지지에 두 寅이 辰戌土를 긴밀하게 극하고 천간의 甲木이 다시 또 日干 戊土를 극제하므로 살왕신약(煞旺身弱)과 같으나, 기쁘게도 金이 없으니 곧 日元의 氣가 누설되지 않고 다시 또 묘하게도 水가 없으니 곧 丙火인수가 파괴되지 않으며, 더욱 부러워할 것은 日主에 바짝 붙어 투출한 丙火가 殺을 化하여 日主를 生하는 것이다. 진사급제를 통하여 푸른 인끈을 걸고 부윤을 거쳐 황당(태수)에 올랐으니 名利를 모두 거두었다.

庚　戊　丙　甲

申　辰　寅　戌

壬　辛　庚　己　戊　丁

申　未　午　巳　辰　卯

戊辰日元, 生于立春後六日, 正戊土司令, 月透丙火, 生化有情. 日支坐辰, 通根身旺, 又得食神制殺, 俗論比之, 勝于前造. 不知嫩木寒土, 皆喜火, 況殺旣化, 不宜再制. 所嫌者, 申時不但日主洩氣, 而且丙火臨絕, 以致書香難遂. 一生起倒不寧, 半世刑喪不免也.

戊辰 日元이 입춘 후 6일에 태어났으니 바로 戊土가 사령하고 丙火가 투출하여 생화유정하며, 日支가 辰에 앉았으니 통근하여 신왕하며 또 식신제살을 만났으니 세속의 논리로 비교한다면 앞의 사주보다 낫다고 하겠으나 어린 나무와 한랭한 土는 모두 火를 좋아하며 더구나 殺은 이미 引化되었으므로 거듭 제압해서는 안 됨을 모르는 논리이다. 꺼리는 것은 申時가 日主를 설기할 뿐 아니라 또 丙火가 絕地에 임하여 학업을 이루기 어려움에 이른 것이니 일생 일어섰다 넘어졌다 하면서 편안치 않았으며 반평생 刑喪을 면치 못했다.

17. 生時 생시

生時乃歸宿之地니 譬之墓也요 人元爲用事之神이니 墓之定方也라 不可以不辨이니라

生時는 곧 돌아가서 묵는 곳이니 묘에 비유되고, 人元은 용사하는 神이니 묘의 방향을 결정하는 것이므로 분별하지 않으면 안 된다.

[原注] 子時生人은 前三刻三分은 壬水用事하고 後四刻七分는 癸水用事하니 評其與寅月生人에 戊土用事何如며 丙火用事何如며 甲木用事何如하고 局中所用之神은 與壬水用事者何如며 癸水用事者何如에 窮其淺深如墳墓之定方道면 斯可以斷人之禍福이라

子時生人은 앞의 3각 3분은 壬水가 용사하고 뒤의 4각 7분은 癸水가 용사하니, 寅月生人에 있어서 戊土가 용사할 때에는 어

떠하며 丙火가 용사할 때에는 어떠하며 甲木이 용사할 때에는
어떠한가를 살피고, 局 중에 소용되는 神은 壬水가 용사하는 경
우에는 어떠하며 癸水가 용사하는 경우에는 어떠한가에 대하여
그 깊고 얕음을 궁구하기를 분묘(墳墓)의 방향을 결정하는 듯하
다면 사람의 禍와 福을 판단할 수 있다.

至同年月日而百人各一應者는　當究其時之先後요　又論山
川之異와　世德之殊면　十有九驗하니　其有不驗者는　不過此
則有官이요　彼則子多며　此則多財요　彼則妻美하여　爲小異
耳라　夫山川之異는　不惟東西南北迥乎不同者라　宜辨之면
卽一邑一家라도　而風聲氣習이　不能一律也며　世德之殊는
不惟富貴貧賤絕乎不侔者라　宜辨之면　卽同門共戶라도　而善
惡邪正이　不能盡齊也니　學者察此면　可以知其興替矣리라

　생년월일이 같은데도 백 사람이 각각 한 가지씩 반응함에 이
르러서는 마땅히 그 生時의 선후를 궁구해야 하고, 다시 또 산
천의 다름과 대대로 쌓아온 공덕의 다름을 논한다면 열 중에 아
홉은 응험함이 있으니 그중에 응험하지 않음이 있는 것은, 이
사람은 관직이 있는데 저 사람은 자식이 많으며, 이쪽은 재산이
많은데 저쪽은 처가 아름다워서 작은 차이가 되는 데 불과할 뿐
이다. 무릇 산천의 다름이란 동서남북 등 매우 똑같지 않은 것
뿐만 아니라 과연 그것을 분별해 보면 한 고을의 한 집안이라도

풍성(風聲)과 기습(氣習)이 한결같을 수 없으며, 대대로 쌓아온 공덕의 다름이란 부귀빈천 등이 매우 똑같지 않은 것뿐만 아니라 과연 그것을 분별해 보면 문호를 함께하는 사이일지라도 선악(善惡)과 사정(邪正)이 똑같을 수 없는 것이니, 학자들이 이것을 살피면 그 흥하고 쇠함을 알 수 있을 것이다.

【任注】 子時前三刻三分壬水用事者, 乃亥中餘氣, 卽所謂夜子時也, 如大雪十日前壬水用事之謂也. 餘時亦有前後用事, 須從司令一例而推. 如生時用事, 與月令人元用事相附, 是日主之所喜者, 加倍興隆. 是日主之所忌者, 必增凶禍.

子時의 前 3각 3분은 壬水가 용사한다는 것은 곧 亥 중의 餘氣를 가리킨 것으로 곧 이른바 夜子時이니, 대설(大雪)의 10일 전은 壬水가 용사한다는 것과 같은 말이다. 나머지 時들도 전후의 용사가 있으니 반드시 사령의 한 가지 법식에 따라 추리해야 하니, 가령 生時의 용사와 月令 人元의 용사가 서로 부합할 때 그것이 日主가 좋아하는 것이라면 흥륭(興隆)을 배가하며, 日主가 꺼리는 것이라면 반드시 흉화(凶禍)를 더한다.

生時之美惡, 譬墳墓之穴道, 人元之用事, 如墳墓之朝向, 不可以不辨. 故穴吉向凶, 必減其吉, 穴凶向吉, 必減其凶. 如丙日亥時, 亥中壬水, 乃丙之煞, 得甲木用事, 謂穴凶向吉, 辛日未時, 未中己土, 乃辛金之印, 得丁火用事, 謂穴吉向凶. 理雖如此, 然時之不的當者, 十有四五, 夫時尙有不的, 又何能辨其生剋乎? 如果時的, 縱不究其人元, 亦可斷其規模矣.

生時의 좋고 나쁨은 분묘의 혈도에 비유되고 人元의 용사는 분묘의 조향과 같으므로 분별하시 않으면 인 되니, 그러므로 혈이 길하고 향이 흉하면 반드시 길함을 줄이고, 혈이 흉하고 향이 길하면 반드시 그 흉함을 줄인다. 가령 丙日 亥時생의 경우에 亥 중 壬水는 곧 丙의 煞인데 甲木이 용사함을 만나면 이른바 혈이 흉하고 향이 길한 것이며, 辛日 未時생의 경우에 未 중 己土는 곧 辛金의 印인데 丁火가 용사함을 만나면 이른바 혈이 길하고 향이 흉한 것이니, 이치는 비록 이와 같지만 時가 확실하게 맞지 않는 자가 십 중에 사·오 정도인데 무릇 時도 오히려 확실치 않음이 있다면 다시 또 어떻게 그 生剋을 분별할 수 있겠는가? 만약 時가 확실하다면 비록 그 人元을 궁구하지 않더라도 그 규모를 판단할 수 있을 것이다.

譬如天然之龍, 天然之穴, 必有天然之向, 天然之向, 必有天然之水. 只要時支不錯, 則吉凶自驗, 其人元用事, 到底不比提綱司令之爲重也. 至於山川之異, 世德之殊, 因之發福有厚薄, 見禍有重輕, 而況人品端邪, 亦可轉移禍福. 此又非命之所得而拘者矣, 宜消息之.

천연의 산룡(山龍)에 비유하자면 천연의 혈은 반드시 천연의 향이 있고, 천연의 향에는 반드시 천연의 水가 있는 것인데, 다만 時支가 어긋나지 않는다면 길흉이 저절로 응험하니, 그 人元의 용사는 마침내 제강이 사령할 때의 중요함에 비교되지 않는다. 산천의 다름과 세덕(世德)의 다름에 있어서는 그것으로 인하여 발복에 후하고 박함이 있고 재앙을 만나는 데 무겁고 가벼움이 있으며, 더구나 인품의 바르고 바르지 못함도 또한 화와 복을 옮길 수 있는 것인데, 이것은 또한 命에서 구속할 수 있는 바가 아니므로 마땅히 이것을 참작해야 한다.

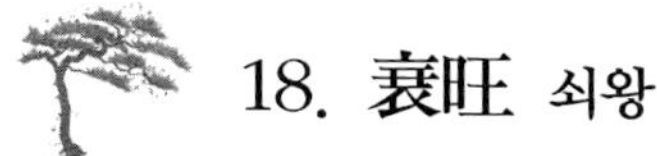

18. 衰旺 쇠왕

能知衰旺之眞機면　其于三命之奧에　思過半矣니라

衰와 旺의 참된 기틀을 알 수 있으면, 三命의 오묘함에 대하여 태반 이상을 안 것이다.

[原注] 旺則宜洩宜傷이요 衰則喜幫喜助는 子平之理也라 然旺中有衰者存이면 不可損也요 衰中有旺者存이면 不可益也라 旺之極者不可損은 以損在其中矣요 衰之極者不可益은 以益在其中矣라 至於實所當損者而損之로되 反凶이요 實所當益者而益之로되 反害니 比眞機하며 皆能知之면 又何難於詳察三命之微奧乎리오

왕하면 설(洩)이나 상(傷)을 해야 하고, 쇠하면 방(幫)이나 조(助)를 해야 하는 것은 자평의 이론이지만, 그러나 왕성한 가운데 쇠약함이 존재하면 감손해서는 안 되고, 쇠약한 가운데 왕성

함이 존재하면 증익해서는 안 된다. 왕성함이 지극한 경우에 감손하지 말아야 하는 것은 감손함이 그 가운데에 있기 때문이고, 쇠약함이 지극한 경우에 증익하지 말아야 하는 것은 증익함이 그 가운데에 있기 때문이다. 실제로 마땅히 감손해야 할 경우에 그것을 감손하는데도 도리어 흉하고, 실제로 마땅히 증익해야 할 경우에 그것을 증익하는데도 도리어 해로움에 이르는 것이니, 참된 기틀에 따라 이러한 것을 모두 알 수 있다면 다시 또 三命의 미묘하고 심오함을 자세히 살피는 데 무슨 어려움이 있겠는가?

【任注】　得時俱爲旺論，失令便作衰看，雖是至理，亦死法也．夫五行之氣，流行於四時，雖日干各有專令，而其實專令之中，亦有並存者在．如春木司令，甲乙雖旺，而此時休囚之戊己，亦未嘗絕于天地也．冬水司令，壬癸雖旺，而此時休囚之丙丁，亦未嘗絕于天地也．特時當退避，不敢爭先，而其實春土何嘗不生萬物，冬日何嘗不照萬國乎？況八字雖以月令爲重，而旺相休囚，年日時中，亦有損益之權．故生月卽不值令，亦能值年值日值時，豈可執一而論？

　시령을 얻으면 모두 旺으로 간주하여 논하고, 시령을 잃으면 곧 衰로 간주하여 보는데 비록 이것이 지극한 이치일지라도 또한 실제로 행해지지 않는 법이다. 무릇 오행의 氣가 四時에 유행할 때 비록 일간이 각각 전담하는 시령이 있지만 그 실제로 전담하는 시령 가운데에도 함께 보존된 것이 있으니, 가령 春木이 사령할 때에는 甲乙이 비록 왕하지만 이때에 休囚에 해당하는 戊己土도 天地에서 氣가 기가 끊어진 적이 없으며, 冬水가 사령할 때에는 壬癸가 비록 왕하지만 이때에 休囚에 해당하는 丙丁火도 天地에서 氣가 끊어진 적이 없는 것이니, 다만 물러갈 때를 당하여 감히 앞을 다투지 않을 뿐이지 실제로는 春十가 어찌 만물을 생육하지 않은 적이 있으며, 겨울해가 어찌 온 세상을 비추지 않은 적이 있겠는가? 더구나 八字에서 비록 월령을 중요하게 여겨 왕상휴수를 정하지만 年·日·時 가운데에도 손익의 권능이 있으므로, 生月에서 혹 시령을 만나지 못했더라도 年이나 日이나 時에서 만날 수도 있으니 어찌 한 가지만을 고집하여 논할 수 있겠는가?

有如春木雖强, 金太重而木亦危, 干庚辛而支申酉, 無火制而不富, 逢土生而必夭, 是得時不旺也. 秋木雖弱, 木根深而木亦强, 干甲乙而支寅卯, 遇官透而能受, 逢水生而太過, 是失時不弱也. 是故, 日干不論月令休囚, 只要四柱有根, 便能受財官食神而當傷官七殺. 長生祿旺, 根之重者也. 墓庫餘氣, 根之輕者也. 天干得一比肩, 不如地支得一餘氣墓庫. 墓者, 如甲乙逢未, 丙丁逢戌, 庚辛逢丑, 壬癸逢辰之類, 是也. 餘氣者, 如丙丁逢未, 甲乙逢辰, 庚辛逢戌, 壬癸逢丑之類, 是也. 得二比肩, 不如支中得一長生祿旺, 如甲乙逢亥寅卯之類, 是也. 蓋比肩如朋友之相扶, 通根如家室之可託, 干多不如根重, 理固然也.

또 春木이 비록 강하더라도 金이 지나치게 많으면 木이 또한 위태로우니 천간에 庚辛이 있고 지지에 申酉가 있을 때 火의 극제가 없으면 부유하지 못하고 土의 생조를 만나면 반드시 요절하는데, 이것이 시령을 얻었어도 왕성하지 못한 경우이며, 秋木은 비록 약하지만 木의 뿌리가 깊으면 木이 또한 강한 것이니 천간에 甲乙이 있고 지지에 寅卯가 있으면 관성의 투출을 만나도 감당할 수 있고 水의 생조를 만나면 태과해지는데, 이것이 시령을 잃었어도 약하지 않은 경우이다. 그러므로 일간은 월령의 휴수를 논할 것 없이 다만 사주에 근이 있으면 財·官·食神을 받아들이고 傷官·七殺을 당해낼 수 있는데, 장생과 녹왕은 根 중에 중한 것이고, 墓庫와 餘氣는 根 중에 경한 것이다. 천간에 하나의 비견을 만나는 것이 지지에 하나의 餘氣나 墓庫를 만나는 것만 못하니, 墓는 甲乙이 未를 만나고 丙丁이 戌을 만나고 庚辛이 丑을 만나고 壬癸가 辰을 만나는 것과 같은 부류가 그것이며, 餘氣는 丙丁이 未를 만나고 甲乙이 辰을 만나고 庚辛이 戌을 만나고 壬癸가 丑을 만나는 것과 같은 부류가 그것이다. 천간에 두 비견을 만나는 것이 지지 중에 하나의 장생이나 녹왕을 만나는 것만 못하니, 예컨대 甲乙木이 亥寅卯를 만나는 것과 같은 부류가 그것이니, 대체로 비견은 붕우가 서로 돕는 것과 같고, 통근(通根)은 집에 의탁할 수 있는 것과 같으므로, 천간에 비견이 많은 것이 뿌리의 중함만 못한 것은 이치가 진실로 그러한 것이다.

今人不知此理, 見是春土夏水秋木冬火, 不問有根無根, 便謂之弱. 見是春木夏火秋金冬水, 不究剋重剋輕, 便謂之旺. 更有壬癸逢辰, 丙丁逢戌, 甲乙逢未, 庚辛逢丑之類. 不以爲通根身庫, 甚至求刑沖以開之, 竟不思刑沖傷吾本根之氣, 此種謬論, 必宜一切掃除也.

지금 사람들은 이러한 이치를 모르고 봄의 土, 여름의

水, 가을의 木, 겨울의 火를 보게 되면 뿌리의 유무를 따지지 않고 곧바로 그것을 약하다고 말하며, 봄의 木, 여름의 火, 가을의 金, 겨울의 水를 보게 되면 극제의 경중을 보지 않고 곧바로 그것을 왕하다고 말하며, 또 壬癸가 辰을 만나고 丙丁이 戌을 만나고 甲乙이 未를 만나고 庚辛이 丑을 만나는 것과 같은 부류가 있는데 이것을 일주의 庫에 통근한 것으로 여기지 않고, 심한 경우에는 刑沖을 구하여 그 庫를 열려고 하므로 마침내 刑沖이 일주의 本根의 氣를 손상한다는 것을 생각하지 않으니 이러한 논리는 반드시 일체 모두 쓸어 없애야 한다.

然此皆論衰旺之正而易者也,　更有顚倒之理存焉.　其理有十,　木太旺者而似金,　喜火之煉也.　木旺極者而似火,　喜水之剋也.　火太旺者而似水,　喜土之止也.　火旺極者而似土,　喜木之剋也.　土太旺者而似木,　喜金之剋也.　土旺極者而似金,　喜火之煉也.　金太旺者而似火,　喜水之濟也.　金旺極者而似水,　喜土之止也.　水太旺者而似土,　喜木之制也.　水旺極者而似木,　喜金之剋也.　木太衰者而似水也,　宜金以生之.　木衰極者而似土也,　宜火以生之.

火太衰者而似木也, 宜水以生之. 火衰極者而似金也, 宜土以生之. 土太衰者而似火也, 宜木以生之. 土衰極者而似水也, 宜金以生之. 金太衰者而似土也, 宜火以生之. 金衰極者而似木也, 宜水以生之. 水太衰者而似金也, 宜土以生之. 水衰極者而似火也, 宜木以生之. 此五行顚倒之眞機, 學者宜細詳元元之妙.

그러나 이것은 모두 衰旺의 正法에서 변역된 것을 논한 것이며, 다시 또 거기에는 전도되는 이치가 있는데 그 이치에 열 가지가 있으니, 木이 태왕한 경우에는 金과 같으므로 火의 단련을 좋아하고, 木의 旺이 지극한 경우에는 火와 같으므로 水의 극을 좋아하며, 火가 太旺한 경우에는 水와 같으므로 土의 제지를 좋아하고, 火의 旺이 지극한 경우에는 土와 같으므로 木의 극제를 좋아하며, 土가 太旺한 경우에는 木과 같으므로 金의 극제를 좋아하고, 土의 旺이 지극한 경우에는 金과 같으므로 火의 단련을 좋아하며, 金이 太旺한 경우에는 火와 같으므로 水의 구제를 좋아하고, 金의 旺이 지극한 경우에는 水와 같으므로 土의 제지를 좋아하며, 水가 태왕한 경우에는 土와 같으므로 木의 극제를 좋아하고, 水의 旺이 지극한 경우에는 木과 같으므로 金의 극제를 좋아한다. 木이 매우 쇠약한 경우에는

水와 같으므로 金으로 그것을 생조해야 하고, 木의 쇠함이 지극한 경우에는 土와 같으므로 火로 그것을 생조해야 하며, 火가 매우 쇠약한 경우에는 木과 같으므로 水로써 그것을 생조해야 하고, 火의 쇠함이 지극한 경우에는 金과 같으므로 土로써 그것을 생조해야 하며, 土가 매우 쇠한 경우에는 火와 같으므로 木으로 그것을 생조해야 하고, 土의 쇠함이 지극한 경우에는 水와 같으므로 金으로 그것을 생조해야 하며, 金이 매우 쇠약한 경우에는 土와 같으므로 火로 그것을 생조해야 하고, 金이 쇠함이 지극한 경우에는 木과 같으므로 水로 그것을 생조해야 하며, 水가 매우 쇠한 경우에는 金과 같으므로 土로 그것을 생조해야 하고, 水가 쇠함이 지극한 경우에는 火와 같으므로 木으로 그것을 생조해야 하는 것이니, 이것이 오행전도(五行顚倒)의 참된 기틀이므로 학자들은 마땅히 근본을 추구하는 묘리를 자세히 살펴야 한다.

戊　甲　丁　甲

辰　子　卯　辰

癸　壬　辛　庚　己　戊

酉　申　未　午　巳　辰

甲子日生卯月, 地支兩辰, 是木之餘氣也. 又辰卯東方, 子辰拱水, 木太旺者似金也, 以丁火爲用. 至巳運, 丁火臨旺, 名列宮牆. 庚辛兩運, 南方截脚之金, 雖有刑耗而無大患. 未運剋去子水, 食廩天儲. 午運子水沖剋, 秋闈失意. 壬申運金水齊來, 刑妻剋子, 破耗多端. 癸運不祿.

甲子 일주가 卯월에 태어나고 지지의 두 辰은 木의 餘氣이며 또 辰卯는 東方이고 子와 辰이 손을 잡아 水局을 이루어서 木이 태왕하면 金과 같다는 경우이니 丁火를 용신으로 삼는다. 巳운에 이르러 丁火가 旺地에 임하자 이름이 궁월의 담장 안에 열거되고, 庚·辛 두 운은 南方의 다리를 끊긴 金이므로 비록 형모가 있었으나 큰 환란은 없었으며, 未운에는 子水를 극거하니 식품이 창고에 높이 쌓였고, 午운에는 子水가 충극하니 가을의 과거시험에 뜻을 이루지 못했으며, 壬申대운에는 金水가 한꺼번에 찾아오니 처자를 형극하고 파모가 많았으며, 癸운에 죽었다.

乙　甲　乙　癸

亥　寅　卯　卯

己　庚　辛　壬　癸　甲

酉　戌　亥　子　丑　寅

此造四支皆木，又逢水生，七木兩水，別無他氣，木旺極者似火也．出身祖業本豐，惟丑運刑傷．壬子水勢乘旺，辛亥金不通根，支逢水旺，此二十年經營，獲利數萬．一交庚戌，土金並旺，破財而亡．

이 사주는 네 지지가 모두 木인데 다시 또 水의 생조를 만났으니 일곱 개의 木과 두 개의 水에 따로 다른 오행의 氣가 없어서 木이 왕극하면 火와 같다는 경우이다. 태어날 때 조업이 본래 풍족했는데 다만 丑운에는 刑傷이 있었고, 壬子운에는 水의 세력이 旺氣를 탔으며 辛亥운에는 金이 통근하지 않고 지지에 水旺함을 만났으므로 이 20년간은 사업을 경영하여 수만금의 이익을 얻었으나, 한번 庚戌운으로 바뀌어 土金이 함께 旺하자 재산을 파하고 죽었다.

辛　甲　甲　乙

未　申　申　丑

戊　己　庚　辛　壬　癸

寅　卯　辰　巳　午　未

此造地支土金，木無盤根之處，時干辛金，元神發透，木太衰者似水也．初運癸未壬午，生木制金，刑喪早見，

蔭庇難豐. 辛巳庚辰, 金逢生地, 白手發財數萬. 己卯運
土無根, 木得地, 遭回祿, 破財萬餘, 至寅而亡.

　이 사주는 지지가 土와 金이므로 木은 뿌리를 내릴 곳이
없고, 時干의 辛金이 元神으로 투출해 있어서 木이 太衰하
면 水와 같다는 경우이다. 초운인 癸未・壬午에는 木을 생
하고 金을 제압하니 刑喪을 일찍 만나 조상의 음덕이 풍부
하기 어려웠으며, 辛巳・庚辰운에는 金이 生地를 만나니
맨손으로 수만금의 재산을 모았는데, 己卯운에는 土에 뿌
리가 없고 木이 자리를 삽으니 화재를 딩하여 민여 금의
재산을 파하고, 寅운에 이르러 사망하였다.

丙 乙 己 己

戌 酉 巳 巳

癸 甲 乙 丙 丁 戊

亥 子 丑 寅 卯 辰

此造, 地支皆逢剋洩, 天干又透火土, 全無水氣, 木衰
極者似土也. 初交戊辰丁, 藉豐厚之蔭庇, 美景良多. 卯
運椿萱並謝. 丙運大遂經營之願, 獲利萬金. 寅運剋妻破
財, 又遭回祿. 乙丑支全金局, 火土兩洩, 家業耗散. 甲

子北方水地, 不祿宜矣.

　이 사주는 지지에 모두 剋과 洩을 만나 천간에 다시 또 火土가 투출하여 水氣가 전혀 없으니, 木이 衰極하면 土와 같다는 경우이다. 초년 戊辰・丁대운에는 풍후한 음덕에 의지하여 좋은 일이 많았고, 卯운에는 부모가 모두 세상을 떠났으며, 丙대운에는 경영의 소원을 크게 이루어 만금의 이익을 얻었는데, 寅운에는 극처 파재하고 다시 또 화재를 당했으며, 乙丑운에는 지지가 金局을 갖추고 火土가 모두 누설되니 가업이 다 흩어졌으며, 甲子대운은 北方 水地이니 사망이 당연한 것이다.

甲　丙　壬　乙

午　戊　午　丑

丙　丁　戊　己　庚　辛

子　丑　寅　卯　辰　巳

　此丙戊日元, 月時兩刃, 壬水無根, 又逢木洩, 火太旺者似水也. 初運庚辰辛巳, 金逢生地, 孔懷無輔助之人, 親黨少知心之輩. 己卯得際遇, 戊寅全會火局, 及丁丑二十年, 發財四五萬, 至子運而亡.

이 사주는 丙戌 日元이 月과 時에 양인이 있고 壬水는 뿌리가 없는데 다시 또 木의 누설을 만났으니, 火가 太旺하면 水와 같다는 경우이다. 초운인 庚辰·辛巳에는 金이 生地를 만나니 형제 중에도 도와주는 사람이 없고 친족들도 마음을 알아주는 사람이 적었으며, 己卯운에는 時運(기회)을 만났고, 戊寅운에는 火局을 온전히 갖추었으니 丁丑에 이르기까지 20년 동안 4~5만금의 재산을 모았는데, 子운에 이르러 사망하였다.

甲　丙　丁　戊

午　寅　巳　寅

癸　壬　辛　庚　己　戊

亥　戌　酉　申　未　午

此造丙火生孟夏,　地支兩坐長生而逢祿旺,　火旺極者似土也. 初運雖不逢木, 喜其南方火地, 遺緖豐盈, 讀書過目成誦, 一交庚運, 卽棄詩書, 愛嬉好遊, 揮金如土. 申運家破身亡, 此造若逢木運, 名利兩全也.

이 사주는 丙火가 孟夏에 태어나서 지지 양쪽에 장생이 자리 잡고 녹왕을 만났으니 火가 旺極하면 土와 같다는 경

우이다. 초운에는 비록 木운을 만나지 못했으나 南方 火地
를 기뻐하니, 유업이 풍부하고 글공부도 한번 보면 외울
수 있었는데, 庚운으로 한번 바뀌자 곧바로 공부를 포기하
고 놀기를 좋아하여 돈 쓰기를 흙 뿌리듯 하더니, 申운에
이르자 집안이 망하고 자신은 죽고 말았으니, 이 사주가
만약 木운을 만났다면 名利가 모두 온전했을 것이다.

辛　丁　丁　辛

丑　酉　酉　巳

辛　壬　癸　甲　乙　丙

卯　辰　巳　午　未　申

丁火生于八月，秋金秉令，又全金局，火太衰者似木
也. 初運乙未甲午，火木並旺，骨肉如同畫餅，六親亦是
浮雲. 一交癸巳，干透水，支拱金，出外經營，大得際遇，
壬辰運中，發財十餘萬.

丁火가 8월에 태어나니 秋金이 時令을 잡았고 또 金局
을 갖추었으므로 火가 太衰하면 木과 같다는 경우이다. 초
년운인 乙未·甲午에는 火木이 함께 왕하니 골육(骨肉)이
그림의 떡과 같고 육친(六親) 역시 뜬구름 같았으며, 한번
癸巳로 바뀌어 천간에 水가 투출하고 지지에 金을 에워싸

니 밖에 나가 경영하여 크게 기회를 만났고, 壬辰운 중에
십여 만금의 재산을 모았다.

己　丙　壬　辛

亥　申　辰　亥

丙　丁　戊　己　庚　辛

戌　亥　子　丑　寅　卯

此財生殺, 殺攻身, 丙臨申, 申辰拱水, 火衰極者似金
也. 初運辛卯庚寅, 東方木地, 萱椿凋謝, 祖業無恆. 至
己丑運, 出外經營, 靑蚨襯輦, 白鏹隨興. 及戊子二十
年, 春風吹柳, 紅綾易公子之裳, 杏露沾衣, 膏雨沐王孫
之袖. 所謂有其運, 必得其福也.

이 사주는 財가 殺을 생하고 殺이 일주를 공격하며 丙火
일주는 申金에 앉았고 申辰이 水와 손을 잡으니, 火가 衰
極하면 金과 같다는 경우이다. 초년 辛卯·庚寅대운은 東
方 木地이므로 부모가 죽고 조업도 일정함이 없었으며, 己
丑운에 이르자 밖에 나가 사업을 경영하여 돈으로 수레를
바르고 은전(銀錢)이 수레를 따르듯 하여 戊子대운까지
20년 동안 봄바람이 버들가지에 불어오면 붉은 비단으로

공자(公子)의 치마를 바꾸고, 살구나무 이슬이 옷을 적실 때엔 기름 같은 단비가 왕손(王孫)의 옷소매를 씻어주듯 살았으니, 이른바 그러한 운이 있으면 반드시 그러한 복을 얻는다는 것이다.

己　戊　戊　戊

未　申　午　辰

甲　癸　壬　辛　庚　己

子　亥　戌　酉　申　未

此造重重厚土，　生于夏令，　土太旺者似木也，　其用在金．庚申運，　早采芹香．辛酉運辛丑年，　飲鹿鳴宴瓊林，雲程直上．壬戌運，　刑喪挫折，　丙午年亡．

이 사주는 중첩된 厚土가 여름에 태어나서 土가 태왕하면 木과 같다는 경우이니 그 용신이 金에 있다. 庚申대운에 일찍 학교에 입학하여 辛酉대운 辛丑년에 녹명연,[65] 경림연[66]에 참석하여 청운의 길이 곧바로 상승했는데, 壬戌운에는 형벌을 받고 관직을 잃고 좌절하여, 丙午년에 죽었다.

---

65) 鹿鳴宴(녹명연): 주현의 장관이 향시 합격자에게 베푸는 잔치.

66) 瓊林宴(경림연): 왕이 진사 합격자에게 베푸는 잔치.

己 己 丙 戊
巳 巳 辰 戌

壬 辛 庚 己 戊 丁
戌 酉 申 未 午 巳

此造四柱火土，　全無剋洩，　土旺極者似金也．　初運南
方，遺業豐盈．　午運入泮，己未棘闈，拔而不擧．　一交庚
申，靑蚨化蜨，家業漸消．　辛酉，財若春後霜雪，事業瀟
條．壬運，剋丙不祿．

이 명조는 사주가 모두 火土로 이루어지고 剋과 洩이 전
혀 없으니, 土가 旺極하면 金과 같다는 경우이다. 초년 南
方운에서는 물려받은 사업이 넉넉했고, 午대운에 학교에
들어가 己未대운에 과거에 응시하여 선발되었으나 천거되
지 못했고, 庚申운으로 바뀌자 돈이 나비처럼 날아가 버리
고 가업이 점점 사라졌으며, 辛酉운에는 재물이 봄이 온
뒤에도 서리와 눈이 내리듯 하고 사업이 쓸쓸했으며, 壬운
에는 丙火를 극하여 사망하였다.

$$
\begin{array}{cccc}
癸 & 戊 & 辛 & 壬 \\
丑 & 子 & 亥 & 辰
\end{array}
$$

$$
\begin{array}{cccccc}
丁 & 丙 & 乙 & 甲 & 癸 & 壬 \\
巳 & 辰 & 卯 & 寅 & 丑 & 子
\end{array}
$$

此造支類北方, 水勢汪洋, 天干又透金水, 土太衰者似火也. 運至甲寅乙卯, 干支皆木, 名成利遂. 一交丙運, 刑妻剋子, 破耗多端. 至丁丑[67]運, 歲運火土, 暗傷體用, 得風疾而亡.

이 사주는 지지의 무리가 北方으로 水의 기세가 넓고 깊으며, 천간에 다시 또 金水가 투출했으니 土가 太衰하면 火와 같다는 경우이다. 운이 甲寅·乙卯에 이르러 干支가 모두 木이 되자 名利가 이루어졌는데, 한번 丙운으로 바뀌자 처자를 형극하고 파산과 소모가 많았으며, 丁巳대운에 이르러 火土 歲運에 體와 用을 暗傷하자 風病을 얻어 사망하였다.

---

67) 丁丑은 丁巳가 되어야 함.

$$壬\quad 戊\quad 甲\quad 癸$$

$$子\quad 子\quad 子\quad 酉$$

$$戊\quad 己\quad 庚\quad 辛\quad 壬\quad 癸$$

$$午\quad 未\quad 申\quad 酉\quad 戌\quad 亥$$

此四柱皆水, 又得金生, 土衰極者似水也. 初逢癸亥, 平甯之境. 壬戌水無根, 土得地, 刑喪破耗, 家業消亡. 辛酉庚申二十年, 大得際遇, 白手發財十餘萬. 己未運破去數萬, 壽亦在未而止.

이 명조는 사주가 모두 水이고 또 金의 생조를 만났으니 土가 衰極하면 水와 같다는 경우이다. 초년에는 癸亥를 만나 평안한 처지였고, 壬戌대운은 水가 無根이고 土가 자리를 얻으니 형벌·상실·파산·소모로 가업이 사라져 망했는데, 辛酉·庚申 이십 년 동안은 크게 기회를 얻어 맨손으로 십여 만금을 모았다가, 己未대운에는 수만금을 잃어버렸으며, 수명도 未대운에서 멈추었다.

$$庚\quad 庚\quad 己\quad 壬$$

$$辰\quad 子\quad 酉\quad 申$$

$$乙\quad 甲\quad 癸\quad 壬\quad 辛\quad 庚$$

$$卯\quad 寅\quad 丑\quad 子\quad 亥\quad 戌$$

此造秋金秉令, 木火全無, 金太旺者似火也. 亥運壬水坐祿, 早遊泮水. 壬子運用神臨旺, 撞破煙樓, 高攀月桂. 癸丑合去壬水旺地, 囊內靑蚨成蝶舞, 枝上子規月下啼. 甲寅乙卯, 尙有制土衛水之功, 仕路淸高, 楓葉未應氈共冷, 梅開早覺筆先香.

이 사주는 秋金이 時令을 잡고 木火가 전혀 없으므로 金이 太旺하면 火와 같다는 경우이다. 亥운에는 壬水가 녹에 앉으니 일찍 반수가에 노닐었고,[68] 壬子운에는 용신이 旺地에 임하니 연루를 쳐서 깨뜨리고 월계에 높이 올랐는데,[69] 癸丑대운에는 壬水의 旺地를 合去하니 주머니 속의 돈이 나비가 춤추듯 날아가고 나뭇가지 위의 두견새가 달빛 아래에서 슬피 울 듯했으며, 甲寅·乙卯대운에는 그래도 土를 제압하고 水를 호위하는 功이 있어서 벼슬길이 청고했으니, 단풍잎을 만나기도 전에 담요가 냉기를 함께하고, 매화 꽃 핀 것을 느끼기도 전에 붓이 향기를 먼저 아는 것이다.

68) 早遊泮水: 학교에 들어감.

69) 撞破煙樓高攀月桂: 과거에 급제함.

庚　庚　乙　庚

辰　戌　酉　申

辛　庚　己　戊　丁　丙

卯　寅　丑　子　亥　戌

此造支類西方, 又逢厚土, 金旺極者似水也. 初運火, 祖業無恆. 至戊子運獲厚利, 納粟出仕. 己丑庚運, 名利皆遂. 一交寅運, 犯事落職, 大破財利. 至卯不祿.

이 사주는 지지의 부류가 西方이고 또 厚土를 만났으니, 金이 旺極하면 水와 같다는 경우이다. 초년 火운에는 일정한 조업이 없었고, 戊子대운에 이르러 많은 이득을 얻자 곡식을 받치고 벼슬길에 나아갔으며, 己丑・庚대운에는 名利가 모두 이루어졌는데 寅운으로 바뀌자 사고를 범하여 벼슬을 그만두고 재산도 크게 기울었으며, 卯운에 죽었다.

甲　辛　庚　己

午　卯　午　卯

甲　乙　丙　丁　戊　己

子　丑　寅　卯　辰　巳

辛金生于仲夏, 地支皆逢財殺, 金太衰者似土也. 初運
己巳戊辰, 晦火生金, 求名多滯, 作事小成. 一交丁卯,
木火並旺, 如枯苗得雨, 浡然而興, 似鴻毛遇風, 飄然而
起, 家業豐裕. 交丑生金洩火, 不祿.

辛金이 仲夏에 태어나고 지지에 모두 財와 殺을 만났으
니, 金이 太衰하면 土와 같다는 경우이다. 초년 己巳·戊
辰운에는 火를 어둡게 하고 金을 생하여 명성을 얻는 데
막힘이 많고 일하는 것도 작게 이루어졌는데, 한번 丁卯운
으로 바뀌어 木火가 함께 旺하자 마른 싹이 비를 만나 힘
차게 일어나듯 기러기 털이 바람을 만나 가볍게 일어나듯
가업이 넉넉해졌으며, 丑대운으로 바뀌어 金을 생하고 火
를 누설하니 사망하였다.

丙　庚　丁　己

子　寅　卯　亥

辛　壬　癸　甲　乙　丙

酉　戌　亥　子　丑　寅

此造木旺乘權, 又得水生, 四面皆逢財殺, 金衰極者似
木也. 所以乙丑運中, 土金暗旺, 家業破盡. 至甲子運,

北方水旺, 財源通裕. 癸亥出仕, 名利兩全. 壬戌水臨絶
地, 罷職而歸.

이 사주는 木이 왕하여 권세를 타고 또 水의 생조를 만
나며 사면에 모두 財와 殺을 만났으니, 金이 衰極하면 木
과 같다는 경우이다. 乙丑운 중에 土金이 암장되어 旺한
까닭에 가업이 다 파산했는데, 甲子운에 이르러 北方 水氣
가 왕해지자 재물의 근원이 두루 넉넉해졌고, 癸亥운에는
벼슬에 나아가 명예와 이득이 모두 온전했으며, 壬戌운에
는 水가 絶地에 임하니 파식낭하고 돌아있다.

辛　壬　辛　壬

丑　子　亥　寅

丁　丙　乙　甲　癸　壬

巳　辰　卯　寅　丑　子

此造, 壬水生于孟冬, 支類北方, 干皆金水, 水太旺者
似土也. 喜其寅木吐秀, 至甲寅運, 早遂靑雲之志. 可謂
才藻翩翩, 輝映杏壇桃李, 文思奕奕, 光騰藥籠參苓. 乙
卯運官途順遂, 交丙而亡.

이 사주는 壬水가 孟冬에 태어나고 지지의 부류가 北方

이며 천간이 모두 金水이니, 水가 太旺하면 土와 같다는 경우이다. 기쁘게도 그 寅木이 秀氣를 토하므로 甲寅대운에 이르러 청운의 뜻을 일찍 이루었으니 재주와 문장의 아름답고 고상함이 행단[70]의 도리[71]에 밝게 비추고, 문장 속에 담긴 사상의 아름다움은 약장 속의 인삼·복령처럼 빛이 났다고 말할 수 있으며, 乙卯대운에는 벼슬길이 순탄했고, 丙대운으로 바뀌자 사망하였다.

庚　壬　癸　癸

子　子　亥　亥

丁　戊　己　庚　辛　壬

巳　午　未　申　酉　戌

此造四柱皆水, 一無剋洩, 其勢沖奔, 不可遏也. 初運壬戌, 支逢土旺, 早見刑喪. 辛酉庚申, 干支皆金, 所謂月印千江銀作浪, 門臨五福錦鋪花. 交己未, 妻子皆傷, 家業破盡. 戊午運, 貧乏不堪, 憂鬱而卒.

이 명조는 사주가 모두 水이고 剋洩이 하나도 없으니 그 세력이 솟구치고 내달림을 막을 수 없다. 초년 壬戌운에는

---

70) 행단(杏壇): 공자께서 제자를 가르친 곳.

71) 도리(桃李): 문하생.

지지에 土旺을 만나 일찍이 형상을 당했고, 辛酉·庚申대
운에는 干支가 모두 金이므로 이른바 달빛이 온 강에 비치
니 은빛의 물결을 이루고 門에 오복이 임하니 비단에 꽃을
수놓은 격인데, 己未대운으로 바뀌자 처자가 모두 손상되
고 가업이 모두 파했으며, 戊午대운에는 가난함을 견디지
못하여 근심하고 답답해하다가 죽었다.

癸　壬　乙　丙

卯　午　未　辰

辛　庚　己　戊　丁　丙

丑　子　亥　戌　酉　申

**此火土當權, 又逢木助, 五行無金, 水太衰者似金也.
初交丙申丁酉, 蓋頭是火, 使申酉不能生水, 財喜並旺.
戊戌運中, 家業饒裕. 己亥土無根, 還喜支會木局, 雖有
破耗而無大患. 一交庚子, 家破人亡.**

이 사주는 火土가 권력을 장악하고 다시 또 木의 도움을
만났으며 오행에 金이 없으니, 水가 太衰하면 金과 같다는
경우이다. 처음 丙申·丁酉대운에는 머리를 덮고 있는 火
가 申酉로 하여금 水를 생하지 못하게 하니 財의 기쁨이

아울러 왕성하였고, 戊戌대운 중에는 가업이 넉넉했으며,
己亥대운은 土에 뿌리가 없으나 도리어 지지가 木局으로
화합하는 것이 기쁘니, 비록 파모는 있었지만 큰 환난은
없었는데, 한번 庚子대운으로 바뀌자 집이 파산하고 사람
이 죽었다.

丙　壬　戊　癸

午　寅　午　卯

壬　癸　甲　乙　丙　丁

子　丑　寅　卯　辰　巳

此造丙火當權, 戊癸從化, 暵乾壬水, 水衰極者似火
也. 初運逢火, 從其火旺, 豐衣足食. 乙卯甲寅, 名利雙
全. 癸丑爭官奪財, 破耗而亡.

이 사주는 丙火가 권력을 잡고 戊癸가 火로 從火하여 壬
水를 말라 버리게 하니, 水가 衰極하면 火와 같다는 경우
이다. 초년운은 火를 만나 그 왕함을 따르니 의식이 풍족
했고, 乙卯와 甲寅운에는 名利가 모두 온전했으며, 癸丑대
운에는 官을 다투고 財를 빼앗으니 파모를 당하고 사망하
였다.

以上二十造, 五行極旺極衰, 不得中和之氣. 原注云,
旺中有衰者存, 衰中有旺者存, 此兩句, 卽余之太旺太衰
也. 旺之極者不可損, 衰之極者不可益, 此兩句, 卽余之
極旺極衰也. 特選此爲後證.

이상의 20개 명조는 오행이 지극히 旺하거나 지극히 衰하여 中和의 기세를 이루지 못한 경우인데, 原注에서 "왕성한 가운데 쇠약함이 존재하고 쇠약한 가운데 왕성함이 존재한다"고 말한 이 두 구는 곧 내가 말한 太旺과 太衰이며, "왕성함이 지극한 경우에는 감손하지 말아야 하고 쇠약함이 지극한 경우에는 증익하지 말아야 한다"는 이 두 구는 곧 내가 말한 極旺과 極衰에 해당되므로, 이것을 특별히 선택하여 뒤의 증명으로 삼았다.

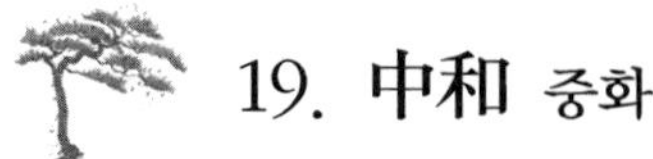

19. 中和 중화

旣識中和之正理면 而于五行之妙에 有全能焉이니라

이미 中和의 올바른 도리를 알고 있다면, 오행의
묘함에 대하여 전지전능함이 있을 것이다.

[原注] 中而且和는 子平之要法也라 有病方爲貴요 無傷
不是奇는 擧偏而言之也며 至於格中如去病하여 財祿兩相宜
하여는 則又中和矣니 到底要中和라야 乃爲至貴라 若當令
之氣數가 或身弱而財官旺地면 取富貴不必於中也며 用神强
이면 取富貴不必於和也며 偏氣古怪면 取富貴而不必於中且
和也니 何也오 以天下之財官이 止有此數하고 而天下之人
材가 惟此時爲最多하니 皆尙於奇巧也니라

사주 오행이 치우치지 않고 또 화합해야 한다는 것이 자평의
중요한 법이다. 病이 있어야 비로소 貴하고 傷이 없으면 기이하

지 않다고 하는 것들은 편벽된 이론을 들어서 그것을 말한 것이며, 격국 중에 곧 病을 제거하여 財祿이 모두 서로 합당해짐에 이르러서는 또한 中和를 이룬 것이니, 결국은 반드시 中和를 이루어야만 지극한 貴함이 되는 것이다. 만약 時令을 담당하고 있는 氣의 형편이 혹 신약하고 財官이 旺地인 경우에는 富貴를 취하는 데 中을 고집하지 않으며, 용신이 강한 경우에는 부귀를 취하는 데 和를 고집하지 않으며, 氣가 치우치고 괴이한 경우에는 부귀를 취하는 데 中과 和를 고집하지 않으니, 왜냐하면 천하의 재물과 관직이 다만 이러한 氣數에 있고, 천하의 인재가 오직 이러한 때에 가장 많기 때문인데 모두가 오히려 기이하고 교묘함을 숭상하는 것이다.

【任注】　中和者，命中之正理也．旣得中和之正氣，又何患名利之不遂耶？夫一世優游無抑鬱而暢遂者，少險阻而迪吉者，爲人孝友而無驕諂者，居心耿介而不苟且者，皆得中和之正氣也．

中和는 命中의 올바른 도리이니 이미 중화의 正氣를 얻었다면 다시 또 어찌 名利의 이루어지지 않음을 걱정하겠는가? 무릇 한평생 유유자적하며 억울함이 없이 사업이 잘 이루어지는 자와, 험악함이 적고 吉運으로 나가는 자와, 사람됨이 효도 우애하여 교만하고 아첨함이 없는 자와 한결같은 절개를 마음에 간직하고 눈앞의 편함을 탐하지 않는 자는 모두 중화의 正氣를 얻은 것이다.

至若身弱而旺地取富貴,　身旺而弱地取富貴者,　必四柱有所缺陷. 或財輕刼重, 或官衰傷旺, 或殺强制弱, 或制强殺弱, 此等雖不得中和之理, 其氣却亦純正, 爲人恩怨分明. 惟柱中所有缺陷,　或運又乖違,　因而妻子財祿, 各有不足. 如財輕刼重妻不足, 制强殺弱子不足, 官衰傷旺名不足,　殺强制弱財不足.　其人或志高傲物,　雖貧無諂, 後至歲運,　補其不足,　去其有餘,　仍得中和之理,　定然起發于後. 有等見富貴而生諂容,　遇貧窮而作驕態者, 必四柱偏氣古怪, 五行不得其正, 故心事奸貪, 作事僥倖也.

신약한데도 旺地에서 부귀를 취하거나 신왕한데도 弱地에서 부귀를 취하는 경우에 이르러서는 반드시 사주에 흠이 있거나 완전치 못한 바가 있는 것이며, 혹 재성이 경하고 비겁이 중하거나, 관성이 쇠하고 상관이 왕하거나, 살이 강하고 제살이 약하거나, 제살이 강하고 살이 약한 경우 등은 비록 중화의 도리를 얻지는 못했지만 그 氣가 또한 순수하고 바르다면 사람됨이 은혜와 원한이 분명하며,

사주 중에 결함이 있는 경우에 혹 운에서 다시 또 원국과 어긋난다면 그로 인하여 처자와 재록에 각각 부족함이 있게 된다. 가령 재성이 경하고 비겁이 중하면 처궁이 부족하고, 제살이 강하고 살이 약하면 자식궁이 부족하고, 관성이 쇠하고 상관이 旺하면 명성이 부족하고, 살이 강하고 제살이 약하면 財宮이 부족한 것인데, 그러한 사람이라도 혹 뜻이 높아 남을 거들떠보지 않거나, 비록 가난하더라도 아첨함이 없는 경우에는 뒤에 세운이 그 부족함을 보충하고 그 유여함을 제서하여 이로 인하여 중화의 도리를 얻기에 이르면 틀림없이 뒤에 떨쳐 일어나며, 부귀한 자를 만나면 아첨하는 모습을 나타내고, 빈궁한 자를 만나면 교만한 태도를 짓는 자는 반드시 사주가 한쪽으로 치우치고 괴이하며 오행이 올바름을 이루지 못했기 때문에 마음먹은 일에 간사하게 탐을 내고 일을 할 적에 요행을 바라는 것이다.

若所謂有病有藥, 吉凶易驗, 無病無藥, 禍福難推, 此論仍失之偏. 大凡有病者顯而易取, 無病者隱而難推, 然總以中和爲主. 猶如人之無病, 則四肢健旺, 營衛調和, 行止自如, 諸多安適. 設使有病, 則憂多樂少, 擧動艱難. 如遇良藥則可, 若無良藥醫之, 豈不爲終身之患乎?

이른바 병이 있고 약이 있으면 吉凶이 쉽게 증명되며, 병도 없고 약도 없으면 禍福을 헤아리기가 어렵다는 이러한 논리는 곧 치우침에서 잘못된 것이니, 무릇 병이 있는 경우에는 드러나 있어서 취하기가 쉽고, 병이 없는 경우에는 숨어 있어서 헤아리기 어렵지만, 그러나 모두 중화를 위주로 하므로 마치 사람이 병이 없으면 사지가 건왕하고 기혈의 작용이 조화를 이루어 행동거지가 자유롭고 모든 일에 편안하고 적절함이 많은 것과 같으며, 가령 병이 있으면 근심이 많고 즐거움이 적으며 거동이 어려운 것이니, 만약 좋은 약을 만나면 괜찮으나 만약 그 병을 고칠 만한 좋은 약이 없다면 어찌 한평생의 근심이 되지 않겠는가?

癸　癸　甲　辛

亥　卯　午　巳

戊　己　庚　辛　壬　癸

子　丑　寅　卯　辰　巳

癸卯日元, 生于亥時, 日主之氣已貫, 喜其無土, 財旺自能生官. 更妙巳亥遙沖, 去火存金, 印星得用, 木火受制, 體用不傷, 中和純粹. 爲人智識深沈, 器重荊山璞玉, 才華卓越, 光浮鑑水珠璣. 庚運助辛制甲, 自應台曜高躔, 朗映紫薇之彩, 鼎居左列, 輝騰廊廟之光. 微嫌亥卯拱木, 木旺金衰, 未免嗣息艱難也. 此莫寶齊先生造.

癸卯 日元이 亥時에 태어나서 일주의 氣가 이미 관통했고, 土가 없으나 財가 왕하여 저절로 官을 生할 수 있는 것이 기쁘며, 다시 묘하게도 巳亥가 멀리서 沖하여 火를 제거하고 金을 보존하니, 인성이 쓰임을 얻고 木火가 제재를 받아 體와 用이 손상되지 않아 중화를 이루고 순수하니, 사람됨이 지혜와 식견이 깊고 무게가 있어서 재기(才器)의 귀중함이 형산(荊山)의 박옥(璞玉)과 같고, 재주가 빛나고 탁월하여 그 빛의 반사됨이 물에 비치는 구슬과 같았다. 庚대운에 辛을 도와 甲을 제압하자 저절로 삼태성(台曜)의 높은 궤도에 부응하여 자미성의 광채를 밝게 비추니 삼공의 자리에 좌열(左列)을 차지하여 조정의 위덕을 빛나게 했는데, 조금 꺼리는 것은 亥卯가 木을 에워싸서 木이 왕하고 金이 쇠하여 대를 잇기 어려움을 면치 못한 것이다. 이것은 막보재[72] 선생의 사주다.

---

72) 막보재(莫寶2齋): 막은 성이고, 보재는 호. 선생이라는 호칭으로 보아 '보재'는 아호인 듯함. 齋는 이름이라면 '제'로 읽으나, 호의 경우 '재'로 읽음.

戊　癸　丙　己

午　未　子　酉

庚辛壬癸甲乙

午未申酉戌亥

此王觀察造. 癸日子月, 似乎旺相, 不知財殺太重, 旺中變弱. 局中無木, 混濁不淸, 陰內陽外之象. 月透財星, 其心意必欲愛之. 時逢官殺, 其心志必欲合之. 所以權謀異衆, 才幹過人, 出身本微, 心術不端. 癸酉得逢際遇, 由佐貳至觀察, 奢華逢迎, 無出其右. 至未運不能免禍, 所謂欲不除, 似蛾撲燈, 焚身乃止, 如猩嗜酒, 鞭血方休.

이것은 왕 관찰사의 사주인데 癸 일주가 子월에 태어나서 旺相 같으나, 財와 殺이 太重하여 旺한 가운데 弱으로 변함을 알지 못하기 때문이다. 局 중에 木이 없고 혼탁하고 맑지 못하니 陰이 내면에 있고 陽이 외면에 있는 형상이며, 月干에 재성이 투출했으니 그의 마음이 반드시 그것을 좋아하려고 할 것이며, 時干에 관살을 만났으니 그의 마음이 반드시 그것과 합하려고 할 것이니, 이 때문에 임기응변의 계략이 남보다 특이하고 재주와 능력이 남보다 뛰어났으나, 출신이 본래 미천하고 마음씨가 단정치 못했다. 癸酉대운에 좋은 기회를 만날 수 있어서 좌이[73]로부터 관찰사로 승진하고 사치와 호화로 사람을 영접하여 그의 오른쪽에 나설 사람이 없었는데, 未대운에 이르자 禍를 면치 못했으니, 이른바 욕심이 없어지지 않으면 나방이 등불심지를 때리다가 몸을 태워야만 멈추는 것과 같고, 성성이가 술을 즐기다가 채찍을 맞고 피를 흘려야만 그만두는 것과 같다.

---

73) 좌이(佐貳): 관직명.

何處起根源이며 流到何方住오 機括此中求면 知來
亦知去니라

  어느 곳에서 근원이 시작되며 그 흐름은 어느 곳
에 이르러 머무는가? 요점의 중심을 이 가운데에서
찾으면 미래도 알고 과거도 알 것이다.

[原注] 不必論當令不當令이요 只論取最多最旺하여 而可
以爲滿局之祖宗者가 爲源頭也라 看此源頭가 流到何方인지
流去之處하여 是所喜之神이 卽在此住了면 乃爲好歸路니 如
辛酉癸巳戊申丁巳는 以火爲源頭하니 流至金水之方卽住了니
所以富貴爲最요 若再流至木地면 則氣洩爲亂이라 如未曾流
到吉方에 中間卽遇阻節하면 看其阻住之神何神하여 以斷其
休咎하며 流住之地何地하여 以知其地位니 如癸丑壬戌癸丑

壬子는 以土爲源頭止水方이라 只生得一個身子요 而戌中火土之氣에 得從引助니 所以爲僧也니라

時令을 만났는지 만나지 못했는지를 논할 필요 없이 다만 가장 많고 가장 왕성한 것을 취하여 온 局의 조종으로 삼을 수 있는 것이 곧 원두(샘의 근원)이다. 이 원두가 흘러서 어느 곳에 도달하는지 흘러가는 곳을 살펴보아서 기뻐하는 神이 곧 그곳에 머물면 마침내 좋은 귀로가 되는 것이니, 가령 사주가 辛酉, 癸巳, 戊申, 丁巳인 경우에는 火를 원두로 삼는데, 火의 흐름이 金水의 방에 이르면 곧 머무르게 되니 이 때문에 부귀가 최상인 사주가 되지만, 만약 다시 흘러가서 木地에 이르면 氣가 누설되어 어지럽게 된다. 만약 흐름이 木方에 도달하기 전에 중간에서 곧바로 가로막혀 흐름이 끊어지는 곳을 만나면 그 막혀서 멈추게 하는 神이 어떤 神인가 보아서 그 좋고 나쁨을 판단하며, 흘러가서 머무는 곳이 어느 곳인지를 보아서 그 지위를 아는 것이니, 가령 사주가 癸丑, 壬戌, 癸丑, 壬子인 경우에는 土를 원두로 삼는데 水方에서 멈추었으므로 다만 하나의 身[74]子만을 만나서 戌중 火土의 氣에서 引助를 얻을 뿐이니 이 때문에 중이 되었다.

---

74) 身자는 辛의 잘못이거나, 戌 중 辛金을 뜻함.

【任注】　源頭者, 卽四柱中之旺神也. 不論財官印綬食傷比刼之類, 皆可爲源頭也. 總要流通生化, 收局得美爲佳. 或起于比刼, 止于財官爲喜, 或起于財官, 止于比刼爲忌. 如山川之發脈來龍, 認氣于大父母, 看尊星. 認氣于眞子息, 看主星. 認氣于方交媾, 看胎伏星. 認氣于成胎育, 看胎息星. 認氣于化煞爲權, 看解星. 認氣于絕處逢生, 看恩星. 認源之氣以勢, 認流之氣以情. 故源頭流住之地, 卽山川結穴之所也, 不可以不究. 源頭阻節之處, 卽來龍破損隔絕之意也, 不可以不察.

　원두는 곧 사주 중의 旺神이니 財, 官, 印綬, 食傷, 比刼 등을 논할 것 없이 모두 원두가 될 수 있다. 총괄하여 말하자면 사주를 流通 生化하고 격국을 수렴하여 아름다움을 이루면 좋은 것이니, 혹 비겁에서 시작하여 재관에서 멈추면 좋으나 혹 재관에서 시작하여 비겁에서 멈추면 꺼리게 된다. 가령 산천의 종산의 맥이 일어나 내려오는 산줄기에서 조부모에 대한 氣를 알려면 존성(尊星)을 보고, 자식(男兒)에 대한 氣를 알려면 주성(主星)을 보고, 바른 음양배합에 대한 氣를 알려면 태복성(胎伏星)을 보고, 胎가 육성되는 것에 대한 氣를 알려면 태식성(胎息星)을 보고, 煞을 변화하여 權으로 삼는 것에 대한 氣를 알려면 해성(解星)을 보고, 絶處에서 生을 만나는 것에 대한 氣를 알려면 은성(恩星)을 보며, 근원의 氣를 알려면 기세로써 하고, 흐름의 氣를 알려면 情으로 하는 것이니, 그러므로 원두가 흘러가다 머무는 곳이 곧 산천이 혈을 맺는 곳이므로 궁구하지 않으면 안 되며, 원두가 막혀서 흐름이 끊기는 곳은 곧 산줄기가 내려오다 파손되고 막히고 끊어진다는 것이므로 살피지 않으면 안 된다.

看其源頭流止之地何地, 以知其誰興誰替. 看其阻節之神何神, 以論其何吉何凶. 如源頭起于年月是食印, 住于月時是財官, 則上叨祖父之蔭, 下享兒孫之福. 或起于年月是財官, 住于日時是傷刦, 則破敗祖業, 刑妻剋子. 如起於日時是財官, 住於年月是食印, 則上與祖父爭光, 下與兒孫立業. 或起於日時是財官, 住於年月是傷刦, 則祖業難享, 自叛維新.

그 원두가 흘러가다 멈추는 곳이 어느 곳인지를 보아서 그 누가 흥하고 누가 쇠하는지 알며, 그 막혀서 매듭짓게 하는 神이 어떤 神인지를 보아서 그 무엇이 길하고 무엇이 흉한지를 논하는 것이니, 가령 원두가 年月이 식신·인수인 곳에서 시작하여 月時가 재성·관성인 곳에 머물면 위로는 父祖의 음덕을 입고 아래로는 자손의 복을 누리며, 혹 年月이 財官인 곳에서 시작하여 日時가 식상·비겁인 곳에 머물면 조업을 파패하고 처자를 형극하며, 가령 日時가 財官인 곳에서 시작하여 年月이 식신·인수인 곳에 머물면 위로는 父祖와 광영을 다투고 아래로는 자손과 가업을 세우며, 혹 日時가 財官인 곳에서 시작하여 年月이 식상·비겁인 곳에 머물면 조업을 누리기 어렵고 스스로 창업하여 새로워져야 한다.

流住年是官印者, 知其祖上淸高, 是傷刦者, 知其祖上寒微. 流住月是財官者, 知其父母創業, 是傷刦者, 知其父母破敗. 流住日時是財官食印者, 必白手成家, 或妻賢子貴. 流住日時是傷刦梟刃者, 必妻陋子劣, 或因妻招禍, 破家受辱. 然又要看日主之喜忌斷之, 無不驗也.

원두의 흐름이 年에 머물 때 그 年이 官印인 경우에는 그 조상이 청고했음을 알 수 있고 식상·비겁인 경우에는 그 조상이 한미했음을 알 수 있으며, 원두의 흐름이 月에 머물 때 그 月이 官印인 경우에는 그 조상이 창업했음을 알 수 있고 식상·비겁인 경우에는 그 부모가 가업을 파패했음을 알 수 있으며, 원두의 흐름이 日時에 머물 때 그 時가 財官印食인 경우에는 반드시 맨손으로 가업을 이루는데 혹 처가 어질고 자식이 귀하게 되며, 원두의 흐름이 日時에 머물 때 그 日時가 상관·비겁·효인(梟刃)인 경우에는 반드시 처가 누추하고 자식이 용렬하며 혹 처로 인하여 재앙을 초래하여 집안을 망치고 욕을 당하는 것인데, 그러나 또한 반드시 日主의 희기를 보아서 그것을 판단해야만 응험하지 않음이 없을 것이다.

如源頭流止未住之地, 有阻節隔絕之神. 是偏正印綬, 必爲長輩之禍, 柱中有財星相制, 必得妻賢之助. 如有比刦之化, 或得兄弟相扶. 如阻節是比刦, 必遭兄弟之累, 或不和. 柱中有官星相制, 必得賢貴之解. 如有食傷之化, 或得子姪之助.

그리고 원두가 흘러가다 중지되고 아직 머물지 않은 곳에는 가로막아서 사이가 끊어지게 하는 神이 있으니, 그것이 편인이나 인수인 경우에는 반드시 손윗사람의 재앙이 되지만 사주 중에 재성이 있어서 상대를 제압하면 반드시 아내의 어진 내조를 만나며, 만일 비겁의 引化가 있으면 혹 형제의 상부(相扶)를 만나기도 하며, 만약 가로막는 마디가 비겁인 경우에는 반드시 형제의 걱정을 만나거나 혹 불화하게 되지만 사주 중에 관성이 있어서 상대를 제압하면 반드시 현인이나 귀인의 화해를 만나고, 만약 식상의 引化가 있으면 혹은 자식이나 조카의 도움을 만나기도 한다.

如阻節是財星, 必遭妻妾之禍, 柱中有比刦相制, 必得兄第之助, 或兄弟愛敬. 如有官星之化, 或得賢貴提攜. 如阻節是食傷, 必受子孫之累. 柱中有印綬相制, 必叨長輩之福, 或親長提拔. 有財星之化, 必得美妻, 或中饋多能. 如阻節是官煞, 必遭官刑之禍. 柱中有食傷相制, 必得子姪之力. 有印綬之化, 必仗長輩之助. 然又要看用神之宜忌論之, 無不應也.

만약 가로막는 마디가 재성인 경우에는 반드시 처첩의 재앙을 만나지만 사주 중에 비겁이 있어서 상대를 제압하면 반드시 형제의 도움을 만나거나 혹은 형제간에 사랑하고 공경하며, 만약 관성의 引化가 있으면 혹 현인이나 귀인의 이끌어줌을 만나며, 만약 가로막는 마디가 식상인 경우에는 반드시 자손의 걱정을 만나지만 사주 중에 인수가 있어서 상대를 제압하면 반드시 손윗사람의 복을 차지하거나 혹은 손윗사람이 이끌어주고, 재성의 引化가 있으면 반드시 아름다운 처를 얻거나 혹은 부인이 재능이 많으며, 만약 가로막는 마디가 관살인 경우에는 반드시 官刑의 禍를 만나지만 사주 중에 식상이 있어서 상대를 제압하면 반드시 아들이나 조카의 조력을 만나고, 인수의 引化가 있으면 반드시 손윗사람의 도움에 의지하게 되는데, 그러나 또한 반드시 용신의 의기(宜忌)를 보아서 이것을 논해야만 응험하지 않음이 없을 것이다.

如源頭流住是官星, 又是日主之用神, 就名貴顯者, 十居八九. 如是財星, 又是日主之用神, 就利發財者, 十居八九. 如是印星, 又是日主之用神, 有文望而淸高者, 十居八九. 如是食傷, 又是日主之用神, 財子兩美者, 十居八九.

가령 원두가 흘러가다가 멈추는 곳이 관성이고 또 그것이 日主의 용신일 때에는 명예를 이루고 귀하게 되는 경우가 십중팔구를 차지하며, 가령 그것이 재성이고 또 일주의 용신일 때에는 이로움에 나아가 재산을 일으키는 경우가 십중팔구를 차지하며, 가령 그것이 인성이고 또 일주의 용신일 때에는 학문에 명망이 있고 청아하고 숭고한 경우가 십중팔구를 차지하며, 가령 그것이 식상이고 또 일주의 용신일 때에는 재물과 자식이 둘 다 아름다운 경우가 십중팔구를 차지한다.

如日主以官星爲忌神, 爲官遭禍傾家者有之. 如日主以財星爲忌神, 爲財喪身敗名節者有之. 如日主以印星爲忌神, 爲文書傷時犯上而受殃者有之. 如日主以食傷爲忌神, 爲子孫受累而絶嗣者有之. 此窮極源流之正理, 不同俗書之謬論也.

가령 일주가 관성을 忌神으로 여기는 경우에는 벼슬길에 재앙을 만나 가산을 탕진하는 일이 있으며, 가령 일주가 재성을 忌神으로 여기는 경우에는 재물이 없어지고 몸이 손상되며 명예가 절감되는 일이 있으며, 가령 일주가 인성을 忌神으로 여기는 경우에는 문서(文書)가 시기를 손상하고 윗사람을 해쳐서 재앙을 당하는 일이 있으며, 가령 일주가 식신을 忌神으로 여기는 경우에는 자손이 괴로움을 당하여 대가 끊어지는 일이 있으니, 이러한 것들은 근원이 흘러가는 바른 이치를 끝까지 궁구한 것이므로 속서의 잘못된 이론과는 다르다.

$$\begin{matrix} 癸 & 丙 & 庚 & 辛 \\ 巳 & 寅 & 子 & 酉 \end{matrix}$$

$$\begin{matrix} 甲 & 乙 & 丙 & 丁 & 戊 & 己 \\ 午 & 未 & 申 & 酉 & 戌 & 亥 \end{matrix}$$

此以金爲源頭, 流至寅木, 印綬生身更妙, 巳時得祿, 財又逢生, 官星透露, 淸有精神, 中和純粹, 起處亦佳, 歸局尤美. 詞林出身, 仕至通政, 一生無險, 名利雙輝.

이 사주는 金을 원두로 삼는데 흐름이 寅木에 이르러 인수가 일주를 생하는 것이 더욱 묘하며, 巳時에 祿을 만나고 재성이 또 生을 만나며, 관성이 투출하여 맑고 정신이 있으며 중화를 이루고 순수하며 시작된 곳도 아름답고 돌아가는 국면이 더욱 아름다우니, 사림[75) 출신으로 벼슬이 통정[76]에 이르렀으며 한평생 험난한 일이 없었고 名利가 모두 빛났다.

$$\begin{matrix} 丙 & 戊 & 癸 & 辛 \\ 辰 & 申 & 巳 & 丑 \end{matrix}$$

$$\begin{matrix} 丁 & 戊 & 己 & 庚 & 辛 & 壬 \\ 亥 & 子 & 丑 & 寅 & 卯 & 辰 \end{matrix}$$

---

75) 사림(詞林): 한림원, 문서 담당 관직.
76) 통정(通政): 통정사, 한림원보다 높은 문서 담당 관직.

此以火爲源頭, 流至水方, 更妙月時, 兩火之源, 皆得流通, 至金水歸局. 所以富有百萬, 貴至二品, 一生履險如夷. 所謂景星慶雲, 仰衆吉之拱向, 花攢錦簇, 盼五福之駢臻.

이 사주는 火를 원두로 삼는데 흐름이 水方에 이르며, 더욱 묘하게도 月과 時에 두 火의 근원이 모두 유통되고 金水에 이르러 귀국하므로 이 때문에 富는 백만금을 소유하고 貴는 二品에 이르러 한평생 험한 곳을 밟아도 평지와 같았으니 이른바 상서로운 별과 경사를 알리는 구름이 온갖 길함이 향하는 곳을 우러러 보고, 꽃이 모이고 비단이 모여 五福이 모이는 곳을 바라본다는 것이다.

甲　丙　辛　辛

午　子　卯　卯

乙　丙　丁　戊　己　庚

酉　戌　亥　子　丑　寅

此以木爲源頭, 五行無土, 不能流至金, 財官又隔絶, 沖而逢洩, 無生化之情, 初運庚寅, 叨上人之福. 己丑運合子, 洩火生金, 財福駢臻. 戊子土虛水旺, 暗助木神,

刑耗多端. 丁亥剋金會木, 家破人亡.

　이 사주는 木을 원두로 삼는데 오행 중에 土가 없어서 흘러서 金에 도달하지 못하고 財와 官이 또 막혀서 끊어지며 沖하고 洩을 만나니 生化의 뜻이 없다. 초운 庚寅에는 윗사람의 도움을 받았고, 己丑운에는 子와 합하여 火를 설하고 金을 生하니 재물과 복이 함께 이르렀으며, 戊子대운에는 土가 허하고 水가 왕하여 암암리에 木神을 도우니 형벌과 소모가 많았고, 丁亥대운에는 金을 극하고 木으로 회합하니 집안이 망하고 사람이 죽었다.

丁　戊　壬　庚

巳　午　午　寅

戊　丁　丙　乙　甲　癸

子　亥　戌　酉　申　未

此以火爲源頭, 年支寅木阻節, 月干壬水隔之, 不能流至金. 初運土金之地, 沖化阻節之神, 業同秋水春花盛, 人被堯天舜日恩. 一交丙戌, 支會火局, 梟神奪食, 破耗異常, 又剋一妻二妾四子. 至丁亥運, 干支皆合化木, 煢煢隻影, 孤苦不堪, 削髮爲僧.

이 사주는 火를 원두로 삼는데 年支 寅木이 가로막고 月干 壬水가 사이를 떼어놓아 원두가 흘러서 金에 이르지 못한다. 초년운인 土金의 자리에서는 흐름을 막고 있는 神을 沖化하니 사업은 가을 물과 봄꽃의 무성함과 같고 사람은 요순시대와 같은 은혜를 입었는데, 한번 丙戌로 바뀌어 지지가 火局으로 화합하여 효신(梟神)이 식신을 빼앗으니 파모가 보통과 다르고 또 一妻, 二妾, 四子를 극해하였으며, 丁亥대운에 이르러 干支가 모두 合하여 木으로 化하자 외로워서 제 그림자에 의지하다가 외로운 고통을 견디지 못하여 머리 깎고 중이 되었다.

凡富貴者, 未有不從源頭也. 分其貴賤, 全在收局一字定之. 去我濁氣, 作我喜神, 不貴亦富. 去我淸氣, 作我忌神, 不貧亦賤, 學者當審察之.

무릇 부귀한 경우에는 원두를 따르지 않음이 없었는데, 그 귀천(貴賤)을 분별하는 것은 완전히 局을 거두는 한 글자가 그것을 결정하는 데 달려 있으니, 자기 자신의 탁기를 제거하면 자신의 喜神이 되므로 귀하지 않으면 부유하며, 자신의 청기를 제거하면 자신의 忌神이 되므로 가난하지 않으면 천한 것이니 학자들은 마땅히 이것을 자세히 살펴야 한다.

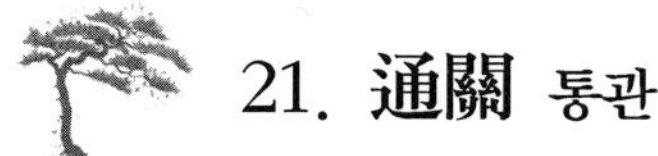

21. 通關 통관

關內有織女요 關外有牛郎에 此關若通也면 相邀入洞房하리라

관문 안에 직녀가 있고 관문 밖에 우랑[77]이 있을 때, 이 관문을 만약 통할 수 있게 한다면 서로 맞이하여 동방[78]에 들어갈 것이다.

[原注] 天氣欲下降하고 地氣欲上升하여 欲相合相和相生也하니 木土而要火하고 火金而要土하고 土水而要金하고 金木而要水하니 皆是牛郎織女之有情也라 中間上下遠隔에 爲物所間하여 前後遠絶커나 或被刑沖커나 或被刦占커나 或隔一物을 皆謂之關也니 必得引用無合之神커나 及刑沖所

---

77) 우랑(牛郞): 목동, 견우.
78) 동방(洞房): 신혼부부의 방.

間之物하고 前後上下에 援引得來하여 能勝劫占之神과 能
補所缺之物이 明見暗會하고 歲運相逢하면 乃爲通關也라
關通而其願遂矣니 不猶牛郎織女之入洞房也哉아

天氣는 하강을 원하고 地氣는 상승을 원하여 相合, 相和, 相
生하고자 하는 것이니, 木과 土 사이에는 火를 필요로 하고, 火
와 金 사이에는 土를 필요로 하고, 金과 木 사이에는 水를 필요
로 하니 모두 이것은 우랑과 직녀에게 情이 있기 때문이다. 중
간이나 上下로 멀리 떨어져 있을 때 다른 물건에게 막힘을 당하
여 앞뒤가 멀리 단절되거나 혹은 刑冲을 당하거나 혹 위협과 점
령을 당하거나 한 물건을 사이에 두고 있는 것을 모두 관(關)이
라 하니, 반드시 合이 없는 神을 이용하거나 가로막고 있는 물
건을 刑冲함을 만나고 전후 상하에서 이끌어줌을 만나니 위협
과 점령을 이길 수 있는 神과 부족한 바를 보충할 수 있는 물건
이 겉으로 만나고 속으로 만나며 歲運에서 서로 만나면 그것이
바로 통관이므로 막힌 關이 개통하면 그 소원이 이루어질 것이
니 우랑과 직녀가 동방에 들어가는 것과 같지 않겠는가?

【任注】　通關者，引通剋制之神也．所謂陰陽二用，
妙在氣交．天降而下，地升而上，天干之氣動而專，地支
之氣靜而雜，是故地運有推移，而天氣從之，天氣無有轉
徙，而地運應之．天氣動于上，而人元應之，人元動于

下, 而天氣從之. 所以陰勝逢陽則止, 陽勝逢陰則住. 是謂天地交泰, 干支有情, 左右不背, 陰陽生育而相通也.

통관(通關)은 극제하는 神을 인도하여 유통시키는 것이다. 이른바 음양의 두 가지 작용은 그 묘함이 氣의 교감(交感)에 있는데, 天氣는 아래로 내려가고 地氣는 위로 올라가며, 天干의 氣는 동적이면서도 한결같고 地支의 氣는 정적이면서도 복잡한 것이니, 그러므로 땅의 기운은 상황에 따라 변천함이 있으므로 하늘의 기운이 그것을 따르고, 하늘의 기운은 옮겨삼이 없으므로 땅의 기운이 서기에 내응하며, 天氣가 위에서 움직이면 人元이 거기에 응하고 人元이 아래에서 움직이면 天氣가 그것을 따르므로 이 때문에 陰이 지나칠 때 陽을 만나면 거기에서 멈추고, 陽이 지나칠 때 陰을 만나면 거기에 머무는 것인데, 이것을 천지교태(天地交泰)79)라 하니 干과 支가 정이 있고 左와 右가 배반하지 않으면 음과 양이 낳고 길러서 서로 通하는 것이다.

若殺重喜印, 殺露印亦露, 煞藏印亦藏, 此顯然通達, 不必節外生枝. 倘原局無印, 必須歲運逢印向而通之, 或暗會明合而通之. 局內有印, 被財星損壞, 或官星化之,

---

79) 천지교태(天地交泰): 천지의 기운이 서로 교합하여 만물을 기르는 것.

或比刦解之. 或被合住, 則沖開之, 或被沖壞, 則合化
之, 或隔一物, 則尅去之. 前後上下, 不能援引, 得歲運
相逢尤佳.

만약 殺이 중할 때에는 印綬가 좋으니, 殺이 노출되었을
때 인수도 노출되고 殺이 암장되었을 때 인수도 암장됐다
면 이러한 경우에는 분명히 통달하므로 마디의 밖에 가지
를 만들 필요가 없으며, 만일 원국에 인수가 없으면 반드
시 歲運에서 인수의 향을 만나 그것을 유통시키거나 속으
로 합하거나 겉으로 합하여 그것을 유통시켜야 하며, 원국
안에 인수가 있는데 재성에게 손괴당할 때에는 혹 관성으
로 그것을 인화시키거나 비겁으로 그것을 해제시켜야 하
며, 혹 合에 머무름을 당했으면 沖으로 그것을 열어야 하
고, 沖에 손괴를 당했으면 그것을 合化해야 하며, 혹 하나
의 물건을 사이에 두고 있으면 그것을 극하여 제거해야 하
는데 前後 上下에서 이끌어줄 수 없을 때 歲運에서 서로
만날 수 있으면 더욱 좋다.

如年印時殺, 干殺支印, 前後遠立, 上下懸隔, 或爲間
神忌物所間, 此原局無可通之理, 必須歲運暗沖暗會, 尅
制間神忌物. 該沖則沖, 該合則合, 引通相尅之勢, 此關

一通, 所謂琴遇子期, 馬逢伯樂. 求名者靑錢萬選, 問利者億則屢中, 如牛郎織女之入洞房, 無不遂其所願. 殺印之論如此, 食傷財官之論亦如此.

　가령 年이 인수이고 時에 관살이 있거나, 干이 관살이고 支에 인수가 있어서 앞뒤로 멀리 있고 상하로 멀리 떨어져 있거나 혹은 사이에 낀 神이나 꺼리는 물건에게 가로막힘을 당했다면, 이러한 경우에는 원국에 소통시킬 만한 매개체가 없으므로 반드시 歲運에서 암충이나 암회하여 간신(間神)이나 기물(忌物)을 극제해야 하니, 마땅히 沖할 것은 沖하고 합해야 할 것은 합하여 相剋하고 있는 기세를 이끌어 소통시켜서 이러한 관(關)이 한번 통하게 되면 이른바 백아의 거문고 소리가 종자기를 만나고 천리마가 백락을 만나는 것이니, 명예를 구하는 경우에는 시험을 치를 때마다 훌륭한 문장을 이루고, 이익을 구하는 경우에는 예측하면 자주 적중하여80) 마치 우랑과 직녀가 동방에 들어가는 것처럼 그 소원을 이루지 않음이 없을 것이다. 관살과 인수의 논리가 이와 같으니 식상과 재관의 논리도 이와 같다.

---

80) 問利者億則屢中: 『논어』의 '자공'을 비유한 내용.

丙　丁　甲　癸

午　卯　子　酉

戊 己 庚 辛 壬 癸

午 未 申 酉 戌 亥

此造天干地支, 皆殺生印, 印生身, 時歸祿旺. 尤妙四沖, 反爲四助, 金見水不剋木而生水, 水見木不剋火而生木. 此自然不隔不占, 無阻節之物. 日主弱中變旺, 運遇水, 仍能生木, 逢金仍能生水, 印綬不傷, 所以秋闈早捷, 仕至觀察.

이 사주는 천간과 지지가 모두 殺이 印을 생하고 印이 身을 生하며 時는 녹왕에 귀착했는데, 더욱 묘한 것은 네 沖(子午卯酉)이 도리어 네 도움이 되고 있어서, 金이 水를 만나 木을 극하지 않고 水를 生하며, 水가 木을 만나 火를 극하지 않고 木을 生하니, 이것은 저절로 가로막지도 않고 점령하지도 않아 흐름을 가로막는 물건이 없는 형태이므로, 일주는 약한 가운데 旺으로 변했으며, 운에서 水를 만나면 木을 생할 수 있고 金을 만나면 水를 생할 수 있어서 인수가 손상되지 않으니, 이 때문에 과거에 일찍 급제하여 벼슬이 관찰사에 이르렀다.

$$\begin{array}{cccc} 辛 & 丁 & 癸 & 戊 \\ 亥 & 未 & 亥 & 寅 \end{array}$$

$$\begin{array}{cccccc} 己 & 戊 & 丁 & 丙 & 乙 & 甲 \\ 巳 & 辰 & 卯 & 寅 & 丑 & 子 \end{array}$$

此癸水臨旺, 貼身相剋, 被戊土合去, 反作幫身. 月支亥水本助殺, 得年支寅亥合來生身, 寅本遙隔, 反爲親近. 時支之亥, 又逢未會, 以難爲恩. 一來一去, 何等情協? 一往一會, 通關無阻. 所以科甲聯登, 仕至黃堂.

이 사주는 癸水가 旺地에 임하고 일주에 바짝 붙어 상극하는 상황이나 戊土에게 合去당하여 도리어 일주를 돕게 됐으며, 月支 亥水는 본래 殺을 돕지만 年支와 寅亥合을 이루어 일주를 생하게 되니 寅은 본래 일주와 멀리 떨어져 있으나 도리어 친근하게 되었으며, 時支의 亥도 또한 未를 만나 회합하여 원수를 은혜로 만드니, 한 번 오고 한 번 갈 때에 정답게 화합함이 어떠하겠는가? 한 번 가고 한 번 회합할 때에 막힌 관을 소통하여 막힘이 없으니, 이 때문에 과거에 연달아 급제하여 벼슬이 황당(태수)에 이르렀다.

丁　辛　乙　戊

酉　丑　卯　辰

辛 庚 己 戊 丁 丙

酉 申 未 午 巳 辰

此春金氣弱, 時殺緊剋. 年逢印綬, 遠隔不通. 又被旺木剋土壞印. 不但戊土不能生化, 卽日支之丑土, 亦被卯木所壞, 此局內無可通之理. 中運南方殺地, 碌碌風霜, 奔馳未遇. 交庚申剋去木神, 得奇遇, 分發陝西, 屢得軍功, 及辛酉二十年, 仕至副尹. 蓋金能剋木幫身, 印可化殺而通也.

이 사주는 봄에 태어난 金으로 氣가 약한데 時干의 殺이 긴밀하게 극하며 年에 인수를 만났으나 멀리 막혀 있어서 통하지 않는데, 다시 또 旺木에게 土를 극하여 인수를 파괴함을 당하니 戊土가 生化할 수 없을 뿐 아니라 곧 日支의 丑土 역시 卯木에게 파괴되었으니, 이 사주는 局內에 소통시킬 만한 매개체가 없다. 중년에 운이 南方 殺地로 행하니 애쓰면서 풍상을 겪고 부지런히 돌아다녀도 때를 만나지 못하다가, 庚申운으로 바뀌어 木神을 剋去하자 기이한 만남을 이루어 섬서성에서 신분이 드러나 누차 군공(軍功)을 이루었고, 辛酉대운까지 이십 년 동안 벼슬이 부윤(副尹)에 이르렀으니, 이것은 金이 木을 극하여 일주를 도울 수 있었으며, 인수가 殺을 인화하여 통관할 수 있었기 때문이다.

乙 辛 丁 己

未 卯 卯 巳

辛 壬 癸 甲 乙 丙

酉 戌 亥 子 丑 寅

此春金虛弱, 木火當權, 年印月殺, 未得相通. 時支未土, 又會卯化木, 只有生殺之情, 而無輔主之意. 兼之一路運途無金, 一派水木, 仍滋殺之根源. 以致破敗祖業, 一事無成, 至亥運會木生殺而亡.

이 사주는 봄에 태어난 金으로 허약하고 木火가 권세를 맡고 있는데, 年에 인수가 있으나 月에 殺이 있어서 서로 통하지 못하며, 時支의 未土는 다시 또 卯를 만나 木으로 化하였으니 다만 殺을 生하는 뜻만 있고 일주를 보좌하는 뜻이 없다. 이와 아울러 한 길의 운도에 金이 없고 한 줄기 水木이 마침내 殺의 근원을 자양하니, 이로 인하여 조업을 무너뜨리고 한 가지 일도 이루어짐이 없기에 이르렀으며, 亥운에 이르러 木으로 회합하여 殺을 生하자 사망하였다.

官殺混雜來問我면 有可有不可니라

관살혼잡에 대하여 묻는다면, 혼잡이 될 수 있는 경우도 있고 될 수 없는 경우도 있다.

[原注] 殺卽官也에 同流共派者면 可混也며 官非殺也에 各立門牆者면 不可混也라 殺重矣면 官從之니 非混也며 官輕矣면 殺助之니 非混也라 敗財與比肩雙至者엔 殺可使官混也며 比肩與刦財兩遇者엔 官可使殺混也라 一官而不能生印者에 殺助之면 非混也며 一殺而遇食傷者에 官助之면 非混也라 勢在於官이요 官有根이면 殺之情依乎官하니 依官之殺은 歲助之而混官이 不可也며 勢在於殺이요 殺有權이면 官之勢依乎殺하니 依殺之官은 歲扶之而混殺이 不可也라 藏官露殺이요 干神助殺에 合官留殺하면 皆成殺氣니 勿

使官混也며 藏殺露官이요 干神助官에 合殺留官하면 皆從
官象이니 不可使殺混也니라

　殺이 곧 官인 경우에 흐름을 함께하고 갈래를 함께하면 섞일
수 있으며, 官이 곧 殺이 아닌 경우에 官과 殺이 각각 문과 담
을 세우면 섞일 수 없다. 殺이 중하면 官이 그 기세를 따르게
되니 혼잡이 아니며, 官이 경하면 殺이 官의 기세를 돕게 되니
혼잡이 아니다. 패재(敗財)와 비견(比肩)이 함께 있는 경우에는
殺이 官과 혼잡될 수 있으며, 비견과 겁재가 함께 만나는 경우
에는 官과 殺이 혼잡될 수 있다. 하나의 官이 인수를 生할 수
없는 경우에 殺이 官을 도우면 혼잡이 아니며, 하나의 殺이 식
상을 만나는 경우에 官이 殺을 도우면 혼잡이 아니다. 기세가
官에 있고 官이 뿌리가 있으면 殺의 뜻이 官에 의지하는데, 官
에 의지한 殺은 세운에서 그것을 돕더라도 官과의 혼잡이 될 수
없으며, 기세가 殺에 있고 殺이 권력을 잡으면 官의 기세가 殺
에 의지하는데, 殺에 의지한 官은 세운에서 그것을 돕더라도 殺
과의 혼잡이 될 수 없다. 官을 지지에 간직하고 殺을 천간에 드
러내서 천간의 神이 殺을 도울 때, 官을 합하고 殺을 남겨두면
모두 殺의 氣를 이루게 되니 官으로 하여금 혼잡할 수 없게 하
는 것이며, 殺을 지지에 간직하고 官을 천간에 드러내서 천간의
神이 官을 도울 때, 殺을 합하고 官을 남겨두면 모두 官의 도리
를 따르게 되니 殺로 하여금 혼잡하게 할 수 없게 하는 것이다.

【任注】　殺卽官也, 身旺者以殺爲官. 官卽殺也, 身弱者以官爲殺. 日主甚强, 雖無制不爲殺困, 正官相雜, 但無根亦隨殺行. 去官不過兩端, 用食用傷皆可. 合殺總爲美事, 合來合去宜淸. 獨殺乘權, 無制伏, 職居淸要. 衆殺有制, 主通根, 身掌權衡. 殺生印而印生身, 龍墀高步. 身任財而財滋殺, 雁塔題名.

殺이 곧 官인 경우는 일주가 왕한 경우에 殺을 官으로 삼는 것이고, 官이 곧 殺인 경우는 일주가 약한 경우에 官을 殺로 삼는 것이다. 일주가 매우 강하면 비록 억제함이 없더라도 殺에게 괴로움을 당하지 않고, 正官이 서로 섞여 있어도 다만 뿌리가 없다면 또한 殺의 행동을 따르게 된다. 官을 제거하는 방법은 두 가지에 불과하니 식신과 상관을 쓰는 것이 모두 가능하며, 殺을 합하는 것은 모두 아름다운 일이 되지만, 合이 오고 갈 적에 깨끗하게 이루어져야 하며, 하나의 殺이 권세를 타고 제복(制伏)이 없으면 관직이 높은 요직에 머물며, 殺이 많아도 제복이 있고 일주가 통근했다면 몸에 권력을 가지며, 殺이 인수를 생하고 인수가 일주를 생하면 용의 뜰(王宮)에서 높이 걸으며, 일주가 財를 감당하고 財가 殺을 자양하면 안탑에 이름을 쓴다.[81]

---

81) 雁塔題名: 당나라 때부터 진사 급제자는 낙양(서울)의 자은사(절) 탑에 이름을 적었다.

若殺重而身輕, 非貧卽夭. 苟殺微而制過, 雖學無成. 在四柱總宜降伏, 休云年逢勿制. 以一位取爲權貴, 何必時上尊稱? 制殺爲吉, 全憑調劑之功. 借殺爲權, 妙有中和之理. 但見殺凌衰主, 究必傾家, 弗謂局得殺神, 遂許顯豁. 書云, 格格推詳, 以殺爲重. 是以, 究之宜切, 用之宜精.

만약 殺이 중하고 일주가 경하면 가난하지 않으면 요절하고, 만약 殺이 미미한데 제복이 지나치면 비록 배우더라도 성공이 없으며, 殺이 사주에 있으면 모두 제복해야 하지만 年에서 만나는 것은 좋게 여기므로 제복하지 말아야 하며, 한 자리에서 취하는 것을 권귀(權貴)로 삼는다면 하필 時上에 있는 것만을 높이 칭하겠는가? 殺을 제복하여 길신으로 삼는 것은 모두 약을 적절히 배합하는 공에 의지하는 것이고, 殺을 빌려서 권세로 삼는 것은 묘함이 中和의 이치에 있는데, 다만 殺을 만나 쇠약한 일주를 능멸하면 마침내 반드시 집안을 기울이게 할 뿐이므로, 원국에 殺神을 만났으니 드디어 현달을 인정하다고 말해서는 안되며, 書에 격마다 미루어 자세히 살피되 殺을 중요하게 여겨야 한다고 했으니, 그러므로 궁구하기를 간절히 하고 쓰기를 정밀하게 해야 하는 것이다.

殺有可混不可混之理, 如天干甲丙戊庚壬爲殺, 地支
卯午丑未酉子, 乃殺之旺地, 非混也. 天干乙丁己辛癸爲
官, 地支寅巳辰戌申亥, 乃官之旺地, 非混也. 如干甲乙
支寅, 干丙丁支巳, 干戊己支辰戌, 干庚辛支申, 干壬癸
支亥, 以官混殺, 宜乎去官. 如干甲乙支卯, 干丙丁支
午, 干戊己支丑未, 干庚辛支酉, 干壬癸支子, 以殺混
官, 宜乎去殺.

殺에는 혼잡할 수 있는 이치도 있고, 혼잡할 수 없는 이
치도 있으니, 가령 천간의 甲丙戊庚壬이 殺이면 지지의 官
인 卯午丑未酉子는 殺의 旺地이니 혼잡이 아니며, 천간의
乙丁己辛癸가 官이면 지지의 殺인 寅巳辰戌申亥는 官의
旺地이니 혼잡이 아니다. 가령 천간이 甲乙이고 지지가 寅
이거나, 천간이 丙丁이고 지지가 巳이거나, 천간이 戊己이
고 지지가 辰戌이거나, 천간이 庚辛이고 지지가 申이거나,
천간이 壬癸이고 지지가 亥인 경우에는 官이 殺에 섞이게
되므로 마땅히 官을 제거해야 하며, 가령 천간이 甲乙이고
지지가 卯이거나, 천간이 丙丁이고 지지가 午이거나, 천간
이 戊己이고 지지가 丑未이거나, 천간이 庚辛이고 지지가
酉이거나, 천간이 壬癸이고 지지가 子인 경우에는 殺이 官

에 섞이게 되므로 마땅히 殺을 제거해야 한다.

年月兩干透一殺, 年月支中有財, 時遇官星無根, 此官從殺勢, 非混也. 年月兩干透一官, 年月支中有財, 時遇殺星無根, 此殺從官勢, 非混也. 勢在于官, 官得祿, 依官之殺, 年干助于, 爲混也. 勢在于殺, 殺得祿, 依殺之官, 年干助官,[82] 爲混也. 敗財合殺, 比肩敵殺, 官可混也. 比肩合官, 刦財攘官, 殺可混也. 一官而印綬重逢, 官星洩氣, 殺助之, 非混也. 一殺而食傷並見, 制殺太過, 官助之, 非混也. 若官殺並透無根, 四柱刦印重逢, 不但喜混, 尙宜財星助殺官也.

年月 양 干 중에 하나의 殺이 투출하고 年月支 중에 財가 있으며 時에 관성을 만났는데 뿌리가 없으면 이러한 경우에는 官이 殺의 기세를 따르니 혼잡이 아니며, 年月 양 干 중에 하나의 官이 투출하고 年月支 중에 財가 있으며 時에 殺星을 만났는데 뿌리가 없으면 이러한 경우에는 殺이 官의 기세를 따르니 혼잡이 아니다. 기세가 官에 있고 官이 지지에 녹을 만났을 때 官에 의지한 殺이 年干에게

---

82) 官이 于가 되어야 함.

도움을 받으면 혼잡이 되며, 기세가 殺에 있고 殺이 지지
에 녹을 만났을 때 殺에 의지한 官이 年干에게 도움을 받
으면 혼잡이 된다. 패재(겁재)가 殺과 合하거나 비견이 殺
을 대적하면 官이 섞일 수 있으며, 비견이 官과 합하거나
겁재가 官을 가로막으면 殺이 섞일 수 있다. 하나의 관성
이 인수를 거듭 만나 관성이 설기되는 경우에 殺이 官을
도우면 혼잡이 아니며, 하나의 殺이 식상을 함께 만나 제
살이 태과한 경우에 官이 殺을 도우면 혼잡이 아니다. 만
약 官과 殺이 함께 투출하여 뿌리가 없고 사주에 비겁과
인수를 거듭 만나면 혼잡을 기뻐할 뿐 아니라, 오히려 마
땅히 재성이 관살을 도와야 한다.

**總之, 日主旺相可混也, 日主休囚不可混也. 今將殺分
六等, 此余所試驗者, 分列詳細于後, 以備參考.**

총괄하여 말하자면 일주가 왕상인 경우에는 혼잡이 될
수 있으나, 일주가 휴수인 경우에는 혼잡이 될 수 없다.
이제 殺을 여섯 부류로 나누었는데, 이것은 내가 시험한
것이므로 뒤에 상세한 것을 나누어 열거하여 참고에 대비
케 하였다.

一曰, 財滋弱殺格 재자약살격

庚　庚　丙　己

辰　申　寅　酉

庚 辛 壬 癸 甲 乙

申 酉 戌 亥 子 丑

此造, 以俗論之, 春金失令, 旺財生殺, 殺坐長生, 必要扶身抑殺. 不知春金雖不當令, 地支兩逢祿旺, 又得辰時印比幫身, 弱中變旺, 所謂木嫩金堅. 若無丙火, 則寅木難存, 若無寅木, 則丙火無根, 必要用財滋殺, 木火兩字, 缺一不可也. 甲運入泮. 子運會水生木, 補廩. 癸運有己土當頭, 无咎. 亥運合寅, 丙火絕處逢生, 棘闈奏捷. 壬戌支類西方, 木火並傷, 一阻雲程, 刑耗並見. 辛酉刦刃肆逞, 不祿. 此造, 惜運走西北金水, 若行東南木火, 自然科甲聯登, 仕路顯赫矣.

이 사주는 세속의 방법으로 논하자면, 봄에 태어난 金이 시령을 잃었으며 旺財가 殺을 생하고 殺이 장생에 앉았으니, 반드시 일주를 부조하고 殺을 억제해야 한다고 할 것이나, 봄의 金이 비록 시령을 맡지는 못했지만 지지에 녹과 제왕을 겸하여 만나고 또 辰時와 인수와 비겁 등 일주를 방조하는 神을 만나서 약한 가운데 旺으로 변하여, 이른바 木은 어리고 金은 견고하다는 것을 모르기 때문이다. 만약 丙火가 없다면 寅木은 생존하기 어려우며, 만약 寅木이 없다면 丙火에 뿌리가 없으므로 반드시 財를 써서 殺을 자양해야 하니, 木과 火 두 자 중에 하나라도 없어서는 안 된다. 甲운에 학교에 들어가고, 子운에 水局을 이루어 木을 생하니 늠생(장학생)에 임명되었으며, 癸운에는 己土가 머리를 맡고 있어서 재앙이 없었고, 亥운에는 寅과 合하여 丙火가 絶處에서 生을 만나 과거에 합격했으며, 壬戌대운은 지지가 모두 西方으로 木火가 함께 손상되니 한결같이 청운의 앞길을 막아 형모를 함께 만났으며, 辛酉대운에는 비겁과 양인이 멋대로 기세를 부리니 사망하였다. 이 사주는 애석하게도 운이 西北 金水로 달리지만, 만약 東南 木火로 행한다면 저절로 과거에 연달아 합격하여 벼슬길이 현저하게 빛났을 것이다.

辛　庚　庚　丙

巳　申　寅　申

丙　乙　甲　癸　壬　辛

申　未　午　巳　辰　卯

此造, 天干三透庚辛, 地支兩坐祿旺. 丙火雖挂角得祿, 無如庚辛元神透露, 非火之祿支, 是金之長生, 用財滋殺明矣. 辰運木之餘氣, 采芹生色. 巳運火之祿旺, 科甲聯登. 甲午乙未, 木火並旺, 仕至藩臬. 若以八字觀之, 此造不及前造, 只因前造運行西北, 此造運走東南. 富貴雖定于格局, 窮通全在運限, 所以命好不如運好, 信然也.

이 사주는 천간의 세 곳에 庚과 辛이 투출하고 지지의 두 곳에 녹왕이 자리했는데, 丙火가 비록 年上에 있으면서 녹을 만났더라도 庚과 辛 두 元神이 투출한 것만 못하므로 火의 祿支가 아니라 그것은 金의 장생이니 財를 써서 殺을 자양해야 함이 분명하다. 辰운은 木의 餘氣이므로 학교에 입학하여 생동감이 있었고, 巳운은 火의 녹왕이므로 과거에 연달아 합격했으며, 甲午·乙未대운은 木과 火가 함께 旺하므로 벼슬이 번얼(안찰사)에 이르렀으니, 만약 八字로써 본다면 이 사주는 앞의 사주에 미치지 못하지만 다만 앞의 사주는 운이 西北으로 행하고 이 사주는 운이 東南으로 달리기 때문이다. 富貴가 비록 격국에서 정해지지만 곤궁과 형통은 온전히 運의 범위에 달린 것이니, 이 때문에 命 좋은 것이 운 좋은 것만 못하다는 것은 진실로 옳은 말이다.

二曰, 殺重用印格 살중용인격

甲　戊　甲　戊

寅　午　寅　子

庚　己　戊　丁　丙　乙

申　未　午　巳　辰　卯

戊土生寅月寅時, 土衰木盛, 最喜坐下午火, 生拱有情, 正謂衆殺橫行, 一仁[83)]可化. 子水之財, 生寅木不沖午火, 其情協, 其關通. 尤羨運走南方火土, 所以早登黃甲出仕馳名.

戊土가 寅월 寅시에 태어나 土가 쇠하고 木이 성한데 가장 기쁜 것은 戊土가 午火에 앉아 生으로 둘러싸서 유정하

---

83) 仁은 印이 되어야 함.

게 되는 것이니, 바로 많은 殺이 횡행하더라도 하나의 인수가 引化할 수 있다고 하는 것이다. 子水財는 寅木을 生하고 午火를 沖하지 않아서 그 情이 서로 화합하고 그 막힌 관(關)이 통하게 되었으며, 더욱 부러운 것은 운이 南方 火土로 달리는 것이니 이 때문에 일찍 황갑[84]에 오르고 벼슬에 나아가 이름을 떨쳤다.

甲　戊　丙　己

寅　子　寅　亥

庚　辛　壬　癸　甲　乙

申　酉　戌　亥　子　丑

此造觀格局似勝前造, 此則印坐長生, 前則印逢財沖. 不知前則坐下印綬, 七殺皆來生拱, 而日主堅固, 此則財坐日下, 反去生殺, 助紂爲虐, 兼之運走西北. 戊午年中鄕榜, 己丑中進士. 此兩年比刦幫身, 沖去財星之妙也. 壬運刦丙壞印, 丁外艱, 遭回祿. 戌運拱印雖稍有生色, 亦是春月秋花. 將來辛酉運中, 木多金缺, 洩土生水, 合去丙火, 災禍豈能免耶?

---

84) 황갑(黃甲): 과거의 진사 甲과.

이 사주는 격국을 살펴보면 앞의 사주보다 나은 듯한데, 이 사주는 인수가 장생에 앉고 앞의 사주는 인수가 財의 沖을 만난 것 때문이니, 앞의 사주는 일주 아래에 자리한 인수가 칠살이 모두 와서 相生으로 손을 잡게 하므로 일주가 견고하지만, 이 사주는 財가 일주의 아래에 앉아서 도리어 殺을 生하여 은(殷)나라 주왕(紂王)을 도와 포악한 짓을 행하듯 하며, 여기에 겸하여 運이 西北으로 달리고 있음을 모르는 논리이다. 戊午년에 향방(향시)에 합격하고, 己丑년에 진사시에 합격했는데, 그것은 두 해의 비겁이 일주를 돕고 財星을 沖去한 묘함 때문이며, 壬운에는 丙을 겁탈하여 인수를 무너뜨리니 부친상을 당하고 화재를 당했으며, 戌운에는 인수와 손을 잡으므로 비록 조금은 생기가 있었으나 역시 봄의 달이나 가을의 꽃과 같으며, 앞으로 올 辛酉운 중에는 木이 많아 金이 부서지고 土를 설하여 水를 生하며 丙火를 合去하니 재화(災禍)를 어찌 면할 수 있겠는가?

甲　甲　庚　戊

子　子　申　辰

丙　乙　甲　癸　壬　辛

寅　丑　子　亥　戌　酉

此造木凋金銳, 厚土生金, 原可畏也. 然喜支全水局, 化其肅殺之氣, 生化有情. 至癸亥運, 科甲連登, 早蒙仕路之光. 丙寅丁卯, 制化皆宜, 仕路封疆, 官途平坦, 生平履險如夷.

이 사주는 木은 시들고 金은 예리하니 厚土가 金을 생하는 것을 원래 두려워할 만하다. 그러나 기쁘게도 지지가 전부 水局을 이루어 그 숙살의 氣를 인화하여 生化의 情이 있으니, 癸亥운에 이르러 과거에 연달아 급제하여 일찍 벼슬의 영광을 누렸고, 丙寅·丁卯운에는 제화(制化)가 모두 마땅하여 벼슬이 봉강(총독순무)에 이르러 벼슬길이 평탄했으며 평생토록 위험한 곳을 밟아도 평지와 같았다.

丙　庚　丙　戊

戌　寅　辰　午

壬　辛　庚　己　戊　丁

戌　酉　辛　未　午　巳

此造干透兩殺, 支全殺局. 所喜戊土原神透出, 是以化殺. 寅木本要破印, 尤喜會火, 反培土之根源, 巧借栽培. 至己未運中, 科甲連登. 庚申辛酉, 幫身有情, 馳名富海, 裕後光前也.

이 사주는 천간에 양 殺이 투출하고 지지가 모두 殺局을 이루었는데 기쁜 것은 戊土 原神이 투출하여 그것으로 殺을 引化하는 것이며, 寅木은 본래 인수를 파괴해야 하지만 더욱 기쁘게도 火局으로 합하여 도리어 土의 근원을 배양하여 교묘하게 재배를 돕고 있다. 己未운 중에 과거에 연달아 급제하고, 庚申·辛酉운은 일주를 도와 유정하니 관리의 사회에 이름을 날리며 뒤가 풍요롭고 앞길이 빛났다.

癸　丁　癸　癸

卯　卯　亥　亥

丙　丁　戊　己　庚　辛　壬

辰　巳　午　未　申　酉　戌

此造干透三癸, 支逢兩亥, 乘權秉令. 喜其無金, 兩印拱局, 生化不悖, 淸而純粹. 辛酉庚申運中, 蹭蹬功名, 刑耗並見. 己未交來, 干制殺, 支會印, 功名層疊而上. 接行戊午丁巳丙運, 仕至觀察, 名利雙輝.

이 사주는 천간에 세 개의 癸가 투출하고 지지에 두 개의 亥를 만나 권세를 타고 時令을 잡고 있는데, 기쁜 것은

金이 없고 두 개의 인수가 木局을 이루어 生化하고 거스름이 없어서 맑고 순수한 것이니, 辛酉·庚申운 중에는 공명에 차질이 있고 형모를 함께 만났으나, 己未운으로 바뀌자 천간이 殺을 제압하고 지지가 인수로 회합하여 공명이 겹겹으로 상승했으며, 戊午·丁巳·丙운으로 이어져 행하니 벼슬이 관찰에 이르고 名利가 함께 빛났다.

三曰, 食神制殺格 식신제살격

甲　壬　戊　戊

辰　辰　午　辰

甲癸　壬辛　庚己

子亥　戌酉　申未

此造, 四柱皆殺, 喜支坐三辰, 通根身庫. 妙在無金, 時透食神制殺, 辰乃木之餘氣, 正謂一將當關, 羣凶自伏. 至癸亥運, 食神逢生, 日主得祿, 科甲連登. 甲運仕縣令, 子運衰神沖旺, 不祿.

이 명조는 네 柱에 모두 殺이 있는데 기쁘게도 지지에 세 개의 辰을 깔고 앉아서 일주의 庫에 통근하고 있으며, 묘함이 金이 없고 時에 식신 甲木이 투출하여 殺을 제압함

에 있는데, 辰은 곧 木의 여기이니 바로 한 명의 장수가
관문에 당도하니 많은 흉한 무리가 스스로 항복한다고 하
는 것이다. 癸亥운에 이르러 식신이 生을 만나고 일주가
녹을 만나니 과거에 연달아 급제하였고, 甲운에는 벼슬이
현령에 이르렀으며, 子운에는 衰神이 旺神을 沖하니 사망
하였다.

丙　甲　庚　庚

寅　戌　辰　申

丙　乙　甲　癸　壬　辛

戌　酉　申　未　午　巳

此造甲木生辰, 雖有餘氣, 但庚金並透, 通根斫伐. 最
喜寅時祿旺, 更妙丙火獨透, 制殺扶身. 午運暗會火局,
中鄉榜. 甲申乙酉殺逢祿旺, 刑耗多端. 直至丙戌運, 選
知縣.

이 사주는 甲木이 辰月에 태어나 비록 餘氣가 있으나,
庚金이 나란히 투출하고 통근하여 甲木을 베는데, 가장 기
쁜 것은 寅時의 祿旺이며, 더욱 묘한 것은 丙火가 홀로 투
출하여 殺을 제압하여 日主를 돕는 것이다. 午운에 火局으

로 암회하니 향시에 합격했으며, 甲申·乙酉운에는 殺이 祿旺을 만나니 형모가 많았는데, 곧 丙戌운에 이르자 지현85)에 선발되었다.

戊　丙　壬　壬

戌　戌　子　子

戊　丁　丙　乙　甲　癸

午　巳　辰　卯　寅　丑

此造, 年月兩逢壬子, 殺勢猖狂. 幸而日時坐戌, 通根身庫. 更妙戊土透出, 足以砥定汪洋. 尤羨運走東南, 扶身抑殺. 至乙卯運中, 水臨絕, 火逢生, 鹿鳴宴罷瓊林宴, 桂花香過杏花香, 仕至郡守.

이 사주는 年과 月에 둘 다 壬子를 만나 殺의 기세가 창광한데, 다행히 日과 時가 戌에 앉아 日主의 庫에 통근하고 있으며, 다시 묘한 것은 戊土가 투출하여 왕양한 水를 안정시킬 수 있으며, 더욱 부러운 것은 운이 東南으로 달려서 日主를 돕고 殺을 억제하는 것이다. 乙卯운에 이르러 水가 絕에 임하고 火가 生을 만나니 녹명연86)이 파하자

---

85) 지현(知縣): 현의 장관.
86) 녹명연(鹿鳴宴): 향시 급제자에게 주현의 장관이 베푸는 연회.

경림연[87)에 참석하고, 계화향[88)이 지나자 행화향[89)을 맡
게 되어 벼슬이 군수에 이르렀다.

丙　庚　丙　壬

戌　午　午　申

壬辛　庚己　戊丁

子亥　戌酉　申未

此造, 兩殺當權臨旺, 原可畏也. 幸賴年干壬水臨申,
足以制殺. 更妙無木, 則水不洩, 火無助. 申運金水得
助, 發軔宮牆. 酉運支類西方, 早充觀國之光, 高豫南宮
之選. 後運金水, 體用皆宜, 由署郎出爲郡守.

이 사주는 두 殺이 권세를 잡고 旺에 임하니 원래 두려
워할 만한데, 다행하게도 年干 壬水가 申에 임하여 殺을
제압할 수 있으며, 다시 또 묘한 것은 木이 없으니 곧 水
가 누설되지 않고 火에 도움이 없는 것이다. 申운에는 金
水가 도움을 만나니 궁궐에서 수레를 움직이고,[90) 酉운에
는 지지가 西方金局을 이루니 일찍 관국지광[91)을 차지했

---

87) 경림연(瓊林宴): 진사 급제자에게 왕이 베푸는 연회.

88) 계화향(桂花香): 과거 급제하면 계수나무를 꽂아줌.

89) 행화향(杏花香): 진사 급제하면 살구정원(행원)에서 연회함.

90) 發軔宮牆: 벼슬을 시작함.

고 예부(南宮)의 인재선발에 높이 참여했으며, 뒤의 金水
운은 體와 用이 모두 마땅하니 서랑(署郞)으로부터 출발하
여 군수(郡守)가 되었다.

四曰, 合官留殺格 합관류살격

壬　丙　戊　癸

辰　午　午　丑

壬　癸　甲　乙　丙　丁

子　丑　寅　卯　辰　巳

此造, 火長夏天, 旺之極矣. 戊癸合而化火爲忌, 還喜
壬水通根身庫. 更妙年支坐丑, 足以晦火養金而蓄水, 則
癸水仍得通根, 雖合而不化也. 不化反喜其合, 則不抗乎
壬水矣. 是以乙卯甲寅運, 剋土衛水, 雲程直上. 至癸丑
運, 由琴堂而遷州牧. 及壬子運, 由治中而履黃堂, 名利
裕如也.

이 사주는 火가 여름에 태어나 旺이 지극하니, 戊癸가
合하여 火로 化함을 꺼리게 되는데 또한 기쁘게도 壬水가
자신의 庫에 통근했으며 다시 또 묘하게도 年支에 丑이 앉

---

91) 관국지광(觀國之光): 과거를 보는 영광, 風地觀괘의 나라의 성덕을 보고 왕에게 손님 대접받는
　　다는 구절.

아서 火를 어둡게 하여 金을 기르고 水를 저축할 수 있으
므로, 癸水가 이로 인하여 통근할 수 있게 되어 비록 합하
더라도 바뀌지 않는데, 바뀌지 않아도 도리어 그 합을 기
뻐하는 것은 곧 戊土가 壬水에 대항하지 않기 때문이다.
그러므로 乙卯·甲寅대운에 土를 극하고 水를 호위하니
청운의 앞길이 곧바로 상승하였고, 癸丑운에 이르자 금
당92)에서 주목93)으로 영전했으며, 壬子운에 이르러 치
중94)을 거쳐 황당95)에 올랐으니 名利가 넉넉하였다.

乾隆三十八年四月十八日辰時96)

壬　丙　戊　癸

辰　午　午　巳

庚　辛　壬　癸　甲　乙　丙　丁

戌　亥　子　丑　寅　卯　辰　巳

此鐵樵自造, 亦長夏天, 與前造只換一丑字, 天淵之隔
矣. 夫丑乃北方之溼土, 能晦丙火之烈, 能收午火之焰,

---

92) 금당(琴堂): 현감.

93) 주목(州牧): 주의 장관.

94) 치중(治中): 자사의 부관.

95) 황당(黃堂): 태수.

96) 건륭 38년(1773년) 4월 18일 辰時: 임철초의 사주.

又能蓄水藏金. 巳乃南方之旺火, 癸臨絕地, 杯水輿薪,
喜其混也, 不喜其淸也. 彼則戊癸合而不化, 此則戊癸合
而必化. 不但不能助殺, 抑且化火爲刦, 反助陽刃猖狂.
巳中庚金, 無從引助, 壬水雖通根身庫, 總之無金滋助,
淸枯之象. 兼之運走四十載木火, 生助刦刃之地. 所以上
不能繼父志以成名, 下不能守田園而瓶業. 骨肉六親, 直
同畵餠, 半生事業, 亦似浮雲. 至卯運, 壬水絕地, 陽刃逢
生, 遭骨肉之變, 以致傾家蕩産. 猶憶未學命時, 請人推
算, 一味虛襃, 以爲名利自如. 後竟一毫不驗, 豈不痛哉?

이것은 임철초 자신의 사주이니, 역시 여름에 태어나서
앞의 사주와는 다만 하나의 丑자만 바꿨을 뿐인데도 천지
만큼 현격(懸隔)하다. 무릇 丑은 곧 北方의 溼土이므로 丙
火의 강렬함을 어둡게 할 수 있고 午火의 불꽃을 거둘 수
있으며 또 水를 저축하고 金을 저장할 수 있으나, 巳는 곧
南方의 火이므로 癸가 絕地에 임하여, 한 잔의 물로 한 수
레의 나무에 붙은 불을 대하는 형국이니 그 혼잡함을 좋아
하고 청하게 됨을 좋아하지 않는다. 앞의 사주는 戊癸가
합하더라도 바뀌지 않으나, 이 사주는 戊癸가 합하면 반드
시 바뀌게 되니, 殺을 도울 수 없을 뿐 아니라 게다가 또

火로 바뀌어 비겁이 되어, 도리어 양인을 도와 미쳐 날뛰게 하며, 巳중 庚金이 殺을 이끌어 도울 수 없으므로 壬水가 비록 자신의 庫에 통근했더라도, 결국 金의 자양과 도움이 없으니 청고한 象이다. 이에 겸하여 운이 40년 동안 木火로 달려서 刦刃을 생조하는 자리가 되니, 이 때문에 위로는 부모의 뜻을 이어 이름을 이루지 못하고, 아래로는 전원97)을 지켜 창업하지 못했으며, 뼈와 살을 나눈 골육지친도 다만 그림 속의 떡과 같고, 반평생의 사업도 뜬구름과 같았다. 卯운에 이르러 壬水는 絶地이고 陽刃이 生을 만나니 골육의 변고를 당하여 집안이 기울고 가산을 탕진하기에 이르렀는데, 아직 생각만 하고 命을 배우지 않았을 때이므로 남에게 추산을 청해보니 한결같이 허황되게 칭찬하여 名利가 뜻대로 된다고 했으나, 뒤에 마침내 털끝만치도 맞지 않았으니 어찌 통탄하지 않겠는가?

且予賦性偏拙, 喜誠實不喜虛浮, 無諂態, 多傲慢, 交遊往來, 每落落難合. 所凜凜者, 吾祖若父, 忠厚之訓, 不敢失墜耳. 先嚴逝後, 家業凋零, 潛心學命, 爲餬口之計. 夫六尺之軀, 非無遠圖之志, 徒以末技見哂. 自思命

---

97) 전원(田園): 물려받은 고향땅.

運不齊, 無益于事, 所以涸轍之鮒, 僅邀升斗之水, 限于地, 困于時. 嗟乎! 莫非命也, 順受其正云爾.

또 내가 타고난 성품이 편벽되고 고지식하여 성실한 것을 좋아하고 허황된 것을 좋아하지 않으며, 아첨함이 없고 오만함이 많아서 교유하고 왕래할 때 늘 뜻이 높고 커서 세상과 서로 맞지 않았는데, 몸과 마음을 꿋꿋하고 의젓하게 한 까닭은 내 할아버지와 아버지의 충후한 가르침을 감히 실추시킬 수 없기 때문일 뿐이었다. 선친께서 돌아가신 뒤에 가업이 보잘것없이 몰락했으므로 마음을 기울어 命을 배워서 먹고 사는 계책으로 삼았는데, 무릇 육척의 몸에 멀리 도모하는 뜻이 없는 것은 아니지만 다만 하찮은 잔재주로 비웃음을 당할 뿐이었으니, 스스로 생각하건대 命과 運이 가지런하지 못하여 하는 일에 이로움이 없으므로, 이 때문에 수레바퀴 자국에 고인 물속의 붕어가 겨우 한 되나 한 말의 물을 맞이하는 격이라서, 처지에 제한을 받고 때에 막힘을 당한 것이니, 아! 길흉화복이 命이 아닌 것이 없으므로 그중 올바른 命을 순리로 받아들일 뿐이다.[98]

---

98) 莫非命也, 順受其正: 『孟子』「盡心章句上」 2장에 나온 문장임.

壬　丙　癸　戊

辰　午　亥　申

己　戊　丁　丙　乙　甲

巳　辰　卯　寅　丑　子

此造, 日主雖坐旺刃, 生于亥月, 究竟休囚. 五行無木, 壬癸並透, 支逢生旺, 各立門戶. 喜其合去癸水, 不致混也. 更妙運走東南木火, 鄉榜出身, 寵錫傳來紫闥, 承宣協佐黃堂.

이 사주는 일주가 비록 旺과 刃에 앉아 있지만 亥月에 태어나서 마침내 휴수됐으며, 오행에 木은 없고 壬과 癸가 함께 투출하고 지지에 生旺을 만나 각각 문호를 세웠는데, 기쁜 것은 癸水를 合去하여 혼잡을 이루지 않는 것이다. 다시 묘하게도 운이 東南 木火로 달리니, 향시에 합격하고 등용되어 은혜로운 하사품이 궁전에서 전해오고 조칙을 받들어 황당을 보좌하였다.

壬　丙　癸　戊

辰　戌　亥　午

己　戊　丁　丙　乙　甲

巳　辰　卯　寅　丑　子

丙戌日元, 生于辰時, 沖去庫根, 壬癸並透, 喜其戊合, 去官留殺. 更喜年逢刃助, 火虛有焰, 更妙無金, 稍勝前造. 科甲出身, 宿映台垣, 重藉旬宣之職, 猷分禹服, 特隆鎖鑰之權.

丙戌 日元이 辰時에 태어나 庫根을 沖去하고 壬癸가 함께 투출했는데 기쁘게도 戊土가 合하여 官을 제거하고 殺을 남겼으며, 또 기쁘게도 年에서 陽刃의 도움을 만나 火가 허한데 불꽃이 있게 되었으며, 다시 또 묘하게도 金이 없어서 앞의 사수보다 조금 나으니, 과거에 합격하고 등용되어 오래도록 품은 뜻이 태원(궁궐)을 비추어 왕명을 선포하는 관직에 거듭 공헌했으며, 계략이 온 국토에 베풀어져서 특히 나라를 지키는 권능을 융성하게 하였다.

癸　丁　丁　壬
卯　未　未　申

癸　壬　辛　庚　己　戊
丑　子　亥　戌　酉　申

此造, 日月皆丁未, 時殺無根, 喜其壬水官星助殺, 不宜合也. 幸而壬水坐申, 合而不化, 申金爲用. 更妙運走

西北金水, 助起官殺. 鄕榜出身, 仕版連登, 由縣令而遷
司馬, 位儕黃堂.

이 사주는 日과 月이 모두 丁未이고 時干의 殺은 뿌리가
없으니 壬水 官星이 殺을 돕는 것을 좋아하고 丁과 合하는
것을 좋아하지 않는다. 다행히 壬水가 申에 앉아 있어서
合해도 바뀌지 않으니 申金을 用으로 삼는데, 다시 또 묘
하게도 운이 西北 金水로 달려 官殺을 도와 일으키니, 향
시에 합격하고 등용되어 관리의 명부(仕版)에 연달아 등재
되고, 현령(縣令)에서 사마(司馬)로 옮겼으며 지위가 황당
(黃堂)과 같은 부류였다.

乙　戊　己　甲

卯　辰　巳　辰

乙甲癸壬辛庚

亥戌酉申未午

戊土生于巳月, 日主未嘗不旺, 然地支兩辰, 木之餘氣
亦足. 喜其合殺留官, 官星坐祿, 更妙運途生化不悖. 所
以早登雲路, 掌典藉而知制誥, 陪侍從而應傳宣也.

戊土가 巳月에 生하니 日主가 旺하지 않은 것이 아니며,

지지의 양 辰은 木의 餘氣가 또한 넉넉하다. 기쁜 것은 殺을 합하고 官을 남기며 官星이 녹에 앉은 것이고 다시 묘하게도 운도가 生化하고 어그러지지 않으니 이 때문에 일찍 벼슬길에 올라 전적[99]을 담당하고 저술을 맡았으며, 시종[100]을 모시고 왕의 조서를 선포하는 일을 하였다.

丁　庚　辛　丙

丑　申　卯　辰

丁丙乙甲癸壬

酉申未午巳辰

此造, 春金雖不當令, 喜其坐祿逢印, 弱中變旺. 丙辛一合, 丁火獨淸, 不但去殺, 而且去刦, 財無刦奪, 官有生扶. 尤妙運走東南木火, 所以早遂靑錢之選, 兆人鏡之芙蓉, 作春官之桃李也.

이 사주는 봄에 태어난 金이 비록 시령을 담당하지는 못했으나, 기쁘게도 녹에 앉고 인수를 만나 약한 가운데 旺으로 변하며, 丙辛이 한번 합하여 丁火가 홀로 맑으니 殺을 제거할 뿐만 아니라 또한 비겁도 제거하여 財에는 겁탈

---

99) 전적(典籍): 도서를 담당하는 벼슬.

100) 시종(侍從): 한림학사, 육부의 상서.

이 없고 官에는 生扶가 있다. 더욱 묘한 것은 운이 東南
木火로 달리는 것이므로 이 때문에 일찍 과거에 합격하는
문장을 이루어 거울삼을 만한 부용[101]으로 점쳐지고, 춘
관[102]의 현사[103]가 되었다.

庚 乙 辛 丙
辰 亥 卯 辰
丁丙乙甲癸壬
酉申未午巳辰

乙亥日元, 坐下逢生, 又月令建祿歸垣, 足以用財. 喜
丙辛金弱而去, 乙庚木旺不從. 鄕榜出身, 至丙申丁酉,
火蓋天干, 未能顯秩, 究竟西方金地, 亦足以琴堂解慍,
花院徵歌也.

乙亥 日元이 坐下에 生을 만나고 또 月令이 祿을 세우고
원(垣)[104]에 돌아가니 財를 쓸 만하다. 기쁘게도 丙辛合
은 金이 약하여 제거되었고 乙庚合은 木이 旺하여 따르지
않는다. 향시를 통하여 등용되었는데 丙申·丁酉대운에

---

101) 부용(芙蓉): 훌륭한 인물.

102) 춘관(春官): 예부.

103) 도리(桃李): 어진 선비.

104) 원(垣): 처궁(日支)이 日干의 장생일 때 垣이라 하고, 亥卯合을 垣에 歸한다고 함.

이르러 火가 天干을 덮고 있어서 관직을 높이 드러내지는
못했으나, 마침내 西方 金地이므로 또한 현감의 집무실(琴
堂)에서 근심을 풀고, 화원에서 노래 부를 수 있었다.

己　壬　戊　癸

酉　午　午　亥

壬　癸　甲　乙　丙　丁

子　丑　寅　卯　辰　巳

此造, 旺殺逢財, 喜其合也. 妙在癸水臨旺, 合而不化,
則有情, 戊土不抗壬水也. 合而化, 則無情, 化火仍生土
也. 由此以推, 運走東方木地, 早遂靑雲之志. 運走北方
水地, 去財護印, 翔步天衢, 置身日舍也.

이 사주는 旺한 殺이 財를 만났으니 그 合이 됨을 좋아
하는데 묘하게도 癸水가 제왕에 임하고 있어서 합해도 바
뀌지 않으므로 유정하게 되어 戊土가 壬水를 막지 않으며,
合하여 바뀌었다면 무정하게 되어 火로 변하여 마침내 土
를 生할 것이다. 이것을 통하여 미루어 본다면 운이 東方
木地로 달리면 일찍 청운의 뜻을 이룰 것이며, 운이 北方
水地로 달리면 財를 제거하고 인수를 보호하여 서울 거리

를 활보하면서 관청에 몸을 둘 것이다.

五曰, 官殺混雜格 관살혼잡격

癸 丙 壬 壬

巳 寅 子 辰

戊 丁 丙 乙 甲 癸

午 巳 辰 卯 寅 丑

此造, 壬癸當權, 殺官重疊. 最喜日坐長生, 寅能納水, 化殺生身, 時歸祿旺, 足以敵官. 更妙無金, 印星得用, 殺勢雖强, 不足畏也. 至丙運幫身, 又逢己巳流年, 去官之混, 捷報南宮, 出宰名區.

이 사주는 壬과 癸가 권세를 잡고 殺과 官이 중첩되었는데 가장 기쁜 것은 日主가 장생에 앉아서 寅이 水를 받아들여 殺을 引化하여 日主를 생할 수 있고, 時가 祿旺에 귀의하여 官을 대적할 수 있으며, 다시 또 묘하게도 金이 없어 印星을 쓸 수 있으니 殺의 세력이 비록 강하더라도 두려워할 것이 못 된다. 丙운에 이르러 日主를 돕고 또 己巳유년을 만나서 官의 혼잡을 제거하니 南宮(예부)에 과거급제 소식이 알려지고 이름난 곳에 수령으로 나갔다.

丁　己　乙　甲

卯　巳　亥　子

辛　庚　己　戊　丁　丙

巳　辰　卯　寅　丑　子

此造, 官遇長生, 殺逢祿旺, 巳亥雖沖破印. 喜卯木仍能生火, 寅運合亥, 化木生印, 連登甲榜. 庚辰辛巳制官服煞, 朱旛皂蓋, 出守大邦, 名利兩優.

이 사주는 官이 장생을 만나고 殺이 녹왕을 만나며, 巳亥가 비록 沖하여 인수를 파괴하지만, 기쁘게도 卯木이 마침내 火를 생하고 寅운에 亥와 合하여 木으로 化하여 인수를 생하니 과거에 연달아 합격했으며, 庚辰·辛巳운에 官을 제압하고 殺을 굴복시키자 붉은 기와 검은 일산 차림으로 큰 지방에 수령으로 나갔으니 名利가 모두 넉넉하였다.

戊　庚　丁　丙

寅　午　酉　辰

癸　壬　辛　庚　己　戊

卯　寅　丑　子　亥　戌

此造殺逢生, 官得祿. 喜其秋金秉令, 更妙辰土洩火生

金，不失中和之象，尤喜運走北方水地．庚子運沖去官
根，鹿鳴方蕊飮，雁塔又題名．辛丑壬寅運，橫琴而歌解
慍，游刃而賦烹鮮．

이 사주는 殺이 장생을 만나고 官이 녹을 만났는데 기쁘
게도 가을의 金이 時令을 잡았고, 또 묘하게도 辰土가 火
를 설하고 金을 생하여 中和의 象을 잃지 않으며, 더욱 기
쁜 것은 운이 北方 水地로 달리는 것이니 庚子운에 官의
뿌리를 沖去하여 녹명연에서 술을 마시고 안탑에 다시 또
이름을 썼으며, 辛丑·壬寅운에는 마음 내키는 대로 거문
고를 타고 노래 부르며 서운함을 달래고, 유유히 칼을 놀
리고 시를 지으며 생선을 요리하였다.105)

辛　壬　己　戊

亥　申　未　午

乙 甲 癸 壬 辛 庚

丑 子 亥 戌 酉 申

此造，官殺並旺當令，幸日坐長生，時逢祿旺，足以敵
官攬殺．坐下印綬，引通財殺之氣，運走西北金水之鄕，

---

105) 游刃而賦烹鮮: 정성들여 나라를 다스린다는 비유.

所以少年科甲. 裕經綸于筦庫, 人推黼黻之功, 秉撫宇于催科, 世讓文章之煥.

이 사주는 官과 殺이 함께 旺하고 時令을 담당했는데 다행히 日主가 장생에 앉고 時에 녹왕을 만났으므로 官을 대적하고 殺을 가로막을 수 있으며, 坐下의 印綬가 財와 殺의 氣를 이끌어 통하게 하고, 운이 西北 金水의 향으로 달리니 이 때문에 어린 나이에 과거에 급제하였으며, 관고106)에서 경륜을 넉넉히 갖추자, 사람들이 보불107)과 같은 공으로 그를 추대하였고, 최과108)에서 무우109)를 지니자 세상 사람들이 문장의 빛남을 그에게 사양하였다.

官殺混雜者, 富貴甚多. 總之殺官當令者, 必要坐下印綬, 則其殺官之氣流通, 生化有情. 或氣貫生時, 亦足以扶身敵殺. 若不氣貫生時, 又不坐下印綬, 不貧亦賤. 如殺官不當令者, 不作此論也.

官과 殺이 혼잡한 경우에도 부귀함이 매우 많으니, 총괄하여 말하자면 殺과 官이 時令을 맡은 경우에는 반드시 일

---

106) 관고(筦庫): 창고 관리직.
107) 보불(黼黻): 보불은 천자의 예복에 수놓은 수를 말함. 문장과 덕의 아름다움, 훌륭함을 의미.
108) 최과(催科): 세금을 재촉하는 직책.
109) 무우(撫宇): 큰집(나라)을 어루만짐. 나라 사랑하는 마음을 의미.

주가 인수에 앉아야만 그 殺과 官의 氣가 유통하여 相生引化하여 유정하게 되며, 혹은 氣가 生時에 관통해도 일주를 돕고 殺을 대적할 수 있는데, 만약 氣가 生時에 관통하지 못하며 또 인수에 앉지 않으면, 가난하지 않으면 천하게 된다. 만약 殺과 官이 時令을 만나지 않은 경우에는 이러한 논리를 세우지 않는다.

六曰, 制殺太過格 제살태과격

己　丙　戊　辛

亥　辰　戌　卯

壬　癸　甲　乙　丙　丁

辰　巳　午　未　申　酉

時逢獨殺, 四食相制, 年支卯木被辛金蓋頭. 況秋木本不足疏土, 所賴亥中甲木衛殺. 至乙未運, 暗會木局, 捷報南宮, 名高翰苑. 甲午運木死于午, 合己化土, 丁外艱. 己巳年又沖去亥水, 不祿.

時에 殺 하나를 만났는데 네 개의 食傷이 상대를 제압하고 年支의 卯木은 辛金에게 머리를 덮어씌움을 당했으며, 더구나 가을의 木은 본래 土를 다스릴 수 없으므로 의지할 바는 亥 중 甲木이 殺을 호위하는 것이다. 乙未운에 이르러 木局으로 暗會를 이루니 과거에 급제했다는 소식이 남궁(예부)에 알려지고, 한원(한림원)에 이름이 높았으며, 甲午운은 木이 午에 死하고 己와 합하여 土로 바뀌니 부친상을 당했으며, 己巳년에도 다시 또 亥水를 沖去하니 사망하였다.

壬　丙　戊　辛

辰　辰　戌　卯

壬　癸　甲　乙　丙　丁

辰　巳　午　未　申　酉

此亦一殺逢四制, 所不及前造者, 無亥卯之會也. 雖早采芹香, 以致蹭蹬秋闈, 納捐部屬, 仕路亦不能通達. 喜時殺透露, 行甲午運無化土之患, 然猶刑耗多端, 而己身无咎.

이 사주도 하나의 殺이 네 食神의 제압을 만났는데 앞의 사주에 미치지 못하는 까닭은 亥卯의 회합이 없기 때문이다. 비록 일찍 학교에 입학했으나, 가을 과거시험에 실패하기에 이르자 돈을 바치고 벼슬을 사서 부속되었는데, 벼슬길이 또한 시원스럽게 통하지는 못했다. 기쁘게도 時의

殺이 투로하여 甲午운으로 행할 때에는 土로 바뀌는 근심은 없었으나, 오히려 형모가 많았는데 자기 일신은 무사하였다.

壬 丙 丙 壬

辰 午 午 辰

壬 辛 庚 己 戊 丁

子 亥 戌 酉 申 未

此殺逢四制, 柱中印雖不見, 喜其殺透食藏, 通根身庫. 總之夏火當權, 水無金滋. 至酉運, 合去辰土, 財星滋殺, 發甲點中書. 庚運, 仕版連登, 入參軍機. 戊運, 燥土沖動壬水之根, 又逢戊辰年, 戊土透出, 緊制壬水, 不祿.

이 사주도 殺이 네 개의 제압을 만났는데 사주 중에 인수는 비록 보이지 않으나, 기쁘게도 殺이 투출하고 식신이 저장되며 殺이 자신의 庫에 통근했으니, 총괄하여 말하자면 여름의 火가 권세를 잡고 水는 金의 자양이 없는 것이다. 酉운에 이르러 辰土를 合去하여 財星이 殺을 자양하니, 과거에 올라 중서(중서성)에 들어갔으며, 庚운에는 관리의 명부에 연달아 등재되고 군사기밀에도 참여했으며, 戊운에는 燥土가 壬水의 뿌리를 충동하고 다시 또 戊辰년을 만나 戊土가 투출하여 壬水를 긴밀하게 제압하니 사망하였다.

壬　壬　戊　甲

寅　辰　辰　寅

甲癸壬辛庚己

戊酉申未午巳

此造, 五殺逢五制, 土雖當權, 木亦雄壯, 幸日主兩坐庫根, 又得比肩匡扶. 至壬申運, 日主逢生, 沖去寅木, 名登桂籍, 雁塔高標. 接連癸酉二十年, 由縣令履黃堂, 名利裕如.

이 사주는 다섯 개의 殺이 다섯 개의 극제를 받는 구조로서, 土가 비록 권세를 담당했으나 木 또한 웅장한데 다행히 日主가 두 庫의 根에 앉아 있고 다시 또 비견의 도움을 받고 있다. 壬申운에 이르러 日主가 生을 만나고 寅木을 沖去하니 이름이 계적110)에 오르고 안탑에 높이 기록

---

110) 계적(桂籍): 진사 급제자 명부.

되었으며, 癸酉로 이어지는 20년 동안 현령을 거쳐 황당
(태수)을 지냈으니 名利가 넉넉하였다.

庚　戊　戊　庚

申　寅　寅　申

甲　癸　壬　辛　庚　己

申　未　午　巳　辰　卯

此, 兩殺逢四制, 幸春木得時乘令, 剋不盡絶. 至午運, 補土之不足, 去金之有餘, 登科擢縣令. 至甲申運, 又逢食制, 死于軍功.

이 사주는 두 殺이 네 극제를 받고 있는데 다행히 春木
이 때를 만나 時令을 탔으므로 극제를 당해도 다 절단되지
는 않았다. 午운에 이르러 土의 부족함을 보충하고 金의
유여함을 제거하니, 과거에 올라 현령에 발탁되었으며, 甲
申운에 이르러 다시 또 식신의 극제를 당하자 전투에서 죽
었다.

與其制殺太過, 不若官殺混雜之美也, 何也? 蓋制殺太過, 殺旣傷殘, 再行制煞之運, 九死一生. 官殺混雜,

只要日主坐旺, 印綬不傷, 運程安頓, 未有不富貴者也.
如日主休囚, 財星壞印, 卽使獨殺純淸, 一官不混, 往往
憂多樂少, 屈志難伸, 學者宜審焉.

　制殺이 너무 지나친 것이 官殺이 혼잡된 것의 아름다움
만 못한 것은 어째서인가? 그것은 殺을 극제함이 너무 지
나치면 殺이 이미 손상되고 잔멸하여 다시 제살의 운으로
행하는 경우에는 아홉은 죽고 겨우 하나는 살아나겠지만,
官과 殺이 혼잡된 경우에는 다만 日主가 旺에 앉고 인수가
손상되지 않으며 운정(運程)이 편안히 자리 잡으면 부귀하
지 않는 자가 없기 때문이다. 예컨대 日主가 휴수되고 재
성이 인수를 파괴하면, 가령 하나뿐인 殺이 순청하고 하나
의 官도 섞이지 않았더라도 왕왕 근심은 많고 즐거움은 적
으며 뜻을 굽혀서 펴기가 어려운 것이니 학자들은 마땅히
이것을 살펴야 한다.

23. 傷官 상관

傷官見官果難辨이니 可見不可見이니라

상관이 官을 만나는 것은 참으로 분별하기 어려운
것이니, 만날 수 있는 경우도 있고 만나서는 안 되
는 경우도 있다.

[原注] 身弱而傷官旺者엔 見印而可見官이요 身旺而傷官
旺者엔 見財而可見官이요 傷官旺財神輕엔 有比刦而可見官
이요 日主旺傷官輕엔 無印綬而可見官이요 傷官旺而無財엔
一遇官而有禍요 傷官旺而身弱엔 一見官而有禍요 傷官弱而
財輕엔 一見官而有禍요 傷官弱而見印엔 一見官而有禍니
大率傷官有財엔 皆可見官이나 傷官無財엔 皆不可見官이요
又要看身强身弱하여 合財官印綬比肩不同方可며 不必分金
木水火土也라 又曰傷官用印엔 無財不宜見財요 傷官用財엔

無印不宜見印이니 須詳辨之니라

　일주가 약하고 상관이 왕한 경우에는 인수를 만났을 때에는 官을 만나도 되며, 일주가 왕하고 상관도 왕한 경우에는 財를 만났을 때에는 官을 만나도 되며, 상관이 왕하고 財가 경한 경우에는 비겁이 있을 때에는 官을 만나도 되며, 일주가 왕하고 상관이 경한 경우에는 인수가 없을 때에는 官을 만나도 되며, 상관이 왕하고 財가 없는 경우에는 官을 한 번 만나면 재앙이 있으며, 상관이 왕하고 신약인 경우에는 官을 한 번 만나면 재앙이 있으며, 상관이 약하고 財가 경한 경우에는 官을 한 번 만나면 재앙이 있으며, 상관이 약하고 인수를 만난 경우에는 官을 한 번 만나면 재앙이 있는 것이니, 대체로 상관은 財가 있는 경우에는 모두 官을 만나도 되지만, 상관이 財가 없을 때에는 모두 官을 만나서는 안 되는데, 또 반드시 신강인가 신약인가를 보아서 상관이 財·官·인수·비견과 만나는 것을 똑같게 여기지 않아야만 비로소 옳은 것이며, 金木水火土로 분별할 필요는 없다. 또 상관이 印을 쓸 때에는 (원국에) 財가 없고 운에서 財를 만나지 말아야 하며, 상관이 財를 쓸 때에는 (원국에) 印이 없고 운에서 印을 만나지 말아야 하니 모름지기 이러한 것을 자세히 분별해야 한다.

【任注】　傷官者, 竊命主之元神, 旣非善良, 傷日干之貴氣, 更肆縱橫. 然善惡無常, 但須駕馭, 而英華發外, 多主聰明. 若見官之可否, 須就原局權衡, 其間作用, 種種不同, 不可執一而論也. 有傷官用印, 傷官用財, 傷官用刦, 傷官用傷, 傷官用官.

상관은 命主의 근본이 되는 神을 훔치니 이미 선량한 것이 아니며, 日干의 귀한 氣를 손상하니 또한 멋대로 방종하는 것이지만, 그러나 좋고 나쁨에 일정함이 없으므로, 다만 반드시 잘 다스리고 부려서, 화려한 빛이 밖으로 발생하면 총명을 주장하는 경우가 많다. 또 官을 만날 때의 옳고 그름에 따라 반드시 원국의 균형을 이루게 되므로, 그 사이의 작용이 갖가지로 똑같지 않은 것이니 한 가지에만 집착하여 논해서는 안 되며, 상관이 印을 쓰는 경우, 상관이 財를 쓰는 경우, 상관이 刦을 쓰는 경우, 상관이 상관을 쓰는 경우, 상관이 官을 쓰는 경우 등이 있다.

若傷官用財者, 日主旺, 傷官亦旺, 宜用財, 有比刦而可見官, 無比刦有印綬, 不可見官. 日主弱, 傷官旺, 宜用印, 可見官而不可見財. 日主弱, 傷官旺, 無印綬, 宜用比刼, 喜見刼印, 忌見財官. 日主旺, 無財官, 宜用傷官, 喜見財傷, 忌見官印. 日主旺, 比刼多, 財星衰, 傷官輕, 宜用官, 喜見財官, 忌見傷印.

또 상관이 財를 쓰는 경우에 일주가 왕하고 상관도 왕하면 마땅히 財를 써야 하는데, 비겁이 있으면 官을 만나도 되지만 비겁이 없고 인수가 있으면 官을 만나서는 안 되며, 일주가 약하고 상관이 왕하면 마땅히 인수를 써야 하는데 官은 만나도 되지만 財를 만나서는 안 되며, 일주가 약하고 상관이 왕하며 인수가 없으면 마땅히 비겁을 써야 하는데, 비겁과 인수를 만나는 것은 좋으나 財와 官을 만나는 것은 꺼리며, 일주가 왕하고 財官이 없으면 마땅히 상관을 써야 하는데 財와 상관을 만나는 것은 좋으나 官과 印을 만나는 것은 꺼리며, 일주가 왕하고 비겁이 많으며 재성이 쇠하고 상관이 경하면 마땅히 官을 써야 하는데 財와 官을 만나는 것은 좋으나 상관과 印을 만나는 것은 꺼린다.

所謂傷官見官, 爲禍百端者, 皆日主衰弱, 用比刼幫身, 見官則比刼受剋, 所以有禍. 若局中有印, 見官不但無禍, 而且有福也. 傷官用印, 局內無財, 運行印旺身旺之鄕, 未有不顯貴者也. 運行財旺傷旺之鄕, 未有不貧賤者也. 傷官用財, 財星得氣, 運逢財旺傷旺之鄕, 未有不富厚者也. 運逢印旺刦旺之地, 未有不貧乏者也. 傷官用刦, 運逢印旺必貴. 傷官用官, 運逢財旺必富. 傷官用傷, 運遇財鄕, 富而且貴. 與用印用財者, 不過官有高卑, 財分厚薄耳. 宜細推之.

　이른바 상관이 官을 만나면 재앙을 이룸이 백 가지란 것은 다 일주가 쇠약하면 비겁을 써서 身을 도와야 하는데 官을 만나면 비겁이 극을 받으므로 이 때문에 재앙이 있는 것이니, 만약 局 중에 인수가 있으면 官을 만나도 재앙이 없을 뿐 아니라 또한 복이 있는 것이다. 상관이 인수를 쓰는 경우에 局내에 財가 없고 운이 印旺·身旺의 향으로 향하면 현달하여 귀하게 되지 않는 자가 없고, 운이 財旺·傷官旺의 향으로 향하면 가난하고 천하게 되지 않는 자가 없으며, 상관이 財를 쓰는 경우에, 재성이 기세를 얻고 운에서 財旺·傷官旺의 향을 만나면 재물이 풍부하지 않은 자가 없고, 운에서 印旺·刦旺의 자리를 만나면 가난하고 궁핍하지 않은 자가 없다. 상관이 刦을 쓰는 경우에 운에서 印旺의 자리를 만나면 반드시 귀하게 되고, 상관이 官을 쓰는 경우에 운에서 財旺의 자리를 만나면 반드시 부유하게 되며, 상관이 상관을 쓰는 경우에 운에서 財鄕을 만

나면 부유하고 또 귀하게 되며, 印을 쓰고 財를 쓰는 경우
에 있어서는 벼슬(官位)에 높고 낮음이 있고 재물에 많고
적음을 구분하는 데 불과할 뿐이니 마땅히 이러한 점을 자
세히 헤아려야 한다.

一日, 傷官用印格 상관용인격

己 丙 辛 己

丑 寅 未 丑

乙 丙 丁 戊 己 庚

丑 寅 卯 辰 巳 午

火土傷官重疊, 幸在季夏, 火氣有餘. 又日坐長生, 寅
中甲木爲用. 至丁卯運, 剋去辛金, 破其丑土, 所謂有病
得藥, 騰身而登月殿, 慶集璃林. 接連丙寅, 體用皆宜,
仕至黃堂.

火일주에 土상관이 중첩되었는데 다행히 季夏에는 火氣
가 유여하며, 또 일주가 장생에 앉았으니 寅 중 甲木이 용
신이다. 丁卯운에 이르러 辛金을 극거하고 丑土를 파괴하
니 이른바 病이 있을 때 藥을 얻은 것이므로, 입신하여 월
전(月殿)에 오르고 경사로 경림연에 모였으며, 丙寅운에

이어져 體와 用이 모두 마땅하니 벼슬이 황당(태수)에 이
르렀다.

辛　戊　丁　辛

酉　午　酉　酉

辛　壬　癸　甲　乙　丙

卯　辰　巳　午　未　申

　此, 土金傷官重疊, 喜其四柱無財, 純淸氣象. 初運木
火, 體用皆宜, 所以壯歲首登龍虎榜, 少年身到鳳凰池.
惜中運癸巳壬辰, 金生火剋, 所以生平志節從何訴? 半
世勤勞祗自憐.

　이 사주는 土일주에 金상관이 중첩되었는데 기쁘게도
사주에 財가 없어 순수하고 청명한 기상이다. 초년운 木火
는 체와 용이 모두 마땅하니 이 때문에 30세에 용호방[111]
에 첫째로 올라 젊은 나이에 몸이 봉황지[112]에 이르렀는
데, 애석하게도 중년운인 癸巳·壬辰은 金이 생조되고 火
가 극제되니, 평생의 지조와 절개를 어디에 하소연할 것인

---

111) 용호방(龍虎榜): 문무과에 합격한 사람의 명단.
112) 봉황지(鳳凰池): 봉황지는 대궐 안의 연못으로 그 옆에 중서성이 있었으므로 재상의 집무실을
　　　뜻하는 말로 쓰임.

가? 반평생 힘썼으나 다만 자신을 가련하게 여길 뿐이었다.

己　庚　壬　壬

卯　辰　子　戌

戊　丁　丙　乙　甲　癸

午　巳　辰　卯　寅　丑

此, 金水傷官當令, 喜支藏煖土, 足以砥定中流. 因時財爲病, 兼之初運水木, 以致書香不繼. 至三旬外, 運逢火土, 異路出身, 仕至州牧. 午運衰神沖旺, 臺省幾時無謫宦? 郊亭今日倍離愁.

이 사주는 金일주에 水상관이 時令을 만났는데 기쁘게도 지지에 煖土를 간직했으므로 중류를 막아서 진정시킬 수 있다. 時의 財가 病이 되고 이에 겸하여 초년운이 水木이기 때문에 공부가 계속되지 못했는데, 30세가 지난 뒤에 운에서 火土를 만나자 다른 길로 등용되어 벼슬이 주목113)에 이르렀으며, 午운에는 衰神이 旺神을 沖하니 "대성114)에는 언제든 귀향 가는 관리가 없겠는가? 교외 정자엔 오늘도 이별의 근심만 더하네"에 해당한다.

---

113) 주목(州牧): 지방 장관.

114) 대성(臺省): 당대의 중서성, 문하성, 상서성의 총칭.

$$
\begin{array}{cccc}
丙 & 乙 & 癸 & 丙 \\
子 & 丑 & 巳 & 辰 \\
\end{array}
$$

戊 丁 丙 乙 甲

戌 酉 申 未 午

此木火傷官, 印綬通根祿支, 格局未嘗不美, 雖嫌財星壞印, 而丑辰皆溼土, 能蓄水晦火. 惜乎運途無水, 以致一介寒儒. 至申運火絕水生, 名列泮宮, 後九赴秋闈, 不捷.

이 사주는 木火상관인데 인수가 녹지에 통근하여 격국이 아름답지 않음이 없으니, 비록 재성이 인수를 파괴하는 것을 꺼리지만 丑과 辰이 모두 溼土이므로 水를 저축하고 火를 어둡게 할 수 있다. 애석하게도 운도(運途)에 水가 없어서 일개 가난한 선비로 지내다가, 申운에 이르러 火가 絕하고 水가 生하니 이름이 반궁115)에 기록되었는데, 뒤에 아홉 번이나 과거에 응시했으나 급제하지 못했다.

---

115) 반궁(泮宮): 국립학교.

二曰, 傷官用財格 상관용재격

乙　丁　戊　丙

巳　卯　戌　申

甲 癸 壬 辛 庚 己

辰 卯 寅 丑 子 亥

此火土傷官, 劫印重疊, 旺可知矣. 以申金財星爲用, 遺業本豐. 辛丑壬運, 經營獲利, 發財十餘萬. 至寅運, 金臨絶地, 劫遇長生. 又寅申沖破, 所謂旺者沖衰衰者拔, 不祿宜矣.

이 사주는 火土상관인데 劫과 印이 중첩되었으므로 旺함을 알 수 있다. 申金재성을 用神으로 삼으니 물려받은 사업이 본래 풍부하며, 辛丑·壬운에는 경영하는 사업에 이익을 얻어 십여 만금의 재산을 모았는데, 寅운에 이르자 金이 絶地에 임하고 겁재가 장생을 만나며 다시 또 寅申이 충파하니, 이른바 旺한 것이 衰한 것을 沖하면 衰한 것이 파괴된다는 것이므로, 사망함이 당연하다.

乙　壬　乙　癸

巳　申　卯　亥

己　庚　辛　壬　癸　甲

酉　戌　亥　子　丑　寅

此水木傷官, 日坐長生, 年支祿旺, 日主不弱, 足以用巳火之財. 嫌其中運金水, 半生碌碌風霜, 起倒萬狀. 至戌運, 緊制亥水之刼, 合起卯木火財, 驟然發財數萬. 至酉沖破傷官, 生助刼印, 不祿.

이 사주는 水木상관으로 일주가 장생에 앉고 年支가 녹왕이니 일주가 약하지 않으므로 巳火 財를 쓸 수 있는데 그 中運의 金水를 꺼리게 되니, 반평생 쓸데없이 애쓰고 풍상을 겪으면서 일어서고 쓰러짐이 만 가지였는데, 戌운에 이르러 亥水 겁재를 긴밀히 제압하고 卯木과 火財를 합하여 일으키니, 갑자기 수만금의 재산을 일으켰으며, 酉운에 이르러 상관을 충파하고 刼과 印을 생조하자 사망하였다.

丁　戊　辛　戊

巳　午　酉　子

丁　丙　乙　甲　癸　壬

卯　寅　丑　子　亥　戌

此土金傷官, 日主祿旺, 刧印重逢. 一點財星, 秋水通源, 子賴酉生, 酉伏子護, 遺業小康. 甲子乙丑二十年, 制化皆宜, 自剙數萬. 至丙寅運, 生助火土, 剋洩金水, 不祿.

이 사주는 土金상관으로 일주가 녹왕을 만나고 刧과 印을 거듭 만나며, 일점 재성이 秋水에 근원을 통하니, 子는 酉에 의지하여 생조되고 酉는 子에 엎드려 보호받으므로 물려받은 재산으로 생활에 지장은 없었는데, 甲子·乙丑 이십 년은 制化가 모두 마땅하니 스스로 수만금의 사업을 이룩하였고, 丙寅운에 이르러 火土를 생조하고 金水를 극설하니 사망하였다.

庚　辛　辛　壬

寅　酉　亥　申

丁　丙　乙　甲　癸　壬

巳　辰　卯　寅　丑　子

此金水傷官, 四柱比刧, 雖用寅木之財. 却喜亥水, 洩金生木, 使比刧無爭奪之風, 又得亥解申沖. 若無亥水, 一生起倒無寧, 終成畫餅, 亥水者, 生財之福神也. 交甲寅乙卯, 白手成家致富. 後行火運, 戰尅不靜, 財星洩氣, 無甚生色. 至巳運, 四孟沖, 尅又逢生, 不祿.

이 사주는 金水상관으로 네 柱에 비겁이 있어도 寅木財를 쓰는데, 도리어 기쁜 것은 亥水가 金을 설하고 木을 생하여 비겁으로 하여금 쟁탈하는 버릇을 없게 했으며 또 寅이 亥를 만나 申의 沖을 해소시킨 것이다. 만약 亥水가 없었다면 한평생 기복이 심하고 편안함이 없어서 마침내 매사가 그림의 떡이 되었을 것이니, 亥水는 財를 생하는 福神이다. 甲寅·乙卯운이 되자 맨손으로 집안을 일으키고 富를 이루었으며, 뒤에 火운으로 행하자 싸우고 극제하여 안정되지 못했는데 재성이 설기하여 심한 형상은 없었으며, 巳운에 이르러 四孟이 沖하고 겁재가 또 장생을 만나서 사망하였다.

三曰, 傷官用尅格 상관용겁격

己 戊 辛 癸

未 申 酉 亥

乙 丙 丁 戊 己 庚

卯 辰 巳 午 未 申

此土金傷官, 財星太重, 以致拂意芸窗. 幸喜未時, 刦財通根爲用. 更妙運途却佳, 捐縣佐出仕. 至丁巳丙辰運, 旺印用事, 仕至州牧, 宦資豐厚. 乙卯沖刦不靜, 罷職歸田.

이 사주는 土金상관으로 재성이 너무 중하여 운창(학업)에 뜻을 두지 않기에 이르렀는데, 다행히 未時는 刦財가 통근하여 用神이 되며, 다시 묘하게도 운도가 마침내 아름다우니 재물을 바치고 현좌로 출사하였으며, 丁巳·丙辰운에 이르러 旺印이 전권을 쓰니 벼슬이 주목에 이르고 관직과 자산이 풍후했으며, 乙卯운에는 沖刦으로 안정되지 못하니 관직을 그만두고 고향으로 돌아가 농사를 지었다.

庚　戊　癸　己

申　戌　酉　未

丁　戊　己　庚　辛　壬

卯　辰　巳　午　未　申

此土金傷官, 支類西方, 金氣太重, 以刦爲用. 喜其當頭刦癸, 故書香繼志. 更妙運走南方火地, 拔貢出身, 由縣令而遷州牧, 游泮黃堂, 一生逢凶化吉, 宦海無波也.

이 사주는 土金상관인데 지지가 모두 西方으로 金氣가 太重하니 刦財를 용신으로 쓴다. 기쁘게도 가까이 당두하여 癸를 극하므로 학업에 뜻을 계속했으며, 다시 묘하게도 운이 南方 火地로 달리자 공사[116]에 뽑혀 등용되어 현령을 거쳐 주목으로 옮기고 거듭하여 황당(태수)에 이르렀으니, 일생 凶을 만나도 吉로 바뀌고 벼슬길에도 파란이 없었다.

甲　癸　甲　癸

寅　亥　寅　亥

戊　己　庚　辛　壬　癸

申　酉　戌　亥　子　丑

此水木傷官, 喜其無財, 故繼志書香, 嫌其地支寅亥化木, 傷官太重, 難遂靑雲. 辛運入泮, 亥運補廩, 庚戌加捐出仕. 己酉戊申二十年土金, 生化不悖, 仕至別駕, 宦資豐厚.

이 사주는 水木상관인데 기쁘게도 財가 없으므로 학업에 계속 뜻을 두었으나, 꺼리는 것은 그 지지의 寅亥가 木으로 바뀌어 상관이 태중하므로 청운의 뜻을 이루기 어려웠다. 辛운에 학교에 들어가 亥운에는 늠생[117]에 임명되

---

116) 공사(貢士): 명·청 때 회시(會試)에 합격한 사람, 공생(貢生)이라고도 함. 회시는 향시 합격자가 서울에 모여서 보는 과거시험.

117) 늠생(廩生): 명·청 때 식사 제공받던 생원, 장학생.

었고, 庚戌에 재물을 바치고 출사했으며, 己酉·戊申 20
년간은 土金이므로 生化하고 어긋나지 않으니 벼슬이 별
가118)에 이르고 관직과 자산이 풍후하였다.

己 丙 己 戊

丑 戌 未 申

乙 甲 癸 壬 辛 庚

丑 子 亥 戌 酉 申

**此四柱傷官, 若生丑戌月, 爲從兒格, 名利皆遂. 生于
未月, 火有餘氣, 必以未中丁火爲用. 惜運走西北金水之
地, 以致破敗祖業. 至癸亥運, 貧乏無聊, 削髮爲僧.**

　이것은 사주가 상관으로 이루어졌으니, 만약 丑이나 戌
月에 태어났으면 종아격이 되어 名利가 모두 이루어졌을
것이나, 未月에 태어나서 火의 餘氣가 있으니 반드시 未
중 丁火를 用神으로 삼아야 한다. 애석하게도 운이 西北
金水의 자리로 달려서 조업을 무너뜨리기에 이르렀으며,
癸亥운에 이르러 가난하고 의지할 곳이 없게 되자 머리 깎
고 중이 되었다.

---

118) 별가(別駕): 관직명, 자사(도지사)의 보좌관.

癸　己　庚　戊

酉　酉　申　辰

丙乙甲癸壬辛

寅丑子亥戌酉

此亦傷官用刼, 嫌其辰爲淫土, 生金拱水, 未足幫身. 更嫌運走西北金水之地, 以致一敗如灰, 不成家室. 以上五造, 皆是用刼, 何前三造名利兩全, 此兩造一事無成? 因運無幫助之故耳. 由此推之, 非人之無爲, 實運途困之耳.

이 사주도 상관에 겁재를 쓰는데 그 辰이 淫土가 되어 金을 생하고 水와 손을 잡아 日主를 돕지 못함을 꺼리며, 다시 또 꺼리는 것은 運이 西北 金水의 자리로 달리는 것이니, 이 때문에 한 번에 잿더미처럼 허물어져 집안을 이루지 못했다. 이상 다섯 사주는 모두 겁재를 쓰는데, 왜 앞의 세 사주는 名利가 모두 온전하고 이 두 사주는 한 가지 일도 이루어짐이 없는가? 운에 방조함이 없는 까닭 때문일 뿐이니, 이것을 통하여 헤아려 본다면 사람이 일을 행하지 않는 것이 아니라 실제로는 운도에서 그것을 통하지 않게 하는 것일 뿐이다.

四曰, 傷官用傷官格 상관용상관격

庚　壬　己　庚
子　辰　卯　辰

乙 甲 癸 壬 辛 庚
酉 申 未 午 巳 辰

壬水生于卯月, 正水木傷官格. 天干己土臨絶, 地支兩辰, 乃木之餘氣, 一生金, 一拱水, 又透兩庚, 不但辰土不能制水, 反生金助水, 必以卯木爲用. 所謂一神得用, 此象匪輕. 初運庚辰辛巳, 金之旺地, 功名不遂. 至壬午運, 生財制金, 名題雁塔. 癸未生拱木神, 甲申支全北方水局, 木逢生助, 仕版連登, 由令尹而升司馬, **洊至黃堂, 擢觀察而履臬藩, 八座封疆.** 一交酉, 沖破卯木, 誰誤落職. 所謂用神不可損傷, 信斯言也.

壬水가 卯월에 생하니 바로 水木상관격이다. 천간 己土는 絶에 임하고 지지의 두 辰은 곧 木의 餘氣이니, 하나는 金을 생하고 하나는 水와 손을 잡으며, 또 양 庚이 투출했으니 辰土는 水를 제압하지 못할 뿐 아니라 도리어 金을 생하여 水를 돕고 있으므로 반드시 卯木을 用神으로 삼아야 하는데, 이른바 하나의 神이 작용을 이루니 그 형상이 가볍지 않다는 것이다. 초년운인 庚辰·辛巳는 金의 旺地이므로 공명이 이루어지지 않았고, 壬午운에 이르러 財를 생하고 金을 제압하니 이름이 안탑에 기록되었고, 癸未운에는 木神을 돕고 甲申운에는 지지가 전부 北方 水局으로 木이 생조를 만나니, 벼슬이 연달아 올라 영윤에서 사마로 승진하고 거듭하여 황당(태수)에 이르렀으며 관찰에 발탁되고 얼번(안찰사)에 올라서 여덟 가지 고급 관직과 봉강(총독순무)을 지냈는데, 한번 酉운으로 바뀌어 卯木을 충파하자 과실로 인하여 징계를 받고 관직을 그만두었으니, 이른바 用神은 손상되지 말아야 한다고 했는데 진실로 이 말대로인 것이다.[119]

癸　癸　戊　乙

丑　酉　寅　酉

壬　癸　甲　乙　丙　丁

申　酉　戌　亥　子　丑

癸水生于寅月,　正水木傷官.　地支印星並旺,　酉丑拱金,　必以寅木爲用,　才能有餘.　乙亥運,　木逢生旺,　中鄉

---

119) 信斯言也:『맹자』「萬章章句上」 2장에 나오는 구절.

榜. 甲戌癸運, 出仕縣令. 酉運, 支逢三酉, 木嫩金多,
詿誤落職. 前造與此造, 皆因少火有病無藥之故. 若有火
雖行金地, 則無大患矣.

癸水가 寅월에 생하니 바로 水木상관격인데, 지지의 인
성이 모두 왕하고 酉와 丑이 金으로 합하므로 반드시 寅木
을 用神으로 삼아야 하니 재능이 유여하다. 乙亥운에 木이
生旺을 만나니 향방에 합격하였고, 甲戌·癸운에 출사하
여 현령이 됐으며, 酉운에는 지지가 세 개의 酉를 만나 木
은 연약하고 金은 많으니 징계를 당하여 관직을 그만두었
다. 앞의 사주와 이 사주는 모두 火가 적어서 病만 있고
藥이 없는 까닭 때문이니, 만약 火가 있었다면 비록 金地
로 행하더라도 큰 환난은 없었을 것이다.

丁　甲　庚　己

卯　寅　午　卯

甲　乙　丙　丁　戊　己

子　丑　寅　卯　辰　巳

甲木生于午月, 木火傷官. 年月兩干, 土金無根, 置之
不用. 地支兩卯一寅, 日元强旺, 必以丁火爲用. 故人權

謀異衆, 丁卯運, 入泮登科, 仕縣令. 丙寅運, 剋盡庚金,
宦資大豐. 乙丑合庚, 晦火生金, 落職.

甲木이 午월에 생하니 木火상관격이다. 年月 양 干은 土
金인데 뿌리가 없으니 버려두고 쓰지 않으며, 지지에는 두
卯와 하나의 寅이 있어서 日元이 강왕하니 반드시 丁火를
用神으로 삼아야 한다. 그러므로 사람됨이 권모(임기응변)
가 무리에서 빼어났고, 丁卯운에 학교에 들어가 과거에 오
르고 출사하여 현령이 됐으며, 丙寅운에 庚金을 완전히 극
제하니 관직과 자산이 크게 풍성했으며, 乙丑운에는 庚과
합하여 火를 어둡게 하고 金을 생하니 관직을 그만두었다.

乙　丙　乙　丙

未　辰　未　子

辛　庚　己　戊　丁　丙

丑　子　亥　戌　酉　申

丙日未月, 火土傷官. 四柱無金, 子水暵乾, 未土爲用.
第嫌乙木並透根深, 功名難遂. 初運丁酉丙申, 制化乙
木, 財喜稱心. 戊戌十年, 熙熙穰穰, 日熾日昌. 己運,
土無根, 木囘剋, 刑耗並見. 一交亥運, 木得生, 火逢

刲,[120] 得惡病而亡.

丙일 未월생으로 火土상관격인데 사주에 金이 없고 子水가 바싹 말랐으니 未土를 用神으로 삼는다. 다만 꺼리는 것은 乙木이 나란히 투출하고 뿌리가 깊어서 功名을 이루기 어려운 것인데, 초운인 丁酉·丙申은 乙木을 극제 인화하니 재물의 기쁨이 마음에 맞았고, 戊戌운 십 년은 즐겁고 풍족함이 날로 성하고 번창했으며, 己운에는 土가 根이 없고 木이 둘러싸고 극하니 형벌과 소모를 함께 만났으며, 亥운으로 바뀌어 木이 生을 만나고 火를 만나니 몹쓸 병을 얻어 사망하였다.

五曰, 傷官用官格 상관용관격

乙　戊　己　壬

卯　戌　酉　戌

乙　甲　癸　壬　辛　庚

卯　寅　丑　子　亥　戌

戊日酉月, 土金傷官. 地支兩戌, 燥而且厚. 妙在年干壬水, 潤土洩金而生木, 足以用官. 亥運, 財官皆得生

扶, 功名順遂. 壬子, 早遂仕路之志. 癸丑, 支拱金局,
服制重重. 甲寅乙卯二十年, 仕至侍郎.

戊일 酉월생으로 土金상관격이며, 지지의 양 戊은 건조
하고 또 두터운데, 묘하게도 年干에 있는 壬水가 土를 적
시고 金을 누설하고 木을 생하므로 官을 쓸 수 있다. 亥운
에는 財官이 모두 生扶를 만나니 功名이 순조롭게 이루어
졌고, 壬子운에는 일찍 벼슬길의 뜻을 이루었으며, 癸丑운
에는 지지가 金局으로 향하니 복 입을 일(초상)이 거듭되
었으며, 甲寅・乙卯 20년은 벼슬이 시랑121)에 이르렀다.

己 壬 己 庚

酉 申 卯 午

乙 甲 癸 壬 辛 庚

酉 申 未 午 巳 辰

壬水生于卯月, 水木傷官. 喜其官印通根, 年支逢財,
傷官有制有化, 日元生旺, 足以用官. 己122)運, 官星臨
旺, 采泮水之芹, 折蟾宮之桂. 壬午癸未, 南方火地, 出
宰名區, 鶯遷州牧. 甲申乙酉金得地, 木臨絕, 雖退歸,

---

121) 시랑(侍郎): 상서(尙書) 다음 가는 벼슬. 정승, 장관급 직책.
122) 己는 巳가 되어야 함.

而安享琴書, 其樂自如也.

　壬水가 卯월에 생하여 水木상관격인데, 기쁘게도 官과
印이 통근하고 年支에 財를 만났으며, 상관이 극제함도 있
고 引化함도 있어서 日元이 生旺하므로 官을 쓸 수 있다.
巳운에는 관성이 旺에 임하니 반수의 미나리를 캐고[123]
섬궁의 계수나무를 꺾었으며,[124]　壬午·癸未운에는 南方
의 火地이니 이름난 지역에 수령으로 나갔다가 주목으로
영전했으며, 甲申·乙酉운에는 金이 자리를 만나고 木이
絶에 임하니 비록 퇴지하고 귀향했으니 편인히 거문고를
타고 책을 읽는 풍류의 생활을 누렸으니 그 즐거움이 여전
하였다.

己　壬　辛　辛

酉　辰　卯　未

乙　丙　丁　戊　己　庚

酉　戌　亥　子　丑　寅

**壬水生于卯月, 水木傷官. 天干兩辛, 地逢辰酉, 益水
之源, 官之根固, 傷之蔭洩, 必以己土官星爲用. 己丑**

---

123) 采泮水之芹: 학교에 들어감.
124) 折蟾宮之桂: 과거에 급제함.

運, 采芹食廩, 戊子雖然蹭蹬秋闈, 而家業日增. 丁運亦無大患, 至亥運全會木局, 傷官肆逞, 刑耗並見而亡.

壬水가 卯월에 생하여 水木상관격인데, 천간에 양 辛이 있고 지지에 辰酉를 만나 水의 근원을 더하며 官의 뿌리가 견고하고 상관의 그늘이 설기되므로 반드시 己土관성을 용신으로 삼아야 한다. 己丑운에는 학교에 들어가 관급미를 먹었고, 戊子운에는 비록 과거시험에는 뜻을 이루지 못했으나 가업은 날로 불어났으며, 丁운에도 큰 재난은 없었는데, 亥운에 이르러 완전히 木局을 회합하여 상관이 멋대로 기세를 부리니 형모를 함께 만나 사망하였다.

癸 丙 己 癸

巳 午 未 酉

癸 甲 乙 丙 丁 戊

丑 寅 卯 辰 巳 午

丙午日元, 支類南方, 未土秉令, 己土透出, 火土傷官. 藏財受刼, 無官則財无存, 無財則官亦無根, 況火焰土燥, 官星並透, 以官爲用. 運至火土, 破耗刑喪. 乙卯甲寅運, 雖能生火, 究竟制傷衛官, 大獲財利, 納粟出仕.

癸丑壬子運, 由佐貳而升縣令, 名利兩全.

丙午 日元이 지지가 모두 南方이며 未土가 時令을 잡고
己土가 투출했으니 火土상관격이다. 내장된 財가 겁탈당
하므로 官이 없으면 財가 존재할 수 없고, 財가 없으면 官
또한 뿌리가 없으며, 더구나 火는 뜨겁고 土는 건조한데
관성이 양쪽에 투출했으므로 官을 用神으로 삼는다. 운이
火土에 이르자 파모 형상이 있었고, 乙卯·甲寅운에는 비
록 火를 生할 수 있지만 필경에는 傷을 제압하고 官을 보
호하니 財利를 크게 얻어 곡식을 바치고 출사했으며, 癸丑·
壬子운에는 좌이[125]를 거쳐 현령으로 승진하고 名利가 모
두 온전하였다.

六日, 假傷官格 가상관격

乙 丁 戊 戊

巳 巳 午 申

甲癸壬辛庚己

子亥戌酉申未

此火土傷官, 日主旺極. 喜其傷官發洩菁華, 更妙財星

---

125) 좌이(佐貳): 현령의 보좌관.

得用. 庚申辛酉運, 少年剏業, 發財十餘萬. 壬戌幸而水不通根, 雖有刑耗而無大患. 至癸亥運, 激火之烈, 洩財之氣, 不祿.

이 사주는 火土상관격으로 일주가 旺이 지극하다. 기쁘게도 상관의 발설이 아름답고 순수한데 다시 묘한 것은 재성을 쓸 수 있는 것이다. 庚申·辛酉운에는 어린 나이로 창업하여 십여 만금의 재산을 모았으며, 壬戌운에는 다행히 水가 통근하지 않아서 비록 형모는 있었으나 큰 재난이 없었으며, 癸亥운에 이르러 火의 맹렬함을 충격하고 財의 氣를 누설하니 사망하였다.

癸　壬　辛　壬

卯　子　亥　子

丁　丙　乙　甲　癸　壬

巳　辰　卯　寅　丑　子

六水乘權, 其勢泛溢, 全賴卯木洩其精英. 初交水運, 仍得生助木神, 平寗无咎. 甲寅乙卯, 正得用神之宜, 采芹食廩, 丁財並益. 一交丙辰, 羣比爭財, 三子剋二, 夫婦皆亡.

여섯 水가 권세를 타서 그 세력이 넘쳐흐르니 완전히 卯
木에 의지하여 그 순수하고 빼어난 기세를 누설해야 한다.
처음 水운을 만나서는 곧 木神을 생조할 수 있어서 평안하
고 재앙이 없었으며, 甲寅·乙卯운에는 바로 用神의 알맞
음을 만났으므로 학교에 들어가 관급미를 먹고 사람과 재
물이 함께 불어났는데, 한번 丙辰운으로 바뀌자 많은 비겁
이 財를 쟁탈하니 세 아들 중에 둘을 잃고 부부가 모두 사
망하였다.

癸　壬　壬　壬
卯　子　子　辰
戊　丁　丙　乙　甲　癸
午　巳　辰　卯　寅　丑

**此天干皆水, 支逢旺刃. 喜其支全卯辰, 精英吐秀, 所
以書香早遂. 但木之元神不透, 未免蹭蹬秋闈. 更嫌運逢
火地, 猶恐壽元不永. 交丙運, 庚午年, 水火交戰而亡.**

이 사주는 천간이 모두 水이고 지지에 旺刃을 만났는데
기쁘게도 지지에 卯辰을 갖추어 순수하고 아름답게 秀氣
를 토하니, 이 때문에 학업은 일찍 이루어졌으나 다만 木

의 元神이 투출하지 않아서 과거시험에 실패함을 면치 못했으며, 다시 또 꺼리는 것은 운에서 火地를 만나면 오히려 수명이 길지 못할까 두려운 것인데, 丙운이 도래하자 庚午년에 水火가 교전하여 사망하였다.

辛　戊　丙　戊

酉　辰　辰　午

癸　壬　辛　庚　己　戊　丁

亥　戌　酉　申　未　午　巳

此重重火土, 最喜酉時, 傷官透露, 洩其菁華. 三旬之前, 運走火土, 蹭蹬芸窗. 一交庚申, 雲程直上, 及辛酉壬戌癸亥四十載, 體用合宜, 由署郎出爲夛使, 從藩臬而轉封疆, 宦海無波.

이 사주는 火土가 중첩되었는데 가장 기쁜 것은 酉時로 상관이 투출하여 그 무성한 기운을 누설시키는 것이니, 30세 전에는 운이 火土로 달리므로 학업에 차질이 있었으며, 庚申운으로 바뀌자 청운의 길이 곧바로 상승하여 辛酉·壬戌·癸亥까지 40년 동안은 체와 용이 합당하므로, 서랑126)을 거쳐 치사127)가 되었으며 번얼(안찰사)에 종사하고 봉강(총독순무)으로 옮겼으니 벼슬길에 파란이 없었다.

丙 戊 辛 乙

辰 午 巳 酉

乙 丙 丁 戊 己 庚

亥 子 丑 寅 卯 辰

此火土當權, 乙木無根, 以辛金爲用. 辛丑年入泮, 後因運程不合, 屢困秋闈. 至丑運暗拱金局, 科甲連登. 丙子乙亥, 地支之水, 本可去火, 天干木火不合, 所以仕途蹭蹬, 未能顯秩耳.

이 사주는 火土가 권세를 잡고 乙木은 根이 없으니 辛金을 用神으로 삼는다. 辛丑년에 학교에 들어갔으나 뒤에 運의 노정이 합당치 않음으로 인하여 누차 과거시험에 곤고를 겪었고, 丑운에 이르러 金局으로 회합하니 과거에 연달아 합격했는데, 丙子·乙亥에 이르러 지지의 水는 본래 火를 제거할 수 있으나 천간의 木火가 합당치 않으므로 벼슬길에 차질이 있어서 현달하지 못했을 뿐이다.

---

126) 서랑(署郎): 관청서기.

127) 치사(豸使): 법을 담당하는 사신.

丙　戊　乙　丁

辰　午　巳　酉

己　庚　辛　壬　癸　甲

亥　子　丑　寅　卯　辰

此與前造只換一辛字.　據八字不及前造,　而運途却勝
于前, 亦以辛金爲用, 非官印論也. 丁丑年溼土生金晦火,
又全會金局, 發甲入詞林. 蓋運在辛丑, 正歲運皆宜也.

　이것은 앞의 사주와 다만 辛자 하나만 바꿨을 뿐인데,
八字를 근거로 하면 앞의 사주에 미치지 못하나 운도는 도
리어 앞의 사주보다 나으며, 역시 辛金을 用神으로 삼고
官印으로 논하지 않는다. 丁丑년에 溼土가 金을 생하고 火
를 어둡게 하며 다시 또 온전히 金局을 회합하여 과거에
합격하여 사림(한림원)에 들어갔으니, 그것은 대운이 辛丑
에 있어서 바로 세운이 모두 적합하기 때문이다.

辛　己　丙　丁

未　酉　午　丑

庚　辛　壬　癸　甲　乙

子　丑　寅　卯　辰　巳

此造土榮夏令, 金絶火生, 四柱水木全無. 最喜金透通根, 惜乎運走東方, 生火尅金, 不但功名蹭蹬, 而且財源鮮聚. 交辛丑運, 年逢戊辰, 晦火生金, 食神喜尅地, 秋闈得意, 名利裕如.

이 사주는 土가 夏令에 번영하고 金은 絶하고 火는 生하며 사주에 水木이 전혀 없다. 가장 기쁜 것은 金이 투출하여 통근한 것인데 애석하게도 운이 東方으로 달려서 火를 生하고 金을 尅하니, 功名에 차질이 있을 뿐 아니라 또한 재물의 근원노 보이지 않았으며, 辛丑운으로 바뀌어 戊辰년을 만나자 火를 어둡게 하고 金을 生하니 식신이 尅의 자리를 좋아하므로 과거에 뜻을 이루어 名利가 넉넉하였다.

**一淸到底有精神이니　管取生平富貴眞이요　澄濁求
淸淸得去니　時來寒谷也同春이니라**

하나의 淸氣가 철저하면 精과 神이 있으니 틀림없
이 평생토록 부귀가 참될 것이며, 탁한 것을 맑게
하여 淸함을 구하면 淸氣가 이루어질 것이니, 때가
오면 추운 골짜기에도 봄이 돌아오는 것이다.

[原注] 淸者不徒一氣成局之謂也니　如正官格에　身旺有財
어나　身弱有印이요　並無傷官七殺雜之며　縱有比肩食神偩才煞
印綬雜之라도　皆循序得所하여　有安頓커나　或作閑神니　不
來破局하여　乃爲淸奇요　又要有精神하여　不爲枯弱者佳라
濁非五行並出之謂니　如正官格에　身弱混之以煞이요　混之以

財며 以食神雜之면 不能傷我之官[128]이요 反與官星不和며 以印綬雜之면 不能扶我之身이요 反與財星相戕이니 俱爲濁이라 或得一神有力커나 或行運得所하여 以掃其濁氣하고 沖其滯氣하면 皆爲澄濁以求淸이니 皆富貴命矣니라

　청(淸)은 하나의 氣로 局을 이루는 것만을 말하는 것이 아니니, 가령 정관격에서 身旺할 때 財가 있거나 身弱할 때 印이 있고 아울러 상관이나 칠살이 거기에 혼잡함이 없으며, 비록 비견이나 식신·財·煞·인수 등이 거기에 혼잡됨이 있더라도 모두 차례대로 자리를 만나서 안착함이 있거나, 혹은 한신으로 간주한 것이 局을 파괴하지 않아서 마침내 맑고 기이함이 되며, 또 반드시 精과 神이 있어서 마르고 허약하게 되지 않으면 아름다운 것이다. 탁(濁)은 오행이 함께 아울러 나온 것을 말하는 것이 아니니, 가령 정관격에서 신약할 때 거기에 煞이 섞이고 財가 섞인 경우에 거기에 식신이 섞이면 煞을 손상하지 못하고 도리어 관성과 불화하며, 거기에 인수가 섞이면 身을 돕지 못하고 도리어 재성과 서로 다투니 모두 탁함이 된다. 혹 하나의 유력한 神을 만나거나 혹 行運에서 제자리를 만나서 그 탁기를 소제하고 체기를 沖하면 모두 탁기를 맑게 하여 청기를 구함이 되니 모두 富貴하는 命이다.

---

128) 官은 煞이 되어야 함.

【任注】　命之最難辨者，清濁兩字也．此章所重者，澄濁求清四字也．清而有氣，則精神貫足，清而無氣，則精神枯槁．精神枯即邪氣入，邪氣入則清氣散，清氣散則不貧即賤矣．

命에서 가장 분별하기 어려운 것이 淸과 濁 두 글자인데, 이 장에서 중요하게 여기는 것은 '징탁구청(澄濁求淸)' 네 글자이다. 淸하고 氣가 있으면 精과 神이 모두 넉넉하고, 淸하나 氣가 없으면 精과 神이 메마르니 精과 神이 메마르면 邪氣가 들어오고 邪氣가 들어오면 淸氣가 흩어지며, 淸氣가 흩어지는 경우에는 가난하지 않으면 천하게 된다.

夫清濁者，八字皆有也，非正官一端而論也．如正官格，身弱有印，忌財，財星不現，清可知矣．即使有財，不可便作濁論，須要看其情勢．如財與官貼，官與印貼，印與日主貼，則財生官，官生印，印生身，印之源頭更長矣．至行運再助其印綬，自然富貴矣．即使無財，不可便作清論，亦要看其情勢．或印星無氣，與官星不通，或印星太旺日主枯弱，不受印星之生，或官星貼日，印星遠隔，日主先受官剋，印星不能生化，至行運再逢財官，不

貧亦夭矣.

무릇 청과 탁은 八字에 모두 있으므로 正官 한 가지만을 논하는 것은 아니다. 가령 정관격에서 신약하고 인수가 있으면 재성을 꺼리므로 재성이 나타나지 않으면 淸함을 알 수 있는데, 설사 財가 있더라도 곧바로 濁으로 논해서는 안 되고 반드시 정세를 보아야 하니 만일 財와 官이 붙어 있고, 官과 印이 붙어 있고, 印과 日主가 붙어 있으면 財生官, 官生印, 印生身하여 인수의 근원이 더욱 길어지므로, 行運에서 다시 그 인수를 돕기에 이르면 서설로 부귀하게 되며, 설사 財가 없더라도 곧바로 淸으로 논해서는 안 되고 또한 반드시 그 정세를 보아야 하니 혹 인성이 無氣하고 관성과 통하지 않거나 혹 인성이 태왕한데도 日主가 메마르고 허약하여 인성의 생조를 받지 못하거나, 혹은 관성이 日主에 가까이 붙어 있고 인성이 멀리 떨어져 있어서 日主가 먼저 官의 극제를 받아 인성이 生化할 수 없을 때, 行運에서 다시 財官을 만나기에 이르면 가난하지 않으면 요절하게 된다.

如正官格, 身旺喜財, 所忌者印綬, 傷官其次也, 亦看情勢. 如傷官與財貼, 財與官貼, 官與比肩貼, 不特官星

無礙. 抑且傷官化刦生財, 財生官旺, 官之源頭更長, 至
行運再遇財官之地, 名利兩全矣. 如傷官與財星遠隔, 反
與官星緊貼, 財不能爲力, 至行運再遇傷官之地, 不貧亦
賤矣.

가령 정관격에서 신왕하여 財를 좋아할 때에는, 꺼리는
것은 인수이고 상관이 그다음이지만 역시 그 정세를 보아
야 하니, 만일 상관과 財가 붙어 있고, 財와 官이 붙어 있
고, 官과 비견이 붙어 있으면 관성에 장애가 없을 뿐 아니
라 또한 상관이 비겁을 引化하고 財를 生하며, 財가 生하
면 官이 旺해져서 官의 근원이 더욱 길어지므로 行運에서
다시 財官의 자리를 만나기에 이르면 名利가 모두 온전하
며, 만일 상관이 재성과 멀리 떨어져 있고 도리어 관성과
바짝 붙어 있다면 재성이 힘이 될 수 없으므로 行運에서
다시 상관의 자리를 만나기에 이르면 가난하지 않으면 천
하게 된다.

如傷官在天干, 財星在地支, 必須天干財運以解之. 傷
官在地支財星在天干, 必須地支財運以通之. 或財官相
貼, 而財神被合神絆住, 或被閑神刦占, 亦須歲運沖其合

神, 制其閑神, 皆爲澄濁求淸. 雖擧正官而論, 八格皆同
此論. 總之喜神宜得地逢生, 與日主緊貼者佳. 忌神宜失
勢臨絶, 與日主遠隔者美. 日主喜印, 印星貼身, 或坐下
印綬, 此卽日主之精神也. 官星貼印, 或坐下官星, 此卽
印綬之精神, 餘可例推.

만일 상관이 천간에 있고 재성이 지지에 있으면 반드시
천간의 財運으로 그것을 해결해야 하며, 상관이 지지에 있
고 재성이 천간에 있으면 반드시 지지의 財運으로 그것을
통하게 하며, 혹 財와 官이 서로 붙어 있을 때 財神이 다
른 合神에게 얽매임을 당하거나 혹은 한신에게 겁탈을 당
하는 경우에는 또한 반드시 歲運에서 그 合神을 沖하거나
그 한신을 제압해야만 모두 '탁기를 맑게 하여 청기를 구
함'이 되는 것이다. 비록 정관을 들어서 논하였으나 八格
이 모두 이 논리와 같으니, 총괄하여 말하자면 喜神은 마
땅히 자리를 만나고 生을 만나며 일주와 가까이 붙어 있어
야만 아름다우며, 忌神은 마땅히 세력을 잃고 絶地에 임하
며 일주와 멀리 떨어져 있어야만 아름답다. 일주가 인수를
좋아할 때 인성이 일주에 붙어 있거나 혹 인수에 앉아 있
으면 이것이 곧 일주의 精神이며, 관성이 인수에 붙어 있
거나 혹 관성에 앉아 있으면 이것이 곧 인수의 精神인 것

이니, 나머지도 같은 법식으로 추리할 수 있다.

乙　丙　甲　癸

未　寅　子　酉

戊　己　庚　辛　壬　癸

午　未　申　酉　戌　亥

丙生子月, 坐下長生, 印透根深, 弱中之旺. 喜其官星
當令, 透而生財,129) 所謂一淸到底有精神也. 更妙源流
不悖, 純粹可觀. 金水運中, 登科發甲, 名高翰苑. 惜中
運火土, 以致終老于詞林.

　丙 일주가 子월에 生하여 장생에 앉고 인수가 투출하여
뿌리가 깊으니 약한 가운데 왕하다. 기쁘게도 관성이 時令
을 맡고 투출하여 印을 生하니 이른바 '하나의 淸氣가 철
저하면 精과 神이 있다는 것'이며, 다시 또 묘한 것은 근
원의 흐름이 어긋나지 않아 순수함이 볼만하니 金水운 중
에 과거에 우등으로 급제하여 이름이 한원에 높이 알려졌
는데 애석하게도 中運의 火土로 인하여 사림(한림원)에서
노년을 마치기에 이르렀다.

---

129) 財는 印이 되어야 함.

$$\begin{array}{cccc}
辛 & 己 & 丙 & 甲 \\
未 & 亥 & 寅 & 子
\end{array}$$

$$\begin{array}{cccccc}
壬 & 辛 & 庚 & 己 & 戊 & 丁 \\
申 & 未 & 午 & 巳 & 辰 & 卯
\end{array}$$

春土坐亥, 財官太旺, 最喜獨印逢生, 財藏生官, 則印綬之元神愈旺, 氣貫生時, 而日主之氣不薄. 更妙連珠生化, 尤羨運途不悖. 所以恩分雕錦, 寵錫金蓮, 地近淸禁, 職居津要.

春土가 亥에 앉으니 財와 官이 太旺한데, 가장 기쁜 것은 하나의 印이 生을 만나고 財가 지지에서 官을 생하므로 인수의 元神이 더욱 왕하며 氣가 生時에 관통하여 일주의 氣가 약하지 않다. 다시 또 묘한 것은 구슬을 꿰듯 相生引化하는 것이며 더욱 부러운 것은 운도가 거스르지 않는 것이며, 이 때문에 왕의 은혜는 수놓은 비단을 베풀어 주고 왕의 총애는 황금 연꽃을 하사했으며 본인의 처지는 청금(궁궐)에서 가깝고 관직은 요직에 머물렀다.

丁　丙　甲　癸

酉　寅　子　未

戊　己　庚　辛　壬　癸

午　未　申　酉　戌　亥

此與前癸酉者, 大同小異. 前則官坐財地, 此則官坐傷地, 兼之子未相貼, 不但天干之官受剋, 卽地支之官亦傷. 更嫌刦入財鄕, 所謂財刦官傷, 縱使芹香早采, 仍蹭蹬秋闈. 辛酉庚申運, 干支皆財, 財如放梢春竹, 利如蔓草生枝, 家業豐裕. 一交己未, 傷妻剋子, 遭回祿, 家業大破, 可知窮通在運也.

이것은 앞의 癸酉 사주와 대동소이한데, 앞의 것은 官이 財地 위에 앉고 이것은 官이 傷地 위에 앉았으며 여기에 겸하여 子와 未가 서로 붙어 있으니 천간의 官이 극을 받을 뿐 아니라 곧 지지의 官 역시 손상당하며, 다시 또 꺼리는 것은 비겁이 財鄕에 들어가서 이른바 財가 겁탈당하고 官이 손상당하는 것이니 비록 학업은 일찍 시작했으나 마침내 과거시험에는 실패하였다. 辛酉・庚申운에는 干支가 모두 財이므로 재물은 꽃피는 나무나 봄의 죽순과 같고 이득은 덩굴풀이나 자라나는 가지와 같아서 가업이 풍족

하고 넉넉하였는데, 한번 己未운으로 바뀌자 처자를 해치
고 화재를 만나 가업이 대파했으니 곤궁과 영달이 運에 달
려 있음을 알 수 있다.

25. 濁氣 탁기

**滿盤濁氣令人苦하고　一局淸枯也苦人하니　半濁半
淸猶是可나　多成多敗度晨昏이니라**

　局에 가득 찬 것이 탁기라면 사람을 괴롭게 하고,
온 局이 청고해도 사람을 괴롭게 하니, 반탁 반청이
오히려 괜찮을 듯하나, 성공도 많고 실패도 많은 것
이니 아침저녁으로 헤아려야 한다.

　[原注] 柱中要尋他淸氣不出이요　行運又不能去其濁氣면
必是貧賤하며　若淸又要有精神爲妙니　如枯弱無氣요　行運又
不遇發生之地면　亦淸苦之人이며　濁氣又難去요　淸氣又不眞
커나　行運又不遇淸氣하여　又不脫濁氣者면　雖然成敗不一이
나　亦了此生平矣니라

　柱 중에서 사주의 청기를 찾으려 해도 나타나지 않고 行運에

서도 그 탁기를 제거하지 못하면 반드시 빈천하게 되며, 만약 청하더라도 반드시 精과 神이 있어야만 묘한 것인데, 가령 마르고 허약하고 無氣한 경우에 行運에서도 生氣를 발하는 자리를 만나지 못하면 또한 청렴하고 고달픈 사람이며, 탁기도 제거하기 어렵고 청기도 참되지 않거나 行運에서도 청기를 만나지 못하여 탁기를 벗어나지 못하는 경우에는 비록 성공과 실패가 일정치는 않으나 또한 이러한 생애를 마치게 되는 것이다.

【任注】　濁者四柱混雜之謂也. 或正神失勢, 邪氣乘權, 此氣之濁也. 或提綱破損, 亦求別用, 此格之濁也. 或官旺喜印, 財星壞印, 此財之濁也. 或官衰喜財, 比刦爭財, 此比刦之濁也. 或財旺喜刦, 官星制刦, 此官之濁也. 或財輕喜食傷, 印綬當權, 此印之濁也. 或身强殺淺, 食傷得勢, 此食傷之濁也. 分其所用, 斷其名利之得失, 六親之宜忌, 無不驗也.

탁(濁)은 사주가 혼잡한 것을 말하니 혹 정신(正神)이 세력을 잃고 사기(邪氣)가 권세를 타면 이것은 氣의 濁이며, 혹 제강이 파손되어 다시 또 다른 용신을 구하면 이것은 格의 濁이며, 혹 官이 왕하여 인수를 좋아하는데 재성이 인수를 파괴하면 이것은 財의 濁이며, 혹 官이 쇠하여 財를 좋아하는데 비겁이 財를 쟁탈하면 이것은 비겁의 濁이며, 혹 財가 왕하여 비겁을 좋아하는데 관성이 비겁을 제압하면 이 것은 官의 濁이며, 혹 財가 경미하여 식상을 좋아하는데 인 수가 권세를 잡으면 이것은 인수의 濁이며, 혹 身이 강하고 殺이 약할 때 식상이 세력을 얻으면 이것은 식상의 濁이니, 그 쓰이는 바를 분별하여 그 名利의 얻고 잃음과 육친의 좋 아하고 꺼림을 판단하면 증명되지 않음이 없을 것이다.

然濁與淸枯二字酌之, 甯使淸中濁, 不可淸中枯. 夫濁 者, 雖成敗不一, 多有險阻, 倘遇行運得所, 掃除濁氣, 亦有起發之機. 如行運又無安頓之地, 乃困苦矣. 淸枯 者, 不特日主無根之謂也, 卽日主有氣, 而用神無氣者, 亦是也. 枯又非弱比也. 枯者, 無根而朽也, 卽遇滋助之 鄕, 亦不能發生也. 弱者, 有根而嫩也. 所以扶之卽發, 助之卽旺, 根在苗先之意也.

그러나 濁을 청고(淸枯) 두 글자와 함께 헤아려 비교해 보면 차라리 淸한 가운데 濁氣가 있을지언정 淸한 가운데 枯氣가 있어서는 안 되니, 무릇 탁한 경우에는 비록 성패 가 일정치 않고 험하고 어려움이 많지만 혹 때마침 行運에서 제자리를 만나 탁기를 소제하면 또한 일어나서 발전할 기틀이 있는데, 만일 行運에 다시 또 편안히 자리 잡을 곳이 없으면 마침내 곤고하게 된다. 淸枯는 日主에 根이 없는 것을 말할 뿐 아니라 가령 日主가 有氣하더라도 용신이 無氣하면 역시 淸枯인 것이다. 枯는 또 弱과 비교되는 것이 아니니, 枯는 뿌리가 없어서 썩은 것이므로 설사 자양하여 도와주는 향을 만나더라도 生氣를 말할 수 없으며, 弱은 뿌리는 있으나 연약한 것이므로 그것을 부축해주면 즉시 일어나고, 그것을 도와주면 즉시 왕성해지는 것이니 근(根)이 묘(苗)보다 앞에 있다는 것이다.

凡命之日主枯者, 非貧卽夭, 用神枯者, 非貧卽孤. 所以淸有精神終必發, 偏枯無氣斷孤貧. 滿盤濁氣須看運, 抑濁扶淸也可亨, 試之驗也.

무릇 命에서 일주가 枯한 경우에는 가난하지 않으면 단명하고, 용신이 枯한 경우에는 가난하지 않으면 고독하니, 이 때문에 淸하고 精神이 있으면 마침내 반드시 발전하며, 偏枯되고 無氣하면 분명히 고독하고 빈궁한 것인데, 局에 가득한 것이 濁氣일지라도 반드시 운을 보아서 濁氣를 억제하고 淸氣를 부조하면 또한 형통한 것이니 시험해 보면 증명될 것이다.

$$\begin{array}{cccc}
\text{丁} & \text{戊} & \text{庚} & \text{乙} \\
\text{巳} & \text{戊} & \text{辰} & \text{亥}
\end{array}$$

$$\begin{array}{cccccc}
\text{甲} & \text{乙} & \text{丙} & \text{丁} & \text{戊} & \text{己} \\
\text{戊} & \text{亥} & \text{子} & \text{丑} & \text{寅} & \text{卯}
\end{array}$$

戊戌日元, 生于辰月巳時, 木退氣, 土乘權, 印綬重逢. 用官則被庚金合壞, 用食則官又不從化, 而火又剋金, 無奈何而用財. 又有巳時遙沖, 又不當令. 若邀庚金生助, 貪合忘生, 且遙隔無情, 所以起倒不一. 幸而財官尙有餘氣, 至乙亥運, 補起財官, 遂成小康.

戊戌 日元이 辰月 巳時에 生하여 木은 퇴기이고 土가 권세를 타며 인수를 거듭 만나니, 官을 쓸 경우에는 庚金에게 合하여 파괴당하고, 食을 쓸 경우에는 官이 다시 또 從化하지 않고 火가 또 金을 剋하므로 어쩔 수 없이 財를 써야 하는데, 또 巳時의 멀리서 沖함이 있고 時令도 맡지 못하며, 혹 庚金의 生助를 바라지만 庚金은 乙木과의 合을 탐하고 생조해줄 것을 잊으며, 또 멀리 막혀 있어서 무정하니 이 때문에 일어나고 쓰러짐이 일정치 않다. 다행히 財官에 아직 餘氣가 있으므로 乙亥운에 이르러 財官을 보충하여 일으키니 마침내 조금 안정된 생활을 하게 되었다.

己　丙　己　癸
丑　午　未　亥
癸甲乙丙丁戊
丑寅卯辰巳午

火長夏令, 原屬旺論, 然時在季夏, 火氣稍退. 兼之重疊傷官洩氣, 丑乃溼土, 能晦丙火之光, 以旺變弱, 濁氣當權, 清氣失勢. 兼之先行三十年火土運, 半生起倒多端. 至乙卯甲寅, 木疏厚土, 掃除濁氣, 生扶日元, 衛護官星, 左圖右史, 財茂業成.

火가 夏令에 태어났으므로 원래 旺의 논리에 속하겠으나, 시절의 위치가 季夏이니 火氣가 물러갈 때이며 아울러 중첩된 상관이 설기하고 丑은 곧 濕土로써 丙火의 빛을 어둡게 할 수 있으니, 旺을 弱으로 바꾸어 탁기가 권세를 잡고 청기가 세력을 잃게 됐으며 겸하여 30년간 火土운으로 먼저 행하니 반평생 동안 기복이 많았는데, 乙卯·甲寅에 이르러 木이 厚土를 소통시켜 탁기를 소제하고 日元을 生扶하며 관성을 호위하니, 집안에 장서가 풍부하고[130] 재물과 사업이 무성하게 이루어졌다.

---

130) 左圖右史(좌도우사): 당나라 때 楊誼(양의)의 방(서재) 좌우에 모두 책이 있었다는 고사에서 유래된 말.

己　庚　丁　丁

卯　午　未　卯

辛　壬　癸　甲　乙　丙

丑　寅　卯　辰　巳　午

此造大略觀之, 財生官, 官生印, 印生身, 似乎淸美. 無如午未南方, 火烈土焦, 能脆金, 不能生金. 且木從火勢, 又壞印綬, 無生化之情, 非淸枯而何? 更嫌運走東南, 一生未遂. 所謂明月淸風誰與共, 高山流水小知音也.

이 사주를 대략 살펴보면 財生官, 官生印, 印生身하여 청미(淸美)한 듯하지만, 아마도 午未는 南方으로 火가 맹렬하고 土가 초조하여 金을 연약하게 할 수 있을 뿐 金을 생하지 못하며, 게다가 木은 火의 세력을 따르고 다시 또 인수를 파괴하여 相生引化의 정이 없으니 청고(淸枯)함이 아니고 무엇이겠는가? 다시 또 꺼리는 것은 운이 東南으로 달리는 것이므로 일생 이룬 것이 없었으니, 이른바 명월청풍(明月淸風)을 누구와 함께하며, 고산유수(高山流水)를 알아주는 이가 없다는 것이다.

26. 眞神 진신

令上尋眞聚得眞이면　假神休要亂眞神이니　眞神得用生平貴요　用假終爲碌碌人이니라

月令 위에서 眞神을 찾아 진신을 갖추어 얻으면 假神이 진신을 어지럽게 하지 말아야 하니, 진신이 쓰임을 만나면 평생토록 귀하게 되고 가신을 쓰게 되면 마침내 평범하고 보잘것없는 사람이 된다.

[原注] 如木火透者에　生寅月하면　聚得眞이니　不要金水亂之요　眞神得用에　不爲忌神所害면　則貴하니　如參以金水猖狂하여　而用金水면　是金水又不得令이요　徒與木火不和니　乃爲碌碌庸人矣리라

가령 木火가 투출한 경우에 寅월에 생하면 진신을 갖추어 얻은 것이니, 金水가 그것을 어지럽혀서는 안 되며, 진신이 쓰임

을 만났을 때 기신에게 해침을 당하지 않으면 귀하게 되는데,
만일 金水의 창광함을 참고하여 金水를 쓰는 경우에는 金水는
또한 時令을 얻지 못하고 다만 木火와 不和하게 될 뿐이니, 마
침내 평범하고 보잘것없는 사람이 될 것이다.

【任注】 眞者, 得時秉令之神也. 假者, 失時退氣之
神也. 言日主所用之神, 在提綱司令, 又透出天干, 謂聚
得眞, 不爲假神破損, 生平富貴矣. 縱有假神, 安頓得
好, 不與眞神緊貼, 或被閑神合住, 或遙隔無力, 亦無害
也. 倘與眞神緊貼, 或相剋相沖, 或合眞神, 暗化忌神,
終爲碌碌庸人矣. 如行運得助, 抑假扶眞, 亦可功名小
遂, 而身獲康寗. 故喜神宜四生, 忌神宜四絶, 局內看眞
神, 行運看解神.

　眞은 때를 만나 時令을 잡은 神이고, 假는 때를 잃어 퇴
기한 神이다. 일주가 쓰는 神이 제강에서 時令을 맡고 다
시 또 천간에 투출하면 이른바 眞神을 갖추어 얻은 것이니
假神에게 파손당하지 않아야 평생토록 부귀하게 된다. 비
록 假神이 있더라도 편안히 자리 잡으면 좋은 것이니 眞神
과 바짝 붙어 있지 않아야 하며, 혹은 閑神에게 합주 당하
거나 혹은 멀리 떨어져 무력하면 또한 해로움이 없지만,

만일 眞神과 바짝 붙어 있거나, 혹은 相剋 相沖하거나, 혹은 眞神과 合하고 忌神으로 暗化하면 마침내 평범하고 보잘것없는 사람이 되는 것이다. 가령 行運에서 도움을 만나 假神을 억제하고 眞神을 돕는 경우에도 공명이 조금은 이루어지고 몸이 강령을 얻을 수 있으므로, 喜神은 四生地를 만나야 하고, 忌神은 四絶地를 만나야 하며, 局내에서는 眞神을 보고 行運에서는 解神을 보는 것이다.

是先天而爲地紀, 所以測地, 先看提綱以定格局. 中天而爲人紀, 所以範人, 次看人元司令而爲用神. 後天而爲天紀, 所以觀天, 後看天元發露而輔格助用. 是天地人之三式, 合而用之, 則造化之功成矣. 造化功成, 則富貴之機定矣. 然後再定運程之宜忌, 則窮通了然矣. 後學者須究三元之正理, 審其眞假, 察其喜忌, 究沖合之愛憎, 論歲運之宜否, 斯爲的當. 故法度雖可言傳, 妙用由人心悟也.

先天은 땅의 기강이 되므로 지기(地紀)로 지지를 헤아리고 먼저 제강을 보아서 격국을 정하는 것이며, 中天은 사람의 기강이 되므로 인기(人紀)로 人元을 규범하고 다음에 人元의 사령을 보아서 용신을 정하는 것이며, 後天은 하늘의 기강이 되므로 천기(天紀)로 天干(天元)을 관찰하고 뒤에 天元의 발로(發露)를 보아서 격을 보좌하고 용신을 돕는 것인데, 이것이 天地人의 세 가지 법식이므로 이것을 합하여 쓰면 조화의 공이 이루어지며, 조화의 공이 이루어지면 부귀의 기틀이 정해지는 것이니, 그런 뒤에 다시 운정(運程)의 적합한 것과 꺼리는 것을 결정하면 곤궁과 형통이 확실해질 것이다. 후학자들은 반드시 三元의 바른 이치를 연구하여 그 眞과 假를 살피고 그 喜와 忌를 관찰하며, 沖과 合의 愛와 憎을 궁구하여 歲運의 적합 여부를 논하면 확실하고 마땅하게 될 것이니, 그러므로 법과 제도는 비록 말로써 전할 수 있으나 신묘한 용법은 마음으로 깨닫는 데 달려 있는 것이다.

甲　己　丙　甲

子　丑　寅　子

壬　辛　庚　己　戊　丁

申　未　午　巳　辰　卯

山東劉中堂造. 己土卑薄, 生於春初, 寒溼之體, 其氣虛弱, 得甲丙並透, 印正官淸, 聚得眞也. 柱中金不現而水得化, 假神不亂. 更喜運走東南印旺之地, 仕至尙書,

有尊君芘民之德, 負經邦論道之才也.

  산동 유중당의 사주이다. 己土는 낮고 메마른 土로 春初
에 태어났으니 한습한 본체로 그 氣가 허약한데 甲과 丙이
함께 투출함을 만나 印綬가 바르고 官이 淸하므로 眞神을
갖추어 얻은 것이다. 사주 중에 金이 나타나지 않아 水가
化함을 만나니 假神이 어지럽히지 않으며 다시 기쁘게도
운이 東南 印旺의 자리로 달리니, 벼슬이 상서에 이르고
군왕을 존중하고 백성을 감싸주는 덕이 있으며 나라를 다
스리고 도를 논하는 재주를 지녔나.

乙　丙　壬　壬

未　子　寅　申

戊　丁　丙　乙　甲　癸

申　未　午　巳　辰　卯

**鐵制軍造, 殺逞財勢, 嫩木逢金. 最喜寅木, 眞神當令,
時干透出乙木元神. 寅申之沖, 謂之有病. 運至南方火
地, 去申金之病, 仕至封疆, 聲名赫弈. 有潤澤生民之
德, 懷任重致遠之才也.**

  철 제군[131]의 사주로 殺이 財의 세력을 펴게 하고 어린

木이 金을 만났는데, 가장 기쁜 것은 寅木이 眞神으로 時令을 맡고 時干에 乙木 元神을 투출한 것이며, 寅申의 沖을 病으로 여긴다. 運이 南方 火地에 이르자 申金의 病을 제거하여, 벼슬이 봉강에 이르고 명성이 크게 빛났으니 백성을 윤택하게 하는 덕이 있었고 중책을 맡아 원대한 임무를 다하는 재주를 지니고 있었다.

甲　壬　戊　庚

辰　子　寅　申

甲癸　壬辛　庚己

申未　午巳　辰卯

此造日臨旺地, 會局幫身, 不當弱論. 喜其時干甲木, 眞神發露. 所嫌者, 年遇庚申, 沖剋甲寅, 又逢戊土之助, 謂假亂眞. 雖然早采芹香, 屢困秋闈. 至壬午運, 制化庚金, 秋桂高攀, 加捐縣令. 申運沖寅, 假神得助, 不祿.

이 사주는 日主가 旺地에 임하고 申子辰 會局하여 身을 도우니 弱으로 논해서는 안 된다. 기쁜 것은 時干의 甲木이 眞神으로 드러난 것이며, 꺼리는 것은 年에 庚申을 만

나 甲寅을 충극하는데 다시 또 戊土의 도움을 만난 것이니 이른바 假神이 眞神을 어지럽히는 것이다. 비록 일찍 학교에 들어갔으나 누차 과거에 실패했으며, 壬午운에 이르러 庚金을 제화하니 과거에 급제하여 재물을 더 바치고 현령이 됐으며, 申운에 寅을 沖하여 假神이 도움을 받으니 사망하였다.

27. 假神 가신

**眞假參差難辨論이요 不明不暗受逃遭하나니 提網
不與眞神照라도 暗處尋眞也有眞이니라**

眞神과 假神은 번잡하고 가지런하지 않아서 분별
하여 논하기 어렵고, 밝지도 않고 어둡지도 않아서
나아가기 어렵게 되는 것이니, 제강이 眞神에게 비
추어 주지 않더라도 어두운 곳에서 眞神을 찾으면
또한 眞神이 있는 것이다.

[原注] 眞神得令하고 假神得局而黨多커나 假神得令하고
眞神得局而黨多하여 不見眞假之迹커나 或眞假皆得令得助
하여 不能辨其勝負而參差者면 其人雖無大禍라도 一生迍否
而少安樂이라 寅月生人이 不透木火하고 而透金爲用神이면

是爲提綱不照也니 得己土暗邀하고 戊土轉生하며 地支卯多
酉沖하고 乙庚暗化하며 運轉西方하면 亦爲有眞하여 亦或
發福이라 以上特擧眞假一端言耳니 其會局合神從化用神衰
旺情勢象格 및 心迹才德邪正緩急生死進退之例가 莫不有眞
假니 最宜詳辨之니라

　眞神이 時令을 만나고 假神이 局을 이루어 무리를 지음이 많
거나, 假神이 득령하고 眞神이 局을 이루어 무리를 지음이 많아
서 眞·假의 자취를 발견하지 못하거나, 혹은 眞神과 假神이 모
두 時令을 만나고 도움을 만나서 그 낮고 못함을 분별할 수 없
이 뒤섞인 경우에는 그 사람이 비록 큰 재앙이 없더라도 한평생
머뭇거리고 길이 막혀 안락함이 적은 것이다. 寅月生人이 木火
가 투출하지 않고 金이 투출하여 용신으로 삼는 경우에 이것을
제강이 비춰주지 않는 것이라 하는데, 己土를 만나서 몰래 맞아
들이고 寅 중 戊土가 金을 전생하며, 지지에 卯가 많아 酉를 沖
하고 乙庚이 暗化하며, 운이 西方으로 가면 또한 眞神이 있게
되어 역시 발복함이 있다. 이상은 다만 眞·假의 한 단서를 들
어서 말했을 뿐이니, 그 회국·합신·종화·용신·쇠왕·정세·
상격 및 심적·재덕·사정·완급·생사·진퇴 등의 예가 眞과
假에 있지 않음이 없으니, 가장 마땅히 자세히 분별해야 한다.

【任注】 氣有眞假, 眞神失勢, 假神得局, 法當以眞爲假, 以假爲眞. 氣有先後, 眞氣未到, 假氣先到, 法當以眞作假. 以假作眞. 如寅月生人, 不透甲木而透戊土, 而年月日時支, 有辰戌丑未之類, 亦可作用. 如不透戊土, 透之以金, 卽使木火司令, 而年日時支, 或得申字沖寅, 或得酉丑拱金, 或天干又有戊己生金, 此謂眞神失勢, 假神得局, 亦可取用.

氣에는 眞과 假가 있으니 眞神이 세력을 잃고 假神이 局을 이룬 경우에는 법칙상 마땅히 眞을 假로 간주하고 假를 眞으로 간주해야 하며, 氣에는 先과 後가 있으니 眞氣가 아직 도달하지 않고 假氣가 먼저 도달한 경우에는 법칙상 마땅히 眞을 假로 간주하고 假를 眞으로 간주해야 한다. 가령 寅月生人이 甲木이 투출하지 않고 戊土가 투출한 경우에 年月日時支 중에 辰戌丑未 등이 있으면 또한 작용할 수 있는데, 만일 戊土가 투출하지 않고 金이 투출했다면 설사 木火가 사령하더라도 年日時支에서 혹 申이 寅을 沖함을 만나거나 혹 酉丑이 金局을 이룸을 만나거나 혹은 천간에 다시 또 戊己土가 金을 생함이 있으면, 이것을 眞神이 세력을 잃고 假神이 局을 이루었다고 하는 것이니 역시

用神으로 취할 수 있다.

若四柱眞神不足, 假氣亦虛, 而日主愛假憎眞, 必須歲運扶眞抑假,[132] 亦可發福. 若歲運助眞損假, 凶禍立至. 此謂以實投虛, 以虛乘實. 是猶醫者知參芪之能生人, 而不知參芪之能害人也. 知砒虻之能殺人, 而不知砒虻之能救人也. 有是病而服是藥則生, 無是病而服是藥則死.

만약 사주에 眞神이 부족하고 假神의 氣도 역시 허약할 때 日主가 가신을 좋아하고 진신을 싫어하는 경우에는 반드시 歲運에서 가신을 부조하고 진신을 억제해야 또한 발복할 수 있으며, 만약 歲運에서 진신을 부조하고 가신을 손상한다면 凶禍가 곧바로 이르게 되니, 이것을 實한 것을 虛한 것에 투여하고 虛한 것을 實한 것에 태운다고 말하는 것이다. 이것은 마치 의원이 인삼과 황기가 사람을 살릴 수 있다는 것만 알고 사람을 해칠 수도 있다는 것을 모르며, 비상과 패모가 사람을 죽일 수 있다는 것만 알고 사람을 구제할 수도 있다는 것을 모르는 것과 같으니, 이러한 病이 있을 때 이 藥을 먹으면 살아나지만 이러한 病이 없는데도 이 藥을 먹으면 죽는 것이다.

---

132) 扶眞抑假는 문맥상 扶假抑眞이 되어야 함.

且命之貴賤不一, 邪正無常, 動靜之間, 莫不有眞假之迹, 格局尙有眞假, 用神豈無眞假乎? 大凡安享蔭庇現成之福者, 眞神得 用居多. 刱業興家, 勞碌而少安逸者, 假神得局者居多. 或眞神受傷者有之, 薄承厚刱. 多駁雜者, 眞神不足居多. 一生起倒, 世事崎嶇者, 假神不足居多. 細究之, 無不驗也.

또 命은 귀함과 천함이 한결같지 않고, 삿되고 올바름에 일정함이 없어서, 動靜하는 사이에 眞과 假의 자취가 있지 않음이 없으며, 格局에도 반드시 眞과 假가 있는 것인데, 用神에 어찌 眞과 假가 없겠는가? 무릇 조상의 음덕으로 현세에 이루어지는 복을 편안히 누리는 자는 眞神이 쓰임을 만나는 경우가 대부분을 차지하고, 새로 사업을 시작하고 집안을 일으켜 애써 일하면서 조금은 편하게 지내는 자는 假神이 局을 이룬 경우가 대부분을 차지하며, 혹 眞神이 손상당함이 있는 것은 박하게 이어받아 후하게 창업한 것이고, 박잡함이 많은 것은 眞神이 부족한 경우가 대부분을 차지하며, 일생 일어났다 쓰러졌다 하면서 세상사가 기구한 자는 假神이 넉넉하지 못한 경우가 대부분을 차지하니, 이것을 자세히 연구하면 응험하지 않음이 없을 것이다.

庚　壬　戊　乙

戌　午　寅　酉

壬 癸 甲 乙 丙 丁

申 酉 戌 亥 子 丑

壬水生於立春二十二日，　正當甲木眞神司令，　而天干土金並透，地支通根戌酉，此謂眞神失勢，假神得局. 用以庚金化煞，法當以假作眞，純粹可觀. 雖嫌支全火局，剋金灼水，喜其火不透干，又得戊土生化，更妙運走西北. 所以早登雲路，甲第蜚聲，仕至封疆. 有利民濟物之志，稟秀德眞儒之器，總嫌火局爲病，仕路未免起倒耳.

壬水가 입춘 후 22일에 태어났는데 마침 甲木 眞神이 사령하는 때를 만나고 천간에는 土와 金이 함께 투출하여 지지에서 戌과 酉에 통근했으니, 이것을 眞神이 세력을 잃고 假神이 局을 이룬 것이라고 하므로, 庚金을 써서 煞을 化해야 하니 법칙상 마땅히 假를 眞神으로 삼으면 순수함이 볼만하다. 비록 지지가 전부 火局으로 金을 극하고 水를 말리는 것을 꺼리지만 기쁘게도 火가 천간에 투출하지 않고 또 戊土가 金을 生하고 火를 引化하며, 다시 묘하게도 운이 西北으로 달림을 만나니, 이 때문에 일찍 청운(벼슬)의 길에 올라 갑과에 급제하여 명성을 날리고 벼슬이 봉강에 이르렀으니, 백성을 이롭게 하고 만물을 구제하는 뜻을 지니고, 빼어난 덕과 참된 선비의 기량을 타고났는데, 마침내 火局이 病이 됨을 꺼리므로 벼슬길에 기복을 면치 못했을 뿐이다.

癸　癸　戊　庚

丑　未　寅　戌

乙 甲 癸 壬 辛 庚 己

酉 申 未 午 巳 辰 卯

癸水生於立春二十六日, 正當甲木眞神司令, 而天干土金並透, 地支丑戌通根. 傷官雖當令, 而官殺之勢縱橫, 卽使傷敵殺, 而日主反洩, 況未能敵乎? 庚金雖是假神, 無如日主愛假憎眞, 用以庚金, 有兩歧之妙. 一則化殺官之强暴, 二則生我之日元時干, 比肩幫身, 又能潤土養金. 第中運南方, 生殺壞印, 奔馳不遇. 至甲申, 運轉西方, 用神得地, 得軍功飛升知縣. 乙酉更佳, 仕至州牧. 一交丙壞庚, 不祿.

癸水가 입춘 후 26일에 태어났는데 마침 甲木 眞神이

사령하는 때를 만나고 천간에는 土와 金이 함께 투출하여
지지의 丑과 戌에 통근했으니 상관이 비록 時令을 담당했
으나 관살의 세력이 종횡으로 행동하므로 설령 상관이 殺
을 대적한다 하더라도 日主가 도리어 누설되는데 하물며
대적도 하지 못함이랴? 庚金이 비록 假神이지만 아마도
日主가 假神을 좋아하고 眞神을 싫어하므로 庚金을 쓰면
두 갈래의 묘함이 있으니, 하나는 殺과 官의 강포함을 引
化하는 것이고, 두 번째는 나의 日元과 時干을 生하여 비
겨이 일주를 두우며 다시 또 土를 적셔 金을 자양하게 힐
수 있는 것이다. 다만 中運이 南方이므로 殺을 生하고 인
수를 파괴하여 부지런히 뛰어다녀도 기회를 만나지 못하
였고, 甲申에 이르러 운이 西方으로 옮겨 용신이 자리를
만나니 군대의 공을 이루어 지현으로 승진했으며, 乙酉운
은 더욱 아름다우니 벼슬이 주목에 이르렀는데, 한번 丙으
로 바뀌어 庚金을 파괴하니 사망하였다.

己 辛 己 丙

亥 酉 亥 子

乙 甲 癸 壬 辛 庚

巳 辰 卯 寅 丑 子

此造, 以俗論之, 寒金喜火, 金水傷官喜見官, 且日主專祿, 必用丙火無疑. 不知水勢猖狂, 病竊去命主元神. 不但不能用官, 卽或用官, 而丙火全無根氣, 必須用己土之印, 使其止水, 生金衛火. 丙入亥宮臨絕, 欲使丙火生土, 而丙火先受水剋, 焉能生土? 所以己土反被水傷, 眞神無情, 假神虛脫. 初運庚子辛丑, 比刼幫身, 叨蔭之福, 衣食頗豐. 壬運丁艱. 一交寅運, 東方木地, 虛土受傷, 破蕩祖業, 刑妻剋子, 出外不知所終.

이 사주는 세속에서 논하기를 寒金은 火를 좋아하니 金水상관격으로 官을 만나는 것이 좋다고 하며, 또 日主가 녹을 독점했으니 반드시 丙火를 써야 함은 의심할 것이 없다고 하나, 水의 세력이 창광하여 命主의 원신을 훔쳐가는 것이 病이 됨을 모르기 때문이니, 官을 쓸 수 없을 뿐 아니라 설사 官을 쓴다고 해도 丙火는 根氣가 전혀 없으니, 반드시 己土인수를 써서 水를 저지하고 金을 생하고 火를 호위하게 한다. 丙은 亥官에 들어가면 絕地에 임하게 되니 丙火로 하여금 土를 생하게 하려고 해도 丙火가 먼저 水에 극을 당하니 어떻게 土를 생할 수 있겠는가? 이 때문에 己土가 도리어 水에게 손상을 당하므로 眞神은 무정하고 假

神은 허탈해지는 것이다. 초운 庚子·辛丑에는 비겁이 일주를 도우니 조상의 복을 차지하여 의식이 제법 풍족하였고, 壬운에는 부모상을 당했으며, 寅운으로 바뀌어 東方 木地가 되자 허한 土가 손상을 당하니, 조업을 파산 탕진하고 처자를 형극한 후에 밖으로 나갔는데 종말을 모른다.

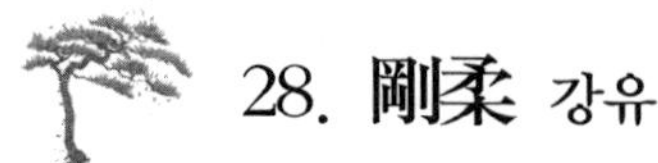

28. 剛柔 강유

柔剛不一也니 不可制者엔 引其性情而已矣니라

柔와 剛은 한결같지 않으니 제재할 수 없는 경우
에는 그 성정을 이끌어낼 뿐이다.

[原注] 剛柔相濟는 不必言也나 太剛者濟之以柔하여 而
不得其情이면 而反助其剛矣라 譬之武士而得士卒이면 則成
殺伐이니 如庚金生於七月에 遇丁火而激其威요 遇乙木而助
其暴요 遇己土而成其志요 遇癸水而益其銳라 不如柔之剛者
로 濟之可也니 壬水是也라 蓋壬水有正性하여 而能引通庚
之情故也니 若以剛之剛者激之면 其禍曷勝言哉리오 太柔者
濟之以剛하여 而不馭其情이면 而反益其柔也라 譬之烈婦而
遇恩威면 則成淫賤이니 如乙木生於八月에 遇甲丙壬而喜하
여 則輸情이나 遇戊庚盛而畏하여 則失身이라 不如剛之柔

者로 濟之可也니 丁火是也라 蓋丁火有正情하여 則能引動
乙木之情故也니 若以柔之柔者合之면 其弊將何如哉리오 餘
皆例推니라

　강함과 부드러움이 서로 상대를 구제하는 것은 말할 필요가
없으나, 지나치게 강한 경우에 그것을 부드러운 것으로 구제하
려다가 그 情을 얻지 못하면 도리어 그 강함을 돕게 되므로 비
유하건데 무사가 병졸을 만나면 살벌한 기세를 이루는 것과 같
으니, 가령 庚金이 七月에 생한 경우에 丁火를 만나면 그 위세
를 격렬하게 하고, 乙木을 만나면 그 사나움을 돕고, 己土를 만
나면 그 뜻을 이루게 하고, 癸水를 만나면 그 예리함을 더하므
로 柔한 것 중에 剛한 것으로 구제할 때의 옳은 것만 못하니 壬
水가 바로 그것인데, 그 까닭은 壬水는 바른 성정을 지니고 있
어서 庚金의 情을 이끌어 유통시킬 수 있기 때문이니 만약 강한
중에 강한 것으로 그 위세를 격렬하게 한다면 그 禍를 어떻게
이루 다 말하겠는가? 지나치게 부드러운 경우에 그것을 강한
것으로 구제하려다가 그 情을 다스리지 못하면 도리어 그 부드
러움을 더하게 되므로, 비유하건대 절개 곧은 여인이 은혜나 위
력을 만나서 음천하게 되는 것과 같으니, 가령 乙木이 八月에
生한 경우에 甲丙壬을 만나면 기뻐서 곧 정을 다 쏟지만, 戊庚
이 성한 것을 만나면 두려워서 곧 자신을 잃으므로 剛한 것 중
에 柔한 것으로 구제할 때의 옳은 것만 못하니 丁火가 바로 그
것인데, 그 까닭은 丁火는 바른 성정을 지니고 있어서 乙木의

情을 이끌어 움직이게 할 수 있기 때문이니, 만약 柔한 것 중에 柔한 것으로 그것과 합하게 한다면 그 폐해가 장차 어떠하겠는가? 나머지도 모두 예와 같이 헤아린다.

【任注】　剛柔之道, 陰陽健順而已矣. 然剛之中未嘗無柔, 所以陽喻乾, 乾生三女, 是柔取乎剛. 柔之中未嘗無剛, 所以陰喻坤, 坤生三男, 是剛取乎柔. 夫春木夏火秋金冬水季土, 得時當令, 原局無剋制之神, 其勢雄壯, 其性剛健, 不洩則不淸, 不淸則不秀, 不秀則爲頑物矣. 若以剛斲其柔,[133] 謂寡不敵衆, 反激其怒而更剛矣.

剛과 柔의 도리는 陰과 陽, 建과 順일 뿐이다. 그러나 강함 가운데에 유함이 없는 적이 없으므로 陽이 乾에 비유되고 乾에서 三女가 생기는[134] 까닭은 柔가 剛에서 취해지기 때문이며, 유함 가운데에 강함이 없는 적이 없으므로 陰이 坤에 비유되고 坤에서 三男이 생기는[135] 까닭은 剛이 柔에서 취해지기 때문이다. 무릇 봄의 木과 여름의 火와 가을의 金과 겨울의 水와 四季의 土는 때를 만나 時令을 담당한 것이니, 원국에 극제하는 神이 없어서 그 세력이 웅장하고 그

---

133) 剛斲其柔는 柔斲其剛이 되어야 함.
134) 乾괘에서 三女가 생겨 兌괘가 됨.
135) 坤괘에서 三男이 생겨 艮괘가 됨.

성질이 강건한 경우에는 누설시키지 않으면 맑지 않고, 맑지 않으면 빼어나지 않고, 빼어나지 않으면 완고한 물건이 되는데, 만약 유약한 것으로 그 강함을 제재하려 한다면 이른바 적은 병력으로는 많은 병력을 대적하지 못한다는 것이므로 도리어 그 노여움을 격렬하게 하여 더욱 강해진다.

春金夏水秋木冬火仲土, 失時無炁, 原局無生助之神, 其勢柔軟, 其性至弱, 不刦則不闢, 不闢則不化, 不化則 爲朽物矣. 畧以柔引其剛,[136] **謂虛不受補, 反益其弱而 更柔矣. 是以洩者, 有生生之妙, 尅者有成就之功, 引者 有和悅之情, 從者有變化之妙. 尅洩引從四字, 宜詳審之 不可槪定. 必須以無入有, 向實尋虛, 斯爲元妙之旨.**

봄의 金과 여름의 水와 가을의 木과 겨울의 火와 四仲의 土는 때를 잃어 기운이 없는 것이니 원국에 生助하는 神이 없어서 그 세력이 부드럽고 그 성질이 지극히 약한 경우에는 부축해주지 않으면 열리지 않고, 열리지 않으면 변화되지 않고, 변화되지 않으면 쇠약하여 쓸모없는 물건이 되는데, 강한 것으로 그 유약함을 이끌려고 한다면 이른바 허약한 기력으로는 보약을 받아들이지 못한다는 것이므로

---

136) 柔引其剛은 剛引其柔가 되어야 함.

도리어 그 약함을 더하게 하여 더욱 유약해진다. 그러므로 洩하는 경우에는 끊임없이 생성하는 묘함이 있고, 剋하는 경우에는 성취시키는 공이 있고, 이끌어주는 경우에는 화합하고 기뻐하는 정이 있고, 從하는 경우에는 변화의 묘함이 있으니, 극설인종(剋洩引從) 네 글자를 상세히 살펴야 하고 대충 결정해서는 안 되며, 반드시 無에서 有로 들어가고 實에서 虛를 찾아야만 가장 묘한 뜻이 되는 것이다.

若庚金生於七月, 必要壬水, 乙木生於八月, 必要丁火, 雖得制化之義, 亦死法也. 設使庚金生於七月, 原局先有木火, 而壬水不見, 又當何如? 莫非棄明現之木火, 反用暗藏之壬水乎? 乙木生於八月, 四柱先有剋印, 而丁火不現, 莫非棄現在之剋印, 反求無形之丁火乎? 大凡得時當令, 四柱無剋制之神, 用食神順其氣勢, 洩其菁英, 暗處生財, 爲以無入有. 失時休囚, 原局無剋印幫身, 用食神制殺, 殺得制則生印, 爲向實尋虛. 宜活用, 切勿執一而論也.

가령 庚金이 七月에 生하면 壬水를 필요로 하고, 乙木이 八月에 生하면 丁火를 필요로 한다는 것은 비록 제화의 뜻을 얻었더라도 사법137)이니, 설사 庚金이 七月에 生하더라도 원국에 먼저 木火만 있고 壬水가 보이지 않으면 또한 마땅히 어떻게 할 것인가? 설마 밝게 드러난 木火를 버리고 오히려 암장된 壬水를 쓸 것인가? 乙木이 八月에 生하였는데 四柱에 먼저 刦과 印이 나타나 있고 丁火가 보이지 않으면, 설마 나타난 刦印을 버리고 오히려 형체가 없는 丁火를 찾을 것인가? 대체로 때를 만나고 당령한 경우에 사주에 극제하는 神이 없으면 식신을 써서 그 기세를 따라야 하니 그 슈수하고 빼어남을 누설시키고, 암처에서 財를 생하게 되면 無에서 有로 들어감이 되며, 때를 놓치고 휴수된 경우에 원국에 刦이나 印의 일주를 도움이 없으면 식신을 써서 殺을 제압해야 하니, 殺이 제압당하여 인수를 생하게 되면 實에서 虛를 찾음이 되므로 알맞게 활용해야 하는 것이니, 절대로 한 가지만을 고집하여 논하지 말아야 한다.

甲 庚 戊 壬

申 辰 申 申

甲 癸 壬 辛 庚 己

寅 丑 子 亥 戌 酉

---

137) 사법(死法): 실제로 행해지지 않는 법.

庚金生於七月，地支三申，旺之極矣．時干甲木無根，用年干壬水，洩其剛殺之氣．所嫌者，月干梟神奪食．初年運走土金，刑喪早見，祖業無恆．一交辛亥，運轉北方，經營得意，及壬子癸丑三十年，財發十餘萬．其幼年未嘗讀書，後竟知文墨，此亦運行水地，發洩菁華之意也．

庚金이 七月에 生하고 지지에 세 개의 申이 있으니 旺이 지극하다. 時干의 甲木이 뿌리가 없으므로 年干의 壬水를 써서 그 강하고 살벌한 기를 누설시켜야 하는데, 꺼리는 것은 月干의 효신이 食을 빼앗는 것이다. 초년운이 土金으로 달리니 형상을 일찍 만나고 조업도 일정함이 없었으며, 辛亥로 바뀌어 운이 北方으로 옮겨가자 경영에 뜻을 이루어 壬子·癸丑까지 30년 동안 십여 만금의 재물을 모았다. 그 유년기에는 글을 읽은 적이 없고 뒤늦게 마침내 문묵138)을 알았으니, 이것은 또한 운이 水地로 행하여 순수하고 빼어난 뜻을 발설했기 때문이다.

---

138) 문묵(文墨): 시문(詩文)과 서화(書畵).

丙　庚　戊　壬

戌　寅　申　戌

乙 甲 癸 壬 辛 庚 己

卯 寅 丑 子 亥 戌 酉

庚金生於七月, 支類土金, 旺之極矣. 壬水坐戌逢戊, 梟神奪盡, 時透丙火, 支拱寅戌, 必以丙火爲用. 惜運走四十載土金水地, 所以五旬之前, 一事無成. 至甲寅運剋制梟神, 生起丙火, 及乙卯二十年, 財發巨萬. 所謂蒲柳望秋而凋, 松柏經冬而茂也.

庚金이 七月에 生하고 지지가 모두 土金이니 旺이 지극하다. 壬水는 戌에 앉고 戊를 만나 효신에게 다 빼앗겼으며, 時에 丙火가 투출하고 지지에서 寅戌이 에워싸니 반드시 丙火를 용신으로 삼아야 하는데, 애석하게도 운이 40년 동안 土金水地로 달리니 이 때문에 50세 전에는 한 가지 일도 이룬 것이 없었고, 甲寅운에 이르러 효신을 극제하고 丙火를 生하여 일으키자 乙卯까지 20년간 매우 많은 재산을 모았으니, 이른바 버드나무는 가을을 바라보기만 해도 시들지만, 송백은 겨울을 지나고도 무성하다는 것이다.

$$
\begin{array}{cccc}
丁 & 乙 & 丁 & 辛 \\
丑 & 未 & 酉 & 酉
\end{array}
$$

辛 壬 癸 甲 乙 丙
卯 辰 巳 午 未 申

乙木生於八月, 木凋金銳. 幸日主坐下庫根, 干透兩丁, 足以盤根制殺, 祖業豊盈, 芹香早采. 但此造之病, 不在殺旺, 實在丑土, 丑土之害, 不特生金晦火, 其害在丑未之沖也. 天干木火, 全賴未中一點微根, 沖則被丑中金水暗傷, 以致秋闈難捷. 至癸巳運, 全無金局, 癸水剋丁, 遭水厄而亡.

乙木이 八月에 생하니 木은 시들고 金은 예리한데, 다행히 日主가 庫에 앉아 통근하고 천간에 두 丁이 투출하여 뿌리를 내리고 殺을 제압할 수 있으므로 조업이 풍족하고 일찍 학교에 들어갔는데, 다만 이 사주의 病은 殺이 旺한데 있지 않고 실제로는 丑未에 있으니, 丑土의 해로움은 金을 생하고 火를 어둡게 할 뿐 아니라 그 해로움이 丑未의 沖에 있으므로, 천간의 木火가 완전히 未 중의 한 점 미약한 根에 의지하고 있는데, 沖이 되면 丑 중 金水에게 暗傷을 당하니, 이 때문에 과거시험에서 합격하기 어려움

에 이르렀으며, 癸巳운이 되자 온전히 모두 金局을 이루고
癸水가 丁을 극하니 수액(水厄)을 만나서 죽었다.

甲　乙　己　戊

申　亥　酉　辰

乙　甲　癸　壬　辛　庚

卯　寅　丑　子　亥　戌

乙木生於八月, 財生官殺, 弱之極矣. 所喜者, 坐下印
綬引通官殺之氣. 更妙甲木透時, 謂藤蘿繫甲, 出身雖寒
微, 至亥運入泮. 壬子聯登甲第, 及壬癸運, 早遂仕路之
光. 丑運丁艱. 甲寅剋土扶身, 不次升遷. 乙卯仕至侍
郎. 此造之所喜者, 亥水也, 若無亥水, 不過庸人耳. 然亥
水必要坐下, 如在別支, 不得生化之情, 功名不過小就耳.

　乙木이 八月에 生하고 財가 관살을 생하니 약함이 지극
하다. 기쁜 것은 坐下의 인수가 관살의 氣를 이끌어 유통
시키는 것이며, 다시 묘하게도 甲木이 時干에 투출하여 이
른바 등나무가 甲木을 타고 오르는 格이니, 출신은 비록
한미했으나 亥운에 이르러 학교에 들어가고, 壬子운에 연
달아 과거에 급제하고 壬癸운에 이르러 벼슬길의 빛을 일

찍 이루었으며, 丑운에는 부모상을 당하였으며, 甲寅운에
는 土를 극하고 日主를 도우니 차례를 밟지 않고 발탁되어
승진했으며, 乙卯에는 벼슬이 시랑(총리)에 이르렀다. 이
사주에서 좋은 것은 亥水이니, 만약 亥水가 없었다면 평범
한 사람에 지나지 않을 뿐이다. 그러나 亥水는 반드시 日
主의 자리 아래에 있어야 하며, 만약 다른 지지에 있으면
生化의 정을 얻지 못하여 공명을 작게 성취하는 데 불과할
뿐이다.

29. 順逆 순역

順逆不齊也니 不可逆者엔 順其氣勢而已矣니라

순과 역은 똑같지 않은 것이니, 기스를 수 없는
경우에는 그 기세를 따를 뿐이다.

[原注] 剛柔之道는 可順而不可逆이니 崑崙之水는 可順
而不可逆也며 其勢已成이면 可順而不可逆也며 權在一人이
면 可順而不可逆也며 二人同心이면 可順而不可逆也니라

강과 유의 도리는 순종해야 하고 거슬러서는 안 되니, 곤륜의
물은 순종해야 하고 거슬러서는 안 되며, 그 세력이 이미 이루
어진 경우에는 순종해야 하고 거슬러서는 안 되며, 권력이 한
사람에게 있는 경우에는 순종해야 하고 거슬러서는 안 되며, 두
사람이 마음을 함께하는 경우에는 순종해야 하고 거슬러서는
안 되는 것이다.

【任注】 順逆之機, 進退不悖而已矣. 不可逆者, 當令得勢之神, 宜從其意向也. 故四柱有順逆, 其氣自當有辨, 五行有顚倒, 作用各自有法. 是故氣有乘本勢而不顧他雜者, 氣有借他神而可以成局者. 無有從旺神而不可剋制者, 無有依弱資扶者. 所以制殺莫如乘旺, 化殺正以扶身, 從殺乃依權勢, 留殺正爾迎官.

順逆의 기틀은 나아가고 물러감이 어긋나지 않는 것일 뿐이다. 거스를 수 없는 것은 時令을 담당하여 세력을 얻은 神이니 마땅히 그의 뜻을 따라야 하는 것이다. 그러므로 사주에는 順逆이 있어서 그 氣도 자연히 분별이 있어야 하며 오행에는 전도됨이 있어서 작용에도 각각 법칙이 있는 것이니, 그러므로 氣는 근본이 되는 세력을 타고 다른 잡된 것을 돌아보지 않는 경우도 있고, 氣가 다른 神을 빌려서 局을 이룰 수 있는 경우도 있지만, 旺神을 따르고 있어서 극제할 수 없는 경우도 없고, 약한 것에 의지하고 있어서 도와야 하는 경우도 없으니, 이 때문에 殺을 제압하는 데는 旺氣를 타는 것만 한 것이 없으며, 殺을 化하는 것은 바로 身을 돕는 것이고, 殺을 따르는 것은 곧 권세에 의지하는 것이며, 殺을 남겨두는 것은 바로 官을 가까이 맞이하는 것이다.

其氣有陰有陽, 陽含陰生之兆, 陰含陽化之妙. 其勢有淸有濁, 濁中淸, 貴之機, 淸中濁, 賤之根. 逆來順去富之基, 順來逆去貧之意. 此卽順逆之微妙, 學者當深思之.

그 氣에는 陰이 있고 陽이 있으니, 陽氣는 陰이 발생하는 조짐을 포함하고, 陰氣는 陽으로 化하는 묘함을 포함하며, 그 기세에는 淸이 있고 濁이 있으니, 탁한 가운데 청한 것은 貴함의 기틀이고, 청한 가운데 탁한 것은 賤함의 뿌리이며, 逆으로 와서 順으로 가는 것은 富(부유)의 기반이고, 順으로 와서 逆으로 가는 것은 貧(가난)의 뜻이니, 이것은 곧 순역의 미묘함이므로 학자들은 마땅히 이것을 깊이 생각해야 한다.

書云, 去其有餘, 補其不足. 雖是正理, 然亦不究深淺之機, 只是泛論耳. 不知[139]四柱之神, 不拘財官殺印食傷之類, 乘權得勢, 局中之神, 又去助其强暴, 謂二人同心. 或日主得時秉令, 四柱皆拱合之神, 謂權在一人. 只可順其氣勢以引通之, 則其流行而爲福矣. 若勉强得制, 激怒其性, 必罹凶咎, 須詳察之.

---

139) 不知는 연문인 듯함.

명리서에 그 유여한 것을 제거하고 그 부족한 것을 보충하라고 했는데, 비록 그것이 바른 도리이나 또한 깊고 얕은 기틀을 연구하지 않으면 다만 그것은 일반적인 논리일 뿐이다. 사주의 神이 財·官·殺·印·食傷 등에 구애받지 않고 권세를 타고 세력을 얻었는데 局중의 神이 다시 또 그 강포함을 돕는다면 이른바 두 사람이 마음을 함께하는 것이며, 혹 일주가 때를 만나 時令을 잡고 사주가 모두 손을 잡아 合을 이루는 神이면 이른바 권력이 한 사람에게 있는 것이니, 다만 그 기세에 순종하여 그것을 이끌어 통하게 할 수 있다면 그 기세가 유행하여 福이 되지만, 만약 제압하는 데에만 힘쓴다면 그 성정을 격분시켜서 반드시 재난을 만날 것이니 반드시 이것을 자세히 살펴야 한다.

庚　庚　庚　庚

辰　申　辰　辰

丙　乙　甲　癸　壬　辛

戌　酉　申　未　午　巳

天干皆庚, 又坐祿旺, 印星當令, 剛之極矣. 謂權在一人, 行伍出身. 壬午癸未運, 水蓋天干地支之火, 難以剋金, 故無害. 一交甲申, 西方金地, 及乙酉合化皆金, 仕

至總兵. 丙運犯其旺神, 死於軍中.

천간이 모두 庚이고 또 녹왕에 앉으며 인성이 당령했으므로 강함이 지극하니, 이른바 권력이 한 사람에게 있다는 것인데 군대를 통하여 관직에 나아갔다. 壬午·癸未운에는 水가 천간과 지지의 火를 덮고 있어서 金을 극하기 어려웠으므로 해로움이 없었고, 甲申으로 바뀌자 西方의 金地이며, 乙酉운에 이르러 合化하여 모두 金이 되니 벼슬이 총병140)에 이르렀는데, 丙운에는 그 旺神을 거스르니 軍중에서 사망하였다.

甲　庚　甲　癸

申　辰　子　酉

戊　己　庚　辛　壬　癸

午　未　申　酉　戌　亥

庚辰日元, 支逢祿旺, 水本當權, 又會水局, 天干枯木無根, 置之不論. 謂金水二人同心, 必須順其金水之性. 故癸亥壬運, 蔭庇有餘. 戌運制水, 還喜申酉戌全, 雖見刑喪而無大患. 辛運入泮, 酉運補廩. 庚運登科, 申運大

---

140) 총병(總兵): 출정군의 지휘자.

旺財源. 一交己未, 運轉南方, 刑妻剋子, 家業漸消. 戊午觸水之性, 家業破盡而亡.

庚辰 日元이 지지에 녹왕을 만나고 水의 뿌리가 권세를 잡으며 다시 또 水局을 이루었는데, 천간의 고목은 뿌리가 없어 버려두고 논할 필요 없으니, 이른바 金水 二人이 마음을 함께한 것이므로 반드시 그 金水의 성정을 따라야 한다. 그러므로 癸亥·壬운에는 조상의 음덕이 유여했고, 戊운에는 水를 극하지만 또한 기쁘게도 申酉戌이 갖추어져서 비록 형상을 만났으나 큰 재난은 없었으며, 辛운에 학교에 들어가 酉운에 관급미를 받는 학생에 임명되고, 庚운에 과거에 급제했으며 申운에는 財源이 크게 왕성하였는데, 한번 己未로 바뀌어 운이 南方으로 옮겨가니 처자를 형극하고 가업이 점점 소진되었으며, 戊午에는 水의 성정에 저촉되어 가업이 파진되고 사망하였다.

丙　乙　辛　壬

子　亥　亥　子

丁　丙　乙　甲　癸　壬

巳　辰　卯　寅　丑　子

壬水乘權坐亥子，所謂崑崙之水，沖奔無情丙火剋絕，置之不論. 遺業頗豐，乙卯甲寅，順其流，納其氣，入學補廩，丁財並益，家道日隆. 一交丙運，水火交戰，刑妻剋子，破耗異常. 辰運蓄水無咎，丁巳運，連遭回祿兩次，家破身亡.

壬水가 권세를 타고 亥子에 앉았으니 이른바 곤륜의 水인데 날뛰고 무정하여 丙火가 剋絕됨은 버려두고 논할 필요 없으며, 유업은 제법 풍족하였고 乙卯·甲寅운에는 그 흐름에 순응하여 그 氣를 받아들이니 학교에 들어가 관급의 식사를 제공받았으며 인구와 재물이 함께 불어나서 가도가 날로 융성했는데, 丙운으로 바뀌어 水火가 교전하니 처자를 형극하고 파모가 보통이 아니었으며, 辰운에는 水를 저축하니 재앙이 없었고, 丁巳운에는 연달아 두 차례의 화재를 만나서 집안이 망하고 자신도 죽었다.

30. 寒暖 한난

**天道有寒暖하여 發育萬物하니 人道得之에 不可過
也니라**

天道에는 한기(寒氣)와 난기(暖氣)가 있어서 만물
을 발육시키니, 人道에서 그것을 얻었을 때 지나침
이 있어서는 안 된다.

[原注] 陰支爲寒이요 陽支爲暖하며 西北爲寒이요 東南
爲暖하며 金水爲寒이요 木火爲暖하니 得氣之寒엔 遇暖而
發하고 得氣之暖엔 逢寒而成하며 寒之甚이요 暖之至가 內
有一二成象이면 必無好處라 若五陽逢子月엔 則一陽之候로
萬物懷胎니 陽乘陽位면 可東可西며 五陰逢午月엔 則一陰
之候로 萬物收藏이니 陰乘陰位면 可南可北이니라

陰支는 한(寒)하고 陽支는 난(暖)하며, 西北은 寒하고 東南은

暖며, 金水는 寒하고 木火는 暖하니, 寒氣를 얻었을 때에는 暖氣를 만나야 발달하고, 暖氣를 얻었을 때에는 寒氣를 만나야 이루어지며, 寒이 심하거나 暖이 지극한 것이 局內에 한두 개의 象을 이룸이 있으면 반드시 좋은 경우가 없다. 가령 五陽이 子月을 만나는 경우에는 一陽의 기후로 만물이 잉태하는 때이니, 陽이 陽의 자리에 타고 있으면 동쪽도 좋고 서쪽도 좋으며, 五陰이 午月을 만난 경우에는 一陰의 기후로 만물이 수장되는 때이니, 陰이 陰의 자리에 타고 있으면 남쪽도 좋고 북쪽도 좋다.

【任注】 寒暖者, 生成萬物之理也. 不可專執西北金水爲寒, 東南木火爲暖. 考機之所由變, 上升必變下降, 收閉必變開闢. 然質之成, 由於形之機, 陽之生, 必有陰之位. 陽主生物, 非陰無以成, 形不成, 亦虛生. 陰主成物, 非陽無以生, 質不生, 何由成? 惟陰陽中和變化, 乃能發育萬物. 若有一陽而無陰以成之, 有一陰而無陽以生之, 是謂鰥寡, 無生成之意也.

한난(寒暖)은 만물을 생성하는 도리이므로 西北金水는 寒하고 東南木火는 暖하다고 멋대로 해석해서는 안 되니, 만물 생성의 기틀이 변하는 까닭을 고찰하면 상승한 것은 반드시 하강으로 변하고, 닫힌 것은 반드시 변하여 열리게 된다. 그러나 바탕이 이루어지는 것은 형체의 기틀에 달려 있으며, 陽의 발생은 반드시 陰의 자리에 있으므로, 陽은 만물을 낳는 것을 주관하지만 陰이 아니면 형체가 이루어질 수 없으니, 형체가 이루어지지 않으면 또한 허생(虛生)일 뿐이며, 陰은 만물을 이루는 것을 주관하지만 陽이 아니면 바탕이 생겨날 수 없으니 바탕이 생기지 않으면 무엇을 근거로 만물을 이루겠는가? 오직 음양의 중화와 변화만이 만물을 발육시킬 수 있으니, 만약 하나의 陽만 있고 陰으로 형체를 이루어줌이 없거나, 하나의 陰만 있고 陽으로 본질을 생산함이 없으면 이러한 것을 환과[141]라고 하니 생성하는 뜻이 없기 때문이다.

如此推詳, 不但陰陽配合, 而寒暖亦不過矣. 況四時之序, 相生而成, 豈可執定子月陽生, 午月陰生而論哉? 本文末句, 不可過也, 適中而已矣. 寒雖甚, 要暖有氣, 暖雖至, 要寒有根, 則能生成萬物. 若寒甚而暖無氣, 暖至而寒無根, 必無生成之妙也. 是以過於寒者, 反以無暖爲美, 過於暖者, 反以無寒爲宜也. 蓋寒極暖之機, 暖極寒之兆也. 所謂陰極則陽生, 陽極則陰生, 此天地自然之理也.

---

141) 환과(鰥寡): 홀아비와 과부.

이와 같이 미루어 살펴보면 음양의 배합뿐만 아니라 한난도 배합에 불과한 것이며 더구나 四時의 차례는 相生으로 이루어지는 것인데, 어찌 반드시 子月은 陽이 생하고 午月은 陰이 생한다고 고집하여 논할 수 있겠는가? 본문 끝구의 지나치지 말아야 한다는 것은 알맞아야 함을 말한 것일 뿐이니, 寒이 비록 심하더라도 반드시 暖에 氣가 있고, 暖이 비록 지극하더라도 반드시 寒에 뿌리가 있으면 만물을 생성할 수 있지만, 만약 寒이 심한데도 暖에 氣가 없고 暖이 지극한데도 寒에 뿌리가 없으면 반드시 生成의 묘가 없으므로, 이 때문에 寒이 지나친 경우에는 도리어 暖이 없는 것을 아름답게 여기고, 暖이 지나친 경우에는 도리어 寒이 없는 것을 마땅하게 여긴다. 대체로 寒이 지극하면 暖의 기틀이 되고 暖이 지극하면 寒의 조짐이 되므로, 이른바 음이 지극하면 양이 생기고 양이 지극하면 음이 생긴다는 것이니 이것이 천지자연의 이치이다.

戊　庚　丙　甲

寅　辰　子　申

壬　辛　庚　己　戊　丁

午　巳　辰　卯　寅　丑

此寒金冷水, 木凋土寒. 若非寅時, 則年月木火無根, 不能作用矣. 所謂寒雖甚, 要暖有氣也. 由此論之, 所重者寅也. 地氣上升, 木火絶處逢生, 一陽解凍, 然不動丙火亦不發. 妙在寅申遙沖, 謂之動, 動則生火矣. 凡四柱緊沖爲剋, 遙沖爲動. 更喜運走東南, 科甲出身, 仕至黃堂. 所謂得氣之寒, 遇暖而發, 此之謂也.

이 사주는 金은 寒하고 水는 冷하며 木은 시들고 土는 寒한데, 만약 寅時가 아니라면 年月의 木火는 뿌리가 없어서 작용할 수 없으니, 이른바 寒이 비록 심하더라도 暖에 氣가 있어야 한다는 것이므로, 이것을 근거로 논한다면 중요하게 여기는 것은 寅이다. 地氣가 상승하여 年月의 木火가 絶處에서 生을 만나고 하나의 陽이 해동되었으나 움직이지 않으면 丙火도 발생하지 않을 것인데, 묘함은 寅申이 멀리서 沖하는 데 있으니, 이것을 動이라 하며 동하면 火를 발생한다. 무릇 사주에서 긴밀하게 충하면 극이 되고, 멀리서 충하면 동하게 되는데, 다시 기쁘게도 운이 東南으로 달리므로 과거에 우등으로 급제하여 관직에 나아가 벼슬이 황당(태수)에 이르렀으니, 이른바 氣의 寒함을 얻었을 때에는 暖氣를 만나야 발달한다는 것은 이것을 말한 것이다.

甲　庚　丙　己

申　辰　子　酉

庚 辛 壬 癸 甲 乙

午 未 申 酉 戌 亥

此亦寒金冷水,　土凍木凋,　與前大同小異.　前則有寅木,　火有根,　此則無寅木,　火臨絕.　所謂寒甚而暖無氣,　反以無暖爲美.　所以初運乙亥,　北方水地,　有喜無憂.　甲戌暗藏丁火,　爲丙火之根,　刑喪破耗.　壬運剋去丙火,　入申運食廩.　癸酉財業日增.　辛未運轉南方,　丙火得地生根,　破耗多端.　庚午運逢寅年,　木火齊來,　不祿.

이 사주도 寒金 冷水에 土는 얼고 木은 시들어서 앞의 것과 대동소이한데, 앞의 사주는 寅木이 있어서 火가 根이 있었지만 이 사주는 寅木이 없어서 火가 絕에 임했으므로, 이른바 寒이 심한데도 暖에 氣가 없으면 도리어 暖이 없는 것을 아름답게 여긴다는 것이니, 이 때문에 초운 乙亥에는 北方 水地이므로 기쁨이 있고 근심이 없었으며, 甲戌운에는 丁火를 암장하여 丙火의 뿌리가 되므로 형상과 파모가 있었으며, 壬운에는 丙火를 극거하고 申운에 들어가자 관급미를 먹었으며, 癸酉운에는 재업이 날로 증가했으며, 辛

未운에는 운이 南方으로 옮겨가고 丙火가 자리를 만나 뿌리를 生하니 파모가 많았으며, 庚午운에 寅年을 만나자 木火가 일제히 오니 사망하였다.

壬　丙　丙　丁

辰　午　午　丑

庚　辛　壬　癸　甲　乙

子　丑　寅　卯　辰　巳

此火焰南離, 重逢刼刃, 暖之至矣. 一點壬水, 本不足以制猛烈之火, 喜其坐辰, 通根身庫. 更可愛者, 年支丑土, 丑乃北方溼土, 能生金晦火而蓄水, 所謂暖雖至而寒有根也. 科甲出身, 仕至封疆, 微嫌運途欠醇, 多於起伏也.

이 사주는 불타고 있는 南方의 火가 刼과 刃을 거듭 만났으니 暖이 지극하다. 한 점 壬水로는 본래 맹렬한 火를 제압할 수 없는데, 기쁘게도 辰에 앉아 자신의 庫에 통근했으며 다시 좋아할 만한 것은 年支의 丑土이니, 丑은 곧 北方의 溼土로서 金을 生하고 火를 어둡게 하며 水를 저축할 수 있으므로, 이른바 暖이 비록 지극하더라도 寒에 根이 있는 것이니, 과거에 우등으로 급제하고 벼슬길에 나아가 벼슬이 봉강에 이르렀는데, 조금 꺼리는 것은 운도에 순수함이 모자라므로 기복을 많이 겪었다.

癸　丙　丁　癸

巳　午　巳　未

辛　壬　癸　甲　乙　丙

亥　子　丑　寅　卯　辰

此支類南方, 又生巳時, 暖之至矣. 天干兩癸, 地支全無根氣, 所謂暖之至, 寒無根, 反以無寒爲美. 所以初運丙辰, 叨蔭庇之福. 乙卯甲寅, 洩水生火, 家業增新. 癸丑寒氣通根, 嘆椿萱之並逝, 嗟蘭桂之摧殘. 壬子運, 祝融之變, 家破而亡.

이 사주는 지지가 모두 南方이며 또 巳時에 生하였으니 暖이 지극하다. 천간의 양 癸는 지지에 根氣가 전무하므로, 이른바 暖이 지극하고 寒이 무근이면 도리어 寒이 없는 것을 아름답게 여긴다는 것이니, 이 때문에 초운 丙辰에 조상의 복을 독차지하였고, 乙卯·甲寅에는 水를 설하고 火를 생하니 가업이 더욱 새로워졌으며, 癸丑에는 寒氣가 통근하니 부모가 함께 돌아가심을 탄식하고 자식의 손상을 슬퍼했으며, 壬子운에는 화재의 변고로 집안이 파괴되고 사망하였다.

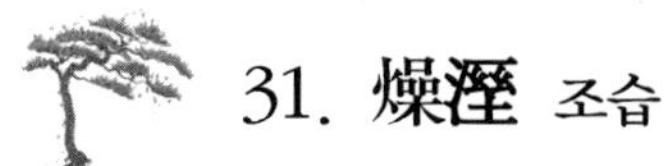

31. 燥溼 조습

地道有燥溼하여　生成品彙하니　人道得之에　不可偏
也니라

地道에는 조기(燥氣)와 습기(溼氣)가 있어서 온갖
물질을 생성하니, 人道에서 그것을 얻었을 때 치우
침이 있어서는 안 된다.

[原注] 過於溼者는　滯而無成하고　過於燥者는　烈而有禍
하나니　水有金生에　遇寒土而愈溼하고　火有木生에　遇暖土
而愈燥는　皆偏枯也라　如水火而成其燥者吉인댄　木火傷官要
溼也요　土水而成其溼者吉인댄　金水傷官要燥也며　間有土溼
而宜燥者엔　用土而後用火요　金燥而宜溼者엔　用金而後用水
니라

습(溼)이 지나친 경우에는 막혀서 이루어짐이 없고, 조(燥)가 지나친 경우에는 맹렬하여 재앙이 있는 것인데, 水가 金의 생조를 받고 있을 때 寒土를 만나서 더욱 한습해지고, 火가 木의 생조를 받고 있을 때 暖土를 만나서 더욱 조열해지는 것은 모두 한쪽으로 치우친 것이다. 가령 水火가 그 건조함을 이룬 경우에 길하려면 木火상관이 습함을 만나야 하고, 土水가 그 습함을 이룬 경우에 길하려면 金水상관이 건조함을 만나야 하며, 간혹 土가 습하여 건조하게 해야 할 경우에는 土를 쓴 뒤에 火를 쓰고, 金이 건조하여 습하게 해야 할 경우에는 金을 쓴 뒤에 水를 써야 한다.

【任注】 燥溼者, 水火相成之謂也. 故主有主氣, 內不祕乎五行, 局有局氣, 外必貫乎四柱. 溼爲陰氣, 當逢燥而成. 燥爲陽氣, 當遇溼而生. 是以木生夏令, 精華發洩, 外有餘而內實虛脫, 必藉壬癸以生之, 丑辰溼土以培之, 則火不烈, 木不枯, 土不燥, 水不涸, 而有生成之義矣. 若見未戌燥土, 反助火而不能晦火, 縱有水, 亦不能爲力也.

조(燥)와 습(溼)은 水와 火가 서로 이루어주는 것을 말하니, 그러므로 주된 자리에는 主의 氣가 있어서 안으로 오행을 숨기지 않고, 회합국에는 局의 氣가 있어서 밖으로 반드시 사주에 관철시키는 것이다. 溼은 곧 陰氣이니 마땅히 건조함을 만나야 이루어지고, 燥는 陽氣이니 마땅히 습함을 만나야 生하게 되는 것이니, 이 때문에 木이 夏令에 생하면 순수하게 빼어난 기운이 발설되므로 밖으로는 유여한 듯해도 안으로는 진실로 허탈한 것이니, 반드시 壬癸의 힘을 빌려서 그것을 생조하고, 丑辰 溼土로서 그것을 배양해야만, 火가 맹렬하지 않고 木이 마르지 않으며 土가 건조하지 않고 水가 바싹 마르지 않아서 생성하는 뜻이 있는 것인데, 만약 未戌 燥土를 만나면 도리어 火를 도우므로 火를 어둡게 할 수 없으니 비록 水가 있더라도 힘이 되지 못한다.

惟金百煉, 不易其色. 故金生冬令, 雖然洩氣休囚, 竟可用丙丁火以敵寒, 未戌燥土以除溼, 則火不晦, 水不狂, 金不寒, 土不凍, 而有生發之氣機矣. 若見丑辰溼土, 反助水而不能制水, 縱有火, 亦不能爲力也. 此地道生成之妙理也.

오직 金은 백번 단련해도 그 색을 바꾸지 않으니, 그러므로 金이 冬令에 생하여 비록 설기·휴수되더라도 마침내 丙丁火를 써서 寒氣를 대적하고 未戌 燥土로써 습기를 제거할 수 있다면, 火는 어두워지지 않고 水는 광란하지 않으며 金은 한랭하지 않고 土는 얼지 않아서 생발(生發)하는 氣의 기틀이 있는 것인데, 만약 丑辰 溼土를 만나면 도리어 水를 도우므로 水를 제압할 수 없으니 비록 火가 있더라도 힘이 되지 못하는 것이다. 이것이 地道가 생성되는 묘한 이치이다.

丙　庚　辛　丙

子　辰　丑　辰

丁　丙　乙　甲　癸　壬

未　午　巳　辰　卯　寅

此造以俗論之, 以爲寒金喜火, 干透兩丙, 獨殺留淸, 推其木火運中, 名利雙全. 不知支中重重溼土, 年干丙火, 合辛化水, 時干丙火無根, 只有寒溼之氣, 並無生發之意, 只得用水, 不能用火矣. 所以初運壬寅癸卯, 制土衞水, 衣食頗豐. 至丙午丁未二十年, 妻子皆傷, 家業破盡, 削髮爲僧.

이 사주는 세속의 방법으로 논한다면, 寒金은 火를 좋아하는데 천간에 두 丙이 투출했으나 하나의 殺만 남겨 놓아

淸하게 됐으므로 그 木火운 중에 名利가 모두 온전할 것으로 추측한다고 하겠으나, 지지 중에 濕土가 중첩되고 年干의 丙火는 辛과 합하여 水로 변하며, 時干의 丙火는 無根이므로 다만 한습한 氣만 있을 뿐 모두 生發할 뜻이 없으니, 오직 水만을 쓸 수 있고 火를 쓸 수 없음을 알지 못한 것이다. 이 때문에 초운인 壬寅·癸卯에는 土를 제압하고 水를 호위하여 의식이 제법 풍족했으나, 丙午·丁未에 이르는 20년 동안 처자가 모두 손상되고 가업이 모두 파괴되자 머리 깎고 중이 되었다.

丙　庚　壬　丁

戌　戌　子　未

丙　丁　戊　己　庚　辛

午　未　申　酉　戌　亥

　此造, 如以水勢論之. 此則仲冬水旺, 所喜者, 支中重重燥土, 足以去其濕氣. 子未相剋, 使子不能助壬, 丁壬一合, 使壬不能剋丙. 中運土金, 入部辦土, 運籌挫折, 境遇違心. 丁未南方火旺, 議敍出仕, 至丙午二十年, 得奇遇, 仕至州牧.

이 사주는 곧 水의 세력으로써 논해야 하니 이것은 仲冬
에 生하여 水가 旺한데, 기쁜 것은 지지 중에 燥土가 중첩
하여 그 습기를 제거할 수 있고, 子와 未가 상극하여 子로
하여금 壬을 도울 수 없게 하며, 丁壬이 합하여 壬으로 하
여금 丙을 극할 수 없게 하는 것이다. 中運 土金에 부판사
로 들어갔으나 작전계획수립이 좌절되고 처해 있는 형편
이 마음과 어긋났으며, 丁未에는 南方火가 旺운이므로 의
서로 출사하여 丙午까지 20년 동안 기특한 기회를 만나서
벼슬이 주목에 이르렀다.

庚　甲　丁　癸

午　午　巳　未

辛　壬　癸　甲　乙　丙

亥　子　丑　寅　卯　辰

甲午日元, 支全巳午未, 燥烈極矣. 天干金水無根, 反
激火之烈, 只可順火之氣也. 初運木火, 順其氣勢, 財喜
頻增. 至癸丑, 歎刑喪, 遭挫折, 破耗多端. 壬子沖激更
甚, 犯人命, 遭回祿, 破家而亡.

甲午 日元이 지지에 巳午未를 갖추었으니 조열(燥烈)이

지극한데, 천간의 金水는 根이 없어서 도리어 火의 맹렬함을 격화시키므로 오직 火의 氣에 순종해야 한다. 초운 木火에는 그 기세를 따르므로 재물의 기쁨이 자주 증가했는데, 癸丑운에 이르자 형상을 탄식하고 좌절을 당하여 파모가 많았으며, 壬子운에는 충격이 더욱 심하여 인명을 해치고 화재를 당하니 파가하고 사망하였다.

庚　甲　丁　癸

午　辰　巳　丑

辛　壬　癸　甲　乙　丙

亥　子　丑　寅　卯　辰

此與前造, 只換辰丑二字. 丑乃北方溼土, 晦火蓄水, 癸水通根而載丑. 辰亦溼土, 又是木之餘氣, 日元足以盤根. 庚金雖不能生水輔用, 而癸水坐下餘氣, 竟可作用. 初運木旺, 幫身護用, 和平迪吉. 至癸丑, 北方水地, 及壬子辛亥三十年, 經營得意, 事業稱心.

이것은 앞의 사주와 다만 辰丑 두 자만 바뀌었는데, 丑은 곧 北方 溼土로 火를 어둡게 하고 水를 저축하며 癸水가 통근하여 丑에 실려 있으며, 辰 역시 溼土이고 또 木의

餘氣이므로 日元이 뿌리를 내릴 수 있으며, 庚金은 비록 水를 생하여 용신을 보좌하지는 못하더라도 癸水가 아래의 餘氣에 앉았으니 마침내 용신이 될 수 있다. 초운에는 木이 왕하여 일주를 돕고 용신을 보호하니 화평하여 길함에 이르고, 癸丑은 北方 水地이니 壬子·辛亥까지 30년 동안 경영하는 일에 뜻을 이루고 사업이 마음에 맞았다.

吉神太露면　起爭奪之風이요　凶物深藏이면　成養虎
之患이니라

길신이 심하게 드러나면 쟁탈의 바람을 일으키고,
흉물이 깊이 저장되면 범을 기르는 우환을 이룬다.

[原注] 局中所喜之神이　透於天干이면　歲運不能不遇忌神
必至爭奪이니　所以有暗用吉神爲妙며　局中所忌之神이　伏藏
於地支者면　歲運扶之沖之인댄　則其爲患不小니　所以忌神明
透하여　制化得宜者吉이니라

局中의 기뻐하는 神이 천간에 투출한 경우에 歲運에서 忌神
을 만나게 되면 반드시 쟁탈에 이르지 않을 수 없으니 이 때문
에 암암리에 작용하는 吉神이 있는 것을 묘하게 여기는 것이며,
局中의 꺼리는 神이 지지에 숨어 있는 경우에 歲運에서 그것을

돕거나 충동시키면 그 우환됨이 작지 않으니 이 때문에 忌神이
밝게 투출하여 制化에 알맞음을 이루면 길한 것이다.

【任注】 吉神太露, 起爭奪之風者, 天干氣專, 易於
刦奪故也. 如財物無關鎖, 人人得而用. 假如天干以甲乙
爲財, 歲運遇庚辛, 則起爭奪之風, 必須天干先有丙丁官
星回剋, 方無害. 如無丙丁之官, 或得壬癸之食傷合化亦
可, 故吉神宜深藏地支者吉.

　吉神이 심하게 느러나면 쟁탈의 바람을 일으키는 까닭
은, 천간은 氣가 전일[142]하여 겁탈당하기 쉽기 때문이니
예컨대 재물도 출입문의 자물쇠가 없으면 사람마다 쓸 수
있는 것과 같아서, 가령 천간에서 甲乙을 財로 삼는 경우
에 歲運에서 庚辛을 만나면 쟁탈의 바람을 일으키므로 반
드시 천간에 먼저 丙丁 관성의 회극이 있어야만 비로소 해
로움이 없으며, 만약 丙丁의 관성이 없다면 혹 壬癸 식상
의 合化를 만나도 괜찮으니, 그러므로 吉神은 마땅히 지지
에 깊이 간직되어야만 길한 것이다.

---

142) 전일(專一): 섞이지 않고 순수함.

凶物深藏, 成養虎之患者, 地支氣雜, 難於制化故也.
如家賊之難防, 養成禍患. 假如地支以寅中丙火爲刦財,
歲運逢申, 沖申中庚金, 雖能剋木, 終不能去其丙火. 歲
運遇亥子, 仍生合寅木, 反滋火之根苗, 故凶物明透天
干, 易於制化. 所以吉神深藏, 終身之福, 凶物深藏, 始
終爲禍.

흉물이 깊이 저장되면 범을 기르는 우환을 이루는 까닭은, 지지는 氣가 섞여 있어서 제화하기 어렵기 때문이니 예컨대 집안의 도둑은 막기가 어려워 근심과 재앙을 양성하는 것과 같아서, 가령 지지에 寅 중 丙火를 겁재로 삼는 경우에 歲運에서 申을 만나 申 중 庚金과 沖하게 되면 비록 木을 극할 수는 있어도 마침내 그 丙火를 제거하지는 못하며, 歲運에서 亥子를 만나면 寅木을 생하고 합하여 도리어 火의 뿌리와 싹을 자양하게 되므로, 흉신은 천간에 밝게 투출해야만 제압하거나 변화시키기 쉬운 것이니, 이 때문에 길신이 깊이 저장되면 종신토록 福이 되고, 흉신이 깊이 저장되면 처음부터 끝까지 재앙이 되는 것이다.

總之吉神顯露, 通根當令者, 露亦無害. 凶物深藏, 失時休囚者, 藏亦無妨. 鬼谷子曰, 陰陽之道, 與日月合其明, 與天地合其德, 與四時合其序. 三命之理, 誠本於此, 若不愼思明辨, 孰能得其要領乎?

총괄하여 논하자면 길신이 드러나서 뿌리를 통하고 時令을 담당한 경우에는 드러나도 해가 없으며, 흉신이 깊이 저장되어 때를 놓치고 휴수된 경우에는 저장됐어도 해로움이 없는 것이니, 귀곡자에 "음양의 道는 日月과 그 밝음을 합하고, 天地와 그 德을 합하고, 四時와 그 차례를 합한다"고 했는데, 三命의 이치도 진실로 여기에 근본을 두는 것이니, 만약 신중하게 생각하고 밝게 분별하지 않으면 누가 그 요령을 터득할 수 있겠는가?

辛 丙 辛 己

卯 子 未 卯

乙 丙 丁 戊 己 庚

丑 寅 卯 辰 巳 午

丙火生於未月, 火氣正盛, 坐下官星, 被未土傷盡, 只得用天干辛金. 所嫌者, 未爲燥土, 不能生金, 又暗藏刼

刃. 年干己土本可生金, 又坐下印地, 所謂吉神顯露, 凶
物深藏者也. 初運己巳戊辰, 土旺之地, 財喜輻輳, 事事
稱心. 交丁卯, 土金兩傷, 連遭回祿三次, 又傷丁七人.
丙寅妻子皆尅, 出外不知所終.

丙火가 未월에 生하여 火氣가 한창 성하고 坐下의 관성
은 未土에게 손상당했으니 오직 천간의 辛金을 쓸 수 있을
뿐이다. 꺼리는 것은 未가 燥土이니 金을 生할 수 없고 또
비겁과 양인을 암장했으며, 年干의 己土는 본래 金을 生할
수 있으나 다시 또 坐下가 인수의 자리이니, 이른바 길신은
드러나고 흉신은 깊이 저장된 것이다. 초운 己巳·戊辰은
土旺의 자리이니 재물이 기쁨이 한곳으로 모이고 일마다 마
음에 맞았으나, 丁卯로 바뀌어 土金이 둘 다 손상되니 세
차례의 화재를 연달아 만나고 또 장정 7인을 상했으며, 丙
寅운에 처자가 죽자 밖으로 나갔는데 끝난 바를 모른다.

丙　丁　乙　壬

午　丑　巳　午

辛　庚　己　戊　丁　丙

亥　戌　酉　申　未　午

丁火生於孟夏, 柱中刦旺逢梟, 天干壬水無根, 置之不用. 最喜丑中一點財星, 深藏歸庫, 丑爲溼土, 能洩火氣, 不但無爭奪之風, 反有生生之誼. 因初交丙午丁未, 所以出身寒門, 書香不繼. 喜中運三十載西方土金之地, 化刦生財, 財發十餘萬, 所謂吉神深藏, 終身之福也.

丁火가 孟夏에 生하여 사주 중에 겁재가 왕하고 효신을 만났으며, 천간 壬水는 無根이므로 버려두고 쓰지 못하는데, 가장 기쁜 것은 丑중의 일점 재성이 깊이 저장되어 日主의 庫에 귀속된 것이니, 丑은 溼土이므로 火氣를 누설시킬 수 있으며 쟁탈의 바람이 없을 뿐 아니라 오히려 生生의 뜻이 있다. 처음에 丙午・丁未를 만남으로 인하여 가난한 집안에서 태어나 학문이 계속되지 못했는데, 기쁘게도 中運 30년 동안 西方 土金의 자리이므로 비겁을 引化하고 財를 生하여 십여 만금의 재물을 모았으니, 이른바 길신이 깊이 저장되면 종신토록 福이 된다는 것이다.

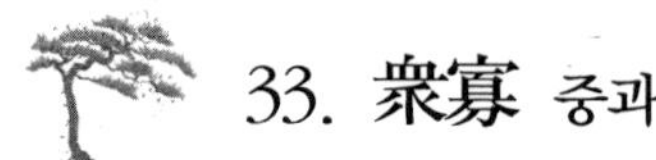

33. 衆寡 중과

**强衆而敵寡者는 勢在去其寡요 强寡而敵衆者는 勢
在成乎衆이니라**

강한 것이 많고 대적하는 상대가 적은 경우에는
그 형세가 적은 것을 제거하는 데 있으며, 강한 것
이 적고 대적하는 상대가 많은 경우에는 그 형세가
많은 것을 이루어주는 데 있다.

[原注] 强寡而敵衆者[143]는 喜强而助强者吉이요 强衆而
敵寡者[144]는 惡敵而敵衆者滯니라

강한 것이 많고 대적하는 상대가 적은 경우에는 강한 것을 좋
아하므로 강한 것을 좋아하여 강한 것을 도우면 길하며, 강한

---

143) 문맥상 寡와 衆이 바뀌어야 함. 强衆而敵寡者가 되어야 함.
144) 문맥상 衆과 寡가 바뀌어야 함. 强寡而敵衆者가 되어야 함.

것이 적고 대적하는 상대가 많은 경우에는 대적하는 것을 싫어
하므로 대적할 상대가 많으면 막히게 된다.

【任注】　衆寡之說, 強弱之意也. 須分日主四柱兩端
而論也. 如以日主分衆寡, 如日主是火, 生於寅卯巳午
月, 官星是水. 四柱無財, 反有土之食傷, 卽使有財, 財
無根氣, 不能生官. 此日主之黨衆, 敵官星之寡, 勢在盡
去其官, 歲運宜扶衆抑寡則吉.

많고 적다는 말은 강하고 약하다는 뜻이니, 반드시 日主
와 四柱를 구분하여 두 가지로 논해야 한다. 가령 日主를
기준으로 중(衆)과 과(寡)를 구분할 경우에, 곧 日主가 火
이고 寅卯巳午월에 태어났으며 관성은 水인데, 사주에 財
가 없고 도리어 土식상이 있거나 가령 財가 있더라도 財에
根氣가 없어서 官을 生할 수 없다면, 이것은 日主의 무리
는 많고 대적하는 관성이 적은 것이므로 그 형세가 그 관
성을 제거하는 데 있으니, 歲運에서 마땅히 많은 것을 부
조하고 적은 것을 억제해야만 길하다.

如以四柱分衆寡, 則分四柱之強弱, 然又要與日主符
合, 弗反背爲妙. 假如水是官星, 休囚無氣. 土是傷官,

當令得時. 其勢足以去其官星, 歲運亦宜制官爲美. 日主
是火, 亦要通根得氣, 則能生土. 或有木而剋土, 則日主
自能化木, 轉轉相生, 所謂日主符合者也. 强衆而敵寡
者, 如日主是火, 雖不當令, 卻有根坐旺. 官星是水, 雖
不及時, 卻有財生助, 或財星當令, 或成財局. 此官星雖
寡, 得財星扶則强, 歲運宜扶寡而抑衆者吉. 雖擧財官而
論, 其餘皆同此論.

　가령 四柱를 기준으로 衆과 寡를 구분하는 경우에는 사
주의 강약을 분별하는 것이지만 그러나 또한 반드시 日主
와 부합하여 배반하지 않아야만 묘한 것이니, 가령 水가
관성인데 휴수되고 무기하며, 土는 상관인데 당령하고 때
를 만났다면 그 세력으로 관성을 제거할 수 있으니, 歲運
에서도 마땅히 官을 제압해야만 아름다우며, 日主인 火역
시 반드시 통근하고 득기해야만 土를 生할 수 있으니, 혹
木이 있어서 土를 극하는 경우에는 日主가 스스로 木을 引
化하여 연달아 相生할 수 있으므로 이른바 日主와 부합한
다는 것이다. 강한 것이 많고 대적하는 상대가 적은 경우
에는 예컨대 日主가 火이고 비록 당령하지 않았어도 오히
려 根이 있고 旺에 앉았으며, 관성은 水인데 비록 때에 미

치지는 않았어도 오히려 財의 生助가 있거나 혹 재성이 당령하거나 혹은 財局을 이루었다면, 이것은 관성이 비록 적더라도 재성의 부조를 만나서 강해진 것이므로 歲運에서 마땅히 적은 것은 부조하고 많은 것을 억제해야만 길한 것이다. 비록 財官만을 들어서 논했지만 그 나머지도 모두 이 논리와 같다.

辛 戊 乙 戊

酉 戌 丑 辰

辛 庚 己 戊 丁 丙

未 午 巳 辰 卯 寅

此造重重厚土, 乙木無根, 傷官又旺, 其勢足以敵官星之寡. 故初交丙寅丁卯, 官星得地, 刑耗多端. 戊辰得際遇, 捐納出仕, 及己巳二十年, 土生金旺, 從佐貳而履琴堂. 至未運破金, 不祿.

이 사주는 厚土가 중첩되고 乙木은 無根인데 상관이 또한 旺하니 그 세력으로 관성의 적은 세력을 대적할 수 있다. 그러므로 처음 丙寅·丁卯운에는 관성이 자리를 만나 형모가 많았고, 戊辰운에는 기회를 만나 재물을 바치고 출

사하여 己巳운까지 20년 동안 土가 金을 生하여 旺해지니
좌이(보좌관)에 종사하다가 금당(현감)에 올랐는데, 未운
에 이르러 金을 파괴하자 사망하였다.

癸　丁　壬　戊

卯　卯　戌　午

己　戊　丁　丙　乙　甲　癸

巳　辰　卯　寅　丑　子　亥

此傷官當令, 印星並見, 官煞雖透無根, 勢在去官. 初
年運走北方, 官星得勢, 一事無成. 丙寅丁卯, 生助火
土, 經營發財巨萬. 戊辰己巳, 去盡官煞, 一子登科, 晚
景崢嶸. 此造戌午拱火, 日時逢印, 日主旺極. 莫作用印
而推, 亦不可作去官留殺論也.

이 사주는 상관이 당령하고 인성이 함께 나타나 있는데
官殺은 비록 투출했으나 無根이므로 형세가 官을 제거하
는 데 있다. 초년에는 운이 北方으로 달려 관성이 세력을
얻으니 한 가지 일도 이루어짐이 없었고, 丙寅·丁卯에는
火土를 생조하니 사업을 경영하여 수많은 재산을 모았으
며, 戊辰·己巳운에는 관살을 다 제거하여 한 자식이 과거

에 급제하고 늘그막에 운세가 뛰어났으니, 이 사주는 戌과 午가 火局을 이루고, 日과 時에 印을 만나 日主의 旺이 지극하니, 인수를 쓰는 사주로 간주하여 추리하지도 말고 또 거관유살(去官留殺)로 논하지도 말아야 한다.

庚 丙 壬 癸

寅 午 戌 丑

丙 丁 戊 己 庚 辛

辰 巳 午 未 申 酉

丙火生於九月, 日主本不及時, 第坐陽刃會火局, 謂之强寡. 年月壬癸進氣, 癸水通根, 餘氣丑土, 洩其火局, 庚金生助, 壬癸爲衆也, 勢在成乎衆. 故交辛酉庚申, 金生水旺, 遺業豐盈, 其樂自如. 一交己未, 火土並旺, 父母雙亡, 及戊午二十年, 破敗家業, 妻子皆傷, 至丙辰流落外方而亡.

丙火가 九月에 生하니 日主는 본래 때에 미치지 못하고 다만 양인에 앉고 火局을 회합하므로 이것을 강한 것이 적다고 말하며, 年月의 壬癸는 進氣이고 癸水는 통근했으며, 餘氣인 丑土가 그 火局을 누설하고 庚金이 생조하니 壬癸

는 衆이므로 그 형세가 衆을 이루어주는 데 있다. 그러므로 辛酉·庚申운에는 金이 水를 生하여 旺해지니 유업이 풍족하여 그 즐거움이 마음과 같았는데, 한번 己未로 바뀌어 火土가 함께 旺해지니 부모가 함께 사망했으며, 戊午까지 20년 동안 가업이 파패하고 처자가 모두 손상됐으며, 丙辰운에 이르러 외지로 떠돌다가 사망했다.

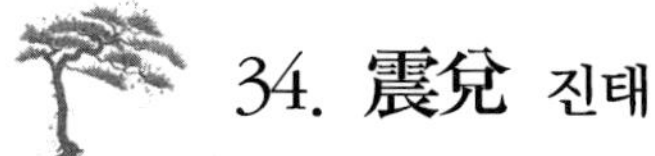

34. 震兌 진태

震兌主仁義之眞機니　勢不兩立이나　而有相成者存
이니라

　진과 태는 인의의 참된 기틀을 주관하므로 그 형
세가 함께 존립할 수 없으나, 서로 이루어줌이 있는
경우에는 존립한다.

　[原注] 震在內요　兌在外는　月卯日亥或未요　年丑或巳時
酉是也라　主之所喜者在震이면　以兌爲敵國이니　必用火攻이
요　主之所喜者在兌면　以震爲奸宄라　備禦之而已니　不必盡
去요　不必興兵也라　兌在內요　震在外는　月酉日丑或巳요　年
未或亥時卯者是也라　主之所喜者在兌면　以震爲游兵이니　易
於滅而不可黨震也요　主之所喜者在震이면　以兌爲內寇니　難
於滅而不可助兌也며　以水爲說客하여　相間於上下하니　或年

酉月卯日丑時亥어나　年甲月庚日甲時辛之例에　亦論主之所
喜所忌者何如요　而論攻備之法이라

　진(震)이 안에 있고 태(兌)가 밖에 있는 것은, 月이 卯이고 日
이 亥나 未이며, 年이 丑이나 巳이고 時가 酉인 경우가 이것이
다. 命主의 좋아하는 바가 震에 있으면 兌를 적국으로 여기니
반드시 火의 공격을 써야 하고, 命主의 좋아하는 바가 兌에 있
으면 震을 간사한 도둑으로 여기므로 그것을 방어하면 될 뿐이
지 다 제거할 필요도 없고 군대를 일으킬 필요도 없다. 兌가 안
에 있고 震이 밖에 있는 것은, 月이 酉이고 日이 丑이나 巳이며,
年이 未이거나 亥이고 時가 卯인 경우가 이것이다. 命主의 좋아
하는 바가 兌에 있으면 震을 유격대로 여기니 멸하기가 쉬우므
로 震과 한동아리가 되어서는 안 되고, 命主의 좋아하는 바가
震에 있으면 兌를 안의 도둑으로 여기니 멸하기가 어렵더라도
兌를 도와서는 안 되며, 水를 유세하는 하는 사람으로 삼아 上
下에서 서로 간여하게 해야 하니, 혹 酉年 卯月 丑日 亥時이거
나 甲年 庚月 甲日 辛時일 경우에도 命主의 좋아하는 바와 꺼리
는 바가 어떠한 것인지를 논하고, 또 공격과 수비의 방법을 논
해야 한다.

　然金忌木이요　木不帶火어나　木不傷土者는　不必去木也며
若木忌金이나　而金强者不可戰하니　惟秋金而木茂라도　木終

不能爲金之害라 反以成金之仁하며 春木而金盛엔 金實足以
制木之性이나 反以全木之義라 其月是木이요 年日時皆金者
면 不必問主之所喜所忌요 而亦宜順木之性이며 凡月是金이
요 年日時皆是木者면 不必問主之所喜所忌요 而亦宜成金之
性이니라

그러나 金이 木을 꺼리는데 木이 火를 대동하지 않았거나 木
이 土를 손상하지 않는 경우에는 木을 제거할 필요가 없으며,
만약 木이 金을 꺼리더라도 金이 강한 경우에는 싸울 수 없는
데, 다만 가을의 金인 경우에는 木이 무성하더라도 木이 마침내
金의 피해를 당해낼 수 없으므로 도리어 金에게 인자함을 이루
게 하며, 봄의 木인 경우에는 金이 왕성하면 金이 진실로 木의
성정을 제압할 수 있는데 도리어 木의 의리를 온전하게 한다.
月이 木이고 年日時가 모두 金인 경우에는 命主의 좋아하고 꺼
리는 바를 물을 필요 없이 또한 마땅히 木의 성정을 따라야 하
고, 月이 金이고 年日時가 모두 木인 경우에는 命主의 좋아하고
꺼리는 바를 물을 필요 없이 또한 마땅히 金의 성정을 이루어야
한다.

【任注】 震陽也, 先天之位在八白, 陰固陰而陽亦陰
矣. 兌陰也, 先天之位在四綠, 陽固陽而陰亦陽矣. 震爲
長男, 雷從地起, 一陽生於坤之初. 兌爲小女, 山澤通

氣, 故三陰生於乾之終. 長男配小女, 天地生成之妙用. 若長女配小男, 陽雖生而陰不能成矣. 是故兌爲萬物之所悅, 至哉言乎! 是以震兌雖不兩立, 亦有相成之義也.

震은 陽이니 선천의 자리는 八白에 있는데 陰이 陰을 확고히 하면 陽도 역시 陰이 되며, 兌는 陰이니 선천의 자리는 四綠에 있는데 陽이 陽을 확고히 하면 陰이 또한 陽이 된다. 震은 長男인데 우레는 땅에서 일어나므로 一陽이 坤의 초효에서 生하며, 兌는 소녀인데 산과 못은 氣를 통하므로 三陰이 乾의 종효에서 生하니, 장남이 소녀와 짝을 이루는 것은 천지생성의 신묘한 작용이지만, 만약 장녀가 소남과 짝을 이루면 양은 비록 생하더라도 음이 이루어질 수 없다. 그러므로 兌가 만물의 기뻐하는 바라고 했으니 지극한 말이다! 이 때문에 震과 兌는 비록 함께 성립되지는 못하더라도 서로 이루어주는 의리가 있는 것이다.

余細究之, 震兌之理有五, 攻成潤從暖也. 春初之木, 木嫩金堅, 火以攻之. 仲春之木, 木旺金衰, 土以成之. 夏令之木, 木洩金燥, 水以潤之. 秋令之木, 木凋金銳, 土以從之. 冬令之木, 木衰金寒, 火以暖之. 則無兩立之勢, 而有相成仁義之勢矣. 若內外之說, 不過衰旺相敵之意也. 當洩則洩, 當制則制, 須觀其金木之意向, 不必拘執而分內外也.

　내가 이것을 자세히 연구해 보니 震과 兌의 도리에 다섯 가지가 있는데 공(攻)·성(成)·윤(潤)·종(從)·난(暖)이니, 春初의 木인 경우에는 木은 연약하고 金은 견강하므로 火로서 그 견강한 것을 공격해야 하고, 仲春의 木인 경우에는 木은 왕하고 金은 쇠하므로 土로써 그 쇠한 것을 生成해야 하고, 夏令의 木인 경우에는 木은 누설되고 金은 건조하므로 水로써 그 건조한 것을 적셔야 하고, 秋令의 木인 경우에는 木은 시들고 金은 예리하므로 土로써 그 예리한 것을 따르게 하고, 冬令의 木인 경우에는 木은 쇠하고 金은 寒하므로 火로써 그것을 따뜻하게 해야 하니, 그렇다면 양립의 형세는 없더라도 서로 仁과 義를 이루어 주는 형세는 있는 것이다. 그런데 [原注]의 內外에 대한 말은, 衰와 旺이 서로 대적한다는 뜻에 불과하니, 설해야 할 것은 설하고 제압해야 할 것은 제압하여, 반드시 그 金木의 의향을 관찰해야지 얽매이고 집착하여 內外를 분별할 필요가 없다.

乙 甲 庚 丙

丑 申 寅 寅

丙 乙 甲 癸 壬 辛

申 未 午 巳 辰 卯

甲木生於立春後四日, 春初木嫩, 天氣寒凝. 日主坐申, 月透庚金, 丑土貼生申金, 木嫩金堅, 用火以攻之. 喜得年干透丙, 三陽開泰, 萬象回春, 何其妙也? 初運辛卯壬辰, 有傷丙火, 蹭蹬芸牕. 癸巳, 運轉南方, 丙火祿旺, 納粟入監, 連捷南宮. 甲午乙未, 宦海無波, 申運不祿.

甲木이 입춘 후 4일에 生하니, 春初에는 木이 연약하고 날씨는 춥고 얼 때인데, 日主가 申에 앉고 月에 庚金이 투출하며 丑土가 申金을 바짝 붙어 生하니, 木은 연약하고 金은 견고하므로 火를 써서 金을 공격해야 하는데, 기쁘게도 年干에 丙火의 투출함을 만나 三陽이 태평함을 열어 만물이 봄을 맞으니 어찌 그리도 묘한가? 초운 辛卯·壬辰에는 丙火를 손상함이 있어서 학업에 어려움이 있었는데, 癸巳에 운이 南方으로 옮겨 丙火 녹왕을 만나니 곡식을 바치고 국자감에 입학하여 남궁(예부)에 연달아 천거되었으며, 甲午·乙未운에도 벼슬길에 파란이 없었고, 申운에 사망하였다.

丁　甲　己　庚

卯　寅　卯　戌

乙　甲　癸　壬　辛　庚

酉　申　未　午　巳　辰

甲木生於仲春, 坐祿逢刃. 木旺金衰, 用土以成之, 方能化土生金, 斲削以成眞. 初游幕, 獲利納捐, 至癸未運出仕. 甲申乙酉, 木無根, 金得地, 從佐貳升知縣而遷州牧.

甲木이 仲春에 생하여 녹에 앉고 양인을 만나니, 木은 왕하고 金은 쇠하므로 土를 써서 그것을 이루어 주면 비로소 土를 引化하여 金을 生하여 베고 깎아서 참됨을 이룰 수 있다. 초년에는 막부(군대)에 있으면서 財利를 얻어 재물을 바치고 癸未운에 출사했으며, 甲申·乙酉운에는 木이 無根이고 金이 자리를 만나니 좌이에서 지현으로 오르고 주목으로 승진하였다.

丁　甲　壬　庚

卯　辰　午　辰

戊　丁　丙　乙　甲　癸

子　亥　戌　酉　申　未

甲木生於仲夏, 時干丁火透出, 用水以潤之. 然水亦賴金生, 金亦賴水養, 更妙支逢兩辰, 洩火生金蓄水, 一氣相生, 五行俱足. 是以早遊泮水, 科甲聯登, 仕至觀察. 一生惟丙戌運, 金水兩傷不利, 其餘皆順境.

甲木이 仲夏에 生하고 時干에 丁火가 투출했으므로 水를 써서 건조한 金을 적셔야 하니, 그렇게 하면 水 역시 金의 生助에 힘입고 金도 水의 자양에 힘입게 되는데, 다시 또 묘하게도 지지에 두 辰을 만나 火를 설하고 金을 생하며 水를 저축하니, 한 기운으로 상생되어 오행이 모두 충족되었다. 그러므로 일찍 반수에 노닐고 과거에 연달아 합격하여 벼슬이 관찰에 이르렀으니, 일생에 오직 丙戌운에만 金水가 모두 손상되어 불리하고 그 나머지는 모두 순조로웠다.

乙 甲 甲 庚

丑 戌 申 戌

庚 己 戊 丁 丙 乙

寅 丑 子 亥 戌 酉

甲木生於孟秋, 財生殺旺. 雖天干三透甲乙, 而地支不載, 木凋金銳, 用土以從之也. 格成從殺, 戌運武甲出身. 丁亥運生木剋金, 刑耗多端. 戊子己丑, 財生殺旺, 仕至副將.

甲木이 孟秋에 生하고 財가 생하여 殺이 왕하며, 비록 천간에 甲乙 셋이 투출했으나 지지에 실리지 못하여, 木은 시들고 金은 예리하므로 土를 써서 그것을 따라야 한다. 格이 종살(從殺)을 이루니 戌운에 무과로 벼슬길에 나갔는데, 丁亥운에는 木을 생하고 金을 극하여 형모가 많았으며, 戊子·己丑에는 財가 생하여 殺이 왕하니 벼슬이 부장에 이르렀다.

丙 甲 庚 辛

寅 子 子 酉

甲 乙 丙 丁 戊 己

午 未 申 酉 戌 亥

甲木生於仲冬, 木衰金寒, 用火以暖之, 金亦得其制
矣. 況乎時逢祿旺, 一陽解凍. 所謂得氣之寒, 遇暖而
發, 故寒木必得火以生之也. 所以科甲聯登, 仕至侍郎.
右五造, 擧甲木以爲例, 乙木亦同此論.

甲木이 仲冬에 生하여 木은 쇠하고 金은 寒하므로 火를
써서 그것을 따뜻하게 하면 金도 역시 그 제압을 받으며,
더구나 時에 녹왕을 만나 一陽이 해동하니, 이른바 한기
(寒氣)를 얻었을 때에는 난기(暖氣)를 만나야 발달한다는
것이므로 寒木은 반드시 火를 만나야 살아나는 것이다. 이
때문에 과거에 연달아 급제하여 벼슬이 시랑에 이르렀다.
이상 다섯 명조는 甲木을 들어서 예로 삼았는데, 乙木도
이 논리와 같다.

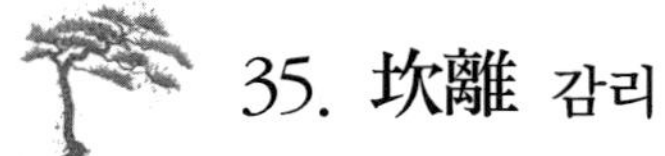

35. 坎離 감리

坎離宰天地之中氣니 成不獨成이요 而有相持者在니라

간과 리는 천지의 중화된 기를 주관하니, 이루어
지는 것도 홀로 이루어지지 않고 서로 지탱함이 있
는 경우에 이루어짐이 있다.

[原注] 天干透壬癸하고 地支屬離者면 乃爲旣濟니 要天
氣下降이요 天干透丙丁하고 地支屬坎者면 乃爲未濟니 要
地氣上升이며 天干皆水요 地支皆火면 爲交媾니 交媾身**強**
則富貴하며 天干皆火요 地支皆水면 爲交戰이니 交戰身弱
이면 豈能富貴리오 坎外離內를 謂之未濟니 主之所喜在離
면 要水竭이요 主之所喜在坎이면 則不祥이라 離外坎內를
謂之旣濟니 主之所喜在坎이면 要離降이요 主之所喜在離면
要木和라 水火相間於天干하여 以火爲主에 而水盛者存이요

坎離相見於地支하여 喜坎而坎旺者昌이라 夫子午卯酉專氣
也니 其相制相持之勢를 宜悉辨之하니 若四生四庫之神이
皆所以黨助子午卯酉者도 其理亦可推詳이니라

　천간에 壬癸가 투출하고 지지가 리(離)에 속하는 경우에는 곧
기제가 되니 반드시 天氣가 하강해야 하고, 천간에 丙丁이 투출
하고 지지가 감(坎)에 속하는 경우에는 곧 미제가 되니 地氣가
상승해야 하며, 천간이 모두 水이고 지지가 모두 火인 경우에는
교구145)가 되니 교구하여 신강해지면 富貴하며, 천간이 모두
火이고 지지가 모두 水인 경우에는 교전146)이 되니 교전하여
신약해지면 어찌 부귀할 수 있겠는가? 坎이 밖에 있고 離가 안
에 있는 것을 미제라 하니, 命主의 좋아하는 바가 離에 있으면
水가 말라야 하고, 命主의 좋아하는 바가 坎에 있으면 상서롭지
않다. 離가 밖에 있고 坎이 안에 있는 것을 기제라 하니, 命主
의 좋아하는 바가 坎에 있으면 離가 하강해야 하고, 命主의 좋
아하는 바가 離에 있으면 木으로 조화를 이루어야 한다. 水火가
천간에 서로 섞여 있으면서 火를 주장으로 삼을 때, 水가 성한
경우에는 보존되고, 坎과 離가 지지에서 서로 만났을 때, 坎을
좋아하는데 坎이 왕한 경우에는 번창한다. 무릇 子午卯酉는 순
수한 氣이니, 그 서로 극제하고 서로 지탱하는 형세를 마땅히
모두 분별해야 하니, 가령 四生이나 四庫의 神이 모두 子午卯酉

---

145) 교구(交媾): 음양이 서로 화친하게 교합함.
146) 교전(交戰): 음양이 서로 부딪히고 싸움.

를 무리지어 돕고 있는 경우에도 그 이치를 또한 미루어 자세히 헤아려야 한다.

【任注】 坎陽也, 先天位右七之數, 故爲陽也. 離陰也, 先天位左三之數, 故爲陰也. 坎爲中男, 天道下濟, 故一陽生於北. 離爲中女, 地道上行, 故二陰生於南. 離爲日體, 坎爲月體, 一潤一暄, 水火相濟, 男女媾精, 萬物化生矣. 夫坎離爲日月之正體, 無消無滅, 而宰天地之中氣, 是以不可獨成, 必要相持爲妙也.

坎은 陽이니 선천의 자리는 우측 七의 수이므로 陽이 되며, 離는 陰이니 선천의 자리는 좌측 三의 수이므로 陰이 되는 것이다. 坎은 中男이니 천도가 아래로 이루므로 一陽이 北에서 生하며, 離는 中女이니 지도가 위로 행하므로 二陰이 南에서 生한다. 離는 해의 체성이고 坎은 달의 체성이니, 하나는 적셔주고 하나는 따뜻하게 하여 水火가 서로 이루어주며, 남녀가 교합하여 만물이 化生하는 것인데, 무릇 坎과 離는 해와 달의 정체이므로 소멸됨이 없으며, 天地의 중화된 氣를 주관하니 이 때문에 홀로 성립될 수 없으므로 반드시 서로 비슷한 힘으로 지탱해야만 묘함이 되는 것이다.

相持之理有五, 升降和解制也. 升者, 天干離衰, 地支坎旺, 必得地支有木, 則地氣上升. 降者, 天干坎衰, 地支離旺, 必得天干有金, 則天氣下降. 和者, 天干皆火, 地支皆水, 必須有木運以和之. 解者, 天干皆水, 地支皆火, 必須有金運以解之. 制者, 水火交戰於干支, 必須歲運視其强者而制之. 此五者, 坎離之作用如此, 則無獨成之勢, 而有相持禮智之性矣.

상지(相持)의 도리에 다섯 가지가 있는데, 승(升)·강(降)·화(和)·해(解)·제(制)이니, 升은 천간의 離가 쇠하고 지지의 坎이 왕할 때에는 반드시 지지에 木이 있어야만 地氣가 상승하며, 降은 천간의 坎이 쇠하고 지지의 離가 왕할 때에는 반드시 천간에 金이 있어야만 天氣가 하강하며, 和는 천간이 모두 火이고 지지가 모두 水일때에는 반드시 木운이 있어야만 그것을 좋아하며, 解는 천간이 모두 水이고 지지가 모두 火일 때에는 반드시 金운이 있어야만 그것을 해결하며, 制는 水火가 干支에서 서로 싸우고 있을 때에는 반드시 세운에서 그중 강한 것을 만나야만 그것을 제압하는 것이다. 이 다섯 가지는 坎離의 작용이 이와 같은 것이니, 곧 홀로 이루어지는 형세가 없고 서로 禮

와 智를 지탱하는 성정이 있는 것이다.

戊 丙 己 丙

子 寅 亥 子

乙 甲 癸 壬 辛 庚

巳 辰 卯 寅 丑 子

丙火生於孟冬, 又逢兩子, 天干離衰, 地支坎旺, 用寅木以升之也. 至壬寅, 東方木地, 采芹折桂. 卯運出仕, 一路運走東南, 仕至觀察.

丙火가 孟冬에 生하고 또 두 子를 만났으니 천간의 離는 쇠하고 지지의 坎은 왕하므로 寅木을 써서 地氣를 상승시켜야 한다. 壬寅에 이르러 東方 木地이므로 학교에 들어가고 과거에 급제했으며, 卯운에 벼슬에 나가서 한결같이 운이 東南으로 달리니 벼슬이 관찰에 이르렀다.

庚 壬 壬 壬

戌 戌 寅 午

戊 丁 丙 乙 甲 癸

申 未 午 巳 辰 卯

壬水生於孟春,　支全火局,　雖年月兩透比肩,　皆屬無根,　天干坎衰,　地支離旺,　用庚金以降之也.　惜乎運途東南,　在外奔馳四十年,　一無成就.　至五旬外,　交戊申,　庚逢生旺,　得際遇,　發財巨萬,　娶妻三,　年已六旬矣,　連生三子,　至戌運而終.

　壬水가 孟春에 生하고 지지가 모두 火局을 이루니 비록 年月에 두 비견이 투출했더라도 모두 無根에 속하므로, 천간의 坎은 쇠하고 지지의 離는 왕하니 庚金을 써서 天氣를 하강시켜야 하는데, 애석하게도 운도가 동남쪽이므로 외지에서 40년을 뛰어다녔으나 하나도 성취함이 없다가, 50이 넘은 뒤에 戊申으로 바뀌어 庚이 生旺을 만나니 기회를 얻어 매우 많은 재산을 모으고 세 명의 처를 얻어, 나이가 이미 60인데도 연이어 세 아들을 낳고, 戌운이 되자 사망하였다.

丙　丙　丙　丙

申　子　申　子

甲　癸　壬　辛　庚　己　戊　丁

辰　卯　寅　丑　子　亥　戌　酉

此造, 地支兩申兩子, 水逢生旺, 金作水論. 天干四丙, 地支無根, 離衰坎旺, 須以木運和之也. 惜乎五行不順, 五十年西北金水之地, 故艱難險阻, 刑傷顚沛. 五旬外運走壬寅, 東方木地, 財進業興, 及癸卯甲寅, 發財數萬.

이 사주는 지지가 두 申과 두 子이며 水가 生旺을 만나니 金도 水로 간주하여 논해야 한다. 천간에 丙이 넷인데 지지에 뿌리가 없으니, 離가 쇠하고 坎이 왕하므로 반드시 木運으로 그것을 조화해야 하는데, 애석하게도 오행이 따라주지 않고 50년간 西北 金水의 자리이므로 어렵고 험한 길을 걸으며 형벌과 상해로 넘어지고 자빠지다가, 50이 지난 뒤에 운이 壬寅으로 달려 東方 木地가 되니 재물이 더하고 사업이 흥왕하여 癸卯·甲寅에 이르러 수만금을 모았다.

壬　壬　壬　癸

寅　午　戌　巳

丙　丁　戊　己　庚　辛

辰　巳　午　未　申　酉

壬午日元, 生於戌月, 支會火局, 年支坐巳. 天干皆坎,

地支皆離, 必須金運以解之也. 初交辛酉庚申, 正得成其
既濟, 解其財殺之勢, 叨化日之光, 豐衣足食.　一交己
未, 刑耗異常. 戊午財殺並旺, 出外遇盜喪身.

　壬午 日元이 戊月에 生하고 지지에 火局을 이루고 年支
에 巳가 앉았으니, 천간이 모두 坎이고 지지가 모두 離이
므로 반드시 金運을 써서 그것을 해결해야 한다. 초운인
辛酉·庚申에는 바로 그 기제를 이루어 그 財殺의 세력을
해결하여 햇빛을 변화시킨 은혜를 입으니 의식이 제법 풍
족했는데, 己未로 바뀌자 형모가 보통과 달랐으며, 戊午에 財
殺이 함께 旺하니 밖에 나갔다가 도둑을 만나 몸을 잃었다.

丙　壬　丙　壬

午　子　午　子

壬　辛　庚　己　戊　丁

子　亥　戌　酉　申　未

　此造水火交戰於干支, 火當令, 水休囚, 喜其無土日主
不尅. 初交丁未, 年逢戊午, 天尅地沖, 財殺兩旺, 父母
雙亡, 流爲乞丐.　交申運, 逢際遇. 己酉運, 發財數萬,
娶妻生子成家.

이 사주는 干支에서 水火가 서로 싸우고 火가 時令을 담당하고 水는 휴수되었는데 기쁘게도 土가 없어 日主가 극을 당하지 않는다. 초운 丁未에 年運에서 戊午를 만나 천간이 상극하고 지지가 상충하며, 財와 殺이 둘 다 旺하니 부모가 모두 사망하고 유랑하며 구걸하다가, 申운으로 바뀌자 기회를 만났고, 己酉운에는 수만금의 재산을 모았으며 처를 얻고 자식을 낳아 가정을 이루었다.

끝

선학자들의 고전이론과 실제 술가들 자신이 증험한 내용들을 밝힌 많은 명리서의 대부분은 시대별로 일정한 간극이 존재한다. 그 가운데 상황이 다르다고 볼 수 있는 명리서가 있는데 바로 『적천수천미』가 대표적인 예이다.

『적천수천미』는 경도(京圖)가 찬술하고 유기(1311~1375)가 주석한 후에 임철초(1773~1848)의 증주로 이루어진 명리서로서, 각기 다른 시대(宋·明·淸)에 살았던 세 저자들의 공동 작업으로 완성된 매우 논리적이고 실용적인 이론체계를 담고 있다.

명리이론과 그 이론을 바탕으로 한 체계적 간명을 겸비한 『적천수천미』는 오랜 세월이 지난 오늘날까지 명리학의 불멸의 고전으로 남아 지금도 훌륭한 교재로 사용되고 있다. 더 강조하고 싶은 것은 『적천수천미』를 교과 교재로 적합하게 보는 이유는 이론논리와 그에 합당한 任注의 512명의 사주와 原注의 2명 사주를 포함한 대략 총 514

명의 명조분석은 교육적으로 활용능력을 높여주는 최상의 역할을 할 수 있기 때문이다. 이러한 사실이 말해 주고 있는 것은 『적천수천미』가 고전이론과 현대명리사이에서 근원적 차원의 동질성을 유지하면서 발전하고 지속적으로 연구되고 있는 저서이기 때문이다. 그러므로 『적천수천미』의 명리학에서의 대표적 위상과 생명력은 앞으로도 변치 않을 것이라 본 역자는 확신한다.

『적천수천미』를 번역할 수 있어서 가슴 벅찼고, 반면에 번역이 진행될수록 실제 역자 본인 자신의 부족한 점이 너무 많다는 것을 가슴 깊이 느끼게 되었다. 앞으로, 출간된 『적천수천미』가 학자와 독자에게 많은 도움이 되었으면 하는 바람과 올바른 명리이론으로 발전하는 데 밑거름이 되었으면 하는 간곡하고 진실한 소망을 가져본다.

소나무 같은 고고한 성품으로 생생하게 이끌어주신 이동윤 스승님께 깊은 감사를 드린다. 서로를 격려하며 발걸음을 함께한 안명순 선생님, 서소옥 선생님께 뜨거운 마음으로 감사한다.

2013년 6월 정명원에서

므븜 김정혜

『적천수천미』는 명리학 학습자나 전문가들이라면 반드시 필독해야 할 고서 중 하나라 할 수 있다. 때문에 서점에는 이미 다수의 번역서와 해설서가 출간되어 있는 실정이다. 그러나 원문의 충실한 번역에서 아쉬운 부분을 많이 만나게 된다. 명리학을 학습하는 사람에게는 무엇보다도 원서의 충실한 해석이 선행되어야 원서를 바르게 읽고 그 뜻을 왜곡하지 않고 바르게 이해할 수 있을 것이다.

이러한 필요성에 역자 3인은 『적천수천미』를 번역하기로 뜻을 모았고 원서에 충실한, 바른 번역으로 후학자들에게 조금이나마 도움이 되고자 하였다. 불필요한 설명이나 번역자의 자의적인 해석이 없는, 원서 그대로를 꾸밈없이 바르게 전달하는 책을 만들어보자 노력하였다.

『적천수천미』를 읽다 보면 임철초의 논리 정연한 이론 전개와 적절한 사례 제시에 감탄하지 않을 수 없게 된다. 그의 첨예한 논리 비판과 해박하고 유려한 문장력을 보면 새삼스레 선인들의 위대함을 생각하게 된다.

특히 각 이론에 맞는 적절한 사주 사례를 제시하고 실제 그 사주의 주인공의 일생 사건을 꼼꼼히 기록하여, 이론과 실제를 한눈에 확인해볼 수 있게 구성한 점은, 현대의 이론서에서도 찾아보기 힘든 것으로 그 수고와 정성에 감탄하게 되는 부분이다.

언제나처럼 선인들의 서적을 통해서는 드넓은 지혜의 바다를 발견하게 되고, 학문을 향한 열정과 그 정성스러움에 고개 숙이게 된다. 고전을 통해 한걸음씩 선인들의 지혜를 따르다 보면 언젠가는 이 우매함과 나태함에서 벗어나게 되리라 희망해 본다.

오랜 시간에 비해 자라는 것이 느리기만 한 제자인데도 늘 변함없는 모습으로 미소를 보여주시는 스승님, 이동윤 선생님께 한없는 존경과 감사의 마음을 전한다. 이 책을 함께 낸 김정혜 선생님, 안명순 선생님의 배려와 너그러움에 항상 감사할 따름이다.

2013년 6월 성주산 자락에서

樂淸 서소옥

天地人의 道에 순응하면 吉하고 거역하면 凶함을 天道·地道·人道를 첫 장에 실어 "命을 보기를 道 닦는 마음으로 하라"는 장중함으로 후학들을 일깨우게 하는 『적천수천미』를 다시 또 번역하여 출판을 하게 되었다.

명리학을 공부하는 학인들이 가장 쉽게 접할 수 있으면서도 한편으론 쉽게 간과하게 되는 책이 아마도 『적천수천미』가 아닐까 싶다.

『적천수』의 내용에 임철초가 주를 단 이 책은 임철초가 70여 세를 넘기면서도 看命을 하면서 쌓아온 경험과 수집된 명조들을 각 章의 이론에 맞게 선택하여 배열하고 보충 설명을 한 점과 從格의 새로운 이론을 창시함으로써 그 진가를 높이 평가받고 있는 대표적인 고전서로 자리매김을 하고 있는 책이다.

명조 풀이를 번역하다 보니까 기존의 이론에 부합되지 않아 역자 역시도 쉽게 이해가 되지 않는 부분들이 종종

눈에 띄었다. 아마도 이러한 점들이 명리학자들 간에 『적천수천미』의 이론이 옳고 그르다는 주장들을 하게 되었고 임철초를 전면 부인하는 계기가 되었으리라 보는데 이 또한 섣부른 판단이라 생각된다. 공부하는 학인들이 임철초가 주장하는 색다른 이론을 실전에 적용해 보고 응험함의 정도를 판단하는 것 역시 실력 향상에 많은 도움이 될 것이다.

역자 역시 명리공부를 한 지가 십 수년이 흘렀으나 교육의 현장과 간명 시에 부딪히는 부족함이 잘못된 번역서로 공부하고 고전서들을 부인하며 간과한 점이 아닐까 싶어서 『자평진전』과 『이허중명서』와 『적천수천미』를 번역하게 된 동기 부여가 된 것이다.

原書에서 아주 작고 미묘한 명리 이론들의 재발견이 그동안 공부한 사족들을 재정립하게 되며 실력 향상에 많은 보탬이 되고 있음에 더 겸허함을 배우며 깨닫게 된다.

역자 3인들은 정통명리에 준하여 교육의 현장과 실전 상담에 임하는 학인들이다. 그래서 『적천수천미』를 번역하면서 한 글자도 빼놓지 않고 번역을 하다 보니 중복되는 어휘들이 많고 또 의역을 지양하다 보니 축약된 부분의 설명이 부족하고 미비한 점도 많을 것이다. 이 점을 공부하

시는 학인들께 많은 양해를 구하며 명리학의 발전에 함께
힘을 실었으면 좋겠다.

　번역을 하는 동안 변함없으신 덕목으로 지도 편달해주
시는 이동윤 스승님께 감사함을 올리며 앞으로도 계속하
여 고전서 번역에 박차를 가하실 김정혜 선생님과 서소옥
선생님께도 고마움을 전한다.

癸巳年 戊午月 川泉연구실에서

寶湞 安明順

김정혜 ────────────────────────────────

  원광대학교 동양학대학원 동양철학 석사
  원광대학교 대학원 한국문화학과 동양문화 박사 수료
  현) 명리연구소 정명원 운영
      은행금융 CS를 위한 임직원 동양문화 전문 강사

  『자평진전』(원전현토완역, 공역, 2011)
  『이허중명서』(최초완역사고전서, 공역, 2012)

서소옥 ────────────────────────────────

  원광대학교 동양학대학원 동양철학 석사
  원광대학교 대학원 한국문화학과 동양문화 박사 수료
  현) 원광디지털대학교 동양학과 강의교수
      원광디지털대학교 평생교육원 강의교수
      명리연구소 낙청명리원 운영

  『자평진전』(원전현토완역, 공역, 2011)
  『이허중명서』(최초완역사고전서, 공역, 2012)
  『1주일 만에 끝내는 작명・개명 실전서』(공저, 2013)

안명순 ────────────────────────────────

  원광대학교 동양학대학원 동양철학 석사
  원광대학교 대학원 한국문화학과 동양문화 박사 수료
  현) 용인송담대학교 평생교육원 명리상담사과정 강의교수
      원광디지털대학교 평생교육원 강의교수

  『자평진전』(원전현토완역, 공역, 2011)
  『이허중명서』(최초완역사고전서, 공역, 2012)

  ※ 표제자: 미당 이동윤

【통신론】

滴天髓闡微 정제수정이 上

초 판 인 쇄 ｜ 2013년 10월 30일
초 판 발 행 ｜ 2013년 10월 30일

지 은 이 ｜ 임철초 증주
옮 긴 이 ｜ 김정혜·서소옥·안명순
펴 낸 이 ｜ 채종준
펴 낸 곳 ｜ 한국학술정보㈜
주   소 ｜ 경기도 파주시 문발동 파주출판문화정보산업단지 513-5
전   화 ｜ 031) 908-3181(대표)
팩   스 ｜ 031) 908-3189
홈 페 이 지 ｜ http://ebook.kstudy.com
E-mail ｜ 출판사업부 publish@kstudy.com
등   록 ｜ 제일산-115호(2000. 6. 19)

ISBN   978-89-268-4651-3 93150

이담 Books 는 한국학술정보(주)의 지식실용서 브랜드입니다.